ZhongGuo
JinDaiDaAn
ChuanQi

中国近代大案传奇

赵云声 著

长江出版传媒 湖北人民出版社

图书在版编目(CIP)数据

中国近代大案传奇/赵云声著.
武汉:湖北人民出版社,2015.1
ISBN 978-7-216-08434-5
Ⅰ.中… Ⅱ.赵… Ⅲ.中国历史—近代史—历史事件 Ⅳ.K250.5
中国版本图书馆CIP数据核字(2014)第267571号

出 品 人:袁定坤
责任部门:高等教育分社
责任编辑:陈晓东
封面设计:汪 汉
责任校对:游润华
责任印制:谢 清
法律顾问:王在刚

出版发行: 湖北人民出版社	地址:武汉市雄楚大道268号
印刷:武汉中远印务有限公司	邮编:430070
开本:787毫米×1092毫米 1/16	印张:22
字数:444千字	插页:3
版次:2015年1月第1版	印次:2015年1月第1次印刷
书号:ISBN 978-7-216-08434-5	定价:47.00元

本社网址:http://www.hbpp.com.cn
本社旗舰店:http://hbrmcbs.tmall.com
读者服务部电话:027-87679656
投诉举报电话:027-87679757
(图书如出现印装质量问题,由本社负责调换)

目录 MuLu

一、戊戌政变

二、孙中山伦敦蒙难记

四、张学良智斗枭雄

张学良警觉地拔出手枪，他正在判断这枪声的来源时，流杯亭方向传来了一片惊呼声："有刺客！""抓刺客！""大元帅被刺了！"跟着又是一片爆豆似的枪声。

河野大作扔下军刀，推开房间的暗隔，跨进了那间特制的密室。他听了几句之后，便以严厉的口吻，下达了不可抗拒的指令。

奉天车站像穹窿崩裂、巨厦倾塌一样，立时火光冲天、烟尘弥漫、鲜血横飞。警车声、呼喊声、哭叫声、呻吟声……响成一片，刚刚还井然有序的站台，顷刻如汤浇蚁穴、火燎蜂房一样乱作一团。

"哗啦啦！"花瓶砸在张学良身后的墙上，碎了！门口的卫兵闻声冲进来，只见姜树礼又抓起板凳正欲向张学良扑去，卫兵们连忙开枪！"啪啪"两声，姜树礼捂着胸口，最后望了眼张学良，栽倒在血泊之中。

张学良一见这带有讽刺意味的花圈，更是怒火中烧，肝胆俱裂。他从这惨白的花圈上，仿佛看到了大元帅肩章绶带上的血迹，看到了父亲那因抽搐而扭歪了的面容……他大步跨过去，操起花圈就欲向地上砸去……

"啊，她是姜夫人！"张学良没等薛秉谦话音落地，便扑地一记长跪，"恩人，请恕学良不识之罪！"

堂堂的东三省领袖，竟给一普通的民女下跪，黑姑娘吓得连忙跪下，惊慌地说："少帅，快，快请起来！"

薛秉谦从容地用手拢了拢头发，扶了扶眼镜，正准备随他们去的时候，张学良"刷"地拔出手枪来，虎眼圆睁，怒骂道："混蛋！放手！"

双方举枪对峙，局面太紧张了，真有一触即发之势。这时，突然一个女人喊着跑了进来。

五、刺杀汪精卫

一、戊戌政变

一、戊戌政变

第一章　国将不国

“行路难，行路难！
多歧路，今安在？
长风破浪会有时，
直挂云帆济沧海！”

随着冷风，一阵清苦幽怨的歌声，从殿外汩汩飘来。

一位年轻貌美的女子，正踏着这幽怨的歌声，缓步向宫中走来。她眉头紧锁，缓缓地走着，脚步十分沉重。她低垂着头，连周围的太监和宫女们向她鞠躬、行礼，她似乎都没有理睬，径自默然地走着，走着……

她是何许人？她又在思索什么事情呢？

她便是光绪皇帝最为宠幸的珍妃，年仅20岁，身姿婀娜，体态轻盈，原本正是享受人间快乐和富贵的好时光，但珍妃却并不看重这个，她所关注的是国将不国的时局。

1894年，中日甲午战争爆发。丁汝昌、邓世昌等海军将士虽忠勇奋战，但终因清朝政府的文恬武嬉、腐朽无能，而导致北洋水师的全军覆没。

光绪与珍妃

第二年，战败的清政府，为屈膝求和，特派遣时任直隶总督的李鸿章作为全权大臣远赴日本求和，签订了丧权辱国的《马关条约》，答应割让台湾和辽东半岛，并赔偿日本军费二万万两。消息传到京都，举国震惊，宛如晴天霹雳，重重地震撼着这个古老的中华帝国……

此时，珍妃迈着沉重的脚步，走进紫禁城的养心殿，这里是光绪皇帝起居的地方，高大宏伟、金碧辉煌，如今却让人感到一种凄凉寂寥、空空荡荡。这样一来，它正面墙壁上悬挂的大清朝鼎盛时期的疆域图，就显得格外的刺眼醒目。看版图，当初真堪称幅员辽阔、疆域浩大，但现在这张地图，却被大片大片地涂上了各种颜色，这是近年来清朝政府屈从于外强的压力，一步步把领土割让给各国的可耻标记。

珍妃站立在山河破碎的地图前，怔怔地看着，愁眉紧蹙，忧心忡忡。她拿起墨笔，刚想在台湾和辽东半岛处勾画一下，突然一阵脚步声传来，她心中一震，手中的墨笔不由得落在了地上！珍妃慌忙拾起墨笔，转过身来，只见面庞清瘦的光绪皇帝已走到了她的面前，兴致勃勃地叫了声："珍妃！"

珍妃连忙跪拜施礼："奴婢给皇上请安！"

"快起来！这里又无外人，干吗这样拘礼？"光绪用手扶起珍妃，注目凝视，"爱卿，你怎么愁眉不展？是不是老佛爷又谴怪于你了？"

光绪所以这样问，是因为隆裕皇后是慈禧的亲侄女，是慈禧一手指定的皇后。但是光绪并不喜欢隆裕，他宠爱的却是妃子珍妃，光绪生怕珍妃因此而受到慈禧的责罚。

珍妃回道："不，近日老佛爷倒未曾责怪奴婢。"

光绪盯视着珍妃："那……是不是朕到隆裕皇后那儿走得少了，她嫉恨于你？"

珍妃连忙否认："不不，也不是。"

光绪疑惑地望着她："那你为什么眼睛里满含忧愁呢？"

"这……"珍妃猛地走近地图，突然回过身来，"难道皇上不为《马关条约》发愁吗？"

光绪一听这话，就再也兴奋不起来了。他因多日未见珍妃，今日一见，原有的那点兴奋情绪，却因珍妃的一句《马关条约》而荡然无存。这是他的一块心病。《马关条约》是中日甲午战争一个可耻的结局、一份象征屈辱的记录。光绪怎能无动于衷呢？

自继承皇位以来，光绪雄心勃勃、励精图治，以求在国力强大之后，将失去的国土一点点地夺回来，谁知，旧的未能夺回，反倒又将失去台湾和辽东，这一丧权辱国的悲惨结局，怎不让他痛心疾首！他沉吟半晌，悲怆地说道："割地赔款，屈辱求和，朕焉能不悲啊！只是……"光绪刚欲再说下去，猛地发现太监阮良才不知何时进到了屋中。

阮良才是大太监李莲英新近派来的，光绪知道，他系慈禧的鹰犬，因此光绪对他格外地警惕："阮良才，你有事吗？"

阮良才连忙回道："启禀万岁爷，军机大臣刚毅和翁同龢，说有紧急公务，求见皇上。"

光绪凝视着阮良才："宣他们进来吧。"

不多时，翁同龢与刚毅一前一后气呼呼地走了进来。翁同龢方面大耳，留有五绺白须。他是同治和光绪两代皇帝之师，从小教习光绪读书，被赐为毓庆宫行走，是唯一能随便出入皇宫，和光绪经常见面的近臣。而刚毅，也是一位年近花甲的老臣，他主掌刑部时，因平反杨乃武与小白菜一案而受奖，后累升至江西巡抚、江苏巡抚，之后，以候补侍郎入主军机大臣。但他刚愎自用，因循守旧，自恃是慈禧太后的心腹，往往在光绪面前也颇为有恃无恐。宫廷中，现在明显地分出“帝党”和“后党”两派。所谓“帝党”，即是拥护光绪皇帝的，主张维新、变法、除旧图新，力求变革；而所谓“后党”，即是拥护慈禧太后的一批因循守旧、固守既得利益的王公贵族。而翁同龢与刚毅则是这两派的代表人物。此时，这两位元老重臣面红耳赤地跨进来，显然他们此前已进行了不愉快的争论。

翁同□

翁同龢首先摘帽，行跪拜之礼：“臣翁同龢恭请圣安！”

刚毅也跪拜在地：“臣刚毅恭请圣安！”

光绪和颜悦色：“翁师傅、刚相，不知有何事相奏？”

刚毅抢前一步大声地：“启奏皇上，关于《马关条约》一事，依奴才之见，请皇上及早盖上玉玺国宝，以争取早日停战议和。”

光绪没有回答刚毅，而是转向翁同龢：“翁师傅，你的意见呢？”

翁同龢沉稳地又施一礼：“启奏皇上，马关一案，事关国家命脉，万民生机，请皇上慎重三思！”

刚毅闻言，勃然怒起，转向翁同龢：“师傅大人，战败消息刚一传来，便已人心骚乱、万民浮动，如再不及时用宝，延误了和议，一旦激成事变，岂不要贻误邦国，你是何居心？！”

“人心沸腾，正说明人心可待，正气犹存，有何可怕？”翁同龢也为之动容，激愤地大声争辩，“《马关条约》，丧权辱国，依此条约苟且求和，那倒真是害国害民，贻误邦国！”

刚毅怒气冲冲地反唇相讥：“去年甲午战起时，就是你等书生沽名钓誉、极力主战，以致使朝廷有今日之累！”他走近翁同龢，一字一句地缓声威胁，“师傅大人，不仅国家危难，我等自己的身家性命也将危如累卵呀！”

翁同龢正气凛然，慨然以对：“谁无妻儿老小、身家性命？只是马关一案，事关国家命脉，不能不谨慎以对。”他快步走近地图，指着地图痛心疾首地，“看我大清版图，现今已是山河破碎，如再将台湾辽东，割让东夷，那岂不等于引贼入室，使虎狼常居于我卧榻之侧？且我国税收，每年不过四五千万两，有何能力赔偿二万万两的巨额军费？纵使刮尽民脂民膏，十年也还不清这笔国债，而四亿百姓之衣食生活，将何以堪？刚大人，事关万民生计，你我身为国家重臣，能不三思吗？”

“三思什么？还有力量再打吗？”刚毅强词夺理，蛮横地指责道，“甲午一战，旅大、威海卫军港丧失，北洋水师全军覆灭，湘淮军旅也损失殆尽，就连……”

刚毅说起话来，唾沫星子飞溅，光绪不耐烦地一挥手，制止了刚毅的话头，边擦脸上的唾沫，边说道：“《马关条约》，用不用宝，事关宗庙社稷，容朕再慎重考虑。下去吧！”

刚毅被光绪粗暴地打断，他愣怔了一下，言犹未尽地站起身来，抖了抖马蹄袖口，复又跪下去。

“刚毅，你还有什么话吗？”光绪问道。

刚毅话虽不如刚才那样慷慨激昂、高门大嗓，但却压低嗓门，厉声回道：“关于用不用宝之事，依奴才之见，皇上是不是再请问一下太后懿旨？”

光绪听了这话，脸色为之一沉。这是光绪最不愿提及的话题。光绪即爱新觉罗·载湉，是咸丰的弟弟醇亲王奕譞之子。咸丰之子同治亲政不足两年，就因性病而丧命，因无子嗣，则由慈禧太后做主立载湉入继大统，即位时年仅四岁，便由慈禧太后垂帘听政。1887 年，光绪长到十八岁时，才改由光绪亲政，但实际上仍由慈禧“训政”。直至 1889 年，太后方名义上“撤帘归政”，而暗地里，仍操纵大权。这些年来，光绪受时势的感召，极想摆脱太后的控制，有所作为，锐意改革，以湔国耻。此时，他最烦人提起事事请示太后一事。

翁同龢深知这一原委，脱口说道：“太后已撤帘归政，有什么必要事事烦扰太后？”

刚毅斜了一眼翁同龢，话中软里带硬：“奴才只是提醒一下，皇上圣明，自有决断！”刚毅甩了这么一句之后，起身昂然离去。

翁同龢气愤地站起来，也欲退下时，光绪将他留了下来：“翁师傅，请留步。”

翁同龢停住脚步，转过身来，只见一直规避的珍妃也从内室走了出来。

光绪待珍妃见过翁师傅之后，未及寒暄，先自一声长叹：“唉——师傅、爱卿，为这马关议和一事，朕几天来食不甘味，夜不成寐。这颗小小的宝玺，犹如千斤重石，压在朕的心胸。师傅、爱卿，这朝廷、宫内，朕只有你们两个知心人，你们照实讲来，此事朕到底该怎么办才好？”

“皇上，依奴婢之见，无论如何不能用宝！玉玺一盖，条约生效，割地赔款不说，丁汝昌、邓世昌等将士的鲜血，也就白流了！”珍妃率先说道。

“可若是不用国宝，李鸿章、荣禄、刚毅这批元老重臣，又岂肯善罢甘休？他们早就反对开战，主张忍辱求和……”

“皇上有至高无上之权威，谁敢违抗圣意，可行雷霆之威，严惩不贷！”珍妃看似弱不禁风，但说出的话却充满阳刚之气。

“唉，爱卿，”光绪望着珍妃，摇了摇头，唉声叹道，“你哪里知道，这些朝臣背后有太后撑腰，不然他们怎敢这样有恃无恐！”

珍妃怒目圆睁，继而厉声道：“太后怎么样！她既已撤帘归政，就不应再处处掣肘……”

这时，太监阮良才又鬼鬼祟祟闪进宫中。

“阮良才，又有何事？”光绪警觉地大声问道，声音里显然透露出不满。

阮良才慌忙施礼：“奴才、奴才想看看万岁爷，还用不用茶？”

“下去吧，朕用时叫你。”

“嗻！”阮良才借施礼之机，迅速环顾一周，方缓缓退下。

眼望着阮良才走远，翁同龢转对光绪：“皇上，珍妃娘娘的话有理。太后既已撤帘，就应给皇上以主事权。老臣说句不知深浅的话，这场甲午之战，如不是太后挪用海军军费修建颐和园，我忠勇将士不会有此惨败……”

光绪沉默不语。他知道，翁师傅说的是实情，若不是慈禧挪用海军军费，误用打不响的臭弹、废弹，凭丁汝昌、邓世昌等将士的浴血奋战，绝不至于北洋水师全军覆没……但是作为儿子的他，能说吗？

珍妃见光绪不语，便跨前一步：“奴婢请问一句，像李鸿章这样督师无功，丧权辱国的将帅，皇上为什么不撤职查办？像叶志超那样屡战屡败、临阵脱逃的误国奸臣，为什么不把他们拿京问罪，以谢天下？”

光绪又无可奈何地叹了口气：“唉——”

“还不因为他们都是老佛爷的心腹……”翁同龢倒是很理解皇上的苦衷。

珍妃性情刚烈，扑通跪下：“皇上，恕奴婢无礼，您太不能自主了！这样下去，大清江山如何保得住啊！待到山河破碎，列强瓜分殆尽之时，皇上将何以告示祖宗？！”

珍妃的话语像针扎一样刺痛着光绪，以致光绪久久地缄口不语。

翁同龢见珍妃言词过于激烈，便有意缓和一下：“皇上，依老朽之见，当务之急乃是《马关条约》，宁可血拚到底，也不能忍辱乞和！”

光绪思虑再三，最后终于下了狠心，决断地一拍条案：“好，朕意已决！惩治甲午海战中误国的将帅，马关草约，朕决不用宝！”

光绪的话音刚落，宫门外一个尖厉的女声便接了过去：“不用宝？谁说的？！”

光绪、珍妃及翁同龢，虽未见人，但一听这苍老的声音，立刻都噤若寒蝉。光绪一挥手，翁同龢连忙躲避。

少顷，两名宫女和太监总管李莲英，簇拥着一位六十多岁的老太婆走了进来，她便是中国历史上鼎鼎大名，曾两次垂帘听政的大政治阴谋家慈禧。她盛装华饰，威风凛凛。大臣刚毅紧随其后。

光绪连忙跪拜迎接：“亲爸爸吉祥如意！”

慈禧太后在乐寿堂留影

珍妃也跪行一步，叩见："老佛爷吉祥如意！"

慈禧仿佛未听见似的，睬也未睬珍妃，她把脸转向了李莲英："李莲英，你把珍妃带下去吧。她今天替皇上出了不少好主意，你替我好好'款待款待'她！"

慈禧说着，给了李莲英一个眼色。

"嗻！"李莲英会意地一笑，随即走到珍妃的身边，阴冷地说，"珍主儿，请吧！"

光绪愣愣地站在那里，眼睁睁地看着李莲英把珍妃架走，他非常清楚慈禧让李莲英"款待"的含义。李莲英系慈禧的鹰犬，一切视老佛爷的眼色行事。今见老佛爷发威，光绪明知李莲英不会轻饶善待珍妃，自己却不能阻止，他看着心爱的人一步一回头地眼望着自己，真是心如刀割，深悔自己的无能……

"皇上！"慈禧见光绪紧盯着珍妃，没有听见，又大声地，"皇上——"

光绪似从痴呆中醒悟："啊，亲爸爸。"

"刚才谁说的决不用宝？是你吗？你是在说马关议和的事吗？"慈禧的语调虽然不高，但却句句有如刀锋一样，逼向光绪。

光绪心一横，索性吐个痛快，便抬起头来，侃侃说道："亲爸爸，用不用宝，事关社稷。我大清皇朝，原本一统天下，因屡遭列强欺凌，已国土日削、国力日衰，江河日下。如再割让台湾、辽东半岛，祖宗的天下被瓜分殆尽，儿臣将上对不起祖宗，下恐遭后世子孙唾骂……"

慈禧脸色一沉，训斥道："早知这样，你当初何必一意孤行，非和日本开战不可呢？如今战败了，想起怕遭唾骂来了？！"

"甲午战败，皆因那些把持实权的将帅，贪生怕死，有的屡战屡败，有的不战自溃，临阵脱逃。儿臣正要请示母后，严惩这些误国的将帅，特别是那些文恬武嬉，一味屈膝的元老重臣……"

慈禧不待光绪说完，猛地一拍桌子："胡说！为什么不惩治主战的翁同龢？甲午之战，都是因为你听信了翁同龢的意见，非打不可，以至有今日之惨败。若是当初不打，会有今日之败吗？现在要塞丧失，水师覆灭，京都形势，危如累卵。你说，这都是谁造成的？是你的翁同龢，还是我的那些元老重臣？"

在慈禧的淫威之下，光绪只好又是沉默不语。

"怎么不说话了？痛快点，《马关条约》，到底用不用宝？"慈禧厉声逼问。

"儿臣谨遵母后懿旨！只是日本的条款太苛刻了，而且现在朝廷内外民怨沸腾，皆言李鸿章寡廉鲜耻，卖国误民……"

"又是一派胡言邪说！"慈禧又粗暴地打断光绪，"举国上下，谁不想早日议和，以求安康？再说，不是李鸿章，谁能担得起这和议重任？你派的那个张荫桓不是被赶回来了吗？若不是李鸿章在日本挨了打，恐怕连这个条件还不易达到呢？说，到底用不用宝？"

光绪低下头去，依然不语。

"怎么，哑巴了？"

在慈禧的威逼之下，光绪只得唯诺地："用，用宝。"

李莲英乘机对慈禧说："老佛爷，别生气了。万岁爷说了，用宝。"

慈禧斜了光绪一眼，嘴角里哼了一声，转身走了。

刚毅紧随在慈禧身后，临走时，他看了看光绪，不禁脸上流露出得意的笑容。

慈禧走了好久，光绪仍一个人怔怔地站着，如痴如呆。不知何时，翁同龢悄然走近，跪拜："皇上，马关议和之事怎么说？太后她……"

"师傅不要问了，还是用宝吧。"光绪一挥手，烦躁地截断了翁同龢的话。

"那社稷江山……"

"这是老佛爷懿旨，师傅快去办吧！"光绪显然不想就这个话题谈下去。

翁同龢望着光绪，口张了张，终于又把话咽了回去："嗻！"

翁同龢行一大礼，步伐沉重地缓缓离开。

"等等！"光绪又叫住翁同龢，"师傅，外边的臣民，难道真像太后所说，愿意割地赔款、以求安康吗？"

"这……奴才不敢讲。"

"师傅，不必顾虑，尽可直言。"

翁同龢忙跪地，施上一礼："皇上，可知'公车上书'之事吗？"

"公车上书？为什么事？"光绪听后，为之一怔。

所谓"公车上书"，是1895年，即中日甲午战争失败以后，清廷派李鸿章赴日本签订《马关条约》，激起全中国人民的强烈反对。5月2日（农历四月初八），康有为、梁启超联合在北京前来参加会试的1300多名举人，于松筠庵召开会议、联合上书光绪皇帝，痛陈割地弃民的严重后果，指出抛弃台湾将失去全国民心，割地将招亡国大祸，力主拒绝和议、明定对策。他们提出四项解决办法：(一)下诏鼓天下之气；(二)迁都定天下之本；(三)练兵强天下之势；(四)变法成天下之治。他们认为前三项是挽救民族危亡的权宜应敌之谋，第四项才是立国自强的根本大计。还提出了富国之法、养民之法和教民之法三项变法建议。又建议裁撤冗官，紧缩机构，澄清吏治及改革官制。于每十万户中举一有才能之“士”为“议郎”，供皇帝咨询，上驳诏书，下达民词，凡内外兴革大政，皆令开会讨论，全体“议郎”每年更换一次。这次上书冲破了清政府的“士人干政”的禁令，提出了维新改良的政治纲领。上书虽被都察院拒绝，但却在全国广泛流传。上书者皆为举人，汉代以公家车马送应举之人赴京，后便以“公车”为举人入京应试的代称，故此次上书，被称作“公车上书”。

听了翁同龢介绍完“公车上书”之后，光绪骇然惊道：“啊？！这等大事，朕竟一点不知！他们书写的奏折呢？”

“军机处已经驳回，不为代奏。”

“真是岂有此理！”光绪生气地拍案而起，“一堵皇墙，朕被他们紧锁深宫！这，这领头的是何许人？”

“广东举人康有为。”

“康有为？他果真有些才学吗？”

“胜老臣十倍。”

“噢？”光绪为之一振。

翁同龢见光绪如此感兴趣，便慨然介绍道：“康有为认为，甲午战败，我天朝不得不忍辱乞和，皆因国力不强，国家不富所致。他多年研究西方治国的方法，认为要想不受列强欺凌，改变国弱民贫的局面，唯有像日本明治维新那样改革现存法制，变法图新，才能振兴祖国，富国自强！”

光绪兴奋起来：“朕近来也看了些西方维新治国的书籍，变法图新，固然是富国自强之路，只是祖宗之法，怎好轻易改变呀？”

“康有为认为，祖宗之法，为的是治祖宗之地。而今祖宗之地将不保，祖宗之法怎能不变？”翁同龢连忙答道。

光绪微微颔首：“嗯，有理，有理。”

翁同龢进而又跨前一步、压低声音：“皇上，唯有变法维新，方能彻底摆脱太后的掣肘！”

翁同龢虽然声音不大，但说在了光绪的心坎上。光绪的心为之一动，他口张了张，可旋即又把话咽了下去，只是微微扬了扬手：“师傅，改日再议吧！”

“嗻！”翁同龢一揖，起身告辞。

翁同龢正欲告退，突然传来一声高喝：“懿旨到！”

未等翁同龢回避，太监总管李莲英已手持一幅黄绸走入。翁同龢连忙跪伏在地。

李莲英操着他那特有的公鸭嗓，说道："传太后懿旨，着即免去翁同龢毓庆宫行走！"

翁同龢一听，犹如五雷轰顶。

光绪也大为惊骇："师傅免职，为何缘故？！"

李莲英应答："万岁爷，这是太后懿旨，奴才不知其详。"

光绪厌烦地把手一挥，李莲英退下。

翁同龢痴痴地跪在那里，宛如木鸡。

翁同龢系江苏常熟人，咸丰年间中的状元。历任户部侍郎、都察院左都御史，刑部、工部、户部尚书，军机大臣兼总理各国事务衙门大臣，是同治和光绪的两代帝师，尤为光绪帝所倚重。光绪帝"每事必问同龢，眷倚尤重"。中法战争时，翁同龢就主张出重兵抗法，反对李鸿章的妥协投降。甲午战争时，他以强敌凭陵，国势渐弱，力主一战。对前方战事每况愈下，他"焦灼愤懑，如入汤火"。战败后，愤于李鸿章的割地求和，遂倾向变法图强。又以慈禧名为归政，实则事事掣肘，因此欲翊戴光绪帝筹谋新政。世人视其为帝党之领袖。慈禧也正因如此，"着即免去翁同龢毓庆宫行走"，斩断他与光绪帝的联系。翁同龢曾设想过"后党"的种种阴谋，但他就是没想到慈禧会来如此一手，所以他呆愣地久久跪在那里。

光绪见翁同龢这般神情，颤声说道："师傅，请起来吧！"

翁同龢老泪纵横："皇上，老臣毓庆宫行走一撤，就再不能随时孝敬皇上了，皇上今后处事可要三思自重啊！"

光绪难过地扶起翁同龢，正待劝慰几句，突然眼睛一亮，原来是珍妃由侍女搀扶着回来了！

光绪惊喜地奔过去："爱卿！"

珍妃艰难地跪下去："奴婢恭请圣安。"

光绪紧走几步，上前扶起珍妃，他爱怜地抚摸着珍妃的臂膀，珍妃痛得哎哟了一声。

"怎么了？"光绪撸起珍妃的衣袖，一看胳膊上青一块紫一块，遍是伤痕。光绪心酸地，"怎么，挨梃杖了？李莲英这该杀的奴才，到底因为什么？"

"还不是因为咱刚才讲老佛爷的话，传到了西宫……"

翁同龢一听，惊骇地："啊？！这么快？"

翁同龢警觉地环视四周，只见窗下这时阮良才的身影一闪，翁同龢吓得倒吸了一口寒气！

"爱卿，又叫你受苦了！朕外保不了国家，内保不住师傅和爱妃，我，我真是个窝囊的皇帝呀！"光绪痛苦地捶胸顿足。

"皇上，只要你能当家做主，奋发自强，奴婢就是再受些皮肉之苦，也是心甘情愿！"

这时,阮良才又走近窗扉……

翁同龢嘘了一下,低声地说:“珍妃娘娘,说话小心!”

珍妃反倒一挺胸,大声道:“不,我不怕这些。皇上,奴婢怕的是大清二百年的江山,别真的断送在你的手里啊!那样的话,皇上,咱怎么对得起亿万臣民,对得起列祖列宗啊!”耿耿浩然正义,犹如振聋发聩的洪钟。

光绪在珍妃的感召下,也鼓足勇气:“爱卿放心,朕为了大清江山,决定仿效西方,变法图强!”

“这……只怕太后……”翁同龢很是担心。

光绪意志已决:“朕即去请示懿旨,如不给以事权,宁愿逊位,也决不做亡国之君!”

珍妃猛地抬起一双泪眼,赞许地注视着光绪。

第二章　力挽狂澜

光绪皇帝在康有为、梁启超等维新志士的支持下,经过三年的艰苦抗争,求得了慈禧太后“不予干涉”的允诺。1898 年(岁次戊戌)4 月 23 日,光绪皇帝终于登上了天安门,颁发了变法维新的定国是诏。一时间,沉寂的古都,仿佛涌起了一阵春潮。守旧大臣们虽百般阻挠、极力反对,可变法的潮流仍旧蓬蓬勃勃地开展着,大有一股百废俱兴、百业待举之势。

湖北巡抚之子谭嗣同就是在这种时刻,应皇帝钦召,打马进京的。只是由于父亲的反对,谭嗣同到达北京时已是阴历七月中旬。

谭嗣同

谭嗣同系湖南浏阳人,字复生,湖北巡抚谭继洵之子。少时博览群书,并学习西方自然科学,鄙视科举,好今文经学,对魏源、龚自珍等极为崇拜,喜读王夫之《船山遗书》。早年遍游全国,观察风土,结交名士,有“风景不殊,山河顿异;城郭犹是,人民复非?”之感,他发挥了王船山的“道不离器”说,认为“器既变,道安得独不变?”为变法提出理论根据。中日甲午战争后,愤中国积弱不振,在浏阳倡立算学馆,开湖南维新风气之先。1896 年,入赀为江苏候补知府,供职南京。今又奉诏，来到北京。

谭嗣同住在位于宣武门的浏阳会馆内，这里有一处不算很大的院落，院中古槐参天，葛藤交错。屋门上方有四个笔力遒劲的大字——“莽苍苍斋”，这是谭嗣同自题的屋名。门的两旁有一副对联，上联是“视尔梦梦、天胡此醉”，下联是“于时处处、人亦有言”。其实，此处原本贴有的对联为——“家无儋石，气雄万夫”，是谭嗣同为抒发胸中豪气亲笔所写，只因康有为见后，认为锋芒太露，容易招惹是非，便劝他重写。

傍晚时分，正房屋中亮着灯光，就着灯光，可以看出谭嗣同伏案就读的身影。院中，家人左湘在手持长枪演习武艺。突然，墙边的树梢一动，紧接着从墙上跳进一个人影来，此人身背单刀，体轻如燕。左湘一见，急转过身来，不待对方搭话，就猛将手中的长枪向对方刺去，对方也赶紧抽刀相迎。两人枪来刀往，未及两个回合，左湘便渐渐不支……

左湘急忙大喊：“七少爷，快来，院里有强人！”

谭嗣同闻声仗剑而出，他三十多岁，体魄强健，雄姿英发。但当他奔出门外，正欲舞剑相助左湘，及见对方是一位躯干雄伟、银须飘拂的老者时，他急忙扔掉双剑，倒地便拜：“五爷，谭嗣同这厢有礼了！”

这位鹤发童颜的老者也急忙收起单刀，跳出圈外，对谭嗣同举手还礼：“复生兄，久违了！”

左湘怔怔地站在那里，时而看看谭嗣同，时而看看老者，颇有些莫名其妙。

“左湘，还不快来参拜！这就是我常跟你讲起的京师大侠——大刀王五。”

左湘一听，连忙跪拜：“五爷，恕小的无礼！五爷真是侠风义骨，身手不凡啊！”

王五手拂银须，哈哈大笑：“好小子！”王爷一边笑着一边扶起左湘，转对谭嗣同，“复生，这位小弟是……”

“噢，前年湖南家乡受灾，我见他家中无人，便收留在我身边了。左湘，快去给五爷看茶！”

左湘高兴地答应着跑开了。

大刀王五是当时赫赫有名的京师大侠，武林中的传奇人物。他原名叫王正谊，字子斌，直隶沧州人，生于道光末年，现已年近五十岁，其幼年丧父，与勤劳的母亲相依为命。沧州素为武术之乡，有习武传统，各种流派的武术师比比皆是。王五自小酷爱武术，后拜沧州著名武术师李凤岚为师。王五身体素质好，又聪明机灵，能专心致志、勤学苦练，加以师父精心传授，所以进步极快，“尽受凤岚之学”，成为李凤岚的得意门徒。

王五学成之时，母亲已经去世，生活所迫，开始闯荡江湖，踏上了坎坷的人生征程。起初出没于直隶、河南、山东、陕西、甘肃一带，广泛结交各地绿林豪侠，他对吃人的黑社会,贪官污吏、土豪劣绅极端仇恨,对广大穷苦百姓寄予无限同情,往往路见不平拔刀相助,“生平专以锄强扶弱为事”,劫富济贫,仗义疏财。因此,他在绿林好汉中享有很高威信,众人都拥戴他做领袖。

王五长眉豪气,目光炯炯,声如洪钟,力大无比,加之性格豪爽,敢作敢为、讲义气、重信用,光明磊落,刚直不阿,爱憎分明,所以一到北京,便赢得京师武士的敬重和信任,共有十八人为其结拜的盟兄弟,他们个个都身怀绝技。王正谊排行老五,又以单刀为绝技,故人们称他为大刀王五,晚辈则称他为五爷。

谭嗣同因也系豪侠之士,正是惺惺惜惺惺,好汉惜好汉,和王五一见如故,二人遂结拜成生死之交。

王五也不客气,坐下来,一边喝着沩山绿茶,一边唠起了家常:“复生,自甲午战争后,转眼已是三年不见了。这一向,巡抚大人可好?”

王五所问的这位巡抚大人,系谭嗣同的父亲,名叫谭继洵,虽系湖南浏阳人,现今却在湖北任巡抚。此人办事谨慎,不愿儿子参与新政。王五因知道此中曲折,故有此问。

谭嗣同低声答道:“近来,没能去看望家父。”

“怎么,你们父子依然是政见不和?这次皇上亲诏入京,途经湖北,你也没下船去看望老爷?”

“我不想惊动沿途官府。”

“你呀,还是那老脾气,落拓不羁!”王五并没有深问,而是话锋一转,“听说皇上已经召见你了,你对当今圣上印象如何?”

谭嗣同见王五抛开了不甚愉快的家事话题,也自觉轻快。他恢复了那原本洒脱的天性,慨然答道:“不失为英明圣主!他虽手中无权,处处受太后掣肘,可从近来的举措来看,他变法图强的决心还是很大的。四月二十三日,皇上亲登天安门诏定国是。从那以后,仅仅几个月,就新诏屡下:废除科举,兴办学堂,修筑铁路,奖励工商……大有一种宏图大展,百废俱兴之概……”

王五见谭嗣同兴致勃勃,侃侃而谈,不忍打断他:“复生,恕我老汉直言,你初来京师,也许只知其一,不知其二。”

“五爷,你我肝胆相照,有什么话,敬请直言!”

王五解下背上的大刀,猛地往石桌上一拍:“你可知道,那些顽固守旧的大臣,视新法如仇敌吗?你可知道,那些因废除八股而失去进身之阶的守旧文人,那些因裁减冗员而感到衣食无着的八旗子弟,那些因要废掉寺庙而担心失去寄生之所的僧侣道人,现在都像苍蝇蛀虫一样聚拢在一起,咬牙切齿,抗拒新潮,说不杀康有为,不足以平民愤!……复生,这些你可都知道吗?”

谭嗣同对此并不十分惊讶和气愤,似乎这一切早在他的意料之中:“康先生为新党领袖,首举维新大旗,他招致旧党攻讦,毫不足怪!力图维新与因循守旧,水火不容，岂能相安无事？”

“现今国势衰败，民不聊生，而这京都之地，更是一卖官鬻爵、你欺我诈的大茅坑，里面爬着的尽是些趋腥逐臭的蛆虫。”王五对此依然愤懑不平，他劝慰谭嗣同，“复生您乃是一清白之人，干吗要往这茅坑里跳呢？”

谭嗣同平静地说：“五爷，正因为现在国势衰微，民不聊生，我才决心变法维新！为使四万万同胞，不致沦为亡国之民，别说是茅厕，就是刀山火海，我也愿闯！”

“可我担心，这大厦将倾，您独木难支呀！”

“五爷，嗣同这次进京，哪里是想支什么大厦，我是来拆这所大厦的！”

王五听后不由一愣：“什么？拆大厦？”

谭嗣同微微一笑：“五爷，正如您所讲，国家已乱到了这步田地，就比如一栋老屋，年岁久了，栋梁已朽，百孔千疮，眼看就要倒塌……这样的大厦，谁还白费气力去支撑它呢？常言道，不破不立。莫如干脆把它拆掉，重建一所崭新的大楼！”

王五凝神注目，捻须沉思，频频颔首：“嗯！不过，这样一来，那些守旧党徒岂不更加恨之入骨……”

谭嗣同坦然笑道：“五爷，变法是要流血的！特别像我中华，乃数千年之封建统治，层层筑垒，盘根错节，不闹到新旧两党流血遍地，中国是不会有复兴之望的！”

王五正待搭言，左湘走了过来：“七少爷，梁启超和杨锐二位大人求见。”

“请！”

王五见谭嗣同有客人，连忙站起身来。

“这二位都是维新志士，五爷坐坐无妨！”谭嗣同连忙解释。

“不，咱改日再谈吧！”王五背上大刀，起身辞谢，“复生，你们读书人懂得多，看得远，我老汉信得过你。你如有用得着老汉的时候，只管招呼一声，我王五将万死不辞！”

“谢谢老伯，请！”

谭嗣同躬身相让，可王五却走近了院墙：“我还是从这里出去。”说着，“嗖”的一声，王五又从墙上飞出。

这时，门外传来一阵喧哗：“复生兄，看我把谁给你请来了？”

人随声入，梁启超（字卓如）边说边走进院来，身后跟着年约四十岁的官吏杨锐。杨因一直为两湖总督张之洞的幕僚，所以显得拘谨、老成。

谭嗣同和梁启超早就相识，梁在长沙时务学堂任总教习时，还一道共过事，是位很谈得来的朋友。至于杨锐，只知其系四川人，字叔峤，系张之洞之门生。但因其创立蜀学会，并参加保国会，而被谭嗣同视为同志，今又一道奉诏进京，辅佐新政。所以谭嗣同对其到来，极为热情：“啊，叔峤兄，久仰大名！”

杨锐拱手还礼：“复生兄，常听康梁二先生讲起您，说您忠勇明达，轰天撼地，如您到来，维新之局定会虎跃龙腾！”

“谬奖谬奖！”谭嗣同谦逊地答道，“嗣同才疏学浅，只怕有负重望！”

“彼此同志，客气什么！”梁启超插话道，“当此艰难时刻，正需要像复生这样冲锋陷阵之猛将！”

谭嗣同听话音不禁一愣：“怎么，有什么变故吗？”

梁启超从怀中掏出一纸：“请看吧，这是皇上的手谕。”

“什么？让康有为离开京都，去上海督办官报？”谭嗣同惊讶地，“这……现在维新之局正需要人才的时候，翁同龢被慈禧削职回乡，已使皇上失去右臂，如康先生再一南行，岂不又削去左臂吗？”

“圣上也是势出无奈！”杨锐解释说，“近来对康先生的谣言四起，说康先生是汉奸，会妖术，惑乱宫闱。还说康先生给皇上进了红丸，使皇上迷了心窍，才一味相信康梁党人的邪说，成天嚷叫维新变法……”

所谓“红丸”之说，缘起明朝，是明朝末年三桩大案之一。明光宗即位后不久，即生重病，司礼监秉笔兼掌御药房太监崔文升下泻药，病益重。鸿胪寺丞李可灼进红丸，自称仙丹。光宗服药后，初时神光焕发，但两天后遂死去。

此即争论旷日持久的“红丸案”。守旧大臣以此案为由，诬陷康有为进献红丸，迷惑皇上，听信邪说……

谭嗣同听后，气得金刚怒目：“无耻之尤，黔驴技穷，只好靠此谣言度日！”

“不过，谣言因都是从紫禁城内务府传出，也颇能惑乱人心。”杨锐缓言解释说，“加上守旧大臣拼死抵制新法，视康先生为眼中钉、肉中刺，不除不快！皇上见康先生处境险恶，不得已才颁此手谕。”

“皇上此举，一是爱护康先生，保存实力；另外，在上海办报，造成舆论，也可借以推进京师之维新变法！”梁启超接着说道。

“当然，舆论至为重要！”谭嗣同说道，“只是康先生乃维新领袖，康先生一走，京师就全倚重于卓如兄了！”

“不，康先生一走，梁先生也要跟着他到上海的。”

“那这京都的变法……”谭嗣同不无疑惑地问。

梁启超走近谭嗣同，用力拍了拍他的肩膀后方说：“康先生因属众矢之的，而弟又位卑职小，思索再三，这京都力挽狂澜的重任只得借重复生兄了！”

“康先生准备向皇上举荐复生兄进入政权枢要，办理新政。”杨锐进一步阐述。

突如其来的如此变化，使谭嗣同陷入沉思……

梁启超停顿了一会儿，接着说道：“当然，进入枢机之后，您将要和那些守旧政敌唇枪相对，其处境之险恶是可想而知的。不过，您是勇于任事的好男儿，对这关系到变法成败之举措，我想您是不会推诿的！佛说：‘我不入地狱，谁入地狱……’”

“地狱天堂，都无所谓！”谭嗣同大无畏地表示，“只要能革除积弊，使我中华古国得以振兴，前面就是铁壁石山，我也敢撞他个铁碎石穿！”

杨锐不由得拇指一竖："真乃伟丈夫也！"

梁启超也随之激动起来，他紧紧抓住谭嗣同的手："我向你发誓，如有谁不忠于变法，谋求富强，即非人类！"

这时，左湘悄悄地走进，递上一张名片："七少爷，林大人来了。"

梁启超问："谁？"

谭嗣同接过名片："是林旭！快请！"

未等左湘出门，林旭已兴冲冲地跨进院内。这是位二十三岁的青年，年少气盛，朝气勃勃。他是和谭嗣同、杨锐一道奉诏进京、辅佐新政的同事。

林旭边走边兴奋地喊着："复生，出大事了！皇上今天一怒革除了礼部六大堂官！"

众人为之一惊："啊？！"

"快说说，到底怎么回事？"谭嗣同问。

林旭喝了口茶，兴奋地说道："皇上最近不是发下圣谕，让广开言路，特许臣工士民上书言事，任何人不准阻遏吗？礼部主事王照便写了封奏折，奏请皇帝游历日本和其他各国。他的顶头上司礼部尚书怀塔布恨王照是维新党人，公然拒为代递，将奏折退回。王照气愤之下，参奏一本，弹劾怀塔布等阻塞言路，违抗圣旨。这奏折到了皇上手里，皇上大怒，挥笔罢除了怀塔布等六位礼部堂官！"

这礼部六堂官的名字，分别是礼部尚书怀塔布、许应骙，左侍郎堃岫、署左侍郎徐会沣，右侍郎溥颋、署右侍郎曾广汉。他们守旧迂谬、阻挠新政。此前便诬陷"康有为逞厥横议，广通声气，袭西报之陈说，轻中朝之典章，其建言既不可行，其居心尤不可问"。这次又对礼部主事王照的"劝光绪帝游历日本及各国，吸取新政经验，斥责守旧派"的上疏，他们不仅不给王照代奏，反上疏诬劾王照"咆哮公堂，借端挟制，又谓日本多刺客，请皇上游历日本，欲置皇上于险地，居心叵测，应加惩治"。光绪皇帝得知后，勃然大怒，以礼部六堂官壅塞言路，着即革职，并称赞王照勇猛可嘉，赏给三品顶戴，以四品京堂候补，以资鼓励。

谭嗣同听完林旭的叙述，眉飞色舞，击节赞道："好，痛快！过去慈禧太后以捕风捉影赶走了翁同龢，这次皇上名正言顺地罢革了她的亲信怀塔布的官职！"

杨锐不像谭嗣同那样反应强烈，他不无忧虑地说："只怕这样一来，事情可要激化了！"

林旭毕竟年轻气盛："早该激化了！过去皇上颁发的谕令，这些守旧大臣总是百般阻挠，不行这雷霆之威，怎能扫荡积弊，推行新政！"

"是的，视今日国情，已病入膏肓。甘草贝母，已无关痛痒，非用大黄芒硝，不能荡涤！"谭嗣同兴致勃勃表示赞同。

杨锐依然忧虑地："不过，目前形势复杂，实权操在太后，凡事还不可操之过急，应是见机行事，徐徐图之。"

谭嗣同说："深谋远虑，当然有理。不过，如今国家痼疾之深，不以激烈手段进行改革，恐永难清除积弊……"

谭嗣同还想往下讲，但此时他发现门外的左湘正悄悄向他招手示意，所以他收住话头，快步走向门口。

"激烈手段？"杨锐望着谭嗣同的背影，摇了摇头，"过于激进，狗急还要跳墙呢？依我看，热锅只宜放温水，如放了冷水，就要炸锅！"

林旭道："炸就炸呗，一口破锅炸了更好！"

杨锐还欲辩驳，这时发现谭嗣同已走了回来，只是一扫刚才的兴致勃勃，而有些忧虑重重、面色阴沉。

梁启超首先发现了谭嗣同的神情变化，关切地问："复生，出什么事了？"

谭嗣同没有立即回答，而是反问道："卓如，今秋九月，皇上将奉太后前往天津阅兵，不知可有此事？"

"前些时，康先生曾当面问过皇上，确有此事。"梁启超点头答道。

"那可听说，这次阅兵是荣禄直接向太后提出，由太后批准的？"谭嗣同接着又问。

林旭抢先回答："嗯，是这样的。荣禄被太后任命为直隶总督兼北洋大臣后，立即向太后提出，请太后携皇上去天津阅兵。"

梁启超

谭嗣同神情骤然一变："这么说，是真的了？！"

杨锐疑惑地："什么真的？到底出了什么大事？"

谭嗣同稍事镇定了一下，分析道："你们想过没有，虎不离山，龙不离渊，出外阅兵巡狩，乃君王之大事，荣禄怎么能擅自决定？再说，如此大事，荣禄为什么不事先启奏皇上，却直接去禀告太后，这僭越之行，有何蹊跷？"

梁启超性急地："咳，到底怎么回事，你就明说了吧！"

谭嗣同说："刚才我的一位朋友，听到一个惊人的消息，说九月阅兵乃是荣禄向太后献的一条毒计，他准备乘阅兵之时，率领三军实行兵变，废掉皇上，绞杀新政，让慈禧太后重新垂帘！"

此言一出，宛如一颗炸雷，震撼着每一个人，这突如其来的变化，使众人均大惊失色。

"这,消息可靠吗?"梁启超首先开口。

"我朋友是从内务府听到的。"谭嗣同说。

杨锐顿时惊骇地:"这是政变啊!这可怎么办?我们全是一批文人,手无寸铁,岂不得束手就擒?"

"皇上一旦落入荣禄之手,刚刚兴起的维新之业,岂不前功尽弃,毁于一旦?"梁启超担忧地说。

众人一时均陷入慌乱之中,唯有谭嗣同依然镇静地:"不,我们不能坐以待毙!我们要赶紧想办法,帮助皇上收揽兵权!"

"只怕太晚了,京津兵力已全部落入荣禄手中。"杨锐显得很悲观。

梁启超说:"而且,九月眼看就到了,仓促之间可怎么办呀?"

林旭也忧虑地望着谭嗣同:"复生,我们总不能这样束手待擒啊!"

谭嗣同沉思了一会儿,然后果决地说:"咱马上去找康先生!看来只有抢在前面,以政变回击政变了!"

"什么?!以政变回击政变?"杨锐很是惊愕。

谭嗣同用其刚毅果断的目光扫视了一遍在场的同志,然后,踱前一步,扬起头来深沉地说道:"这样一来,那胜利和失败,生存和死亡,可就全都一起迫近了!"

第三章　权奸密谋

变法维新,风狂雨骤。京都大臣们一个个坐卧不宁,魂不守舍。然而,近在咫尺的天津荣禄家,却依旧沉浸在歌舞酒色之中。荣禄,这位传说与慈禧有暧昧关系的人物,此刻正像当年李鸿章一样,身兼数职,权重倾国。尤其当光绪决计变法,慈禧将直隶总督兼北洋大臣这一执掌京津兵权的重任交付他之后,他更是出将入相,炙手可热。

此次朝廷变法,本来首先危及的就是像他这样的权贵重臣的利益。但是,老谋深算的荣禄好像一点也不关心似的,稳坐泰山。今天,他又一如往常地在轻歌曼舞声中和他的宠妾爬上了烟榻……

"当当当!"荣禄习惯性地用手敲了敲烟榻。

一名侍女闻声走近荣妾,她隔着屏风隔扇深深地施了一礼:"夫人!"

从屏风后转出来的是最受荣禄宠爱的小老婆。她三十来岁,风姿婀娜,体态妖娆,是位颇为精明的少妇。

侍女躬身问道："夫人，烟泡已经烧好了，不知大人用哪套烟具？"

"这还用问！当然是太后送的那副新烟具了！"荣妾斥道。

侍女噤声，一礼，道了声"嗻"后退下。

荣妾望着侍女下去的背影，刚欲转回屏风，这时一名亲随手捧一叠文卷走了进来："启禀夫人！"

荣妾停住脚步，回身问道："什么事？"

亲随施礼："朝廷发下谕令，奴才想呈请荣大人一阅。"

荣妾随口说了句："先放一边吧。"说着又欲离去。

亲随赶紧又施一礼："夫人，这可是皇上钦批的圣谕。"

"圣谕？"荣妾慢慢转过身来，轻蔑地，"是不是又是废除科举，开办铁路？"

"禀夫人，这次是新的。"亲随禀报说。

"什么新的？"荣妾继续挖苦，"开设通商银行，修粤汉铁路，挖京城河道，这些不都颁过诏谕了吗？又有什么新花样？"

亲随从卷宗中抽出一纸："这是上命修葺地安门马神庙的空闲府第，以开办大学堂。"

"还有吗？"

亲随又抽出一纸："谕令天下妇女不准缠足……"

"哼，一个皇上管女人缠不缠足干什么！名门闺秀如不缠足，那和贱女村妇还有什么区别？！"荣妾转对亲随，嘲讽地："圣谕没提要剪男人的辫子呀！听说皇上已经在宫廷里穿上西服了，这你听说了吗？"

亲随见荣妾如此放肆议论圣谕，诚惶诚恐，低头不敢回答："奴才不知……"

荣妾看着他那害怕的样子，斜了他一眼："下去吧，还愣着干什么？"

"那这些皇上的圣谕……"

"荣大人没工夫看它，锁柜子里吧！"

"嗻！"亲随退下。

荣妾正欲走下，亲随突又返了回来："夫人！"

荣妾停下脚步，不耐烦地："你？怎么又来了！"

亲随禀报："怀塔布夫人来访。"

"请她进来。"

"嗻！"

亲随应声走出。怀塔布夫人随即走进来，这是位四十多岁的妇女，本来这位贵族福晋多年养尊处优，理应保养得很好，可现在却是一脸愁容……

荣妾紧走一步，迎过去略施一礼："姐姐！什么风把您给吹到天津来了？"

怀夫人见到自己的亲姐妹，好似见到了救星，她未及还礼，便一下子扑在了荣妾身上："哎呀，我说妹子，可救救姐姐姐夫吧！"

“出了什么事？”荣妾忙问。

“哎呀，你还不知道哇？”怀夫人惊愕地大声说，“普天下谁不知道你姐夫的礼部尚书被罢除了！”

“噢，原来为这个，这我在朝廷诏谕上看到了。”

“现在把谭嗣同、杨锐、林旭一伙新党，召进军机了！”

光绪帝在罢黜礼部六大堂官的同时，晋升谭嗣同等四人为军机章京，主持新政。

荣妾淡淡地说：“这我也看到了。”

“这还不是大事呀！一进一出，京都都翻天了！”怀夫人吃惊荣妾的态度，“噢，还撤了大量的冗闲衙门和八旗官兵，皇上说什么让旗人去自谋生路……”

荣妾依旧淡淡地说：“这也没啥大不了的！”

“还，还没啥大不了的？！”怀夫人惊诧地，“你姐夫都愁得快跳河上吊了！”

“就为这个……”荣妾道。

“你姐夫他是又气又恨，又羞又愁！天天闷在家里抱着酒壶，喝醉了就跑到祖宗牌位前放声大哭，一边哭一边叫：‘汉人要当权了，满人完了，大清朝完了！’……”

荣禄

这时，一个威严的声音厉声喝问：“谁说的？谁说大清朝完了？！”

怀夫人急转回身去，不知荣禄何时走了出来。荣禄虽已六十多岁，却依旧精神矍铄、气宇轩昂，跨步格外高远。他是满洲正白旗人，早年曾侍候光绪的父亲醇亲王，因纳贿而被赶出，因此极为嫉恨光绪一家。后因此人善于拍马，得到慈禧的赏识，遂为慈禧的鹰犬。又因人长得高大魁梧、颇有男子汉的帅气，慈禧将他步步提升，待到此时，他已身兼大学士、军机大臣、兵部尚书、北洋大臣、直隶总督，统帅北洋三军、权倾朝野，是慈禧太后的宠臣，地道的“后党”领袖。那些趋炎附势、钻营禄位的人全都投靠、巴结于他，怀塔布出了如此大事，自然也来求救于他。

李鸿章

怀夫人见荣禄走出来，赶紧躬身施礼：“荣大人，现今皇上重用年轻人，驱赶王公老臣。怀塔布让我来求拜荣大人，请荣大人为我们做主！”

“怀大人为何不去找李中堂？”荣禄问道。

“您是说李鸿章？他自己都被皇上免职了，连自身都没保住，他还能……荣大人，如今满朝文武就只有仰仗您了！”

“我有何能？”荣禄道，“怀大人身在京师，可到颐和园去找太后嘛！”

“老佛爷如肯出面，当然求之不得。只是听怀塔布说，老佛爷发过声明，对皇上变法事，她不予干涉，任由皇上去干！”

荣禄嘴上挂出一丝冷笑：“你们呀，真是！这等大事，老佛爷焉能不管！”

怀夫人分辩道：“不，老佛爷的确说过，给皇上以事权，任凭皇上去办……”

“那是说给……”话到嘴边，荣禄又话锋一转，“啊，老佛爷一世辛劳，两度垂帘，好容易把大清天下支撑下来，她怎能忘了诸位元老重臣，怎能不关心诸位老臣的死活呢？”

怀夫人似乎揣度出点什么来：“荣大人，您是太后最信赖的人了，太后最近是不是说了什么？太后是不是……”

荣禄不动声色地微微摇了摇头。

怀夫人失望地说：“那我们可怎么办呀？这样憋下去，怀塔布非死不可呀！”

荣禄劝慰道：“夫人回去请转告怀大人，请他放宽心，再忍耐些时！”

“还要忍耐多久哇？”怀夫人急切地问。

“只需两个月，等到了九月……”荣禄恐言多有失，就此打住。

“九月怎么的？”怀夫人想探个底里。

“你只告诉他到九月就行了。”

“荣大人，九月到底有什么事？为什么非得等到九月……”怀夫人刨根问底。

“夫人，您信得过我荣禄吗？如信得过我荣某，您就告诉怀大人，让他听我的话，回去保养好身体，努力加餐，养精蓄锐，待到九月我保他官复原职！其余的您就不必多问了！”

怀夫人眼泪盈眶：“荣大人，如有那一天，您就是我怀家的再生父母！”说着，扑通一声跪在了荣禄的面前。

荣禄示意荣妾扶起怀夫人，搀送出门。

送走了怀塔布夫人，荣禄从侍女手中接过水烟袋，侍女为之点燃了纸媒。荣禄边吸边在厅中踱步，虽然他佯装镇定，但怀塔布夫人的话却不能不引起他的警觉，使他陷入深深的沉思……

一会儿，荣妾返回：“咳，人到这种地步，也真够可怜的！”

荣禄眼睛一瞪，立刻又恢复了往日的威严：“可怜什么？一群酒囊饭袋！也难怪皇上将他们革职，这些老臣依仗祖宗的功德，平时只知道拿着朝廷俸禄，吃喝嫖赌，一旦裁革，便又只会哭天喊地……”

“听说刚毅刚大人，最近像着了魔似的迷上了占卜星相，不管什么军机大事，都得先占上一卦……”

荣妾说完，荣禄刚欲发作，只见亲随走上一躬：“刚毅刚大人拜见。”

荣禄扑哧一笑：“真是说曹操，曹操就到。快请！”

因为刚毅同为军机大臣，且是慈禧的宠臣，所以荣禄立刻换上一副热情的面孔，与刚毅施礼，让坐。荣妾吩咐侍女看茶。

“刚相驾临，有失迎迓，失礼失礼！”荣禄客套地说道。

荣妾接着说：“刚相乃军机重臣，怎么得闲来天津一游呀？”

刚毅一腔怨愤：“咳，什么军机重臣，自从谭嗣同几个年轻人进入军机后，这几个小小的章京行走，权势反倒在我等军机大臣之上！呸，什么变法维新！改革者，满人之害，汉人之利！”

荣禄表情沉稳，捻着胡须，缓声问道：“现在康有为还在北京吗？”

“皇帝虽下了诏谕，令他去上海督办报纸，可他至今尚未离开京师。”刚毅回道。

荣妾看了下荣禄的眼色，然后神秘地说：“听说康有为当初成立保国会时说过，他们只保中国，不保大清？”

刚毅一怔：“有这话？好，待老夫回去参他一本！”

刚毅虽系老臣，但不学无术，每日除却效忠慈禧之外，就是占卜星相，无所作为，是个炮筒子似的角色，点火就着。

荣禄含笑注视着他：“新来的这位谭嗣同怎么样？”

“咳，别提了！”刚毅大倒苦水，“原本以为他是巡抚之子，官宦书礼之家，谁知进朝之后，竟是个桀骜不驯之徒。不仅不拜访老臣，进送别敬，有一次在朝中相遇，他这四品的候补知府，对我这一品大员不但不施礼让路，相反竟睬也不睬，昂首擦肩而过，你说可气不可气！真是世风日坏，人心不古……”

“这么说，他也是个地道的康党？”荣妾插话。

“岂止康党，实为万恶不赦之过激党徒！”刚毅气得恨不得食肉寝皮。

这时侍女送上茶来。

荣禄端起一杯茶，递给刚毅，依旧微微一笑：“刚相，不必动气，请用茶！这些维新党徒，系一群饶舌文人，没什么了不起！他们只会空谈，舞文弄墨，到时候，只要一队枪兵，就可以永远封住他们的喉舌！”

“唔，当然，那当然！”刚毅赞同地连连点头。

荣妾为刚毅点着水烟，递了过去：“刚大人这次来天津，是来游玩，还是路过呀？”

“老夫是专程来贵府拜访的。”

“噢？有何要事？”荣禄问道。

刚毅吸了一口烟，说道：“咳，其实也是小事一桩。”

“请讲！”

“皇上昨天发下圣谕，钦召小站袁世凯进京，此事中堂大人可知道？”

荣禄摇了摇头。

“这么说，皇上的圣谕不是发到天津转给袁世凯的？”

荣妾解释说：“小站离天津尚远，朝廷会不会是为了节省时辰……”

“怎么，刚相是专为送此消息而来？”荣禄问道。

“是的。咳，这事其实我昨天已夜观星相，随又占了一卦，本没有什么大事的，可李鸿章非让我亲来告知您！”

荣禄顿时警觉起来，因为在朝中他最佩服的就是李鸿章，认为李鸿章是足智多谋，且嗅觉灵敏，今见李鸿章让刚毅亲来告知他，便断定此事大有来历。于是，他放下水烟袋，急问：“噢，李中堂他怎么讲？”

“李中堂此人一向多疑！”刚毅浑浑噩噩，依旧吞吐着烟雾，大大咧咧，不以为然地说，“他认为，皇上从不过问军事，这次为什么要亲自召见军人袁世凯呢？袁世凯身为荣大人部下，此次召见为什么不先跟荣大人打招呼，而秘密召见呢……”

荣禄啪地一拍桌子站了起来，杯中茶水为之一抖：“如此说来，事情确是严重！”

刚毅迷惑不解：“这，怎么就严重了？”

“袁世凯一直倾向维新，甲午战争后，曾列名强学会，和康有为眉来眼去，关系密切，并一向采用西法操练新军……这些刚相可知？”

“我早就知道他倾向维新！当初很多封疆大吏不也列名强学会，倾向过维新吗？”

“问题是袁世凯不同于其他那些大臣！”荣禄面色严峻，斩钉截铁地说。

刚毅还是不明白：“此话怎讲？”

“请问刚大人，您可知如今之北洋水师……”

“已全军覆没。”

“那曾驰誉寰宇的湘、淮二军呢？”

“也已师老将残，不堪大用。”

“那些各地的绿营旗兵……”

“更是一群少爷兵、老爷兵，枯木朽株。”

“不是我荣某夸口，全国军队中现只有我手中掌握的北洋三军。”荣禄下意识地挺了挺胸脯，但这只有短暂的一瞬，随即他话锋一转，“但我这三军之中，董福祥的甘军，原系土匪出身，乌合之众；聂士成部稍强一点，但也是旧式规模，缺乏新法。偌大中国，真正用西式操练，称得上劲旅的，唯有袁世凯手中这七千新建陆军！而如今康梁等维新党人在皇上的支持下，雄心勃勃，内控制着报纸舆论，外得到世界列强的声援，他们唯一所差的就是手中没有兵权。此时，如袁世凯一旦站了过去，其情势岂不就万分危急了吗？”

刚毅听荣禄这么一分析，也同样地警觉起来："中堂的意思，这次皇上钦召袁世凯入京，是皇上想笼络袁世凯，也就是维新党徒要抓兵权？"

"可怕之处，就在于此！"荣禄接着分析道，"试想，康党如把袁世凯拉过去，变作禁卫军，岂不如虎添翼！到那时，不要说九月兵变，将功亏一篑，化成泡影；就是你我这些王公老臣，也将变作阶下囚，刀下鬼！"

荣妾听到这，手中的杯盏"啪"的一声落在了地上："啊？！这，这可怎么办呀？"

刚毅霍地站起："荣中堂，立即派兵将袁世凯半路截杀！"

荣禄沉思片刻："不，袁世凯机警得很，如刺杀不成，反将他死心塌地地推向了维新党徒。再说，时间也来不及了……"

刚毅此时也为之惊慌起来："那，怎么办才好哇？"

荣禄神情肃然地站起来，在大厅中沉思、踱步。荣妾用一副惊恐的眼光，紧张地追随着荣禄。

突然，荣禄眼睛一亮，猛地转过身来，厉声地说："来人！"

亲随疾步走上："嗻！"

"传我旨令，命董福祥、聂士成两部立即调进天津，以防不测！"

"嗻！"亲随退下。

荣禄转身对荣妾："劳你辛苦，去请趟赛二爷！"

荣妾一听，勃然变色："什么，让我去请她？！"

"哪个赛二爷？"刚毅急问。

"就是那鼎鼎大名的状元夫人，风靡京津的名妓赛金花，她新近从上海转到天津来了。"荣禄答道。

荣妾忍不住哭闹起来，指着荣禄："你，你！这是什么时候？都火烧眉毛了，可你这老朽还……"

荣禄十分恼怒："住口！妇人之见，你懂什么？！"

荣妾见荣禄发怒，初时一惊，随即又抽泣起来。

"夫人息怒！"刚毅转对荣禄，"荣中堂，正如您刚才所言，形势可是十万火急呀！这赛金花……"

"刚相有所不知。我荣某刚刚调任天津，对部下三军并不深知。特别袁世凯近几年来，由于两次去朝鲜平定叛乱，声名鹊起，人都说他机敏老练，桀骜难驯。我早就想试试，这袁世凯是不是果如人说，是位刚烈的鲁丈夫，但始终未得机缘，最近也是天从人愿，把赛金花这个人间尤物送到了天津来……"

"中堂的意思，是把赛金花送给袁世凯……"

"这艳名倾倒欧亚的名妓，是香玉，也是试金石！"

"如果袁世凯他不肯收纳呢？"荣妾插嘴道。

"那说明袁世凯此人很难对付，我将另寻霹雳手段！"

刚毅早已听说赛金花的艳名，垂涎欲滴，这时他忙笑道："赛金花乃天地精灵，将这等美人送上门去，谁都是求之不得的呀！"

荣禄捻须微笑："如能这样，事情就好办了。"

"一边出精兵，一边派美女，中堂大人，您这是双箭齐发、刚柔并举呀！"刚毅吹捧道。

荣妾也破涕为笑："我这就去找赛金花！"

"好，去吧。"荣禄笑笑，转对刚毅，"刚相，您今夜还得辛苦一下。"

"有何吩咐？"

"连夜赶回颐和园，向老佛爷禀报！"

第四章　不速之客

1898年8月初的一个夜晚。

袁世凯住进了北京东城报房胡同的法华寺。法华寺原系明朝太监刘通的住宅，明代宗景泰年间时，刘通舍宅为寺，后明熹宗天启年间，太监姚某重加修葺，寺院已具相当规模，"若黝垩丹漆以及镌匾悬额，无不金碧交辉，庄严宝重"。

法华寺因地近皇城，是明清两代极为重视的一座寺院，同时也是贵族士大夫闹中取静、吟诗作赋的好地方。由于主持寺院的和尚善于结交官府，笼络文人墨客，自乾隆以后，香火极盛。其中西跨院中分为若干小院，在这些小院落中，以海棠院最为著名。该院内"海棠高大逾常，再入则竹影萧骚，一庭净绿。桐风松籁，畅人襟怀，地最幽静"。院内虽雕梁画栋，但是海棠碧竹，廊回径转，使人有富贵而不落俗，素雅而不平淡之感。

袁世凯因刚刚受到光绪皇帝的召见，回到这超世脱俗、优雅恬静的环境，自是志得意满，心旷神怡。朝廷大小官吏鳞次栉比的祝贺，使袁世凯一点也不感到喧哗和嘈杂，相反，他正满面春风、喜笑颜开地迎送贺喜的官吏。

"恭贺袁大人高升！"

"恭贺袁大人晋升二品侍郎！"

袁世凯喜悦地答道："愧甚，愧甚！袁某无功受赏，实在是惶恐之至！"

"袁大人请留步吧！"

"谢谢诸位大人！"……

互相应酬之声逐渐远去……

此时，一个文质彬彬的人从内室里走了出来。此人叫徐世昌，号菊人，早年结识袁世凯，由袁世凯资助入京应考中举，后成进士。1895年，袁世凯小站练兵时，他兼营营管处，是袁世凯的心腹谋士与智囊。这次袁世凯被召入京，特意把他请来，成为轻易不肯多露面的神秘角色。他瘦骨嶙峋，但人却极其精明，每遇大事，袁世凯便将他带在身边。

袁世凯的亲随段二，托着一杯龙井茶走过来："徐老爷，请用茶。"段二知道徐老爷的习惯，他只喝龙井绿茶。

徐世昌接过龙井茶，下意识地吹了吹茶末，问道："外厅贺喜的人还没走吗？"

未及段二回答，外面传来一声唱喝："袁大人送客回来了！"

段二连忙放下茶盘，奔过去打开门帘。全副戎装的袁世凯满面春风地走了进来。他四十来岁，身材矮胖，但因其身着戎装，却也显得相当威风凛凛，气度不凡。

袁世凯人随声入，得意扬扬地说："菊人兄，让你久等了！"

徐世昌站起来，拱手一揖："我徐某，也恭贺慰亭兄越级高发！"

袁世凯，字慰亭，又作慰庭，因出兵朝鲜有功，被李鸿章保荐为三品道员。转授浙江温州道，在天津小站"训练新兵"，故又称慰帅。

袁世凯笑笑："你我心腹至交，用得着这么客气吗？坐坐，我专程请你来，是想让你帮我揣测揣测皇上的意图，这次为什么降旨召见，并破格提升我为二品兵部侍郎候补呢？你知道，这种特恩一般人是很难得到的……"

"大帅两次奔赴朝鲜，平定叛乱，功业卓著；加之天津小站训练新军更是天下称雄，所以我觉得皇上破格提升也是当之无愧的。"徐世昌略微停顿了一下，接着说道，"当然喽，皇上选在这时召见提升，肯定还有另一层用意……"

"噢？"袁世凯颇感兴趣。

年轻时的袁世凯

徐世昌侃侃谈道："皇上正在起用新党，推行变法维新。他知道慰亭兄加入过康有为的强学会，倾向维新，又是采用西式方法操练部队，一定以为慰亭兄也是新党哪！"

袁世凯放声大笑："哈哈哈，我那新党，你还不知道？！"

徐世昌当然知道，袁世凯虽被世人称为了不起的将才，出使朝鲜，显示非凡才能，在天津小站练兵，采取西式新法，而且自甲午战争后，多次参加康、梁主持的强学会、保国会活动，被认为是思想开明、倾向维新的人，但其实袁世凯和康有为完全不是一路人。一想到康有为等把袁世凯引为同类，徐世昌不由得狡黠地一笑，正欲说破时，侍从段二手托一大红烫金的礼单走上："大帅，这是刚刚又收到的贺礼。"

"你念念。"

"刚毅刚大人送的是一对金元宝；李鸿章李大人送的是西洋金表；御史杨崇伊杨大人送的是一个赤金鼻烟壶。"段二念完，将礼单呈递给了袁世凯。

袁世凯他手托礼单："可惜赛金花已经返回天津了，不然把她招来，咱好好庆贺今宵！"

"启禀大人，庆王爷也有礼物送来。"段二回禀。

"噢？怎么礼单上没有？"

段二神秘地微微一笑："他送的是北京名妓筱翠红。"

"这，这……"袁世凯先是一愣，随即放声大笑，"哈哈……"

徐世昌也是性情中人，他举手一躬，笑道："慰亭兄真是艳福不浅啊！这次来京时，荣中堂送的是赛金花，西洋味的；这回这筱翠红，则是典型的东方美人儿。这些王公大人们也真会别出心裁！哈哈……"

袁世凯笑问："翠红小姐是什么时候送来的？"

段二回道："庆王府的人是直接送至后院密室的，翠红小姐已在那里等待多时了。"

徐世昌津津乐道："我早就听说翠红小姐的艳名，风流婀娜，娇翠欲滴，芳冠八大胡同，艳旗飘荡在京都啊！俗话说，自古名士多风流……"

袁世凯知徐世昌也系好色之徒，听他喋喋不休地赞美筱翠红，也大为高兴："好，那我袁世凯今天也风流风流！段二，洗澡水烧好了吗？"

"已烧好多时。"

"我这就去洗浴。你告诉门房，关闭院门，谢绝一切来客。"

段二答应着退下。

徐世昌站起来，含笑告辞："祝慰亭兄今夜春风得意！"

袁世凯嬉笑着，甩掉外衣，正欲进一步解带宽衣时，突然段二急匆匆地又跑了进来："启禀大帅，有位大人来访。"

"混账东西！我不是让你谢绝一切来客吗？"袁世凯恼怒地斥责道。

“小的告诉他，大人已经歇息了，可他还是硬闯进来，说有紧急公事，非见不可！这是他的名片。”

徐世昌接过名片：“谭军机？”

“谁？”袁世凯问道。

“皇上新擢升的军机章京谭嗣同，这可是皇上近臣，朝廷新贵。”

“我和他平日并无交往，这么晚他来干什么呢？”袁世凯有些疑惑，一边重新穿上外衣，一边命道，“快，快请！”

徐世昌不用吩咐，又自动隐入内室。

段二飞步迎出去，还未及打开门帘，谭嗣同已健步跨了进来。

谭嗣同拱手一揖：“恭喜慰帅荣升！”

袁世凯连忙拱手还礼：“不敢不敢。久仰复生兄大名，未能得暇趋访，谨致歉意。”

二人坐定，段二送上茶来。谭嗣同细观袁世凯，只见他虎背熊腰，目光炯炯，眉宇间透露出英武之气。

“从前久闻慰帅大才，现在见了面，果真名不虚传。此次圣上特恩，真是知人之明，当为国家予庆。”谭嗣同道。

“谭军机太言重了，哪里敢当。”袁世凯连忙谦逊地答道。

谭嗣同警觉地看了看周围：“兄弟今天还有几句话，想和慰帅密谈……”

袁世凯吩咐段二：“你去院中守着，不许一个人进来！”

段二答应着走了出去。

“有什么话现在尽可谈了。”袁世凯低声道。

谭嗣同用他那深邃的目光，久久盯视着袁世凯：“慰帅此次面圣，谈话甚久，慰帅对皇上印象如何？”

“旷代的英明圣主！”

“待慰帅如何？”

“皇恩浩荡，恩重如山。”

谭嗣同注视着袁世凯，接着说：“圣上目前的处境，极为可虑，慰帅知道吗？”

袁世凯摇了摇头：“皇上万乘之尊，奉天承运，有何可虑？”

“慰帅确实不知内情？”谭嗣同紧盯着袁世凯，目光如炬。

“袁某确实不知。”

谭嗣同这时站起身来，走向窗口，屋外此刻已是雨声淅淅沥沥，不时有沉闷的雷声滚动，显得屋中的空气格外凝重。

谭嗣同慢慢转过身来，注视着袁世凯，试探地：“慰帅被授为兵部侍郎，乃破格之赏。皇上如有危难，能力筹救上之策吗？”

袁世凯义形于色：“君难臣死，乃千古之大义。皇上如需臣下效犬马之劳，敢不尊奉，以报天恩！”

谭嗣同沉默半晌，猛地跨前一步，压低了声音："圣上有密诏，说'位几不保'，要我们设法相救。"

"这，确有其事？"袁世凯颇为惊诧。

谭嗣同掏出密诏："请慰帅看皇上手谕。"

袁世凯急忙跪下，行了大礼，然后接过诏书，迅速地浏览一遍，又恭敬地退还给谭嗣同。谭嗣同用其炯炯的目光一直注视观察他。

"慰帅可有良策挽救圣上？"

袁世凯沉默片刻后问道："皇上说位几不保，究竟是怎么回事？"

"天津九月阅兵，可有此事？"

"荣中堂已令我负责操练。"

谭嗣同进一步加重语气："借阅兵之机，行废立皇帝之谋，慰帅可有所闻？"

袁世凯惊诧地摇了摇头，他的心情陡然紧张起来。

"现在能救皇上的，唯有慰帅！"谭嗣同坚定地说。

"我、我有什么办法？"

谭嗣同眼盯着袁世凯，欲言又止，他站起来在屋内走了几步。屋外此刻仍有隐隐的雷声，并不时有闪电划过。

谭嗣同重又回到桌边坐下，开口道："救不救皇上，全在慰帅！只要决心相救，一切都好办，就看慰帅有没有救上的决心。"

袁世凯激愤地发誓："世凯三代深受国恩，今又受皇上不次之赏，敢不肝脑涂地，以供驰驱。请吩咐，只要能办到的，世凯定冒死相救！"

谭嗣同慢慢地呷了口茶，接着话锋一转："圣上召见时，没有提及荣中堂吗？"

"只跪安时说了一句，吩咐以后跟荣禄各办各事。"袁世凯回道，"我现在正不知此话何意？"

谭嗣同霍地站起来，发指眦裂："借天津阅兵，实施废立，就是他的阴谋！他是个卖国的奸雄，破坏新政的罪魁，犯上作乱的祸首！"说着他逼近袁世凯一步，目光直视，"不过，听说他对慰帅很是优待？"

袁世凯心里猛地一惊，旋即又镇静下来："他对我的确很是笼络，但他的私恩，终不能敌圣上的公义！况且就说私恩，他也并无诚意。前年胡景桂参我一本，就是他背后捣的鬼。另外他在背后，也常讲我跋扈不可用，说汉人兵权不可太大……"

这时，门外突然响起东西落地之声。袁世凯厉声问："什么人？"

门外传来一声通报："是小的送公文来了。"

袁世凯喝道："进来！"

一名文案，双手捧着护书，恭恭敬敬地走进来，递给袁世凯。

袁世凯脸色铁青，目光像两把利剑似的逼视着这名文案："为何不送到我书房里去？"

文案嗫嚅地说："有几件紧急公文，需请大人急速过目，所以特地赶来呈送。"

袁世凯点了点头，接过护书，看了几页，那文案便欲转身退下，他刚走到门外，袁世凯猛地一声喝道："回来！"

那文案听了，浑身一颤，急忙停下脚步。他转身望着袁世凯，双手不禁微微颤抖起来。

袁世凯满脸怒容："你这大胆的狗才，吃了老虎心、豹子胆，竟敢跑到老子营中当起奸细来了。快说，荣禄是怎么派你来的？"

文案扑通一声跪在地上，连声哀告："大、大人饶命，小、小人，从实……招供。"

袁世凯也不言语，从腰间拔出手枪，"砰"的一声，将文案击毙在地："来人！将他拖出去。"

两名亲兵跑上，将尸体拖出。

谭嗣同惊愕地望着袁世凯："慰帅，未经审讯，你怎么知道他是奸细呢？"

袁世凯冷笑了一下："前些天就发生过这种事，那次我在天津荣禄那里，一位维新的同志到了小站，我还不清楚，荣禄却先我知道了，这说明荣禄在我营中安了耳目。回来后，我便留心观察。如今已是深更半夜，这家伙却跑到这儿来送什么文件，说他紧急吧，他又并不急着等候批复，转身就走，你说有没有鬼？枪毙了这狗才，是便宜了他！"

谭嗣同早就听说袁世凯心狠手辣，办事果敢干练。前些天康有为曾经派徐仁铸去天津小站考察，在了解情况后极口称赞袁世凯的维新之举，力挺袁世凯堪可大用！谭嗣同今日一见也暗暗佩服袁世凯的老练："既然这样，由慰亭兄去对付荣禄，想必不会有所顾忌吧？"

"顾忌什么！"袁世凯大义凛然，一挺胸膛，正色宣誓道，"君父有难，自当直前，况受厚恩！"

谭嗣同被袁世凯的决心所感染，也激动起来："好，现在要决心救国家救皇上，只有行霹雳手段，先将这个奸雄除掉！"

袁世凯一惊："谁？荣禄……"

此时，窗外一道电光划过，接着是一声炸雷。

谭嗣同脸如生铁，大声说道："诛除荣禄之后，直隶总督、北洋大臣之位，慰帅将取而代之。"

"阁下不是说九月阅兵的事吗，为什么现在就要动手？"袁世凯疑惑地问。

"时机紧迫，不容等候到九月了！"谭嗣同道，"再说，阅兵之时，三军齐集，如有变故，恐慰帅一时难以措手。"

"不，不！"袁世凯慌忙否认，"事先如有布置，阅兵之时，皇上的安全，由我负责。如有变故，皇上可到我的营地，我当全力护卫皇上。"

"既已如此，我就将底全部告知慰帅。"谭嗣同眼望着袁世凯，说出了他的全部计划，“现在的情况是十分紧急，皇上危在旦夕，我们只有先下手为强！尉帅如有志救皇上，皇上将赐给你手谕。尉帅带本部兵马到天津，见到荣禄后，宣读谕令，立即正法。随即带兵入京镇压叛乱，保护皇上。”

屋外一阵强烈的电闪雷鸣，袁世凯的神情越发紧张起来。事情太大、太突然了，竟使得一向老谋深算、处事老辣的袁世凯半晌无言。

谭嗣同看着袁世凯眼珠不停地转动，便问道：“尉帅有甚为难之处吗？”

“不，不，我在想如何对付他。”

谭嗣同想了想，接着又问：“荣禄手握重兵，又心计奸巧，要对付这样的枭雄魁首，不知尉帅有没有这个胆量？”

袁世凯轻蔑地冷笑一声：“这算什么，只要有皇上的一寸字条，杀荣禄还不像杀条狗！”

“好！”谭嗣同击掌赞许，然后从怀中取出一支小令箭，“这是皇上的令箭！”

袁世凯赶紧跪下，接到手中。

谭嗣同又说：“至于密谕，明天你请训时，皇上将当面交给你。不过，诛杀荣禄，仅仅是走出了第一步，还有第二步……”

“噢？”

“你知道，废立的关键，全在颐和园。皇上力谋变法图强，但受制于西太后，不能放手办事。只有实行兵谏，才能推行新政，救国救君。”

袁世凯

袁世凯听完，不由得心灵为之一震：“足下之意，是对老佛爷实行兵谏？”

“对，尉帅率兵进京勤王，一部保卫皇上，一部围住颐和园……”

袁世凯紧张地：“还要围住颐和园？”

“对西太后实行兵谏，让她别再干预政事！”谭嗣同激愤地说，“国家大事，完全交由皇上做主。尉帅以为如何？”

袁世凯有意避开谭嗣同注视的目光，支吾地说：“啊，我、我在想另一件事。”

“什么事？”

袁世凯回道：“北洋各军有四五万人，京城旗兵，也有好几万，我新建陆军只有七千，兵力悬殊太大……”

“这我谋算过。”谭嗣同显得很有把握，“他们兵员虽多，可帅老将残，多是废物。而尉帅之新军，精锐骁勇，以一当十，不足为虑！”

“那倒是确实，我并不怕他们！只是粮械弹药，都在天津，我的营地储存不多，必须事先设法储足弹药，方可举事。我回防地之后，立即部署，着力筹备此事。”

“务望急速办妥，密告举事日期，里应外合，彼此策应。”谭嗣同叮嘱。

袁世凯大义凛然：“请放心！皇上危在旦夕，臣下岂能拖延时日？”

这时，隐隐传来更声，已是深夜了。

谭嗣同站起来，紧紧握住袁世凯的手，坦诚地说：“慰帅，除旧党，建大业，全在此举！”然后，他松开双手，扬起头颅，“为了挽救国事危亡，我谭嗣同拼着这颗脑袋，是什么也不在乎的！慰帅如不愿报国恩、救君难，而贪恋富贵，可到颐和园去举发我，你也可封侯列相、直上青云！”

袁世凯脸色一沉：“你把我袁世凯当成什么人了！我三代世受国恩，我可向天盟誓，如有三心二意，天诛地灭！”铮铮誓言掷地，铿锵有声。

伴着屋外隆隆的雷声和滂沱的大雨，谭嗣同的神情异常激动，他向前大跨一步：“好！匡后天下，重振朝纲，就靠袁大人只手回天了！”

袁世凯指天画地：“只要有益于君国，即使是刀山火海，我袁世凯也万死不辞！”

谭嗣同高声赞叹：“慰帅真不愧为奇男子、伟丈夫！你就是今天的陈平、周勃！”说着他向前一跪，“慰帅，请受谭某一拜！中华民族，四万万啼饥号寒的黎民百姓将永世感激袁大人忠君救国的恩德！”

袁世凯不禁为之动情：“复生兄，快快请起！”

谭嗣同站起身来，磊落地拱手告别：“再会！”

袁世凯欲起身送别，谭嗣同连忙阻止：“为守机密，不必相送。”说完转身离去。

袁世凯送了几步，待他转回来时，见徐世昌已从密室走出，正在端详那支令箭。

袁世凯回来后依旧沉浸在接受皇上秘密使命的兴奋中：“菊人兄，这次我袁世凯要建一番功业，干一次惊天动地的大事业了！”

面对袁世凯的兴奋和踌躇满志，徐世昌没有反应，也没有言语，有的只是沉思。

袁世凯仍自顾自地倒了杯洋酒：“来，咱先干这一杯！”他又倒了一杯，递给徐世昌：“也该我袁世凯发迹了，省得在荣禄手下受这窝囊气！”他见徐世昌没有反应：“哎，你怎么不说话呀！”

徐世昌慢慢地从怀里掏出一张纸来：“这是荣中堂刚才发来的电报。”

“什么内容？”

“还跟上两封一样，说英俄两国已在海参崴开战，英舰多艘在大沽口外游弋……催你立即返回天津。”

袁世凯疑惑地：“你今天从天津来时，可曾听说这些紧急军情？”

徐世昌道："并未听说。相反地，我倒听说他已将聂士成的军队调到天津，董福祥的军队开赴北京长辛店。"

袁世凯一听这消息，倒吸了一口冷气："啊？这么说，他一天三封急电调我回天津，是大有名堂啊！"

徐世昌深思地说："大帅可要慎重，进退荣辱、生死成败，可都全在此一举啊……"

徐世昌的话音一落，劈空响起了一声炸雷！袁世凯不由得打了个寒噤……

第五章　枭雄叛卖

第二天下午，天津荣禄府上客厅，虽然风物依旧，但此刻人物的心情却迥然不同了！屏风后，收敛了那长年不歇的丝弦歌舞之声；烟榻上也不见那位日日斜倚着的权臣荣禄。偌大的客厅里，只有他那小老婆在焦躁不安地走来走去……

少顷，侍女手托着盖碗从内室里退了出来。荣妾一见，连忙迎了过去，截住了她，焦急地问："老爷用饭了吗？"

"回夫人，还没有。"侍女转而忧虑地，"夫人，老爷已经整整两顿没吃东西了。"

"都是让袁世凯给气的！三封急电，他都不回来，真是可恶！"

这时，门房前来禀报："夫人，怀夫人来了。"

荣妾一听姐姐来访，忙说："快请。"

怀夫人扭动着腰肢，喜洋洋地走进来："妹妹，荣中堂可好？"

"好什么！事情让袁世凯全给毁了！"荣妾没好气地说，"气得老头子已经两顿没吃饭了，看着那山珍海味硬说吃不下去……"

怀夫人赶忙打断她："我来送喜讯来了！没准儿这喜讯会让他高兴起来。"

"噢？！"荣妾转对侍女，"快去扶老爷出来。"

一会儿，荣禄在侍女的搀扶下，走了出来，只见他形容枯槁，满脸愁容，仿佛一下子老了很多，全然没有了那颐指气使、居高临下的派头。

怀夫人愕然地看着荣禄，仿佛不认识一样，心想怎么才两天的工夫，就变得这样了！

荣妾见姐姐发愣，便性急地催促："姐姐，什么喜讯，快说吧！"

怀夫人对荣禄施了一礼："这次是刚大人让我来的，他说他昨晚求高僧占了一卦，非常吉利。"

"卦上怎么说？"荣妾焦急地问。

"卦象上说，圣母皇太后和荣大人，福寿无边，自有神人天助。他们均有刀枪不入之躯，可抵御洋枪洋炮……"

荣妾高兴地说："这可好了！老爷，您也……"

荣禄听了这无稽之谈，不屑一顾地挥手道："得了！快去看看，赛二爷请来了没有？"

荣妾听后把袖子猛地一甩："怎么，你还要把那个骚货请家来？！"

"妇人之见！"荣禄斥责道，"赛金花刚从北京袁世凯那里来，她知道袁世凯的底细。这次我连着三封电报，袁世凯他都……"

荣妾打断他："怕什么！刚大人仰观天象，不是说自有刀枪不入的人相助吗？那还怕什么袁世凯……"

"这个刚毅，就你们信他！难怪维新党骂他老朽，他这套装神弄鬼的东西，怎能敌得住洋枪火炮？！"荣禄愤愤地说。

荣妾刚欲分辩，这时侍女通报："赛二爷到。"

荣禄顿时容光焕发："快，快请！"

荣禄一边让荣妾把怀夫人安排躲进了内室，一边起身相迎。对于荣禄来说，这是少有的礼遇。

赛金花既风情万种，又很有礼貌地款步进入客厅。这是位二十五岁的风流妓女，原名叫傅彩云，她之所以叫男人着迷、令女人吃醋，不仅是因其美貌惊人，还因为她曾是兵部侍郎、状元洪钧的宠妾，随同洪钧出访西欧四国，作为公使夫人出尽了风头，但在洪钧于1893年不幸亡故之后，她随之被洪家赶出了家门。不得已，更名为赛金花，又重操旧业。

谁知，这位美人一出场，由于有着状元和公使夫人的招牌，且又受到过德国、奥国等王室的盛赞，如此多的光环，顿时使其身价百倍，艳名鹊起，王孙公子均以一睹她的芳容为荣耀。荣禄也是男人，自然有免不了的弱点，他愣怔地注视着赛金花。只见赛金花着一身西式艳装，头上蟠云曼髻，斜戴着一顶堆花雪羽帽，一条梦幻似的拖地长裙上绣着玫瑰花朵，风姿婀娜，美艳超群。赛金花走上前，向荣禄深深施了一礼，当她欲向荣妾施礼时，荣妾蓦地将身体扭了过去……

"你刚从北京回来，"荣禄含笑说道，"可听到北京政界有什么新闻吗？"

"我一个风尘女子，哪里会知道政界新闻？"赛金花礼貌地莞尔一笑。她完全没有理会荣妾的无礼。

荣禄接着笑了笑："你浪迹江湖，壮游海外，非等闲女流之辈。在我这里，你还客套什么！听说，康有为、谭嗣同一伙近来活动得很频繁……"

"这我委实不知。"赛金花依旧面带微笑地说，"只是从姐妹那里听说，康有为、梁启超和谭嗣同，都是年轻有为之士，他们想仿效欧美，变法维新。姐妹们说……"

荣妾见荣禄对赛金花如此亲昵，正气不打一处来，于是便愤愤地插嘴道："哼，你那些姐妹算什么玩意儿？！你今天，是不是给康党当说客来了？！”

赛金花佯作恐慌地说：“小人哪敢？！因是荣中堂问起，不敢隐匿。我刚才所讲，实都是道听途说，纯属胡言。”

荣禄生气地斜视了荣妾一眼，转向赛金花：“你不必顾忌，尽管照直说来。皇上召见袁世凯，都和他谈了些什么？”

赛金花看了荣妾一眼，故意地三缄其口：“这个，我实在不知。”

“那为什么要破例擢升他为二品兵部侍郎呢？”

赛金花摇了摇头：“不知道。”

“听说有康党密访袁世凯，这你总会知情吧？”荣禄继续盘问。

赛金花见荣禄这样，不由得也变得严肃起来，镇定地说：“不，我委实不知。”

荣禄见此时向赛金花问不出什么名堂，荣妾又瞪着两只充满醋意的眼睛，他便操起水烟袋，咕咕地吸了两口。

赛金花见机，站起身来：“中堂大人，如无别事，我这就告辞了！”

“忙什么？在一起打两圈牌吧！”荣禄笑着说，“上次那个满贯，多亏有你在旁指点……”

赛金花望了一眼醋海波翻的荣妾，微微一笑：“不，不，告辞了！家里还有客人，因中堂大人呼唤，实是不敢不来……”说着边行礼边退下。

荣妾冲着赛金花的背影：“呸！骚货，狐狸精！”

荣禄生气地将水烟袋往桌上一摔：“你呀，醋坛子！我这次花了那么多银子，派她陪袁世凯去，本想从她这里能听到袁世凯一些蛛丝马迹，这下可好，让你这个醋坛子全给搅了！”

荣妾顿时委屈得哭起来：“我这也不好，那也不好，啥都不如那个窑姐儿！那你干脆花几千两银子把她纳进府来好了！一个堂堂的王公大臣，娶一个窑姐儿当夫人，那你该有多风流体面啊！呜呜……”

怀夫人闻声赶紧走出来相劝。荣妾一见怀夫人来，越发哭闹得凶起来，要死要活的。这搞得荣禄的心情也十分烦躁。

荣禄正在没有办法的时候，突然门外通报：“袁世凯袁大人求见——”

这一声通报，宛如一瓢冷水，刚刚滚沸的开水顿时平伏下来。

怀夫人惊愕地下意识叫道：“袁世凯？！”

荣妾一把抹掉眼泪，怒形于色：“布置刀斧手，抓住宰了他！都是他害得我们不得安宁……”

怀夫人恶狠狠地附和道：“对，宰了他，除去一害！”

荣禄吸着水烟袋，沉思片刻，然后把水烟袋往桌上一放：“不，我要以上宾之礼相待。请！”

荣妾还要说话，荣禄威严地一挥手，怀夫人赶紧扯了扯荣妾的衣襟，二人默默退下。

袁世凯身着三品补服走进来，恭恭敬敬地对荣禄作了三揖。

荣禄连忙站起来，还礼："慰亭兄……"

袁世凯又慌忙一揖："不敢。"

荣禄显得很亲切："请上坐。随便叙话，不必拘礼。"

作为下属，袁世凯本想恭恭敬敬地站在椅子边，可荣禄硬拉着他，面对面地对坐在一起。荣禄还从侍女送来的茶盘里，取出一只茶杯，亲自放到袁世凯面前，袁世凯受宠若惊，赶紧取出另一只茶杯，捧到荣禄的面前。

"慰亭将军被擢升为侍郎，可喜可贺！"荣禄说道。

袁世凯慌忙站起来："皇上殊恩，力辞不能，卑职实难以胜任。"

荣禄笑笑："请坐，不必拘礼。将军被擢升为二品侍郎，为何仍着三品补服啊？"刚一进屋时，荣禄就注视着袁世凯的服饰。

"卑职身无寸功，岂敢受此重赏，向皇上力辞，未蒙允准。"

"圣上的雨露恩泽，岂能违背。"荣禄突然话锋一转，问道，"慰兄在京可见到李中堂了？"

"卑职拟去贤良寺拜谒，因大雨未能成行。又接到督帅电示，急速回防，以致未能晤面。不知督帅有何吩咐？"

荣禄故意不回答，而是顾左右而言他："这次在京中和赛金花玩得可开心？那美人可是天地的精灵，世间的尤物啊？"

袁世凯起身又是一揖："还没来得及谢督帅的关怀呢！"

"这没什么好谢的！不过劝你在酒色之中要有节制。"荣禄微笑着说完，突然又一板一眼地，"特别是最近京中气候不佳，冷热无常，易生病患啊！"

荣禄一边说着，一边用一双犀利的目光盯视着袁世凯。聪明的袁世凯也听出了弦外之音，他眼珠一动，站起身来，作了一揖："中堂大人，卑职有密言相告。"

荣禄淡然地一挥手，亲兵和侍女均退下。

袁世凯猛然翻身跪倒："卑职前来请死，求中堂大人发落！"

荣禄也不由得紧张起来："慰亭，究竟何事？"

袁世凯从马蹄袖口中抽出光绪皇帝写的密谕，双手捧着："这是皇上御笔写给卑职的密谕。"

袁世凯虽然跪着，却用一双眼睛紧紧地盯视观察着荣禄的表情。

荣禄思索了一下，也双膝跪下："既是皇上谕旨，那就请慰亭将军宣读吧！"

"卑职不敢。"

"雨露雷霆，均是恩泽，圣意岂可违背！"荣禄说道。

袁世凯霍地站起来："那卑职就放肆了！"他拿着谕旨，大声宣读，"荣禄大逆不道，力谋废立弑君，着派候补侍郎袁世凯率本部兵马赴津严拿，立即正法。直隶总督、北洋大臣事务，着由袁世凯暂行护理。”

荣禄刚听到“大逆不道，废立弑君”时，犹如五雷轰顶，浑身战栗。但听着听着，他便镇定下来，心想你袁世凯仅凭一纸空文，就想让我荣禄束手就擒，何况又是背着老佛爷批准的“密旨”。想到这，他由怕转恨，没等袁世凯读完，他已愤愤地站了起来。

荣禄紧盯着袁世凯，眼露凶光：“慰亭将军，本督光明磊落，所谓‘大逆不道’，不知何意！怎么，将军是不是要遵旨办理呀？！”

袁世凯本有试探之意，想试探一下荣禄对圣旨的态度，如他要是害怕，就顺坡拿下。袁世凯深深一揖，然后一字一眼地：“卑职矢志忠贞，中堂大人定有所了解。”

“矢志忠贞？”荣禄嗤之以鼻地，“哼！人臣黜陟生死，皆属天恩，我如有罪，皇上可明令惩办，交刑部审讯；如有死罪可在菜市口行刑。像这样，仅凭这袖中片纸，荣禄不能俯首钦遵！”

荣禄说着，将那张谕纸，啪的一声拍在桌子上。

袁世凯一见荣禄声色俱厉，不肯服法，赶紧见风使舵，又一次屈膝跪下：“依卑职所知，此事与皇上无干，都是康有为、谭嗣同所主使。昨天夜里，谭嗣同曾冒雨到我住所，进行密访。”

“他都说些什么？”

袁世凯从怀中掏出令箭：“这是他交给我的朝廷令箭。他让我根据密谕，诛杀督帅，然后起兵，一路入京勤王，一路围攻颐和园，对圣母皇太后实行兵谏。”

荣禄一听顿时面色铁青，声音颤抖：“那你，你准备怎么办？”

“卑职深知，中堂大人的以道事君，忠于慈圣。康有为谭嗣同煽惑叛乱，离间两宫，卑职岂能不忠不孝，为其爪牙？卑职今日明告大人，就是意在诛除这些误君误国之徒，护卫慈圣。这是谭嗣同给我的令箭，现交给督帅，请大人明鉴发落！”

此时，袁世凯为了保住自己的地位，已将在谭嗣同面前的豪言壮语全部抛之脑后，而是竹筒倒豆子似的彻底出卖了维新志士。

荣禄转怒为喜，微微露出了笑容，他躬身扶起袁世凯：“慰亭兄笃志忠贞，我所深知。确保宗社，挽救大清江山，全在老兄此举！天下后世，将永志老兄大义，名标青史！”

“卑职愿永随督帅鞍前马后，以效驰驱！”袁世凯进一步露出叛徒的卑鄙嘴脸。

荣禄此时从怀中掏出金链怀表来，看了看：“慰兄今天一路辛苦，先在天津休息一天吧，明日再与兄详谈。”

袁世凯拱手一揖：“那卑职就告辞了！”

荣禄站起身，携手将袁世凯送出门外。

这时，荣妾带侍女急切地从内室跑出来，她拿起令箭一看，先自吃了一惊，待细看密谕时，不由得大惊失色，立时昏厥过去……

侍女一见,连忙呼叫起来:“夫人,夫人——”

怀夫人闻声跑出来,忙问:“妹妹,妹妹! 你这是怎么了?”

荣妾好容易苏醒了过来,一见怀夫人,哇的一声扑进她的怀中哭起来:“姐姐——”

怀夫人不知所以,忙问侍女:“到底出了什么事?”

侍女连忙回道:“夫人看了那张纸……”

荣妾把密谕递给怀夫人。

怀夫人接过一看,不由得也双手颤抖起来:“啊?!”

这时荣禄走回客厅,一见这慌张混乱的情景,不由得蹙起了眉头。

荣禄申斥道:“你们这是干什么?”

荣妾一见荣禄,不由得又呜呜地哭将起来。

怀夫人举着密谕对荣禄说:“这可怎么办啊?”

荣禄厉声说道:“什么怎么办! 我就盼着这一天哪!”

听到此话,荣妾和怀夫人均愣在了那里。

“今天初几了?”荣禄若有所思地问。

怀夫人立刻答道:“八月初五。”

荣禄又问:“嗯,四月二十三,皇上诏定国是,算算到今天是多少天了?”

怀夫人掐着指头数着:“四月、五月、六月、七月……到今天是一百零二天。”

荣禄的双眼中透出一股凶光:“明天还有一天。维新的寿命给他们满打满算,共一百零三天!”

怀夫人和荣妾均痴痴地望着荣禄,不明所以。

荣禄先是吩咐侍女:“找人去通知天津铁路督办,给我秘密准备专车,我要连夜去颐和园。”又转对怀夫人,“你也连夜回京,去请御史写奏折。”

怀夫人问:“什么内容?”

荣禄斩钉截铁:“废掉皇上,让老佛爷第三次垂帘听政。”

“老佛爷都六十多了,她不是说退出朝纲,颐养天年,能再出来垂帘吗?”荣妾不解地插了一句。

荣禄眼睛一瞪:“你知道什么! 她也是早盼着这一天哪!”

第六章　芳窟泪痕

在天津，如果说能有和荣府相媲美的宅第的话，那就要算京津名妓赛金花的家了。她这所西式的小楼，虽没有荣府那样的深宅大院、画栋雕梁，但它却以其别具一格的欧化风采，招来了大量的狂蜂浪蝶，以至天天门庭若市。

伴着阵阵撩拨心弦的西洋乐曲，风姿婀娜的赛金花此刻正独自一人在楼上卧室里，她一面欣赏着那盆盛开的夜来香，一面悠闲地倾听着这优美的舞曲，脚下还不时地轻轻移动着舞步……

一名年轻的侍女悄悄地走了进来："楼下又来了几位客官要见小姐。"

赛金花慵懒地坐到沙发上，问道："都是些什么人？"

侍女翻着一叠名片报着："天津钱庄的李二爷，北京提督府的郑大官人，湖广总督的张公子，还有路过天津的一位美国海军中将……"

赛金花一挥手打断她："你没回绝他们？"

"他们都说仰慕小姐芳名，专程前来拜谒。"

"告诉他们，今天我身体不适，让他们改日再来吧。"

赛金花

侍女翻着名片："噢，忘了，这里还有一位袁大人，是不是也一同辞谢了？"侍女说着，就欲往外走。

赛金花腾地站起身："等等，哪位袁大人？"

"就是新晋升的那位侍郎，袁世凯袁大人。他刚从朝廷谢恩回来……"

赛金花眼睛一亮："快请他到楼上来！"

侍女不解地望了一眼赛金花，应了声诺。

正所谓人逢喜事精神爽，袁世凯虽说不上什么喜气，但他自以为能顺风转舵，属自己的绝顶聪明。几天来，他经历的急风暴雨、惊涛骇荡，放在一般人不是被淹死，也得被吓死,可他凭自己的超强应变能力,不仅应付自如,反而因祸得福。他为自己的见风及时转舵,暗自窃喜,自己能登上荣禄和慈禧的这只巨轮,今后在官场上将会顺风顺水,前途无量。袁世凯很为自己的审时度势而得意,心中高兴,便迈步来到了赛金花的宅第。没想到这里高朋满座、浪蝶纷飞。袁世凯见等候的达官贵人太多,正欲退出,不料侍女竟单点出他的名字,这使袁世凯受宠若惊、喜出望外。他赶紧整了整衣冠,然后神采奕奕地走进。他来时经过了一番着意修饰,看上去颇为年轻威武、容光焕发。

赛金花兴奋地喜迎上前,躬身一礼道:"恭喜袁大人高发!我一烟花女流,无以敬贺,如今晚能使大人惬意开心,就算赛金花的一番心意了!"

赛金花如此热情,袁世凯始料未及:"哪里,哪里!赛小姐名扬中外,袁某能在此瞻仰芳容,实是荣幸之至!"

赛金花恭敬地把袁世凯让到沙发上坐下,然后莞尔一笑,说了声"请等一下!"就走进了里间卧室。

袁世凯趁机欣赏着这华贵的芳宅,真使他有点眼花缭乱,目不暇接。当他正全神贯注欣赏着那尊维纳斯塑像时,侍女的声音突然把他从遐想中拉了回来。

回头一看,侍女正托着茶盘站在他的身后:"袁大人,请用茶。"

"谢谢!请问姑娘,这是赛小姐的卧室吧?"

侍女点了点头:"楼上这房间,她本来是从不许客人进来的,今天袁大人算是破例了。"

袁世凯颇感意外,不禁感兴趣地"噢"了一声。

侍女接着说道:"今天小姐回绝了所有客人,只是听说袁大人来她才……"

侍女话说到一半,赛金花已从里间出来了,侍女连忙躬身退下。

赛金花换上了一套西式晚装,越发显得妩媚俏丽。一件薄如蝉翼的紧身连衣衫裙,紧紧地裹着她那柔嫩而又丰满的胴体,雪玉似的臂膀、洁白丰腴的胸脯、浑圆而富有弹性的大腿和纤秀的脚踝,全都裸露着。在明亮的灯光下,她眯着双眼,含笑地望着袁世凯。

袁世凯一向出入于封建家族,看惯了衣冠整肃,此刻一见赛金花如此大胆的袒胸露背,不由得一阵心跳耳热。

这时,优美迷人的舞曲再度响起。赛金花随着音乐,轻轻地舞动着腰肢,这使袁世凯越发的目眩心摇,神魂飘荡了。

赛金花伸出一双白藕般的胳膊,邀请道:"袁大人,跳舞吗?"

袁世凯眼盯着赛金花那高挺的乳峰,只顾心猿意马,没有听见。

赛金花笑笑,稍微提高了声调:"袁大人,跳舞吗?"

袁世凯赶紧收回目光,抬眼望着赛金花那双秋水般黑白分明的眼睛,发现它们正闪射出一种撩人的光芒。他惶恐地连忙说道:"啊不不,我不会。"

“天津的大人们，哪有不会跳舞的！”

袁世凯推辞道：“我那两下子，不能登大雅之堂。”

“在这里，客气什么，请吧！”

“那就献丑了。”

袁世凯撩起袍褂，亦步亦趋地随着赛金花轻轻舞动起来。赛金花是游历过欧美，见过大场面的，她的舞步十分优美洒脱。而袁世凯呢，唯恐踩了赛金花的脚，他低着头，弯着腰，小心翼翼，加上他那一身不适于跳舞的袍褂，其姿态显得特别滑稽可笑！

赛金花边跳边聊：“袁大人这次在京城，可见到日本前首相伊藤博文了？”

提起伊藤博文，中国近代几乎无人不知。他早年曾留学英国，学习海军，归国后积极从事倒幕运动。1868 年，明治政府成立后，任外国事务局判事，以后历任大藏少辅、工部大辅、工部卿及内务卿等职。1882 年赴普鲁士研究宪法，回国后致力于制定日本宪法，并制定华族制度、内阁制度、皇室典范，设立枢密院等，是明治维新的主要推动者。从 1885 年起，连任四次内阁总理、三任枢密院长。1889 年国会组成，又任贵族院议长。是中日甲午战争的主要策划者，战后任和谈全权代表，胁迫清政府签订《马关条约》，并一度任台湾事务总督。

伊藤博文是个在日本举足轻重的大人物，是日本推进明治维新的实施者。为此，1898 年他曾应光绪之邀前来中国，维新派的康有为欲请其赞助新政。故而，赛金花才有此一问。因为袁世凯出卖了光绪，出卖了维新，他怎能另见伊藤博文呢？所以，他摇了摇头。

“他会答应做皇上的客卿吗？”赛金花不知底里，继续问道。

袁世凯依旧摇头：“不知道。”

“那九月阅兵的事，袁大人……”

袁世凯悚然一惊，警觉地停下舞步：“你问这些干什么？你是维新党？”

赛金花不屑地把头一歪：“我还没有那种荣幸。”

赛金花说着，用手在袁世凯肩上轻轻一拍，两人又舞动起来。

“那你是荣禄的人？”袁世凯问道。

赛金花笑笑：“你看我像吗？”

“上次我进京，不是荣禄把你送进火车的吗？”

“那他是花了银子的。”

袁世凯还欲询问，这时侍女端着咖啡壶进来。赛金花一见，停下了舞步：“袁大人，喝点咖啡吧？要不要加点白兰地？”赛金花一边说着一边将白兰地倒进杯子里，递给了袁世凯。

袁世凯举起杯子：“听说今天赛二爷将所有客人全回绝了，不知为何对袁某如此厚爱？”

“我钦佩袁大人是位敢作敢为的男子汉，大丈夫，当代英雄！”

“噢？此话令袁某惶恐之至，英雄二字实不敢当。”

“袁大人这次进京，为国为民，为中华社稷，建此奇功伟业，英雄二字是当之无愧的！”赛金花说完，转对侍女，“把这撤去，换上大杯，把那瓶德国酒拿来。”

侍女撤去咖啡用具后，随即将酒和高脚杯摆上，并分别斟满了酒。

赛金花拿起酒杯，递给袁世凯：“这瓶德国酒，还是我那年晋见德国皇帝时，皇后亲自送给我的。来，让我为当今的陈平、周勃，敬上一杯！”

赛金花豪爽地碰了下杯，一饮而尽。袁世凯望了她一下，也一口干掉。赛金花紧接着又将两只酒杯倒满，袁世凯赶忙用手将酒杯按住。因为袁世凯知道，所谓陈平、周勃皆系汉朝时的名臣，因不满于吕后专政，待吕后一死，二人遂定计，号召将士拥护刘氏，诛杀了企图夺取政权的吕产、吕禄等人，迎立汉文帝，分别出任丞相和右丞相。袁世凯不解的是，赛金花何以称自己为陈平、周勃呢？他开口问道：“赛小姐的一席话，袁某不知是指何而言，还望明示。”

赛金花笑了一下：“袁大人就不要瞒我了！此次进京，谭嗣同谭军机不是专门拜访过袁大人吗？”

袁世凯心中暗自一惊：“这？！不不……”

“皇上还亲自给大人下了密诏，康梁等维新党人共同推举您率兵勤王，拱卫新政。”赛金花说着重新举起杯来，“似这等造福于子孙的功业，难道还不应为您举杯相庆吗？来，再干此一杯！”

袁世凯惶恐地：“你，你是怎么知道的？”

赛金花淡淡一笑：“我们虽是烟花女子，可我们也是有良心的，也是爱国的呀！谁能眼看着列强侵吞，国土丧失，国风日败而无动于衷呢？”

“你，你到底听谁说的？这等事可不能随便乱讲，这可是关乎性命的！”袁世凯心中有鬼，自然分外害怕。

“看您那样儿，您把咱当成什么人了？”赛金花冷笑一声，“难道怕咱去告密不成？我若是肯黑着良心去告密，也不会吃这种青楼饭了！实话告诉您吧，谭军机夜访法华寺的事，是翠红姐昨天到天津来偷偷告诉我的。她很钦佩您，说您决心赞助维新志士、辅弼皇上变法维新，是扭转乾坤、再造河山的万世功臣！黎民百姓和后世子孙将永远记住您的恩德的！”

赛金花越是夸奖，袁世凯越是难受，他因事关机密，又不好发作，一向伶牙俐齿的他只好尴尬地：“我、我……”

见袁世凯这样，赛金花赶紧声明：“此事只有我和翠红知道，我们虽出卖色相，但决不会出卖灵魂！请袁大人尽管放心！来，再干一杯！”赛金花说着又将两只杯子倒满，举起来：“常言道，脂粉送佳人，宝刀赠英雄。来，让我为造福于社稷，造福于万民的英雄……”

袁世凯此时已脸色惨白，头冒虚汗，只顾紧张，哪里还有兴致举起酒杯！

赛金花见袁世凯神情异样，连忙问：“袁大人，您怎么了？”

恰在这时，侍女急匆匆地跑上来：“小姐，不好了，刚大人非要上楼来！”

“哪个刚大人？”

“就是军机大臣刚毅，他有事来天津，说抽空来看看小姐。”

赛金花一脸厌烦地说：“告诉老头子，说我身体不适，不见客。”

侍女显得很为难：“别的来叫局子、打牌、请吃酒席的，我一概都回绝了，就是这位刚大人非……”

侍女还没说完，楼下就传来缓慢而沉重的上楼脚步声。随着脚步，传来刚毅那苍老的语声：“怎么，我们的美人儿生病了？”

赛金花急中生智，迅速把慌张的袁世凯推进了里间卧室，自己则赶紧抓过一件宽大的睡袍披在身上，懒洋洋地斜躺在沙发上，脸上顿时浮起一层病容……

刚毅这位协办大学士兼军机大臣，虽已老迈，但性格坚韧、刚愎自用，他拖着沉重的脚步，走了进来。

赛金花故意松散云鬓，从沙发上往上靠了靠，欠欠身子：“不知刚大人驾临，有失迎迓，请恕罪。”

“快躺着吧！”刚毅走到赛金花的跟前，倚坐在赛金花身边的沙发上，用手摸了摸赛金花的头，“你是几时病的？请哪家名医看的？可好些了？”

“些许小恙，不算什么。刚大人是几时来天津的？”

“刚到。荣中堂说有急事找我密议，可我到他家时，他又出去了。我就抽空来看看你，想陪你开开心，没想到美人儿又贵体欠佳！”

赛金花又欠了欠身子：“真对不住刚大人。大人公务这么繁忙，还来看我，真是实不敢当。”

“什么公务繁忙，还不都是让维新党搅和的！”刚毅最恨维新党了，“这回好了，脓疖子该出头了。荣中堂说，这里还有你的一份功劳。”

赛金花一愣，不解地：“我们这种人能有什么功劳？”

刚毅抓起赛金花的手：“你忘了，那次荣中堂让你到火车上去陪袁世凯进京？”

“那有什么！”赛金花笑道，“咱们本来就是做这种事儿的人嘛，陪陪谁不一样啊！”

“你们女人，哪里懂得这个奥妙。”刚毅神秘地微笑了一下，“就这一着，可起了作用啊，把袁世凯给拉到咱们这边来了。当然还有别的原因，不过，这也是个重要的原因。袁世凯一过来，可就立了大功了！过两天，抓住康有为、谭嗣同这些维新党人，除此大害，咱大清江山就会从此太平了！”

赛金花听到这儿，心中猛地一震，她一把抓住刚毅的手：“刚大人，您说的话我怎么不明白呀？”

这时外面一片喧闹，侍女进来禀报：“刚大人，荣中堂回来了，轿子在下面等您。”

“好。”刚毅一边答应着，一边往楼下走去，临到门口停住了脚，狡猾地回头一笑，“美人儿，过两天你就全明白了！”说完得意地走下楼去。

少顷，袁世凯从里间卧室走出来，赛金花一把撩掉睡袍，站了起来，她凤眼圆睁，怒视袁世凯，情绪激动地质问：“袁大人，方才刚大人说的，到底是怎么回事？”

袁世凯沉思一会儿，镇定了自己：“刚毅既然讲了，我也不再瞒你。实话告诉你，谭嗣同夜访的事，我已经全部向中堂大人禀告了。”

赛金花犹如五雷轰顶，顿时一下子跌坐在沙发上：“什么？你说什么？你向荣禄全部禀告了？！”

袁世凯没有丝毫的羞愧，一副凛然之概：“康有为谭嗣同煽动叛乱，离间两宫，大逆不道，我袁世凯岂能做他们的爪牙？！”

“听翠红姐姐讲，你可是答应过谭嗣同，说诛杀荣禄，如同宰一条狗一样？”赛金花逼视着袁世凯。

“那天谭嗣同气势汹汹，身藏利器，我不答应他，岂不要遭他毒手！”

“可你也在皇上面前发过誓？！”

“皇上怎能和太后相比！”袁世凯显出一副无赖似的表情，“皇上虽居皇位，但却只有几个嘴皮书生，而西太后实权在握，北京的近卫营、神机营，几万军队！加上荣禄早已有所防备，已经派出董福祥、聂士成两支人马，枕戈待旦。他们浩浩荡荡，十万之众，而我只有六七千人，让我去围攻颐和园，岂不是以卵击石！说实话，那天谭嗣同走后，我也甚是苦恼，思前想后，反复权衡，才决定不能跟他们干这种赔本舍命的买卖……”

赛金花强忍着愤怒：“所以你就去荣禄处告发了？！”

“不这样，我将身败名裂……”

赛金花霍地站起来：“可你把皇上对你的重托和信赖，也一起出卖了！”

“不不，我再三告诫荣禄，绝不能加害于皇上！”

“那康有为、谭嗣同，这些维新志士呢？”赛金花逼问道，“你不知道这是要杀头的吗？”

“我就顾不得那多了！”

“啪”的一声，赛金花把桌上的酒杯重重地摔在了地上，悲愤至极：“国家亡在你袁世凯手里了！”说完，呜呜地痛哭起来。

袁世凯茫然地望着赛金花：“金花，我这样做也是为了你呀！我袁某升了官，就可以经常来亲近你的芳泽了……”

赛金花厌恶地转过身，快步走进里间卧室，砰地关上了房门。

袁世凯愣了一下，欲再去解释，这时客厅的灯被拉灭了。空荡荡的客厅里，唯有一束微光，照在发呆的袁世凯身上，映出了一条长长的黑影，正所谓茕茕孑立，形影相吊。

第七章　血洒宫廷

第二天，农历八月初六，即公元 1898 年 9 月 21 日。

这一天，光绪和每天一样，又是早早便起床了。梳洗完毕，他身着便装，正在注视着养心殿中新进购来的那枚地球仪……

此时，太监阮良才悄悄地走了进来。他在皇上背后站了一会儿，低声地说：“万岁爷，梳洗完了，该上颐和园给皇太后请安去了！”

光绪帝

光绪烦躁地使劲一转地球仪：“请安、请安，没完没了的请安！……时辰还早呢，你先下去，让我清净一会儿。”

阮良才“嗻”了一声退下。但过了不久，他又返了回来：“万岁爷！”

光绪有些不满：“又什么事？”

“万岁爷，珍妃主子放回来了。”

光绪猛地转过身来，激动地问：“她放出来，你见着了？”

阮良才叹了口气：“咳，珍主儿可是受罪了！在冷宫里饥一顿饱一顿，挨打虫咬，遍体鳞伤……”

光绪急切地问：“她现在哪儿？快，带我去见她！”

光绪说着拉起阮良才欲走，正在这时，身着雅素旗袍的珍妃已跪拜在门前：“奴婢拜见皇上。”

“快快起来！”光绪说着疾走了几步，将珍妃扶了起来。

阮良才见此自觉地退了下去。

光绪注视着珍妃憔悴的面容，心想当初的珍妃恰似出水的芙蓉、带露的海棠，娇嫩欲滴，怎禁得他们这般如狼似虎的鞭打、折磨。他心疼地抚摸着珍妃满是鞭痕的胳膊，不禁一阵心酸："怎么，这又是他们打的？！……爱卿，让你受苦了！我真惭愧，名为皇帝，其实还不如一介布衣，连自己的爱妃都不能保护！"光绪痛楚悲愤，眼中涌出了泪花。

珍妃深情地望着光绪："皇上，奴婢不是回来了吗？"

光绪一脸激愤："爱卿，我们一起离开这窒息人的宫廷，去做个普通的老百姓吧，生死都在一块！"

珍妃略有责怪地说："皇上……只要维新变法成功，您做了能够自主的有为之君……"

光绪看看四周，低声密告："朕已决定孤注一掷，给袁世凯下了密诏，让他起兵勤王，实行兵谏！"

"这袁世凯可靠吗？"珍妃担心地问。

"这是个很有韬略的将才。朕接见过他几次，他发誓忠君报国，拼死保卫新政！"

"他若果然能挽狂澜于既倒，做个中流砥柱……"

"成功后，我将重重赏他，出将拜相！"

"康有为不是说，维新十年，即可赶上日本，大见成效吗？"珍妃神往地说，"到那时，全国兵强马壮，国泰民安，乱民剿灭，外患扫除……"

光绪被珍妃的情绪所感染，立时兴奋起来："到那时，我也将是个自由人了！不再事事受制于老佛爷，我要做个真正的能够自主的有为之君！"

珍妃也很兴奋："那时，将举国上下，万民同庆，欢呼皇上万岁，欢呼英明圣主！"

"到那时，我也像外国皇帝那样，带你出国游历，从亚细亚，到欧罗巴、美利坚……"

他们正忘情地沉浸在对维新胜利的向往中时，阮良才突然气喘吁吁地跑了进来："万岁爷，太、太后进宫来了！"

"啊？！"光绪一惊。

"这么早，她来干什么？"珍妃看着光绪。

阮良才担心地："珍主儿，是不是躲一躲？"

"不，爱卿！"光绪一把拉住珍妃，唯恐再失去她。

这时，外面突地一声断喝："圣母皇太后驾到！"光绪双手一松，一下子跌坐在椅子上。

珍妃刚欲躲避，慈禧在李莲英的搀扶下已怒气冲冲地走了进来。

众人赶紧跪拜。光绪也翻身跪地，向慈禧请安。

光绪的声音有些颤抖："亲爸爸吉祥如意！"

慈禧威严地坐在皇位上，横了一眼珍妃，挖苦道："你们这是在唱哪出戏啊？"

光绪急忙说："儿臣正准备去颐和园，给亲爸爸请安。"

慈禧:"是去请安,还是发兵包围呀?"

光绪错愕,慌忙叩首:"亲爸爸,儿臣委实是要去颐和园请安。"

"不必去了,我自己来了,要不要让人把我捆起来呀?"

光绪又是一惊:"亲爸爸,儿臣不解懿旨何意?"

慈禧猛地一拍桌子,站了起来,骂道:"别跟我装糊涂,你这禽兽不如的东西!"

光绪惶恐地连连叩头:"亲爸爸——"

慈禧走过去,啪地给了光绪一个耳光:"你还配叫我亲爸爸?!从四岁我把你接进宫来,抚育教诲,二十多年,把你扶为皇帝,成婚亲政。试问,我有什么对不起你的地方,你竟要把我囚禁在颐和园?你这忘恩负义的东西,你还有一点良心吗?"

光绪一阵惊愕,颤声道:"亲爸爸,孩儿不敢,绝无此事!"

"呸!我人在颐和园,可我心却在朝中。你以为我什么都不知道?"慈禧说着,从袖口掏出那支令箭,当的一声扔到光绪面前,"这是什么?啊?!"

光绪一见令箭,知道事情已彻底败露,他惊惶得只有连连叩首。

"怎么不说话了?你革掉六部堂官的勇气哪去了?"慈禧怒斥道,"我问你,你听由妖人康有为的蛊惑,变乱祖宗法制,是什么罪过?"

"亲爸爸,儿臣正是为了祖宗江山,才试行新法,并不敢全听康有为的,违背祖法。"光绪跪地申辩,"亲爸爸,洋人逼迫太急,我不能眼看着江山破碎,大清国脉断送在我手里,做亡国之君!我活着对不起亲朋父老,死了无颜见九泉之下的祖宗……"

"胡说!"慈禧愤怒地打断他,"你为祖宗着想,难道我就不为祖宗着想?康有为他们是妖言惑众,借变法之名,行犯上作乱之实!你还敢庇护他们吗?我问你,康有为谭嗣同要围攻颐和园,谋害于我,你是不是同谋?说!"

光绪浑身战栗,支吾地:"儿臣昏聩糊涂!"

"像康有为这样的乱臣贼子,你说该怎么办?"慈禧逼问道。

光绪低头没有言语。

慈禧又紧逼一句:"说呀!"

光绪张了张嘴,依旧没有出声。

"要不要拿杀?说!"

光绪心惊肉跳,脸涨得血红。珍妃在旁边看着光绪受此凌辱,很是气愤。她霍地站起身来,向前跨了两步,跪拜:"奴婢给老佛爷请安!"

李莲英怪声地:"珍主儿,老佛爷在跟皇上说话,你过来干什么?"

"奴婢有话对老佛爷禀报。"

慈禧冷冷地:"说吧!"

珍妃昂起头来:"老佛爷,皇上实行维新,是为了大清江山,是为了祖宗的天下,是为了不会亡国,是为了争气,不再受洋人欺负,是为了……"

慈禧愤愤地打断她："是为了把我扔到一边，独断专行；是为了跟你调笑淫乐，做他的皇后！"

珍妃没有顾及慈禧的专横，径自说下去："老佛爷！老佛爷把皇上培养成人，应该让他当家做主；既已撤帘归政，就应该……"

慈禧一拍御案："应该把我关进颐和园！"

珍妃："皇上决不会这么干，老佛爷不要听信谗言……"

慈禧气得瞪起眼睛，恶狠狠地斥骂："你这妖媚的狐狸精！"

珍妃并未被慈禧的淫威所吓倒，依旧不卑不亢地跪在那里，用一双冷眼对视着慈禧。

慈禧太后

慈禧气得直哆嗦，满朝文武，还没有一个人敢于如此顶撞她的！她不能制服珍妃，便转对光绪："看你把这狐狸精惯的，胆大妄为，成何体统！你说，她这胡言乱语对不对？"

光绪含着眼泪，望着珍妃，没有说话。

"说，对不对？"慈禧厉声逼问。

光绪低下头，还是没有说话，只是长长地叹了口气。

李莲英一见慈禧有些尴尬，下不来台，连忙插话："老佛爷，皇上不是摇头叹气了吗，他说不对。"

"那你说该怎么办？"慈禧接着问道。

光绪狠狠地瞪了一眼李莲英，然后把目光转向珍妃，此时珍妃也正深情地注视着他，光绪从珍妃的目光中得到勇气，便顶撞地说："儿臣不知道！"

"不知道？"慈禧冷冷一笑，"那就交给我吧，看我怎么整治她。李莲英，给我把这狐狸精带下去！"

李莲英"嗻"了一声，随即走到珍妃的面前。

李莲英阴毒地："珍主儿，恕我李莲英失礼了！"说着，猛地将珍妃提了起来。

珍妃挣扎着扑向光绪，凄楚地："皇上，你可要保重啊——"

光绪听着这撕心裂肺的声音，刚想站起来，迎过去，可当他看到慈禧那威慑的目光时，顿时又跪了下来，痛苦地扭过头去。

此时，跪在一边的阮良才再也看不下去了，忽地一下站起来，走到太后跟前，重又跪下："奴才有句话，要跟太后讲！"

慈禧怔了一下："讲吧！"

阮良才神情有些激动："自太后派奴才到御前，得以日夜服侍皇上。依奴才观察，皇上早起晚寐，日夜为国事操劳，变法维新，励精图治，实是位有为之英明圣主！请太后为大清国、为中华民族着想，不要再事事掣肘，给皇上以实权……”

慈禧开始时还和颜悦色，但越听越觉得不是味，到后来不由得恼羞成怒，吼叫起来：“大胆！拉下去！”

李莲英快步走过来，啪啪地给了阮良才两个嘴巴，咬牙切齿地：“你这吃里爬外的家伙！”

“吃里爬外？”阮良才情知这样说的后果，但为了江山，为了社稷，他决心宁死也不可泯灭自己的良心，他摸了摸被打肿了的脸，继续说道，“是的，你们最初派我来，是让我监视皇上和珍妃的，可我三年来服侍皇上，发现这是个勤奋好学、立志图强的难得的皇上！他是真想为江山社稷造福，不像你们卖官鬻爵，挥霍无度，男盗女娼……”

慈禧被自己豢养的太监揭露、侮辱和谩骂，直气得七窍生烟，全身发抖：“还不快给我推出去，斩了！”

李莲英等人气势汹汹地扑过去，揪起阮良才。

阮良才一边挣扎一边喊：“万岁爷，我对不起你，也对不起珍主儿。三年前，珍妃受难，就是我密告李莲英的！”

李莲英一听这话，十分恼怒，狠狠地给了阮良才一脚，将其踢倒在地，随后欲拖他下去。

阮良才挣扎着哭喊：“万岁爷，奴才今生不能再侍候你了，你可要自强保重啊——”

光绪心如刀绞，泪流满面。慈禧则气得浑身颤抖，当她看到光绪正偷偷拭泪时，便把一腔怒火全部发泄到了光绪身上：“都是你这个不肖的东西教唆出来的！咳，咳……”

光绪道：“请母后息怒，保重身体要紧。”

这时，李莲英向后面打了个手势，荣禄和刚毅相随着走了进来，两人一起跪拜：“奴才向圣母皇太后恭请圣安！”

慈禧气还没有消去，抬头见两个亲信老臣来求见，便问道：“有什么事吗？”

荣禄答道：“御史杨崇伊上了一封奏折。”

杨崇伊系李鸿章的姻亲，一贯反对、敌视新法。1896 年 1 月，就曾上疏弹劾捏造北京强学会植党营私、贩卖西学，以毁誉为要挟，该会遂遭封禁，《中外纪闻》停刊。3 月，他又弹劾珍妃的老师文廷式“广集同类，互相标榜，议论时政”，文廷式被革职，永不叙用，并驱逐回籍。前不久，随怀塔布至天津，与荣禄密谋，抛出了这一奏折。

慈禧虽说已知晓其奏折内容，但仍装模作样地问道：“说些什么？”

“奏请皇太后重新垂帘听政。”

“怎么，还让我垂帘？”

刚毅抖抖马蹄袖，见机而上："老佛爷！自同治年间以来，太后两次垂帘听政，迭平大难，宏济时艰，中兴祖业，保住了祖宗三百年天下。没有老佛爷一腔心血，这天下早不是大清的了！"

荣禄接着跪请："国事危急，请老佛爷顾念朝廷，再次训政！太后若是答应奴才们的请求，就是大清四万万臣民齐天之福！"

这本来是慈禧和荣禄早就商量好的一出戏，不过为了演好，她依然装得很无辜："咳，我也真是命苦！一个六十多岁的人了，我蛮想归政以后，享几年清福，谁知又搞出这般祸患来。亲贵重臣们说，皇帝是我拥立的，若让他闹，误国亡国，罪还将在我，这事我真不知怎么办好了！皇上，你看这事怎么办好哇？"

光绪明知他们是早已做好了套，这时也只得说："儿臣也盼望亲爸爸再次垂帘训政。"

"好吧，既然皇上也这么说，那我就只好豁出这把老骨头了！皇上，你下个诏书吧！"

"改日儿臣请军机处下诏廷议。"

刚毅跪拜："启禀皇上，不必改日，奴才已经替皇上写好了。"

光绪愣了一下："什么写好了？"

"皇上请太后第三次垂帘听政的诏书。"

慈禧不管光绪的惊愕，也不管这出戏演得多么拙劣，她只管演下去："噢，念念吧！"

刚毅从袖口中取出，大声念道："现今国事艰难，万机待理，而朕躬遇疾，力不从心，特以宗社为重，吁请慈恩再次垂帘训政。由今日始，暂在便殿办事。本月初八日，朕率王公大臣，在勤政殿行礼，着礼部衙门敬备典仪。"

光绪眼看着他们公然地做圈套，耍阴谋，强奸人意，直气得半天说不出话来。

慈禧斜眼看着光绪："皇上怎么了？刚才还慷慨陈词来着，这会儿怎么不吭声了？"

光绪见事已至此，便无奈地："儿臣一向听命母后，就照刚毅的办吧！"

"那逮捕康有为等维新党人的诏令呢？"慈禧绝不肯轻易放过。

刚毅未等光绪回答，便抢先说："奴才也已经拟好了。"

"念！"慈禧道。

刚毅根本不把皇上放在眼里，傲慢地说："工部主事康有为结党营私，图谋不轨，妖言误国，命步军统领衙门立即缉拿归案，以正国法！"

光绪虚弱的身体，这时已经受不住这种肆无忌惮的捉弄、打击，他颓然晕倒了！

李莲英低声对慈禧说："皇上晕倒了！"

在场的人都为之一惊。

慈禧却表现得异常冷漠:“没死吧?”

李莲英走过去,摸了摸光绪:“没有。”

慈禧吩咐道:“送进瀛台孤岛,你多派点人‘侍候他’!”

李莲英当然知道慈禧话中的意思,连忙领悟地:“嘛!”

慈禧走下宝座,瞥了一眼晕倒的光绪:“若真死了,那倒省事啦!”

第八章 风雨谭宅

风云突变。

近两天来,朝廷的政变所及,风声鹤唳,狼奔豕突,恐怖笼罩着北京城……

谭嗣同依旧若无其事地住在浏阳会馆的莽苍苍斋,坐在院中老槐树下正弹奏七弦琴,神情是那样的镇静泰然。只有那奔泻而出的音乐,在倾诉他激昂的心曲:“怒发冲冠,凭栏处,潇潇雨歇。抬望眼,仰天长啸,壮怀激烈,三十功名尘与土……”

杨锐和林旭惊慌失措地跑了进来。谭嗣同收起琴,请二位入座。

杨锐连声感叹:“世态炎凉,真是世态炎凉啊!”

谭嗣同问:“什么事啊,叔峤兄?”

杨锐叹了口气:“咱们是一夜之间,地狱天堂!前些时那些争相拍咱们马屁的,这两天我去拜谒,他们竟连见都不肯见!”

谭嗣同镇定地说:“不是不肯见,是不敢见!”

“是的。”杨锐接着说道,“现在那些被皇上革职的老臣,全都复官了,而我等却在顷刻之间仿佛成了朝廷罪犯!”

林旭毕竟年轻,他不由得愤愤地说:“我等何罪!维新是为了救国,难道救国有罪,卖国有功?!”

“人世的真理,往往是颠三倒四的。”谭嗣同感慨地说,“屈原被放逐,司马迁受宫刑,岳飞惨死而秦桧尊荣,中国历史上这种是非颠倒的事还少吗?”

“咳,胜者王侯败者贼,这些话我们无处可讲了!”杨锐唯有感叹。

林旭道:“复生,外面风声很紧,听说凡入主军机、推行新政的,都是死罪?”

“啊?!难道可以不分青红皂白……”杨锐惊恐地说。

谭嗣同停了半晌,徐徐说道:“谣传不管真假,但慈禧荣禄心狠手辣,我们不能不防。”

林旭气愤地：“刑部审讯，我将依照《大清律例》，据理争辩！”

“哼，审讯？”谭嗣同惨然一笑，“请不要忘记，这是宫廷政变！政变历来是按照强者的意志，可以指鹿为马的！”

“这么看来，我们只有束手就擒，坐以待毙了！”杨锐有些惶恐。

林旭望着谭嗣同：“复生兄，看你神情自若，定有高见？”

谭嗣同笑笑，转对杨锐说道：“如想生存，叔峤兄还是有生计可想的。湖广总督张之洞，乃是权重倾城的封疆大吏，你既是他派来的心腹之臣，他不会对你见死不救吧？”

杨锐点点头：“大路茫茫，看来只有这么一根救命稻草了！”他扭头对着林旭，“暾谷兄，荣中堂不是想请你去做他的幕僚吗，他现在炙手可热，你能否去找他疏通疏通？”

林旭没有立即回答，而是转向谭嗣同问道：“复生兄，那你呢？”

“我？”谭嗣同道，“人各有志，我自有安排。”

杨锐一拉林旭：“复生的父亲是湖北巡抚，焉能不为复生兄奔走？”

谭嗣同未置可否地：“现在时间紧迫，二位抓紧时间，快去想办法去吧！”

“那，我们就告辞了！”林旭说完，林、杨二人告辞。

谭嗣同送林旭、杨锐走后，躲进屋内仿造父亲谭继洵的笔迹写信。他与父亲虽政见不同，却一直是父子情深。1876年，父亲任户部郎中时，白喉症流行，谭嗣同的二姐谭嗣淑被传染，进京医治，母亲徐五缘携谭嗣同等入京探视，也被传染，六天之内，母亲、大哥、二姐相继死于浏阳会馆故居，谭嗣同昏死了三天，不久终于痊愈。父亲喜出望外，为了庆贺儿子死而复生，就以“复生”作为谭嗣同的字。谭嗣同在家排行老七，故小辈人称他为七爷。

谭嗣同正自怀想父亲对自己的养育之情时，家人左湘悄悄走近，低声道：“七爷，康先生已经被英国使馆用船救走，送往香港。”

谭嗣同转而高兴地：“真的？消息确切吗？”

“使馆人讲的，千真万确。”

“这就好了！康先生能安全脱险，就可保证中国的维新火种不灭。那梁启超呢？梁先生脱险了吗？”

“没，没找到他。我走到半路，一看巡捕在到处抓人，我就赶紧返回来了！”

“哎呀，你，你赶快再去打探一下！”谭嗣同催促道。

“不，我不能在这种时候再离开你。”左湘年岁不大，但很倔强，“万一你有个好歹，我对不起少夫人！”

“我不是跟你讲过多次了吗？康先生他们出走是对的，他脱离了虎口，就为中国的维新事业留下了一线希望，这对我们国家民族都是有好处的，而我却不能走。如果大难一来，就都纷纷逃走，作鸟兽散，那还算什么维新党人？岂不让国内外的志士仁人耻笑？！左湘，你能理解我吗？”

左湘含泪点了点头：“可是……”

“别可是啦！”谭嗣同安慰地，“那就快去吧，快去找梁先生！见着他，告诉他赶紧设法逃避。他年轻有为、才华横溢，乃中国不可多得的人才。”说着，走过去轻轻地拍了一下左湘，“去吧！”

左湘依依不舍地转身退下。

谭嗣同刚欲回到里屋，突然左湘又返了回来：“七爷！”

谭嗣同嗔怪道：“你？！”

“一位日本人求见。”

“日本人？”谭嗣同很惊诧。

这时，那位身着日本服装的人，未经允许径自走了进来，左湘想要阻止，被那人推开了，他激动地叫了声：“复生！”

谭嗣同定睛一看，原来这位身穿日本服装的人竟是他日思夜想的密友梁启超，他赶紧一步抢过去，紧紧抱住梁启超：“卓如兄，怎么这般打扮？”

“时间来不及了，长话短说吧！现在狂澜既倒，情势危急，朝廷传出话来，我等一经抓去，必死无疑！英国已救走康先生，现日本使馆愿出面收留我们，他们景慕你行谊磊落，是位热血丈夫，特意让我来，保你一同出走。”梁启超说着，放下手中的包袱，“来，这是一套日本服装，快收拾收拾，换上它！使馆的马车就等在门外……”

谭嗣同把包袱推到一边：“不！只要你能逃出虎口，我就安心了！愿你找到康先生后能重整旗鼓，将维新大业推行

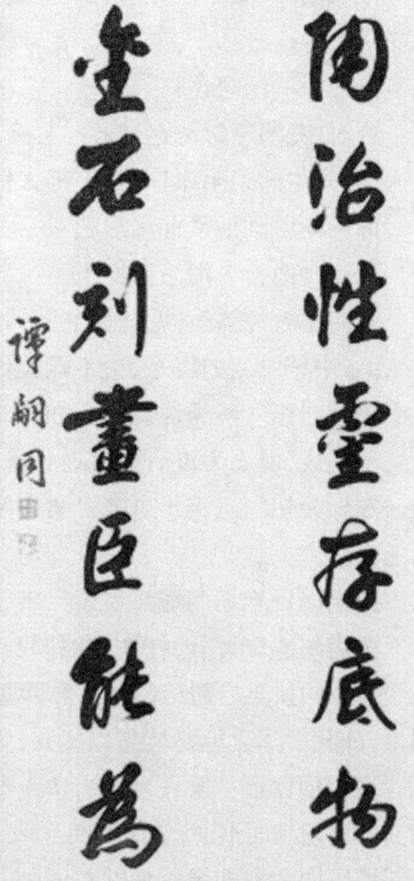

谭嗣同书法

到底，使我中华古国以崭新的雄姿屹立于世界之林，四万万炎黄子孙将会永世铭记你们的功德！”

“那你呢？”梁启超问。

“事已至此，别无良策，我唯有以死殉国。”谭嗣同镇定地说。

梁启超一惊：“怎么，在这里等死？不，快收拾一下，你我同去日本，另辟新路，以待东山再起……”

“不，我志已决，绝不再走了。”谭嗣同走过去，紧握住梁启超的双手，深情地，“贤弟雄才大略，又无官职在身，出走是应该的。不有行者，何以图将来？而我则不同，我受皇上特达之恩，入主军机，参与新政，重任在肩，自当负责到底，岂可临难苟免？唯有一死以酬国家矣！”

这时，左湘急匆匆跑过来：“七爷，梁先生，快点吧！九门提督衙门的巡捕正四处抓人，康先生的弟弟康广仁，户部张侍郎都已被捕下狱了！”

谭嗣同激动地紧握梁启超双手：“卓如，快走吧！今日只当诀别，愿君多多保重！”说着，两行热泪滚滚而下。

梁启超大为感动：“不，复生，你不能留下！你比我强，比我们都强！你又正值壮年，为了中华民族的将来，决不能让你这样白白地牺牲！”

谭嗣同正气磅礴地说：“卓如，你很清楚，外国变法自强，没有不流血的，我国历朝变法不成，就因为没有流过血！我谭嗣同，愿做为变法流血的第一人！”

左湘又从门房疾步进来：“梁先生，日本使馆的马车夫已经等急了，他催先生赶紧上车。”

谭嗣同目光炯炯地注视着梁启超，和他握手诀别：“卓如兄，可要多保重哇！”

梁启超感慨万分，扑在谭嗣同身上痛哭起来：“复生兄——”

谭嗣同扶梁启超出门：“请告诉海内外的同志，志士仁人，望他们前仆后继，共图国事，如我中华大地终能得以振兴，则我谭嗣同虽肝脑涂地，亦将长笑于九泉了！”

左湘催促道：“梁先生，快，快走吧！”

梁启超满面泪痕，忽地转回身来，紧紧地抱住视死如归的谭嗣同，随后急转奔出。

谭嗣同和左湘怅然地站在屋中，耳听着马蹄声逐渐远去……

谭嗣同突然想起什么，迅速拿起桌上的一个红包袱：“哎呀，忘了把这书稿交给他！左湘，你再辛苦一趟吧，把这些书文诗稿交给梁先生。我虽文才浅陋粗疏，但这毕竟是我的一生心血，你送给他，请他设法出版成书。”

左湘接过包袱，担心地：“这个时候……七爷您，您可要留神哇！”

“你放心去吧！刚写的那几封信，我想再检查一下，别留下差池。”

左湘还是不放心：“那你可得等我回来呀！”

谭嗣同走过去，抚摸着这位身边唯一的亲人：“放心吧，我一定等你回来！”

左湘依依不舍地退下。谭嗣同略略沉思了一下，返身走进里屋，点燃了蜡烛。

少顷,一个黑影突然悄悄地闪进了院中。谭嗣同急忙吹灭烛光,走了出来:“谁?”

来人银须飘拂,背插大刀,原是大刀王五。

“复生!”

“啊,原来是五爷!”谭嗣同兴奋地,“救皇上的事,办得怎么样?”

王五满面羞惭:“七爷,我对不起你,没有办成。”

“怎么回事?”

“昨晚我们弟兄几个好容易溜进了皇城,可禁闭皇上的那瀛台是三面临水,只有一桥相通。瀛台里层层哨卡,兵丁林立,禁卫森严,根本无从下手。后来我们想强行营救,可那几位弟兄还没等进到瀛台,就都被洋枪击毙了!”

谭嗣同感叹地:“咳,既然如此,也是天意。辛苦您了!”

“这是哪里话!”王五说道,“七爷看得起我,可我辜负了七爷的重托,羞愧得很!现今,救皇上不成,只有保你离开北京。我已将十几名弟兄埋伏在城口,你现在就随我出城,我老汉愿单刀匹马,千里相送,送你到湖南老家,重整天下!”

谭嗣同凄然地摇了摇头:“感谢老英雄的厚意,也替我感谢诸位弟兄!”

这时,远处隐隐传来一阵马蹄、狗吠声。

王五侧耳一听:“不好!准是官兵抓你来了!复生,快,我携你越墙出去!”

“不,我决心已定,只求以死报效国家。”谭嗣同说着从墙上摘下宝剑,“五爷,你我相交一场,肝胆相照,临终也没什么馈赠,唯有这对七星宝剑,留给您做个纪念吧!”谭嗣同把剑递给王五,感奋地,“我的路已经走到头了,愿五爷能用它杀出一条新路来!”

王五托着双剑,注视着谭嗣同:“复生,黎民百姓尚属愚茫蒙昧,未必能理解你的苦衷啊!此次失败,即是明证。”

“正因如此,我才甘愿用这一腔热血来唤醒民众!”谭嗣同一腔浩然正气,“外国变法自强没有不流血的。我愿用我的鲜血告诉民众,不流血就不能变法,不变法,中国就要被洋人瓜分;不变法,中国人就要变成亡国奴;不变法,中国将永无富强之日!”

王五把双剑放下,往椅子上一坐:“既是这样,那我老汉陪你共赴国难!咱们生,未能生在一起;这次死,咱们死在一块!”

谭嗣同着急起来:“不不,五爷!你我不同,我身受国恩,只有以死相报。而您是一位游侠、自由之士……”

“天下兴亡,匹夫有责。你我的爱国之心,却是相同的。老汉愿随你赴汤蹈火!”

“五爷真是义气千秋!”谭嗣同慨叹地,“我今生能和老英雄相识,终身无憾!只是我死后还有一桩不了的心愿,尚需托付于五爷。”

“什么事,你说吧!”

“五爷,咱们国家历来是一人获罪,株连九族。我死后,他们定要加害于我的老父。您知道，我谭嗣同过去不孝，与父亲一直政见不和，这次为了使家父少受株连，我已模仿家父的笔迹，写了七封骂我不孝，和我断交的信，这可能会减轻些他的受累。但是，他可能还会革职发配的。如是发配边疆的话，我还得求助于五爷，能像当年护送林则徐一样护送家父。那样的话，我就是在九泉之下，也感激五爷的盛德！”

谭嗣同说着，扑地一记长跪！

王五怆然泪下："这你放心！不不，你还是不能等死，咱们一起出走，我保你出城！”

狗咬声渐近。接着，传来一阵重重的打门声："开门，开门！”

王五立即伸手欲扶起谭嗣同："快，快起来，跟我一起走！”

谭嗣同依然跪在那里："请五爷答应我……”

"不，你不能这样等死！

这时，打门声越来越响。只听轰的一声，前院的门被撞开。

谭嗣同："五爷——”

王五流着泪，使劲点了点头。

谭嗣同跃起，将王五往墙边一推："快走！”

巡捕奔跑的脚步声传来，王五只得含泪飞身上墙。几名巡捕脚跟脚地闯了进来，他们如狼似虎，气势汹汹。

谭嗣同泰然地望着他们，微微冷笑："各位公差，怎么姗姗而来迟呀？我可是恭候多日了！”

巡捕们一时间，被谭嗣同这镇定的神态窘住了。他们面面相觑，尴尬地不知说什么才好。

"走吧？”谭嗣同说完，径自大踏步地朝门外走去。

巡捕头目如梦初醒地："愣着干什么！快，给我绑上！”

巡捕们这才急忙追出门去。

少顷，左湘归来，他手提着两条大鱼，轻声地："七爷——”见无人应，又往室内方向走了几步，依然轻声地："七爷！”还是没人应，他走进屋去，然后返身回到院中，声音变大了："七爷——”依旧没有应声，这时他慌了，扔下鱼，在院内找了一圈，仍然没有，只见院中七弦琴摔在地上，他望着摔断的琴弦，恍然领悟，顿时失声哭叫起来："七——爷——”

第九章 千古英魂

宣武门外的菜市口,离浏阳会馆不远,这里原本是繁华的商业中心。清朝的统治者选择这样一个大街闹市作为刑场,完全是为了显示他们的淫威,震慑市民百姓,以维系其封建统治。

封建统治者草菅人命、杀人如麻,菜市口刑场是封建统治者的历史见证。远的不说,只说咸丰年间的那起著名的戊午科场血案,就是轰动朝野的一桩有名的大冤案。大学士柏葰是这场冤案的主要受害者。

柏葰,原名松俊,蒙古正蓝旗人。咸丰八年(1858 年),拜文渊阁大学士,在朝为官 32 年之久,历经道光、咸丰两朝。为人正直,性颇耿直,不善阿谀奉承,是朝中资望很深的老臣。

咸丰八年戊午科乡试,柏葰任顺天乡试正主考官。刑陪主事罗鸿禩为其弟罗鸿绎应试事,买通柏葰家奴靳祥,趁柏葰不备,撤换试卷,使罗鸿绎取中。事情败露后,靳祥逃走被拿获,案未结,先死狱中。柏葰、罗鸿禩等与此案有牵连的二十余人全部被捕入狱。此案由载垣、端华、肃顺一手处理,他们利用手中的大权,不顾文武百官为柏葰求情,因柏葰"自登枢府,与载垣、端华、肃顺等不协",肃顺等要以此事兴大狱以示威。在肃顺的坚持下,柏葰于咸丰九年(1859 年)二月被押送菜市口刑场。肃顺亲自监斩。临刑前,肃顺得意忘形,"见葰车至,迎而笑曰:'七哥来早。'即升座促刑。"一品大员柏葰因家奴受郁而罹杀身之横祸,成为菜市口刑场的冤魂,这是有清以来的一大奇闻。但是,无独有偶,三年后,监斩官变伏法人,煊赫一时的肃顺,也落到被斩于菜市口的同样下场。

咸丰十年(1860 年),英法联军再次向中国发动了大规模的侵略战争,在国家危急之际,咸丰帝在侍卫内大臣怡亲王载垣、郑亲王端华和户部尚书肃顺的怂恿下,率领嫔妃、文武大臣逃到了没有战火的热河行宫。载垣、端华、肃顺三人互相勾结,又深得咸丰的信任,成为咸丰朝实际的决策人。但内忧外患使咸丰一蹶不振,终于在咸丰十一年七月十七日(1861 年 8 月 22 日),病死在"避暑山庄"。咸丰遗命,肃顺等八人为"赞襄政务大臣",总摄朝政,辅佐年仅六岁的皇帝载淳。

载淳的生母慈禧太后,对肃顺等顾命大臣的独揽大权,不能忍受,便极力拉拢留守京都的恭亲王奕䜣,密谋夺权。

咸丰十一年十月初二(1861年11月4日),慈禧抱着小皇帝载淳抢先回到北京,即日下诏,发动政变解除顾命八大臣的职权。“命恭亲王将载垣、端华、肃顺,革去爵职,拿交宗人府,命同大学士、六部、九卿、翰詹科道严行议罪”。不久,载垣、端华均被令自尽,余下的八位顾命大臣中的穆荫、匡源、杜翰、焦佑瀛革职发往新疆。唯景寿革职仍留公爵并额驸品级,免其发遣。而对肃顺,慈禧对他恨之入骨,决意杀戮不贷,斩立决。

十月初六(1861年11月8日)当天,肃顺即被押赴菜市口刑场,斩首示众。肃顺既诛,慈禧从而窃取统治大权。菜市口刑场是慈禧“辛酉政变”血腥夺权的见证。

如今,血腥的菜市口刑场,又将上演慈禧“戊戌政变”,杀戮维新爱国志士的一幕。

光绪二十四年八月十三日(1898年9月28日),清晨,北京菜市口刑场处,在那多年倒放煤灰而隆起的土堆上,临时搭起了一座篱棚,便算作监斩台了。

两位老人早早来到,在那里清扫大街。一位中年差役甲走了过来:“走开走开,别扫了!”

一位扫大街的老人回道:“这可是一位当差的老总吩咐,今天一早就叫我们……”

中年差役训斥地:“少废话!让你们走开就快点走开!”

另一位老人扯了一下刚才说话的老人:“走吧!”

一位年轻的差役拿着两把带锈的鬼头刀走了过来:“大哥,你说上司为什么专找这种又锈又钝的大刀哇?”

中年差役低声地:“这说明,今天杀的肯定是朝廷大官!”

年轻差役不解地:“官大官小,和这刀有什么关系?”

差役甲表情很神秘:“你刚来,不知道内情。大清朝刑部有个秘密规矩,凡杀大官,都用钝刀,官越大,刀子越锈越钝。朝廷说,当官的都是皇上的奴才,当官的谋反叛逆,罪应加人一等,叫他们死也死得难受!”

年轻差役说:“这次挑的全是这种‘大将军’刀,多少年没磨过的,那准是朝廷大官了?”

“那当然。今天要杀的这六个,全是大人物。”

“大哥,哪六个大官呀?”

中年差役看看左右,压低声音:“你可不许透出风去!今天杀的这六个,有四位是皇上刚让入主军机的大臣谭嗣同、林旭、杨锐和刘光第。再加上一个康广仁,就是康有为的弟弟。”

中年差役所说的刘光第,是四川富顺人,为人正直,进士出身,1898年参加保国会,同年经湖南巡抚介绍,入主军机章京,参与新政。因居官清廉,不媚权贵,而被守旧派诬为叛逆。他和谭嗣同详加驳斥,力保康、梁无辜,但遭到守旧派者嫉恨,戊戌政变时与谭嗣同等一道被捕。

至于另一位康广仁，也是仁义之士，他系康有为的弟弟，因耻于清末官场的卑鄙污秽，乃弃官，专赞其兄康有为的维新事业。先在澳门办《知新报》，后又在上海办大同译书局，发起不缠足会，创办女学堂。1898 年，在北京参与新政，助康有为拟新政奏稿，因之被捕。

年轻差役听完了中年差役的讲述，又问道："那还差一位呢？"

中年差役接着说："这位更冤了，是监察御史，叫杨深秀。他在初六政变那天顶风上了一本，诘问光绪帝被废原因，反对西太后垂帘听政。"

年轻差役情不自禁："好样的！"

"嘘——这可不能瞎说！"中年差役说完四下望望，示意年轻差役赶紧走。

此刻，一位蓬头垢面，穿着破衣烂衫的老乞丐慢慢走了过来，他佝偻着身躯一路讨着饭："老哥哥，大姐姐，行行好吧——"老乞丐边走边用一双机警的目光搜索着地形，并暗暗地用心默默记着，但当他发现有人走过来时，又立即装成了可怜的样子："老哥哥、大姐姐，行行好吧——"

走过来的是中年差役，他停在了老乞丐的面前。

老乞丐伸出手来："小哥哥，行行好吧！"

中年差役很不耐烦："躲开躲开，你也不看看这是什么地方！"

老乞丐迟疑了一下，走开了。

"站住！"中年差役快步走到老乞丐面前，仔细端详，"哎呀，王五爷，果然是您！"

老乞丐躲闪地："小哥哥，你认错人了吧？"

中年差役看看四周，压低声音："五爷，您是我的救命恩人，怎能认错呢？您忘了在京西，是您救的我？！五爷，是不是为谭大人而来呀？"

这位老乞丐正是王五，他站在那里没有言语。

中年差役焦急地说："五爷，袁世凯知道谭大人有一批豪侠朋友，他向荣禄献策，要层层设防，严加防范。今天，法场上戒备森严，防的就是你们呀！五爷，快走吧！"

王五听了心中一愣，他刚想再问什么，突然一群围观的民众，被驱赶着从前面退了过来。这些民众边向后躲，边在议论："车队过来了！浩浩荡荡的，杀什么人，出动这么多人马呀？"

"听说是怕有强人劫法场！"

中年差役听到这里，急忙向王五丢了个眼色，走过去厉声地："还不快走开！"

王五无奈，只得提起讨饭篮子走开。围观的民众继续后退着，躲向了一边。紧接着，一队兵役冲上来，挡在了民众的前面。随后，刽子手手持着那种又锈又钝的鬼头刀走上前。

此时，一声长喝："钦定监斩官刚大人到——"随着这声吆喝，迈着方步的刚毅在人们的簇拥下，威风凛凛地走了过来。

人群中，立刻又荡起一阵骚动："啊，今天是刚大人亲自监斩？！"

刚毅威严地扫视一周，然后登上高坡，向后面方向轻轻地一挥手，铁笼囚车内锁着六人驱向刑场，人人身戴镣铐，沿途大量官兵围护，如临大敌。刚毅向囚车看了一眼，做了个手势："囚车就停在那里！把犯人林旭、杨锐、谭嗣同带过来。"

林旭、杨锐、谭嗣同三人被带了上来。林旭长发蓬松、脸色憔悴，几天之间俨然变成了另外一个人，他用惊诧的目光望着这森严肃穆的场景；林旭身后是杨锐，低垂着头，已面无人色，每走一步都显得分外沉重；最后上场的是谭嗣同，他大义凛然，高昂着头颅，神态从容，坦然自若。

围观的人们又开始议论纷纷："走在后面的那位大人是谁？"

"谭嗣同。"

"真是条好汉，大丈夫！"

……

刚毅听此议论，脸色一沉走过去，用威严的目光扫视着围观的民众，人们立时吓得噤若寒蝉……

杨锐见刚毅走到身边，突然双腿一跪："刚大人，冤枉，冤枉啊！"

刚毅斜了他一眼，没有理睬他，径自朝临时搭起的监斩台走去。

林旭大呼："我等犯了什么罪？为什么不经审讯，就要处死，这样死也不服！"

刚毅厉声申斥："住口！"

林旭刚欲再说，刚毅左右的皂隶立刻响起一片吆喝之声，林旭只得把话吞进。

见此情景，谭嗣同跨前一步："刚大人！依《大清律例》，临刑鸣冤者，即或是盗贼命犯，亦当代陈堂上，请予复审。何况我等均是朝廷大臣，今不经审讯，就要处死，请问，你们置《大清律例》于何地？置祖宗法度于何地？你们将何以昭示于全国的臣民百姓？！"

刚毅一时语塞："你、你……我只奉命监斩，其余的一概不知。你们快给我跪下听旨！"

林旭站在那里，不肯跪。

杨锐仰头劝林旭："暾谷，跪、跪吧，且听旨！"

刚毅厉声地："林旭，你身为朝廷命官，现面对圣谕，你竟敢不跪吗？快跪下听旨！"

林旭一听"圣谕"二字，长叹一口气，双膝跪下了。而谭嗣同依然横眉怒目，巍然而立。

刚毅盛气凌人地大叫道："你，谭嗣同，为何不跪？难道你竟敢胆大妄为，反抗君上吗？快跪下听旨！"

谭嗣同冷冷一笑："刚毅，你所说的圣旨，绝非是皇上之旨！对于西太后之命，我就是不跪！"

刚毅气得浑身颤抖:“你,你!你这目无君上的东西,跪!”

刚毅一挥手,两名兵丁立即扑向谭嗣同,欲将其按倒在地,可谭嗣同硬挺着身体,不肯屈膝。最后,又上来几名兵丁,将谭嗣同压成了半蹲半跪。

刚毅为此十分恼火,他此时也顾不得颜面,用袍袖擦了把头上的汗珠,急忙掏出谕旨来宣读:“圣旨!谕军机大臣等:康广仁、杨深秀、刘光第、杨锐、林旭、谭嗣同等,大逆不道,着即处斩,派刚毅监视。”

杨锐听后,立刻瘫倒,抢地大叫:“冤枉、冤枉啊!”

林旭兀自念念叨叨:“维新何罪?救国何罪?死也不服!”

这时,一名公差急匆匆跑上来,欲走近刚毅,可又有些不敢上前。

刚毅问道:“你有什么事?”

“刚大人,这是从谭嗣同牢房墙上抄下来的反诗。”

刚毅思忖了一下:“既是反诗,就是罪证。他们不是说没有罪证吗?你念念!”

公差不敢念:“这、这……”

谭嗣同微微一笑:“我来念给你听!”随即面对围观的群众,高声背诵,“望门投止思张俭,忍死须臾待杜根。我自横刀向天笑,去留肝胆两昆仑!”

谭嗣同读完,仰天长笑,场上人皆为之愕然。

刚毅知道这首诗的意思,张俭和杜根均系古代名臣,皆因严劾当朝奸佞及其家属的罪恶遭陷害。谭嗣同在这里抨击慈禧、荣禄、刚毅一伙奸佞,而以张俭、杜根自诩,“我自横刀向天笑,去留肝胆两昆仑”,昆仑者,出玉之山也。刚毅虽然混沌无知,但这首诗的意思他还是明白的,直气得火冒三丈、狼狈不堪:“你、你……好你个谭嗣同!”转身对兵丁喊道,“还愣着干什么?快让他们喝‘永别酒’!”

兵丁们捧着三个大碗,分送到他们面前。杨锐已失魂落魄,哪里还喝得下酒;林旭看了一眼这永别酒,也痛苦地扭过头去。

谭嗣同豪爽地:“来,喝!”

谭嗣同首先接过酒来,林旭一见也接了过来,可他捧着酒碗,眼泪簌簌地落了下来:“我辈一死,正气尽矣!”

“不,暾谷,你太悲观了!”谭嗣同昂头挺胸地说,“我辈一死,尸体和鲜血将引起人们的深思,使之觉醒、使之感奋,中国的复兴富强也许就从此有望了!来,端起酒杯来!”

林旭也振奋起来,转对杨锐:“叔峤,复生说得对,人谁不死,死后扬名,也可算碧血千秋了!”

谭嗣同两目炯炯,怒冲霄汉:“来,干掉这永别酒。咱魂当为厉,以助杀贼!”

谭嗣同说完同林旭一饮而尽,杨锐也一边流着泪一边哆嗦着将酒喝干……

突然,一个揪人心肺的声音从人群中响起来:“七爷!七爷——”

谭嗣同心头一震,端着酒碗的手不由得颤抖起来,他急转过身来,只见左湘正怀抱一件夹袍，没命地往人群里挤。

左湘边挤边喊："七爷，这是夫人给您做的袍褂，刚刚寄来的。七爷，您把它穿去吧！"

横眉立目的兵丁阻挡着左湘，不许他近前。

左湘一边哭泣一边诉说："各位大人，乡亲父老们，谭大人一生为国奔波，结婚十五载，没在家里住上几个月呀！这袍褂，是他夫人在他们结婚周年那天，流着眼泪一针一线赶制出来的。大人，乡亲们，人心都是肉长的，请让开点，让谭大人看上一眼，这也是夫人的一片情意呀！"

群众听到这里，纷纷闪开，让出了一条通路。几名兵丁也不由自主地往后撤了撤。

谭嗣同迎过去："左湘！"

左湘一下子扑在谭嗣同身上，哭喊着："七爷！"

谭嗣同一边擦拭着左湘脸上的泪水，一边说："左湘，不要哭。告诉夫人，多看看我写给她的那封信，'视荣华如梦幻，视死辱为常事。无悲无喜，听其自然。'"

左湘泪如泉涌："七爷，您一生为国为民，求改革维新之路，您到京都也刚刚半个月的时光，您可有什么罪过呀？！"

刚毅猛地一拍桌子："还不快把他轰走！"

兵丁如狼似虎地扑过来，撕扯着左湘。

左湘边挣扎边喊："七爷，湖南的父老乡亲，都想念您呀！"

谭嗣同望着被拖下去的左湘："左湘，你要保重啊！请告诉湖南的父老，我谭嗣同有负于他们的重托，有负于四万万黎民百姓……"

这时，刚毅用手一挥，一声催魂的号炮响起。

刚毅在犯由牌上用朱笔一勾："杨锐阴结康党，密保匪人，通同谋叛。立斩！"说完就把令箭扔了下去。

杨锐立时被兵丁们逼迫着，颤抖地在一张纸上画了个圈。随即，满脸杀气的刽子手大步走了过来，一手举着鬼头刀，一手提着杨锐的衣领，将其拖走。杨锐一路大声哭号："冤枉，冤枉啊！"

刚毅又在犯由牌上一勾："林旭叛君弑上，首创逆谋，颠覆大清。斩！"接着又把令箭一扔。

兵丁把纸笔递给林旭，让其画圈，林旭不从，两个兵丁抓着他的手硬按着在纸上画了个圈。手执鬼头刀的刽子手再次上来，拖走了林旭。

刚毅又拿出一犯由牌，朱笔勾完："谭嗣同大逆不道……"

谭嗣同正言厉色："不必说了，拿纸笔来！"

兵丁们吃惊地看了刚毅一眼，然后把纸笔递到谭嗣同面前。谭嗣同面不改色，奋笔疾书。

此刻，两声号炮响起，勾人心魄！

一兵丁高叫:“时辰已到!”

谭嗣同一气呵成,从容不迫地把笔一扔,昂首对视着刚毅。

刚毅要过谭嗣同写的纸来:“他都写了些什么?”

谭嗣同朗朗高声:“有心杀贼,无力回天;死得其所,快哉快哉!”

猛然间,第三声号炮响起,发愣的刚毅等反倒竟为之大惊失色。随着号炮,天空很快被一片阴霾所覆盖,正午时分,却是天色漆黑。刚毅吓得面无人色。

朗声大笑的谭嗣同健步登上高坡,昂然回首,空旷的郊野,正回荡着他的声音:“有心杀贼,无力回天;死得其所,快哉快哉!”

这时,天边出现一缕云霞,辉映在谭嗣同的身上,他俨然是一尊铁打钢铸的雄伟雕像!

戊戌变法被斩的六君子

刚毅万分惊恐地连声叫道："给我斩，斩！"

随着刽子手的手起刀落，六位君子血染尘沙。他们死了，戊戌变法失败了。可谭嗣同等仁人志士，却以他们的鲜血洗亮了人们的眼睛，以他们的头颅唤起了一代革命者的觉醒。人们重又集聚在孙中山的旗帜下，前仆后继，推翻腐朽的清王朝，开创了资产阶级民主革命的新时代！

二、孙中山伦敦蒙难记

二、孙中山伦敦蒙难记*

悲壮的序典

1895 年 10 月 26 日。

一艘具有 19 世纪末最新技术装备的小火轮，吐着烟缕，航行在海上。这是一艘从广州驶往香港的游船，乘客多是外国商贾、官员以及携眷游览殖民地风光的英国华贵。他们指手画脚，高谈阔论，杯光盏影中留下一串串酬酢调笑声……

游船一角，坐着一位戴眼镜的中国青年。他身穿灰色长绸衫、黑马褂，头戴瓜皮小帽，这是清朝民间比较有身份的人常穿的入时服装。从他阔绰的穿戴和不凡的举止看，完全可以与船上其他游客为伍。

然而，他却一个人默默地坐在船舱里，心事重重，和船上欢快的气氛很不协调。青年取下眼镜，装进衣袋。他那端庄、刚毅的脸上，充满着无限的忧愤。这位青年就是在中国与亚洲第一个打掉皇冠的伟大先行者——孙中山。

船舱里饮酒作乐的喧笑声使孙中山感到非常烦躁，他离开座位，踱上甲板，依着船舷，凭栏远眺：茫茫水面，被晚霞铺上一层红色，粼粼波光中翻涌着血样的浪花……

1895 年秋，孙中山流亡国外。同年 10 月，孙中山在伦敦被清驻英使馆诱捕。由于他的老师康德黎的营救和舆论压力，清驻英使馆被迫将他释放

* 注：此文系和薛赐夫合著。

望着这殷红的海水，孙中山的心一下子收紧了！他沉痛地闭上眼睛，刚刚发生的那场流产的风暴又浮现在他的眼前——

今天凌晨，孙中山筹划、组织已久的武装起义就将打响。这是在丧权辱国的《马关条约》签订以后，他目睹强邻压迫，国事日非的现实，决心以武力倾覆腐败的清廷，创立国民的共和政府的一次伟大实践。孙中山正在部署起义的最后几道程序的时候，突然一位义军跑来报告说，从香港购置的六百支手枪被海关查获，兴中会陆皓东惨遭杀害，清廷当局正在搜捕起义者。

面对这种意料之外的险恶局势，孙中山当即决定暂时隐蔽实力，伺机再举，他指示党人迅速疏散，并通知香港起义援军勿来穗城。可是，就在他们向香港拍发电报的时候，香港义军在其头领朱贵全的带领下已经率先赶到广州。朱贵全等约百余人全部被清军杀害在海滨，鲜血染红了海水。

嗜血成性的清政府妄图一网打尽，彻底铲除革命的火种，于是他们像发疯似的搜捕起义领袖孙中山，悬赏一千两花银的通缉布告贴满了广州的大街小巷。

孙中山在焚烧完文件，送走最后一批转移的义军后，和陈少白、郑士良一起也被迫离开了广州。

孙中山以武力推翻清皇朝的第一次尝试，还未及举事，就在襁褓中被刽子手们残酷地镇压下去了。革命者用鲜血谱写了中国近代史上为共和革命而战斗的悲壮序曲！

一个翻天的大浪袭来，孙中山从追忆中惊醒。他警惕地扫视着四周，甲板上已经没有人了，游客的嬉笑也停止了。

放眼望去，四周是漆黑的一片，黑魆魆的海面上，只有远处的航标灯像鬼火似的闪闪烁烁。孙中山想到即将开始的流亡生涯，谁也无法预卜前面等待他的将有多少艰难险阻，将有多少暗礁险滩……

第一章　缉捕“国事要犯”

嘀嘀嘀嘀……

一架涂着黑油漆的手摇收发报机发出沉闷的电键声。大清帝国驻英使馆一位英籍女译员正在忙着接收电文，这是清廷驻美使馆向国内和各驻外使馆发的“情况通告”。

自从孙中山逃亡海外以后，清政府便向各驻外使馆发出通电，严令驻外使节密切注视孙中山的行踪，互通情报，不惜一切代价，一定要把这“国事要犯”缉拿归案。

可是，一年快过去了，东洋西洋各驻外使馆虽不断发现孙中山的踪迹，但却一直未能捕到他。

现在，驻美使馆又发现了孙中山，于是立即通电朝廷和各个使馆。

女译员丽姬小姐将电报字条从收发报机上扯下来，迅速将密码译成汉字，然后送给使馆特聘的英籍参赞马凯尼。马凯尼看完电文后，蹙了下眉头，他未置可否地让丽姬马上送呈公使。

公使龚照瑗展开电报一看："近查孙逆在美华人中活动猖獗，发展乱党。使馆已购线①若干，正密切注视，伺机缉拿。"

公使手拿着电报，一下子怔住了。他慢慢地吸吮着水烟袋，陷入了沉思。丽姬见此情景，便欲转身离开。公使忽地放下水烟袋，吩咐道："请唐刺史到我这里来！"

唐刺史名叫唐怀远，原是两广总督府的一个巡监，因为他的前任刘刺史搜捕孙中山不力而被斩首，唐怀远便被擢升为刺史，专事跟踪孙中山。他先后在香港、日本、暹罗、新加坡、夏威夷等地辗转追踪，如今又来到了英国。

唐怀远从听取各国使馆暗探的禀报中推断，孙中山很可能到伦敦了。因为孙中山毕业于香港英办大学，他广好交际，在英人中朋友颇多，这些人毕业后，有的已回英国谋业，孙中山可能投奔他们，以求隐蔽。

唐怀远来到英国后，先后在利物浦、伦敦搜寻孙中山，清驻英使馆也紧密配合，搜捕侦缉。

这驻英公使龚照瑗是满族正蓝旗人，平素深鄙汉人，更仇视新党，所以搜捕孙中山他很起劲，对唐怀远带来关于孙中山在英国的消息非常高兴，他增雇了一批外籍侦探，加紧搜捕。特别是他的侄儿袭继宗更是好大喜功，觉得这是他邀功获禄的阶梯。所以，当唐怀远到达伦敦不久，他便向朝廷发去一份电报，报称孙逆已潜来英国，臣等正悉力搜寻，不日即可将孙文缉捕归案云云。

可是，时间一天天地过去了，却始终没有得到一点可靠的线索。这样，公使龚照瑗不仅搜捕的劲头大大减小了，而且对唐怀远坚持认为孙中山就在英国的说法也很不满意。因为如果孙中山确实在英国，那么，旷日持久让他逍遥法外，足见搜捕者们无能或没有尽职。朝廷已先后两次电谕敦促，限令尽速缉拿。这使龚照瑗大伤脑筋，他既恨当初自己一时头脑发热，又怪唐怀远带来的消息没有根据。今天，接到驻美使馆的这份电报，他一颗忐忑不安的心，总算踏实下来了。

唐怀远来到公使办公室，他微微点了点头，便不客气地坐在公使对面的大椅子里。

公使抬抬眼皮望了他一下，然后使劲吸了一口水烟，一边缓缓地吐着烟雾，一边面无表情地问唐怀远："你来伦敦有四个多月了吧？可打探着孙文的线索了？"

---

① 购线，即收买叛徒跟踪。

“卑职低能，还没有成果呢！”唐怀远略略欠了欠身。

“那么，我看该回奏朝廷了吧？”公使故意拉长了声调问他。

“不！请再等些时日，我推断孙文就在伦敦……”

没等他说完，公使猛地一下子站起来：“又是你的推断！你这一文不值的推断，几乎使我吃罪！”说着从马蹄袖口里掏出电报，扔在桌上：“你看看这个吧！”

唐怀远上前拿起电报，迅速地看了一遍，大为惊讶：“啊？！他在美国？”

“这不是推断，是刚收到的通报！”公使没好气地揶揄他。

唐怀远懊丧地缩进椅子里……

公使斜了他一眼，转身叫衙役通知使馆人员和外籍侦探立即到议事堂议事。

过了一会儿，衙役回禀说，参赞马大人不在使馆，没有通知到。

龚照瑗想了一想，决定去找女译员丽姬小姐，打探一下马凯尼的行踪。丽姬告诉他，马凯尼是看过电报后走的，他说约好了要去看一位多年不见的朋友。

于是龚照瑗决定这次议事不再等马凯尼了，他径直向议事堂走去。

马凯尼今天去看望的是一位刚从香港回国的老朋友——康德黎。

康德黎原是香港西医书院的教务长，刚退职回国不久。今天，康德黎和夫人一边在自己的庭院里踱步，等待马凯尼的到来，一边修剪一下花木，欣赏着自家花园般的幽雅庭院。

当他们沿着绿茵茵的草坪，快走近花坛的时候，康德黎忽地停下了脚步，对夫人说：“我越想越觉得前天我在街上遇到的那个人不是日本人，而是香港那个脚夫，肯定是跟踪孙逸仙的暗探，错不了！”

“亲爱的，你都说了几遍了，我看你快成了孙逸仙的职业侦探长了！”

说完，两人都大笑起来。

说起香港这个脚夫，那是一年前的事了。广州起义失败以后，孙中山搭乘轮船，准备由香港去日本，康德黎赶到香港码头去为孙中山送行。当他握别孙中山，正目送他登上轮船的时候，突然发现码头上走来一个鬼鬼祟祟的脚夫，这脚夫在人群中窜来窜去，招揽生意，却用两眼紧盯着孙中山等几个梳着长辫的中国人。

这脚夫的行动引起了康德黎的警惕，他判断这人很可能是个中国暗探。于是他叫住脚夫顺手把手中的小皮夹包递了过去。脚夫开始一愣，但他很快意识到自己脚夫的身份，只好谦恭地接过小皮夹包。康德黎为引开这可疑的人，便向轮船相反的方向走去，他一边走一边悠闲地掏出雪茄，慢慢地剥着雪茄的透明纸皮，并不慌不忙地将烟点燃了。脚夫无可奈何地在康德黎身后跟着……当康德黎看到轮船走远了，船上的人已经模糊不清时，方要回自己的小皮夹包，并顺手扔给脚夫两枚硬币算作酬劳。脚夫望着康德黎扬长而去的背影，生气地将硬币狠狠地摔在地上。

这件事虽然已经过去一年了，可在康德黎的心上却投下了暗探的阴影，他时时为孙中山的安全悬心。

前天，他在泰晤士河边散步，迎面一个中年日本人急匆匆地走过来，这个人只顾扭头看河畔的大桥，和康德黎擦肩而过。

康德黎感到此人非常面熟，好像在什么地方见过。他回头想再细看看他时，那个日本人已经走进了一家餐馆。在回家的路上，康德黎一直在追想，到底在哪儿见过这个人呢？但无论怎么想也没能想起来，他感到自己的确是老了，记忆力也衰退了。他非常遗憾地摊了一下手，忽然看到手上的小皮夹包，记忆的闸门一下子打开了，对！是他，就是在香港码头碰见的那个脚夫。这可真是冤家路窄啊，怎么会在西半球又碰到了他呢？难道他果真是跟踪孙逸仙的暗探？

回到家里，他向夫人说起这件事，夫人不大相信会有这样的巧合。但是，她又颇有感慨地说："不过，孙逸仙也确实让人担忧啊！唉，以他的学识和医术，为什么一定要弃医从政，铤而走险呢？"

"人各有志！依我看，他是真正的中华男儿哪！"显然，还是老师更了解自己的学生。

"铃铃铃"一阵门铃声响起。

夫人高兴地说："他们来了！"

康德黎看看怀表："这么准时，一定是马凯尼。"他一边说着，一边向甬路迎过去。

男仆开了大门，走进来的却是蒙申博士。蒙申刚一跨进大门，便先声夺人地开着玩笑："医学博士，香港西医书院退职教授，伦敦一普通居民蒙申前来拜望夫人！"说着，向迎候他的康德黎夫妇行了一个古老而烦琐的大礼，然后哈哈大笑起来……

夫人看见他这样，也忍俊不禁："这么多头衔的贵客，请吧！"

"啊，不不！我是常客，不能算贵客。确切地说，今天我是陪客。"

康德黎见蒙申这样饶舌，上去捶了他一拳："你这西方的乐神，东方的欢喜佛！"

"啊，不不！我是虔诚的基督徒。"蒙申说着又在胸前画了个十字。

他们就这样一边开着玩笑，一边向楼里走去。

这是一幢高出地面三层半的漂亮小楼。楼房的最底层是露出半截的地下室，除了厨房以外，还有一大间供孩子们玩耍的游戏场。一楼是正厅和书房，正厅通向楼外宽大的平台和阶梯。二楼、三楼则分别是客厅和他们及仆人的卧室。楼内敞亮整洁，主人起居有致，生活安逸，这是典型的英国幸福家庭。

蒙申早在香港时，就和这个家庭建立了友谊，经常往来，出入随便。他先于康德黎回国几年，康德黎这次退职后，他已来过几次了，所以，今天他简直比康德黎更像主人的身份。

马凯尼今天是第一次来。这位英国勋爵年轻的时候，正赶上他的国家用武力启开了中国大门，英国商人和实业界蜂拥而入，吮噬中国的膏脂。勋爵是个聪明机敏的人，立刻看到了这中间的丰腴，他毅然放弃了贵族的矜持和清高，插手于中国沿海城市，办起工厂和学校来。在中国，年轻的马凯尼勋爵时而以实业巨子出现，时而又以教育家露面，一时间颇具声誉。

康德黎出任香港西医书院教务长以后，曾和他有过一段接触。他留给康德黎的印象是：热情而机敏，在事业方面很有雄心。

马凯尼过了中年以后，他的兴趣和雄心转到政务方面，近年来周旋于外交界，前不久又被中国聘为驻英使馆参赞。从此，这位英国世袭贵族，穿上了中国封建朝廷的官服。开始时，他对马蹄形袖口有些不太适应，慢慢的时间长了，他也逐渐习惯了，因为在中国不少人想穿这种衣服，尚求之不得，而且这种衣服也确实给他带来了使不完的威风。

然而今天，他却没有穿这身官服，而是穿着笔挺的西服来的。因为他知道，康德黎和蒙申二位博士，对于仕途生涯是很鄙薄的，所以他不想在这些学者面前炫耀自己官场的得意，他甚至连在清朝使馆新的任命都没有急于透露给他们。

“我看夫人这次东方之行，饱尝中国之佳肴，滋养得更美了！”几年不见的马凯尼，以其高雅的贵族风度和康德黎夫人开着玩笑，“蒙申博士，您说呢？”

“据我观察，夫人更主要的恐怕还是受中国古典诗词的熏陶。你看她侧坐的姿态，雍容的风度，微笑的面庞，这里真用得着一句……对了，‘回眸一笑百媚生’！”

蒙申的话，在屋子里荡起一片笑声。康德黎一边笑着一边对蒙申说：“我还真不知道你也能诌几句中国诗哪！”

马凯尼听说康德黎夫人喜欢中国诗词，便站起来走到夫人身旁：“夫人研究汉学，愿意领教！”

“快别这样说，我还只刚刚起步入门，这都是康德黎的学生，”她说着走到墙边，指着墙上的照片，“喏，就是这位中国青年人的启蒙，唤起了我对中国诗歌的兴趣。”

“噢？”马凯尼显得饶有兴味。

“这位中国青年既是我的学生，也是我的朋友。”康德黎介绍说。

康德黎夫人笑着接过去：“他叫我师母，其实我应该称他为老师。”

蒙申这时掐掉手中的雪茄，也禁不住称赞起来：“这是一位才智、毅力过人的青年，我至今还记得，当我把医学硕士学位证书授给他时，他那充满伟大抱负的目光。”

马凯尼从他们几位这般带有崇敬成分的介绍中，感到了这位中国人的不凡。于是，他站起来走到墙边端详照片，当他把注意力集中到孙中山身上时，他简直如同触电一样，全身为之一震。在他的视线中，照片上穿着学位礼服的孙中山一下子幻化成通缉令上着轻衣小帽的孙文。他揉揉眼睛，又仔细看了一下。对！这正是使馆要捉捕的那个罪魁。马凯尼惊讶得差一点要叫出声来。但他毕竟不愧为外交家，很快就掩饰住了自己的惊异，依旧用那富有贵族风度的语调说，“啊！的确像位俊杰。我也很感兴趣，只是恨不能见哪！”

“他很快就要到英国来了！”康德黎从抽屉里拿出一张电报，递给马凯尼看，“这是他上轮船前从美国发来的电报。”

“这么说孙逸仙很快就要到伦敦了，太好了！”早年曾教过孙中山的蒙申博士，听此消息异常高兴。

“真是太好了！”马凯尼嘴上虽也这样附和着，可脑袋里却在急速地转着新的念头。他仔细地琢磨着电文，对落款颇有些不解：“这林行仙是什么人？”

“就是孙逸仙，他流亡后经常用这个化名。”

马凯尼高兴极了，几个月来使馆一直奉令搜捕的孙文，没想到今天被他意外地发现了行踪。可使馆刚收到的一份电报还说他在美国呢！想到这，他一刻也坐不住了，随即找了一个堂皇的借口，告辞了康德黎夫妇，匆匆地赶回使馆去。

清驻英使馆的议事堂里，中外籍暗探，济济一堂。

公使龚照瑗正在侃侃而谈：“……前几个月，没能捕到孙文，确实不应责怪诸位没有尽职，本公使对你们的辛劳，深有体察。比如唐刺史日夜奔忙，诸位所聘侦探也不避劳顿。现在，我宣布：根据确实之消息，孙逆潜藏美国，故此……”

这突如其来的消息，犹如冷水滴进滚沸的油锅中，吱啦一声，满屋的侦探立即沸沸扬扬地议论起来。

公使敲着桌子，好不容易使大家安静下来：“……故此，从即日起停止探查活动，所聘之外籍侦探亦可即日卸职……”

这时，议事堂的门突然“通”的一声被闯开了，马凯尼匆匆地奔进来：“不！”他疾步走到条案的前面，“不能解散侦探人员，孙文搭麦歇斯号轮船已经从美国出来多日了，近期就要到达英国！”

公使惊愕地说：“怎么回事儿？”

马凯尼向公使讲述了他消息的来源。刚刚静息下去的议事堂，一下子又沸腾起来。

公使的侄子龚继宗拍着胸脯叫：“只要他到英国来，我保证三天之内，将他缉拿归案！”

唐怀远和其他密探，也都觉得这是个难得的机缘，一个个手舞足蹈，跃跃欲试。

但马凯尼却很冷静，他警告大家：“此事必须极为机密而谨慎，不可造次！”接着他讲了清朝政府曾向英国提出过“中英交犯法”，英国政府没有同意。因此清廷不能在英国捕人，特别是英国又有保护人权法，如让英国政府知晓捉捕孙中山，就会招致国际上的干涉。

马凯尼讲完之后，公使赶紧补充说：“马大人说得对！孙文乃国事要犯，一定要周密安排，秘密搜捕！”

接着马凯尼讲述了他的方案，并按照他的谋算，给侦探逐个分派了跟踪地点，交代了侦缉方法。

经过马凯尼的精心编织，一张大网已经撒开了，专等孙中山乘坐的麦歇斯号轮船一到，便可收拢……

第二章　剪去长辫　脱去马褂

在清廷驻英使馆正张网以待的时候，孙中山果然搭乘麦歇斯号轮船离开美国，向英国驶来。自然，他并不知道英国有一面密织的罗网在等待着他。

其实，近一年来，他一刻也没有脱离过清廷罗网的笼罩。清廷派往各国的密探和一道道无形的电波，一直像幽灵一样追逐着孙中山的足迹。

但由于孙中山的机警和华侨朋友的保护，使他较为顺利地经过香港、日本、夏威夷和美国，现今他又驶向英国。

长途的海上颠簸，使孙中山有些困倦，他躺在二等舱里，可怎么也睡不着。他站起来，向舱外踱去。在经过一面大镜子时，他停住了。镜子里映出的是一身典型的日本绅士的装束：华贵的西装，仁丹式的小胡子。孙中山望着自己这身日本式打扮，想起半年以前他在日本的情景来——

那时他刚刚逃出广州，取道香港来到横滨。他和会党骨干陈少白、郑士良夜以继日地在华侨中活动，发展了一批兴中会会员，还募集到很大一笔款子。孙中山决定派郑士良潜回香港，抚恤遇难的义军家属，并准备伺机再举。在送别郑士良的路上，他们在横滨街头看到一位卖艺的中国人。卖艺人有五十多岁，衣衫褴褛，脖子上缠着清朝的辫子，显然是渡海谋生的艺人。他牵着小猴戏耍了一番之后，便端起小铜锣，向围观的看客乞舍。四周的日本人，有的开心地嬉笑，有的鄙夷地走开了，有的则戏耍地将硬币扔来扔去，卖艺人可怜而又谦卑地被捉弄着……孙中山同情地把两枚银元放到小猴的铜锣里，卖艺老人赶过来深深地鞠一大躬，脖子上的发辫也被甩落在地。看到这一情景，孙中山再也抑制不住自己的眼泪，想到满目疮痍的祖国，置身水火的民众，他激动地对同来的华侨说："什么时候我们神州子孙不再流离异域，而安居乐业呢？"他看着卖艺人脖颈上的那条辫子，简直像缠在他身上的毒蛇，吸吮着人的膏血。这正是腐败清廷的象征，应该彻底割除。

于是，孙中山带着与清政府彻底决裂的决心，走进了一家理发店，剪去了这条愚昧的长辫，并到附近的服装行买了两身西装，脱去了长袍马褂，这使他顿时感到一身轻松……

现在镜子里的身着西服，平头、仁丹胡的孙中山，确实与世人心目中传统的中国人形象判若两人了。

轮船还有一夜的航程就可以到达英国了，孙中山躺在床上，他想强迫自己睡一会儿。在流亡期间，他一直忙于对各国进行考察，以探索中国未来之发展方向。这次到英国，他准备详细研究一下英国的政治、经济等状况，参照西方经验以振兴中华。因为孙中山知道，以清廷的腐败和贫弱是抵御不了强国的觊觎的，只有中国本身强大了，才能联合世界上平等待我之民族。在英国，他还准备在爱国华侨中募集些款项，留作将来再行举事时购置枪械……要做的事情真是太多了！孙中山越想越兴奋，他索性爬起来，到餐厅里去吃点夜宵。

餐厅里夜生活很热闹，许多旅客在这里消磨漫漫的长夜。灯光变幻，音乐盈室，不少人乘着酒兴跳起舞来。孙中山坐到一张桌子边，要了一杯冰冻麦酒，一边喝着一边欣赏着室内的陈设。突然，他看见墙壁上挂着一幅巨大的油画，油画的景致他是多么熟悉啊！这是有名的夏威夷海滨，这个被誉为太平洋中心的天堂，曾经是孙中山的第二故乡，他的少年时代就是在这里度过的。这地处赤道的群岛，空气是那样清爽宜人，连绵的高山挡住了炎热，白令海峡的寒潮带来凉风，常年平均温度都在20摄氏度左右，正所谓："四时皆是夏，一雨便成秋。"这是天然的避暑胜地。

油画中所画的是海滨浴场：万顷碧波，帆影点点，游船荡荡，水中人头攒动，波浪起伏。海滩上，穿着五颜六色游泳衣、各种肤色的泳客，有的在晒日光浴，有的伴着黑人音乐在翩翩起舞。家庭野餐，情侣热恋……一派安逸欢乐的气氛。

孙中山看着这幅油画，想起几个月前他到夏威夷的情景来。面对着夏威夷那种繁华欢乐的场景，尤其是他目睹夏威夷近些年的迅速发展，实业振兴，民众安居乐业，对比中国之苦难和衰败，民众置身水火，真是殊如天壤。而夏威夷仅以八个岛屿之疆的小国，竟能长期抵御美国等强邻的觊觎和吞并，俨然独立于世界。想我中国之大，人口之众，难道不应奋而振兴，雪耻图强吗？

于是，孙中山在华侨中到处游说："《马关条约》以后，朝廷更加腐败专横，外侮内患，民众倒悬，改良之策，已无可复施，必以武力除之！"

可是这个曾被誉为爱国之乡，也是兴中会创建的摇篮的檀香山，如今由于广州起义失败的挫伤，革命情绪显然大大低落了，连他哥哥也不无担心地劝说他："百足之虫，死而不僵，除之亦难哪！"

"不！"孙中山不同意他哥哥的意见，"国内民情有如燥薪，一旦收拢一起，便可燃点。而逸仙此次失败，皆因党人谋事不密，我们决不能因此丧志，应重整旗鼓，以图东山再起！"

然而孙中山的这种思想，并没有得到多少共鸣。他不得已在6月离开了夏威夷，到美国三藩市(旧金山)等华侨聚居的地方活动。在那里，他联络了哥老会、洪都会馆等反清组织，从联络会党入手，组织华侨，宣传革命，并进行了武装操练……清廷驻美使馆很快便发现了孙中山的活动，他们暗中张网通缉。一位华侨将这消息告知了孙中山，他又被迫离开美国，搭乘这艘麦歇斯号轮船，前往英国，去投奔他的老师康德黎博士。一想起明天就可以见到康德黎夫妇了，孙中山显得有些激动；前些天发给他们的电报不知收到没有？由于海上风暴的缘故，轮船推迟了两天到达。昨天，康德黎夫妇没有接到我，准得又为我的命运担心，说不定今天一夜又该睡不好觉了！

孙中山看看表，已经过子夜了，餐厅的夜生活还是方兴未艾。他回到卧舱，躺在床上，明天就要开始他流亡生活的又一段里程，未来是吉是凶，他不愿多想，只盼快点度过这漫漫的夜，茫茫的海，达到彼岸，开始他新的工作。

第二天一早，利物浦码头烟雾蒙蒙，麦歇斯号轮船靠岸了。

码头上，拥挤着熙熙攘攘欢迎的人群。清使馆几个密探装扮成各种身份的人，夹杂在人群里，他们一双双鹰似的眼睛注视着每一个下船的旅客。

轮船倾吐着人流，一批批的旅客涌过来，使人目不暇接。

孙中山穿着一身合体的白色西装，扎着黑色的领结，戴一顶太阳帽，手拄着文明棍，风度翩翩，俨然是一位日本现代绅士的气魄。他随着人群潇洒倜傥地走在后边，脚夫提着他的皮箱，跟随其后。孙中山兴奋地欣赏着岸边的建筑，随着人流涌出了码头。

密探的目光随着人流在移动，他们一边扫视着一批又一批的旅客，一边又不时地掏出孙中山那着青衣小帽的照片来对照。

一个外籍密探对龚继宗说："里面好像没有你们中国人。"

"客人可能还没下船呢！"龚继宗依然直勾勾地盯视着渐渐稀少的人流。

孙中山这时正从他们面前走过去，到了码头出口处，他想叫一辆四轮马车。正在他四处寻觅的时候，一个同样在寻觅什么的日本人将他撞了一下，那个日本人赶紧谦恭地向他道歉："对不起！"当孙中山宽容地放他离去时，那人却一下子站住了。这人不是别人，正是唐怀远。

孙中山

今天一早他就选好了一个有利地形。因为他是专程远渡重洋捉捕孙中山的，他本想今天能出人头地，独得头功。但谁知他盯得眼睛都发酸了，也没有看见孙中山的踪影。对此，他颇有点闷闷不乐，又想起近日来与使馆的摩擦，前些天公使对他的训斥，龚继宗的仗势抢功，以及这些天谋划时密探们对他的冷眼，使他在使馆里总有一种外来人之感。

他一边想着心事，一边悻悻地走着，不小心撞在孙中山身上。当他道歉后抬起头来，把目光停在孙中山身上时，一瞬间他闪出了一个念头：这个人怎么这么面熟？我在哪里见过他呢？他苦苦地搜索着自己的记忆……想起来了，他是我几个月以前在日本横滨见到的那个人。

当时，唐怀远坐在横滨临街的一家酒吧里。他穿着日本华贵的服装，把长辫盘在硬质大礼帽里。他一面贪婪地看着酒吧间舞伎扭动的腰肢和半裸的乳房，一面注视窗外的行人。根据他的职业经验，这种公共场合里往往可以探听到一些意外的线索或传闻。因此，他除了在华侨集中的地方搜集孙中山的线索外，便经常到酒吧里厮混。以他这身阔绰的打扮，自然要招来舞伎的青睐。两个舞伎起劲地在他眼前卖弄，时而飞起大腿，时而突然袭击式地给他一吻，或者夺过他的酒杯喝一口，再把印上口红的一边转给唐怀远。唐怀远老练地应酬、讪笑着。他自幼生得伶俐，以前他家邻居有个跑海的，娶个日本女人。他当时常常去这家玩，时间久了就学会了一些日本话，想不到在他当上暗探的今天，这日本话顶用了。当然，为了不致使自己暴露身份，他更多的是用笑声来应付，因为笑是分不出国籍的。他更明白，更好的办法是不断向舞伎手里塞票子，而这种东西他是大大的有，一笔可观的活动费连个零头还没用完呢！

正在舞伎不断从唐怀远这里拿到钱的时候，窗外大街上走过来几个穿清朝服装的中国人。唐怀远眼睛突然一亮，不顾舞伎的纠缠，像疯子一样，迅速地从两个舞伎的腰间钻过去，挤出酒吧，向大街上张望。这时，几个留着长辫子的中国人刚过了马路向街心走去。唐怀远刚想过马路，却遇上了车流，等他过了马路以后，那几个华人已经拐过街心了。他拼命追赶，终于追上了。他故意低头向几个华人撞去。那几个华人看见是个日本官人，拉住和他评理。唐怀远却乘势看个真切，这里没有孙中山。他赶紧向华人赔着笑脸点头致歉。然后掏出孙中山的照片仔细端详，觉得实在不像。不过，刚才是四个华人，现在怎么只有三个了？为什么少了一个？他在附近转了半天，也没见到什么可疑的人。于是他又想回到那两舞女的身边去。他走了几步，迎面过来一个留着平头、仁丹胡，一身笔挺白色西装的日本绅士。两人擦肩错过之后，唐怀远想：这个人倒有点像孙文，可惜他是个日本人……

唐怀远想到这里，不禁疑惑起来：这个人怎么也到西半球来了？他是干什么的？他会不会就是孙文呢？……当这突如其来的闪念闯进唐怀远的心头时，它就像一块巨大的磁石一样，以其强烈的诱惑力吸引着唐怀远，一定要紧紧跟上，探个究竟。

孙中山由利物浦乘火车到了伦敦，登上一辆马车进入市区。他从车窗向外望着，这座1世纪中叶建立起来的悠久古城，经过演进，已经成为世界最发达国家的首都。当初的伦敦城现在是繁华的商业区，西伦敦是文化中心，有许多大剧院，东伦敦则是工业基地。市区繁华整洁，秩序井然。孙中山非常有兴致地观看着车窗外闪过的一切。

马车拐了几个弯以后，停在一家旅馆门前。车夫跳下车，打开车门，把头伸进去对孙中山说："先生，您看这家赫利旅馆怎么样？东方人都爱住这里，又干净又便宜，保你舒适！"说着要过皮箱，提到大厅内，并诡秘地冲孙中山挤了挤眼："这里还有日本女招待，她们又漂亮又温柔！"他顺便用眼睛扫了一下日本女招待。

孙中山付过车费，进账房要了房间。

几乎就在这辆马车刚刚离去的同时，唐怀远乘坐一辆马车尾随着赶到了旅馆门口。他急匆匆地跳下去，直奔旅馆走去。

他很有礼貌地走到女账房跟前：“请问，贵寓有从东京来的日本客人吗？”

“日本客人？没有。”账房回答得很干脆。

“那位穿白色西装的日本人，不是刚刚上楼吗？”

“他不是日本人。”

“小姐真能开玩笑，我们同胞，我还能认不出来吗？”

“他是中国人！”女账房又看了一眼登记册，肯定地说，“对，中国人。叫林行仙，住 415 房间。”

唐怀远听到这里，简直欣喜若狂。现在一切都清楚了，原来此人果然是孙文！他跟踪了将近一年的线儿，今天总算牵到手了，一年的辛苦没有白费，孙文在他唐怀远的独家掌握之中。他仿佛感到自己已经拿到了白花花的赏银，袍笏加身，从此可以平步青云了！

唐怀远越想越美，不知不觉地已经回到了清使馆。

使馆的一间小议事堂里，公使和马凯尼正在听取密探们的禀报。

龚继宗失去了往日那种趾高气扬的神情，说话有点沮丧：“我们几双眼睛，把下船的人都筛过一遍，也没有看到孙文，他肯定没搭乘这条船。”

其他密探也附和说：“倒是有几个中国人，但都不像照片上的孙文。”

公使不解地看着马凯尼，又看了看唐怀远。

唐怀远见别人都没有发现孙文，不禁暗自高兴，他不想把孙文已被他发现的消息说出来，但也不想顺着别人说孙文没有搭乘这条船，于是，他沿用了习惯的说法：“我推断，孙文还是到了伦敦。”

“又是推断！”公使对这句话显然很反感。

不过，唐怀远的看法倒为马凯尼所赏识，他霍地一下子站起来：“我相信我所得消息的权威性！孙文很可能是乔装了，混过了你们的眼睛！”

老态龙钟的公使见马凯尼有点愠怒，赶紧话锋一转，附和地说：“可能，完全可能！既然你们可以化装，那孙文为什么就不能化装呢？”说着，他把脸转向马凯尼，摆出一副虚心的样子：“依您马大人的意思，下一步棋，该怎么走呢？”

马凯尼早已成竹在胸：“只要盯住覃文省街 46 号，他孙文迟早会自投罗网的！”

第三章　医学救不了我的祖国

孙中山在旅馆稍事休息了一下，便按照康德黎过去留给他的地址，找到了覃文省街 46 号。

他按响门铃，男仆迎了出来。

“请问康德黎博士住在这里吗？”

“你是……”

“我是他的学生。”孙中山把自己的名片递给男仆。男仆看了一眼名片，惊喜地叫起来：“啊，原来是您！快，快请！”接着“哗”的一声敞开了大门。男仆兴奋地领着孙中山走进大门。展现在眼前的是一个极为雅致的庭院，花木繁茂，曲径通幽，简直是一个摆脱世俗的境界。

步入前厅以后，孙中山立刻被一尊塑像吸引住了。竖立在前厅的塑像，既不是史诗中的英雄，也不是宗教传说中的神明，而是一个无名无姓的普通中国人。这一点，就足以看出主人对中国的感情。孙中山久久地凝视着这尊塑像，回想着康德黎夫妇在香港教书时与中国学生交谊的种种往事……

一阵急促的脚步声，打断了孙中山的回忆。康德黎风风火火地从楼上奔下来，边跑边喊：“孙！哈哈，孙！”并伸开双臂紧紧地将孙中山拥抱。康德黎夫人也闻讯跑出来，热情地欢迎他。

朋友重逢，少不了嘘长话短，询问最关心的事，所以话题总是离不开孙中山的安全问题。孙中山尽量想表现得轻松些，以便使这个安逸的家庭少一点紧张的气氛。他略略谈了一下轮船遇上风暴的情况后，便话题一转，滔滔不绝地发表起对这个家庭的观感来，尤其对这尊塑像和庭院，表示了极大的兴趣。

康德黎因为一直关注孙中山的安全，所以他总能在孙中山的话题中找到表达这种关注的机会。当孙中山称誉他的庭院像陶渊明所描绘的“世外桃源”时，康德黎笑着接过去：“那你就是天外来客喽！就在我这里隐遁吧，这里既雅静又安全，保你无恙。”

“谢谢老师！”孙中山站起来拱手一揖，“只是学生心系国人，怎敢遁世而无争呢！况且我在英国还要与华侨交往，住在这里太打扰您了！”

康德黎收敛了笑容，在室内踱了几步，转身对孙中山：“我尊重你的志向。你是我的朋友，不过现在我想以老师的身份对你说一句，你还年轻，我不愿看到学生和他的老师在生命的归宿方面有竞争！”

孙中山看到自己的老师这样动感情，也有些激动：“您的话我记住了。可是，我的祖国在呼唤，民族在呻吟，若能为她的振兴而捐躯，学生将死而无憾！‘亦余心之所善兮,虽九死其犹未悔!’此言当是学生座右铭。”

康德黎点燃了烟斗,在无言地踱步。康德黎夫人给二位各倒了一杯茶,笑着说:“我们先不谈这些。逸仙,你刚才说的是屈原的名句吧?我发现中国的诗歌,爱国是一个优良传统。”

孙中山也想缓和一下气氛,笑着说:“师母,几个月不见,您的研究又深入了!顺着您这思路想下去,还有一条线索可以发掘,那就是这些爱国诗句多是产生在国家、民族遭受劫难的动乱之秋!”

康德黎忍不住哈哈大笑起来,他拍着孙中山的肩头说:“我的朋友,我算服你了,你是万变不离其宗啊!好吧,不过有一条,你要十分谨慎小心,免遭不测。”

“老师,您也是万变不离其宗啊!”孙中山这么一说,三人都笑起来。

康德黎吸了一口烟,又慢慢吐出来说:“不知为什么,仿佛只有你在我眼前,我才感到你是安全的。”

听着老师这深沉的肺腑之言,孙中山激动得半天不知说什么好,他慢慢地站起来,走到康德黎面前,深深地鞠了一躬:“您的错爱,我真受之有愧,日后学生若不中途夭折,真能为中华古国的振兴有所作为的话,我想中国的民众是会感谢您的深情厚谊的!”

康德黎夫人给他们续上茶。这是个慈祥的女性。也许是久居中国的关系,她颇具东方妇女的那种善良和温顺。见孙中山讲到这里,她也忍不住插话进来:“前些天,康德黎在街上看见一个日本人,说很像他在香港码头遇见的那个暗探。不管怎样,你都要格外当心!”

“最好是搬到我们家里来住,如果实在不愿意,就搬到离这儿不远的葛玛旅馆住吧!”

经过协商,孙中山同意搬到葛玛旅馆,因为这样来往更方便些。同时,他还答应康德黎,因为伦敦的路不熟,暂时不在华侨中来往。这样总算满足了康德黎的一些要求。

康德黎夫妇准备了丰盛的晚宴,为孙中山压惊洗尘。同时,又把蒙申博士请来,师生、朋友欢聚一堂,孙中山好久没有这样高兴了!而蒙申的豪爽和风趣,又常给酒宴推波助澜,使人捧腹。蒙申将一把叉子放在深碟里让它旋转,叉把指向谁,谁就受罚一杯。可是不知为什么,这个叉把像指北针一样,总是停在他自己这个方位上,蒙申一次又一次受罚,逗得康德黎夫人都笑出了眼泪。

就在康德黎家觥筹交错,推杯换盏的欢乐时刻,马凯尼将他的密探都放出来了,撒向了附近的大街小巷。

唐怀远没有与那些密探同行,他从使馆里出来后,直奔赫利旅馆。他钻进旅馆对面的一家咖啡店里,要了一盘凉菜和一杯威士忌酒,一边得意地喝着,一边盯视着旅馆大门前的动向。他之所以没有把发现孙中山的消息告诉公使和参赞,是因为他觉得自己完全有把握能将孙中山诱骗到使馆去,一举缉拿。

唐怀远与其说喝酒,不如说是在消磨时间,他好半天才喝一小口,即使是喝酒时,他的眼睛也一刻不离开旅馆的大门。一杯酒慢慢地空了,又要一杯,可还不见孙中山出来,看看时光已经很晚了,他决定到旅馆去问一问。

唐怀远走进账房时,正值一日本女人当班。

"小姐,请问415房间的客人在吗?"

"他走了。"小姐抬头看了他一眼。

"不会吧?是他约我来的。"

"他搬走了!"小姐加重了语气。

"啊?!搬哪儿去了?"

"对不起,不清楚。"

唐怀远的耳朵像挨炸弹轰击了一下似的,他呆呆地站立在那里,想离开旅馆,可是两只脚却像被钉在那里一样挪移不动。"天哪!他搬到哪去了呢?"

唐怀远无精打采地在街上走着,他只好和其他密探一样,茫无目标地巡查吧!几分钟以前,他还曾暗自庆幸这得天独厚的好运气,现在,他的心情却比其他密探显得更为阴沉、茫然……

第二天一早,波德兰教堂的钟声在空中回荡。

孙中山和康德黎夫妇随着络绎的人群向教堂走去。孙中山在香港时加入的基督教,他在英国人办的学校读书,学生大都是基督信徒,这是校方考查学生灵魂高尚与否的重要方面。孙中山立志要不避个人风险,拯救中华民族,这一许身立命是高尚的。当他把自己的社会学作这样解释的时候,感到耶稣为解救人类而自己蒙难的精神非常崇高,他崇奉这种牺牲精神,所以加入了基督教,并希望用这种精神来鞭策自己。

在走近教堂时,康德黎忽然像想起什么似的收住了脚步,他告诉孙中山,这个教堂离清朝使馆很近。

康德黎夫人半开玩笑似的警告他:"那里就是一个虎口,你可别自己送入虎口啊!"

孙中山指指教堂,笑着说:"不会的,有上帝保佑。"

他们说笑着,走进了教堂。

孙中山是个求知欲非常强的人,他每到一地,总是要抽时间参观当地的名胜古迹,了解这些国家的历史演变和文化传统。一到英国,康德黎夫妇便领他参观了著名的伦敦塔和格林尼治天文台。今天做完礼拜,他们又带着孙中山来到了大英博物馆。

他们穿过几间大厅,仔细地参观着。自有人类文明以来,各个民族都有其独特的演进和发展,都有自己引为自豪的战绩和辉煌的历史。

在一间陈列着近代武器的展室里，孙中山的脚步停止了。他眼望着那些带金色缨带的长枪、火炮……不由得想起了鸦片战争以来，列强依靠这些洋枪洋炮，侵吞中国的事实。想到这，他的心情非常激愤，严峻的目光中喷射着炽热的光芒。

康德黎夫人注意到孙中山神色有些异样，猜想到孙中山可能又触景伤情，于是她故意找个话题来排遣："逸仙，那天，你讲的《桃花源记》真是太美了，我想把它译成英文，介绍给英国读者，你看……"

"师母，你若介绍中国诗人，就介绍屈原吧！"孙中山截断了师母的谈话，"他是一位伟大的爱国者！"

走在一边的康德黎很理解孙中山的心情，也不无忧虑地说："中国近百年来，因内忧外患，国运已经衰竭……"

孙中山以激越的声调接过来："但是，中国这个具有五千年优秀文化传统的国家，迟早是要在东方重新崛起的！"他这有如誓言似的声音在整个大厅里回响着，仿佛那金色的盔甲也为之颤动……

自从这次参观之后，孙中山的心情一直很沉重。第二天，他便一头扎进皇家图书馆，如饥似渴地寻求济世救国的理论。

一天傍晚，铃声响了，这是图书馆闭馆的信号，突然，一只手搭在他的肩上，孙中山警惕地一回身，原来是蒙申博士。他在另一个阅览室读书，见孙中山如此专心，便开玩笑地跟他说："医学硕士先生，你还像在学校那样用功啊！我可以向你颁发博士证书了。"蒙申一边说着，一边顺手拿起桌上的书，原来不是什么医学著作，而全是克伦威尔、林卡、卢梭这些进步思想家的作品。蒙申笑起来："哈哈，你是在拜他们为师啊！看来，你已经不再需要我这医学博士当你的老师了！"

孙中山边整理书籍边严肃地说："医学救不了我的祖国啊！医学博士证书我转给下一代人了！"

当蒙申和孙中山走出图书馆时，街上已华灯初放，伦敦的夜生活开始了。

他们沿着街路走着。这条路，孙中山已经比较熟了，几天来，每天去图书馆，早晚都从这儿走，所以他告诉蒙申，明天他可以自己来图书馆，不用像前两天那样天天由蒙申去接他。

蒙申笑着对孙中山说："只要你不主动回国就行啊！"

"回国？"孙中山愣了一下，但他很快就明白了蒙申的意思，这是指让他不要误入中国使馆，于是孙中山也笑着说，"我还不知它的大门朝哪边开呢！"

孙中山哪里知道，就在他这样漫不经心地开着玩笑的时候，唐怀远一双贼溜溜的眼睛已经紧紧地将他盯上了。他这次唯恐再跟丢了，一步也不敢离开。

孙中山告别了蒙申，并约好明天在图书馆相见的时间，便自己走回了寓所。

唐怀远看得真切，孙中山进的是葛玛旅馆。他不禁暗笑："原来他搬到这里来了，这更好办了！"

的确，这葛玛旅馆离中国使馆不远，只隔波德兰教堂的一条街。平时，孙中山在这一带出入，是有一定的危险性的。不过，只要不走入使馆，那么使馆也无权在伦敦街头捕人。当初，康德黎让孙中山搬到这里住，也是从这点出发的。康德黎担心的是孙中山的华侨活动，因为这可能触犯英国当局。假如英国当局因此而拘捕孙中山，清使馆可以借口保护华人，要求交中国处置，那么，孙中山便落入清使馆罗网了。所以他极力劝阻孙中山，不让他到华人区活动，而让他搬到这远离华人区的葛玛旅馆。

可是，这里对清使馆很有利，常在河边站，难免不湿鞋呀！唐怀远喜出望外，不过，这次他再不敢一个人揽功了，他要立刻禀报参赞马凯尼。

马凯尼最近不在家里住，他对家里人说，他要到外埠的中国领事机构去例行公事。其实，完全没有这回事。这位外表高雅的贵族现在正和使馆的女译员丽姬厮混得火热。他在旅馆里包了一套房间，晚上，两个人就住在这里，不再回家。这丽姬小姐没有正式结过婚，虽四十出头，但仍具一番风韵。她性情开朗、热烈、泼辣，公务很干练、麻利，私生活上也很有本事，她想得到哪个男人，毫不掩饰自己的欲望。最近也不知哪根神经起了作用，她忽然想和老的混一混，于是抓住了马凯尼，这事在清使馆中，人们都心照不宣。

唐怀远也顾不得冒毙，径直闯到旅馆来。他兴冲冲地推开包间的房门，一股节奏撩人的印度音乐从里面飘出来。马凯尼和丽姬小姐正斜仰在沙发上，一边喝着葡萄酒，一边亲昵地观看一个印度舞伎的表演。

丽姬见唐怀远这样冒昧地闯进来，显然很不高兴："唐刺史的鼻子倒真灵，找到这儿来了！"

唐怀远不甘示弱地："请小姐不要忘记，我的职业是侦探！"

马凯尼欠了欠身子，把话岔开了："有什么事吗？"

唐怀远："鱼要上钩了！"

马凯尼一听就知道指的是什么事，他一下子从沙发上跳起来："你详细地给我讲讲！"

于是唐怀远便从头至尾地给他讲了起来……

虽然马凯尼和丽姬等人的注意力都不在这里了，但可怜的印度舞伎仍不敢擅自停止，她还在踏着节拍跳着、舞着……

马凯尼听完唐怀远的讲述，大为兴奋，亲自为唐怀远斟满一杯酒："来，祝贺你！"自己也举起杯来。

"我也祝贺你！"丽姬走过去为自己倒了一杯，跟唐怀远碰了一下。

"谢谢小姐！"唐怀远一仰脸将酒干掉。马凯尼为他又倒了一杯，"不过，我想提醒一下，你可确实看清楚是孙文了？"

唐怀远一杯酒下肚之后，有点忘记了往日的谦恭，连连说道："确定无疑！确定无疑！我唐某人的眼力……”

“就是苍蝇飞过去，也分得清公母！”这句曾是唐怀远吹嘘自己的口头禅，今天还没等他自己讲，丽姬抢先替他说了出来。马凯尼和丽姬放声大笑。

唐怀远有点尴尬。为了解嘲，他把头转向依旧在跳舞的舞伎，赞叹地说道：“她可真美！”

“是跳得美，还是长得美？”丽姬小姐是个明眼人，她一下子就看穿了唐怀远的心思。

唐怀远笑而不答。

马凯尼这时几乎没有听见他们的对话，他现在已经开始盘算如何拘捕孙中山的计策了。当他想到如何给唐怀远安排差使时，看了他一下，只见他两眼正直勾勾地看着舞伎旋转的舞步……

马凯尼拍了一下他的肩膀：“怎么样？今晚让她犒劳你一下，保你直上青云！”说完纵声大笑起来。并随手关掉了老式唱机，把印度舞伎叫过来，指给唐怀远。舞伎深深地向唐怀远施了一礼，说：“请先生关照！”

第四章　你导演的戏该开场了吧？

旅馆里，一缕晨光透过窗帷的缝隙钻了进来。马凯尼慌忙坐起，准备轻轻地下床。丽姬一把搂住马凯尼，娇嗔地偎在他胸前：“时间还早呢，我不让你走。”

马凯尼抚着丽姬白皙的臂膀说：“亲爱的，你再躺一会儿，我要提前赶到使馆。今天我要导演一场好戏，一场富有传奇色彩的悲喜剧。”

丽姬缩回手来：“不，我才不稀罕呢，你这黑心狼！”

马凯尼见丽姬有点生气，便又转过身去给丽姬一阵狂吻，然后穿上衣服，匆匆向楼下走去。

其实，昨天晚上他已经召集过有关人员，周密地安排了拘捕孙中山的行动部署。为了不出纰漏，今天他决定再逐个去叮嘱、查视一下。他急匆匆走出旅馆。在他刚欲跳上马车的时候，唐怀远也赶来了。

唐怀远昨天晚上和印度舞伎在马凯尼包房的楼上睡了一夜，此时正揉着惺忪的睡眼，跑下楼来找马凯尼。

马凯尼让他立刻到波德兰教堂门前去守候，待孙中山经过这里时，设法引他到使馆来，并一再强调那里是孙中山的必经之路，以示马凯尼对他的重视。此外又叮嘱一些“不要轻举妄动，免遭英国干涉”之类的话，然后，便登上马车，来到了使馆。

马凯尼俨然像一个统帅部署完一次战役，正在期待前线的捷报一样，他得意地靠在办公室的转椅上，轻轻地左右摇晃着……

公使坐在马凯尼对面的红木椅子里，他的眼睛也随着马凯尼的转椅而左右摇荡着。他深知马凯尼的谋略和机警。平时，使馆中的公务，不论巨细，差不多都由马凯尼代行，他虽是英国人，但对大清官场的隐情，却摸得很透，颇能揣摸朝廷的旨意。因此，多次受到朝廷的赐誉。特别是在处理中英外事纠葛中，马凯尼这个特殊身份的中国官员，经常能化险为夷，使双方都不太失体面，所以英国方面也欢迎中国聘任的这位外交官。

马凯尼在中国使馆这种越俎代庖的特殊地位，公使早已习以为常，甚至还产生过感激不尽的心情。今天，公使大人就是以这样的心情，来看马凯尼督阵捉拿孙文的。

室内的气氛是沉寂的，两位官员都在默默地想着心事，只有那挂时钟在滴答滴答地走着……刚刚赶来的女译员丽姬小姐用询问的目光看着两位大人的表情，她忍受不了这种沉寂，便俏皮地问马凯尼："参赞阁下，你导演的戏该开场了吧？"

马凯尼看了一下时钟，使劲摇动着身下的转椅："我的小姐，戏的序幕早已拉开了，第一场的舞台是在泰晤士河畔的大街上……"

孙中山吃过早餐，把笔记本和一些零用的东西放进手提包，又对着镜子穿上西服，领结，顺手把镜子旁的日历扯下来一张：今天是1896年10月10日。

这是个阴霾的早晨，由于云层压得很低，所以本来就以雾都闻名于世的伦敦，今天就更显得浓雾蒙蒙了。

孙中山提着手提包走下楼来，按照昨天他与蒙申博士的约定，到皇家图书馆去。

由于时间还比较充裕，他一边沿着泰晤士河畔走着，一边欣赏着路边的风光建筑。走着走着，他感到好像有不少建筑前几天没有见过似的，也许那是因为和蒙申一道走，边走边谈，没有注意吧！有时，他感到路旁边的非常显眼的商店似乎根本没见过，可是再看看附近的店铺，又觉得前几天似曾从这里走过。

孙中山就这样在浓雾蒙蒙中，沿着这条既熟悉又生疏的路子，时快时慢地走着、走着……

教堂的钟声响起，余音袅袅。孙中山掏出金表来看了一眼：刚刚9点。他望着朦胧的教堂，在胸前画了个十字。

突然，他发现不远处一座建筑物的大门前，有两个穿清朝官服的人在踱步，孙中山心里一惊，立刻闪出一个不祥的征兆：难道这里是中国使馆？！他又仔细打量一下这座建筑和那两个中国官员，心里很疑惑。教堂的钟声继续响着，这钟声使孙中山回想起那天他与康德黎一家到教堂做礼拜时，康德黎夫妇对他说的话：

康德黎的声音："这教堂离中国使馆很近……"

康夫人的声音："你可别误入虎口！"

孙中山看看眼前这座建筑，感到确实离教堂不远，对，这里很可能就是中国使馆，不能向虎口靠近了，大概是自己走错了路。他这样想着，便拐向另一条街，走了几步，回头看看，发现那两个中国官员正尾随在后边，孙中山有些紧张，便加快了脚步。当他走了很长一段路以后，再回头看时，远处的两个中国官员已经站在那里不走了。孙中山也停下脚步，观察、判断这两个人到底想干什么。两个官员看到孙中山停下了，便又向前走动，于是，孙中山继续大步向前走去。他已经作出判断：这是使馆的人在跟踪。他正在设法甩掉这两个尾巴时，路旁一家书铺里走出两个中国人，一男一女，衣着朴素，手中各拿几本书，他们一走出书铺便高兴地说："为这几本书，我跑了好几次，今天总算碰见了。"

"这书在中国是犯禁的，在英国也很难买到。"

孙中山看了这两人一眼，这男人四十来岁，很有学者风度，女的三十多岁，风姿一般。

两个人一边说话，一边向孙中山走来。

男的说："你要多联络一些华侨妇女，尤其是知识妇女，唤起他们的民族热情。"

女的说："我们已有七十多人了，前几天，姐妹们提议，要为广州举事中殉难的家属募捐呢！"

孙中山听到这话，不胜惊喜，他又打量一下身旁这两个中国人，目光正好和那男人相遇。

那男人走过来和孙中山搭话："请问这位先生是东方民族吧？"

孙中山回头看一眼大街，远处那两个跟踪的清朝官员已经向回走去。孙中山松了一口气，他谦和地对身旁华人说道："对！我是中国人。"

那两个人立刻活跃起来，男的说道："真太巧了，我也是中国人，这是贱内。先生哪里人？"

孙中山说："广东。"

男的热情洋溢："啊呀，我们还是同乡哪，真是他乡遇故人，倍觉家乡亲。请先生到敝舍用茶，长叙。"

孙中山也热诚地说："是啊，在伦敦遇上二位这样有志之士，真是幸会！请问二位侨居英国几时了？"

女的答道："他在英国华侨中办学，现在快二十年了。"

这时，从前边街口拐弯的一条马路上，跑出两个中国青年，直奔这边而来，他们向孙中山身旁的男人敬礼："沈老师，师母。"

这位沈老师向孙中山介绍这是他的学生。

女的向青年人说："这是你们沈老师在街上刚遇到的同乡。"

男的说："敝舍就在前面，拐弯就到，请一定就驾光临。"

孙中山犹豫一下，他很想借此机会，结识这位华侨，可又一想，蒙申一定会等着急的，就说："谢谢，今天我已和一位朋友约定好了，改日一定来打扰。"

两个青年人热情地说："既是沈老师的同乡，怎能过家门而不入，请吧！别客气。"说着便亲热地挽住孙中山的手臂："请，请吧！"

孙中山一再推辞，可那男女华人盛情愈热，更加上两个青年一左一右地拉扯，几乎是不由分说地把孙中山拥进了一角门，男的随即回身"砰"的一声将大门关闭。

孙中山被他们相挽着走进长长的甬道，他举目四望：楼堂馆舍，竹林兰草，好一个幽雅的所在！

当他的目光投向院中的溪水假山时，忽然看到山石的后面走动着几个穿着清朝官服的华人，心里陡然一怔：莫非真的堕入虎口了？

孙中山于1896年10月1日辗转到达伦敦

容不得孙中山多想，两个青年人用强力挟持着他攀登上楼，他们沿着螺旋式的楼梯，一直走到三楼。孙中山这时完全明白了。然而挣扎已来不及了，呼喊也没用了。他被推进一个房间里，想要发问，可那两个青年随手将房门关死了，并"咔嚓"一声，又在外面反锁上了。

唐怀远仍一直在教堂附近候着。这教堂，的确如马凯尼所说是孙中山从葛玛旅馆去皇家图书馆的必经之路，而且从教堂稍稍走一段路，拐一个弯就是清使馆的那条街。唐怀远被马凯尼派到这里守候，自以为是对自己的器重。他一边用眼睛盯视着通向皇家图书馆的大街，一边想着诱捕孙中山的种种方案……他觉得只要今天碰上孙中山，不管是哪个方案，他都会将孙中山弄进使馆里去的。对于这一点，他越想越得意。

等着，等着……孙中山与蒙申约定的10点钟已经过了，怎么还不见孙中山走过来呢？他心里有点焦急，又等了一个钟点，孙中山还没有经过这里，他有些着慌了，开始怀疑自己昨天跟踪孙中山时，是否听清了他们的对话？孙中山会不会在他没有到时就已经走过去了？还是乘自己没注意时，溜过去了？……这之后，他又等了一个多钟头，看看实在没有希望了，只好沮丧地返回使馆。

唐怀远没有抓到孙中山，心里很犯嘀咕。这次是他得到线索的，马凯尼非常重视，可能已经惊动了整个使馆，结果却是一场空，少不了要挨公使和马凯尼的一顿斥责。尤其是公使的侄子龚继宗，素来和自己有隙，今天这事，又会给那小子一次贬谪自己的口实。

唐怀远带着这种灰暗、懊丧和准备挨训斥乃至责罚的复杂心情回到了使馆。当他经过马凯尼办公室的时候，突然从里面传出一阵阵开心的笑声。唐怀远感到十分纳闷，于是便停下脚步来，想听听里面到底出了什么事？他听了几句就明白了，原来是使馆的二等秘书沈谦夫妇俩在绘声绘色地讲述他们诱骗孙中山的经过，龚继宗也不断插话，表白他是如何直接把孙中山拉进使馆的。听这小子的意思，俨然他是抓到孙中山的第一大功臣。对了，这公使的侄子，在唐怀远心里总是被称作“这小子”，在公开场合则叫他龚少爷。不知怎么回事，唐怀远总感到这小子有点锋芒毕露，贪功邀赏的味道。今天，这小子是怎么抓到的孙中山，唐怀远是没有看到，但有一点是很明显的，如果没有他唐怀远发现孙中山的线索，你龚少爷抓谁去？而这一点人们却只字不提，他很感不平。

里面仍在继续讲述诱骗的经过。唐怀远掏出一支烟来，燃着了。他一边吐着烟雾，一边谛听着。龚继宗等人仍在滔滔不绝地渲染他们的功绩；马凯尼也不断地夸赞这些人伪装得巧妙得体，不露破绽，都出色地完成了各自的任务，和英国皇家大剧院的著名演员相比也毫不逊色。而公使则恭维马凯尼运筹帷幄，料敌如神，可与中国的诸葛亮比美云云。总之是皆大欢喜，各领风骚。

听到这里，唐怀远完全明白了：原来这一切都是他们昨晚事先预谋好了的。按照马凯尼的谋划，孙中山根本不可能再去教堂！更为可气的是，几乎整个使馆的人全都知晓，独独瞒着他一个人。马凯尼用印度女人的一夜之欢，使他一年的辛苦，一生的前程，全都化作泡影，这个阴险的洋人！

他再也抑制不住自己的愤怒，“砰”的一声撞开了房门，气昂昂地走了进去！

马凯尼怔了一下，随即倒了一杯酒走了过去：“唐刺史刚回来？辛苦了！来，我敬你一杯！”

唐怀远一甩手，马凯尼手中的酒杯“啪”的一声打碎了！本来热气腾腾的房间，一下子变得冰冷冰冷。马凯尼微笑着走近唐怀远：“怎么啦？”

唐怀远一拍桌子喊起来：“我问你，你既然已经安排人在路口截迫孙文，为什么还要我到教堂去傻等？你！你是不是存心把我唐怀远当猴耍？！”

没等马凯尼说话，龚继宗从横里插过来：“你逞什么凶！”说着欲扭住唐怀远。

唐怀远将手臂使劲一抖，龚继宗被甩到桌边，桌上的杯盏碗筷被撞得哗啦啦山响，酒瓶子撞倒了，汩汩地流了一地……

“放肆！”公使龚照瑗气得怒吼起来。满屋的官员和暗探，也都被唐怀远这突如其来的火气惊住了，不知如何是好！

这时，龚继宗又猛地站起来，欲扑过去同唐怀远扭打；唐怀远也摆开了架势，准备迎拼……剑拔弩张，空气都仿佛凝固了，一场血拼大有一触即发之势。公使龚照瑗气得浑身都在颤抖，而马凯尼则是出人意料的冷静和宽容。他向龚继宗摆摆手，用命令的口气说：“回去！”又笑着对唐怀远说：“唐刺史，别误会，请坐！”马凯尼说着把唐怀远推让到一张椅子上，并转过身来对公使说：“请不要责怪唐刺史刚才的孟浪，我很理解他的心情。”马凯尼一边在屋中走动着一边说道：“唐刺史，诸位，我们大家都想抓到孙文，我的责任也是协助公使把这朝廷要犯缉拿归案。因此，今天早晨，我布置了两路人马，如果沈二秘这边不能把孙文诱到使馆侧门，孙文仍走原路，那么就由唐刺史把他诱到使馆正门来。为了迷惑孙文，我还命令正门暂不挂国旗——当然现在早挂上了。早晨你们各自出发以后，我还判断不出究竟哪一路能抓到孙文。唐刺史，要是今天你抓到了孙文，那么龚少爷是不是也会埋怨我在耍弄他呢？”

马凯尼的这番话，使在场的人都暗自惊服他的老谋深算，也佩服他宽容的肚量。公使龚照瑗更是感慨不已：“参赞城府全局，不避艰辛，实为我辈楷模，佩服！佩服！”

唐怀远也抱着拳对马凯尼连声赔礼：“冒犯！冒犯！”他虽然感到错怪了马凯尼，但是，毕竟没有亲自抓到孙中山，功在人后，心里总有点不是滋味。

龚少爷这时走过来，不知是故意气唐怀远，还是继续在众人面前邀功，他向唐怀远抱一下拳：“唐刺史，现在一天老云都散了，我们总算没有徒劳，抓住了孙文！这次虽然是晚生亲自把孙文抓到使馆，但也全仰仗诸位配合，尤其是您，日后朝廷恩泽降赐，我亏待不了你们。”

这话像是说给唐怀远听，却带着明显的说给众人听的味道，尤其是说给沈谦听，让他不要与自己争功。

唐怀远听了这话，气不打一处来，他冷冷地揶揄道：“龚少爷，我刚才在外间，你们抓孙文的过程我都听清楚了，沈二秘夫妇已经把孙文引到使馆跟前，你不过在最后几步路上挽住孙文，却大言不惭地把你说成是抓孙文的关键人物，少爷，可别折寿啊！”

沈谦知趣地劝唐刺史：“前人铺路后人走，我们应该感到铺路的快乐。”

龚少爷还想说什么，马凯尼严厉地说：“都退下吧！我与公使要商议下一步的事情。”

众人都退出马凯尼办公室。

第五章　中山被囚

孙中山被推进清使馆的禁室以后，顿时感到一种陷身地狱中的窒息。阴冷的房舍，带铁栅的窗户，紧锁的屋门……他想到广州起义失败后，国内一些党人朋友的相继蒙难，而自己辗转了半个地球，今天仍然没能逃脱这地狱之门！他痛苦地闭上眼睛，刚才被诱捕的情景又浮现在他的脑际……那对伪装成华侨的狗男女实在太可恶了，世界上怎么竟允许这种鬼蜮滋行！自己竟没能识破这场伪善的骗局，他恨自己太质朴、天真，太容易受骗了！想到这儿，他愤怒地将拳头重重地砸在铁栅上，皮肉擦破了，鲜血渗了出来……

孙中山没有顾及这些血迹，这时他唯一的念头就是：逃出去！一定要逃出去！今生一定要捣毁这座地狱，唤起人们的良知，剪除鬼蜮，创立一个相亲相爱，笃诚以待的社会。他举目窗外，远处波德兰教堂的塔在阳光里生辉，这使他想起今天与康德黎他们的约会……对！应该设法报告康德黎，他们肯定也在为自己的下落不明而着急呢。

"哗啦"一声，房门的锁响声打断了孙中山的思绪，公使和他的侄子龚继宗带着两个武弁进来了。

孙中山愤恨地逼视着这几个人，他很快辨认出那个年轻人正是诱捕自己的青年，便上前一步，说："你这骗子，简直性如四足！"

龚继宗退后一步："你不要放肆！公使大人在此。"

公使向侄子做了一个制止的手势，哈哈大笑："孙先生，久仰，请不要动气，他是执行公务。"

孙中山气愤地说："你们这些人，治国无方，安邦无策，害民倒是有一套伎俩，难怪中国如此之败落！"

"国家社稷之事，容不得你这囚徒多嘴！"

"不！"公使打断龚继宗的话，"孙先生济世之略，我早有耳闻，在中堂那里我曾拜读过先生上书皇上的良策，中堂很想奏请皇上，起用先生呢，我今天把先生羁留在此，也是想向中堂大人荐举！"

孙中山不屑地说："那是我年少幼稚时的幻想，希图朝廷改良图新，现在我早已不存此念了。必须铲除封建专制，建立共和政体，中国才有中兴之可能！"

公使板起面孔，撕去了伪装，气恼地说："信口雌黄！别忘了，人只有一个脑袋！"

"我的脑袋你们还杀不了，这不是在中国，他们是在英国的领土上捕人，说不定招来一场国际干涉，那时，我看你这公使都怕当不成了！"

"放肆！这是大清使馆，是中国领土，谁也无权干涉！"

龚继宗也插嘴道："妙在神不知，鬼不觉，英国人根本不知道，这一点我想你是清楚的。"

"他们迟早会知道的，事情终会大白于天下，我坚信这一点！"

公使、龚继宗哈哈大笑起来，龚继宗说："等他们知道时，你的脑袋早不在了。你还充什么硬汉！"

公使口气缓和下来："好吧，你住在哪个旅馆？我可以派人把你的东西取来，你写个字据交给他们。"他指指门边两个武弁。

孙中山心里一惊，他知道那些来往信件要落到使馆手里，许多党人的机密就会暴露，决不能让他们去旅馆。就说："我没住旅馆，住在一位英国朋友家里。"

一听孙中山住在朋友家里，公使很扫兴，便阴冷地甩了一句："那就委屈你几天吧！"说着转身向门外走去。

"慢！"孙中山叫住了他，"我要告诉我的朋友，给我送东西来！"

"不，不行！不能让人知道你在这里。"公使说着转身吩咐武弁："你们留在门外，严密监守！"

公使带着龚继宗走出禁室。

过了一会儿，又有两个看守进来搜身，把孙中山衣兜里的物品和提包都拿走了。

孙中山气恼地坐在一边，两只喷火的眼睛一直盯视着他们离去。

傍晚，孙中山伏在桌上给康德黎写了一封短信，告诉他自己被清使馆拘禁的消息。写完以后，他在思考怎么把信传出去。这时一个英籍女仆走进禁室，给壁炉添煤。

孙中山请女仆给她把信发了，并塞给她两个英镑作为小费。女仆看看孙中山，把信和钱收下了。

这里，另一英仆柯尔端着饭食向孙中山禁室走来，他在走廊里看见武弁正从钥匙孔向禁室里窥视。里边的女仆走出门，把孙中山的信交给了武弁，武弁严厉地喝问："还有呢！"女仆又从怀里掏出那两个英镑。

柯尔进了禁室，把饭盒放在孙中山眼前说："先生，吃饭吧！"

孙中山无心用餐，他伏案疾书一个字条，又请柯尔代为发出。柯尔收下信，出门后，将信主动交给了看守。

一个年轻的女仆抱着被褥从走廊过来，她问武弁："是这个房间吗？"

武弁点头，女仆进屋去，给孙中山铺床，她一边铺一边说："先生请休息吧！"孙中山不说话，女仆铺完床，又问："先生还有什么吩咐？"孙中山仍是不说话，女仆无奈地道了声："晚安！"退了出去。孙中山和衣而卧，这是一个非常烦躁而焦心的夜晚。

公使和马凯尼此刻也处在焦躁之中，他们正在马凯尼办公室里查阅从孙中山身上搜来的东西。

女译员坐在屋角的沙发里，显得很不耐烦，她不时地用不满的目光看看马凯尼，故意怪声地咳嗽几下，这是提醒马凯尼，该是她的时间了，应该回到他们安乐的天地里去了。

马凯尼像根本没听见这个女人的声音一样，专注地翻阅孙中山的笔记本，他几乎逐页地咀嚼，也没有发现可供他追查孙文的余党的线索，本子里写的都是摘抄的一些哲学著作的片断和孙中山的感想。他失望地把本子扔到桌上，对公使说："搜来这些东西没有用！"

公使说："孙文这人很刁滑，他说住在英人家里，不肯写住在什么旅馆。"

马凯尼眼珠一转说："有了，让唐刺史想办法。"他打发人把唐怀远叫来，让他设法进旅馆把孙中山的房间搜查一下。

唐怀远因为自己没能亲自抓到孙文，首功旁落，很是沮丧。听马凯尼又让他干这种为难的事，很不买账，他讥刺地回了马凯尼一句："这次参赞先生又部署了几路人马？"

马凯尼站起身，一边穿衣服一边拍着唐怀远的肩膀，笑笑说："唐刺史虽然向我道过歉，可至今还有点耿耿于怀呀！放心吧，这次只有你一个行动。"说着示意丽姬小姐一起走，临出门时，又神秘地冲唐怀远挤了挤眼睛："事情办完了到老地方找我，我不会怠慢你的！哈哈……晚安！"说完领着丽姬小姐飘然而去。

唐怀远和马凯尼分手后，便向葛玛旅馆走去。一路上，他一边走一边盘算着混进孙中山房间的办法。

唐怀远的确不愧为有经验的侦探人员，待到旅馆门口时，他装出一副远道而来的疲倦相和焦急的神情，走到账房跟前："先生，我刚从中国来，请问贵寓可住着一位华人客商吗？他叫孙逸仙。"

"孙逸仙？对不起，我们这里没有这个人！"

"不会吧，他给我写信让我到葛玛旅馆来找他，怎么会……"唐怀远一边说着，一边急速地在脑子里盘算着，忽然他想起了："噢，对了，他在商界经常用林行仙这个字号。"

"林行仙啊，有！"账房显然对这位旅客印象很好，"他在走廊最里边的那间房子。走，我领你去！"

唐怀远高兴地跟在账房后面，穿过长长的走廊，到了最里头。账房把钥匙伸进房门，一扭，门开了。但他们一下子都愣住了：房间是空的，行李已经搬走了！

唐怀远焦急地问账房怎么回事？他的行李呢？

账房赶紧找来女招待。女招待说他的行李今天上午被人取走了。

"取，取去了？！"唐怀远惊讶得简直说不出话来，"谁，谁来取的？"

女招待："今天上午我也不当班，听说是一位夫人。"

这位夫人是谁呢？唐怀远像被霜打了一样，一边从旅馆里无精打采地走出来，一边苦苦地思忖，谁又插了一脚，扳去了他的生意？是不是丽姬干的？不可能，今天整个上午她都没有离开过使馆。那么是谁呢？他把使馆里的女人一个个地想遍了，也没有想出这个女人是谁来。这使本来就很沮丧和烦躁的唐怀远又增添了一层无名的气恼。

第六章　中山牢狱传书

孙中山坐在壁炉旁边，火光映在他的身上和脸上，他目不转睛地望着炉火，看着看着，仿佛那跳动的火焰化成了起义的旌旗、纷飞的战火……现在广州起义的烈火已经被扑灭了，自己这颗幸存的火种又被罩以铁幕，难道这就是这场革命的唯一结局吗？不！一定要冲出铁幕，把烈火重新点燃！烧塌这腐败的王朝，烧出一个崭新的中国！

孙中山年轻时的照片

为冲出铁幕，孙中山请英仆为他传信，可是几天来，没见一点回音。是不是信没有发出去？

当那英籍女仆进来做杂务时，孙中山问她信传了没有？女仆用夸张的表情回答他：“传了，你不信，我可以发誓！”孙中山一眼就看出她是在撒谎。

他又将探询的目光转向柯尔，柯尔躲开他的目光，退出了禁室。孙中山一切都明白了：信一封也没发出去，看来依靠仆人传信，已经无望，只有依靠自己了。

怎么把消息传出去呢？他苦苦地思索着……当他的目光停在从窗口射进的一缕阳光上时，他忽有所悟，急速地走到桌边拿起笔来，用英文写着字条：“我无辜被禁于清使馆，有拾此字者，望速告我友康德黎博士，其宅覃文省街46号，林行仙拜托。”写完后他将字条揉成纸团，扔往窗外，希望有人拾到后，能转给康德黎。可是因为纸团太轻，未能扔出多远。

他又写一张，里面裹以铜币，再扔，扔到隔壁的房上。

第三次，又扔，碰到电线上，中途坠落……

孙中山就这样一张张地写着，一团团地扔着……

可这些纸团有的落在屋顶，有的停在瓦楼上，有的则从房顶又滚回使馆院内……

在孙中山这样奋力投掷生的希望的时候，清使馆正在举行捕获孙中山的庆功酒宴，这是根据朝廷最近的饬电进行的。

使馆捕到孙中山以后，即刻电告朝廷，请示发落办法，昨天得到回电，着令缜密为之，秘解回国，并饬令嘉奖有功臣仆，等候封赏。

中国在形容官场生涯时常用这样一句古话：人可以共患难，而不可共富贵。这并不是没有一点道理的。近几天，围绕抓到孙中山的首功一事，清使馆里钩心斗角，明争暗斗，最后经过一番紧张激烈的角逐，仰仗公使的权势和马凯尼的暗助，终于使龚继宗独占鳌头，得了首功。为了平复人心，把沈谦、唐怀远等列为辅助功。

龚少爷今日颇为志得意满，他飘飘然坐在首席，不断接受文武官员的敬酒恭贺，杯盏往来，酬酢媚词，溢室盈耳。老态龙钟的公使也抑制不住自己的兴奋，频频站起来举着酒杯，代他侄儿向大家致意。

酒宴上比较冷静、含蓄的要算马凯尼勋爵。众人说完溢美之词以后，他微笑着也和龚少爷碰了碰酒杯："为我们今后再次更好的合作，干杯！"

这句平平常常的话，却使唐怀远大为恼火。今天在这酒宴上，他本来就一直愤愤不平，一个人坐在角落里独自喝着闷酒。马凯尼的这句祝辞犹如利刺钻心，它再次证实了，使龚继宗最后抓到孙文的这个实惠是马凯尼赐予的，而在这场角逐中最后把那小子捧到首功地位的也是这个炙手可热的洋参赞。唐怀远想到这里，乘着几分醉意将酒杯狠狠地往桌上一蹾，一杯酒全溅洒了出来。

龚继宗斜了他一眼，然后抓起一只酒杯走到他的跟前："唐刺史，你一人向隅，我们满座都不敢开怀了，来！我敬你一杯。"

唐怀远抬起他那双让酒精烧红了的眼睛，也回敬了一句："不敢当！卑职崇信一句告诫：喝别人的酒，小心烧坏自己的肠子！"说完就想起身离席。

"慢！"公使龚照瑗看着唐怀远，一板一眼地说："本公使奉旨宣布：下周将搭乘轮船押解逆党孙文回朝述职，唐刺史随船监护，不得有误！"

这场庆功的酒宴就这样，在并不喜庆的气氛中默然收场了。

唐怀远醉醺醺地走出了酒宴堂，他一路趔趄着，连自己也不知怎么越过武弁，一下子拐进了孙中山的禁室。他坐到椅子上，看了一阵孙中山，自己苦笑了一下，满嘴喷出一股酒气："你可能不知道，我是一直跟踪你的，你小子可真够刁滑的了。"

孙中山对这个醉鬼十分反感，特别当听出他那广东口音后，更是讨厌："真是南粤的败类！"

"人各有志嘛！你还不是想当皇上造反的，胜者王侯，败者贼呀……"

孙中山感到一阵恶心，与这种人不足与谈，就大声地斥责他："你这醉鬼，滚出去！"

唐怀远相反地倒把椅子挪近了两步："我没醉，今天这酒我只是喝得不痛快，本来是应该喝我的庆功酒的，"他打了个酒嗝，"可我没有这个福分。唉，你听说过吗？当年高丽也有个像你一样想当皇帝的人，造反不成，逃到日本，被高丽一个密探给逮住，弄到上海砍了，这密探后来升了大官……"

"可就是这件事成了日本向中国宣战的口实，你知道吗？"孙中山声色俱厉，"你们在英国国土上捕我，将来英国也要惩治你们的！"

唐怀远心里一惊，但旋即又平复下来："这不一样，你这事英国根本不知道，再说下个星期就把你押解回国了！"说完又嘿嘿一笑。

"你是广东人吧？你的家是不是还在广东？"唐怀远对孙中山这突如其来的问话有点不解，他下意识地点了一下头，孙中山接着警告他："你应该想到，我的朋党多是粤人，他们将来一定会给我报仇的！到了那时，恐怕不止你一人性命难保，甚或将累及你整个家族也未可知！”

听了这番话，唐怀远的酒气惊走了一半，他完全想象得出孙文同党的厉害，脖子上似乎都已感到了刀锋的寒气，“这么说，我没能抓到他孙文，倒是保全了我的脑袋？！”唐怀远这样想着，反倒有点幸灾乐祸起来，他一边跌跌撞撞地向外走去，一边口中不伦不类地念叨：“小兔崽子，领功去吧！小心你的脑袋，哈哈……”

这醉鬼走后，孙中山陷入沉思。他对下周就要解渡回国这点很着急，今天已经星期五了，时间如此紧迫，他还没能与康德黎取得关系，两个英仆又不肯传信，而扔出去的纸包总是过不了屋脊，怎么办？现在唯一的办法还是继续向外投字条。于是，他又写了几张字条，铜币用完了，他就裹以银币。这些钱币，是他密藏在贴身的衣袋里，幸好没有被使馆人员搜查去。

囚禁孙中山的房屋因不临街，扔出的纸团很不容易越过屋脊，投到使馆外面的马路上去。孙中山用尽全力甩着，甩着……终于有几个纸包飞过了屋顶。

柯尔送来午餐，孙中山还是不想吃。几天来他除了早晨吃两块点心之外，没有正经吃过饭，这使柯尔很为难，每次他把饭原样端回去时，都要挨训斥。今天柯尔决心动员孙中山吃饭：“先生，吃点吧，您身体要紧！”他见孙中山又要推阻，便恳求地说：“别再退回去了，不然，我又要挨骂！”

孙中山看了这个英仆一眼，感到这个英仆还比较老实。再说，这几天也确实觉得身体虚弱了，刚才扔那么几个纸团就出了汗。因此，他决定今天强迫自己吃点饭。可看着干巴巴的两片面包，他实在难以下咽：“给我找杯牛奶来好吗？”

柯尔听到孙中山答应吃饭，非常高兴，他急匆匆地奔下楼去。待他端着牛奶再走进囚室时，只见孙中山正在虔诚地做饭前祷告。这是孙中山多年来的习惯，也是他在囚室里唯一能排解胸郁的办法。

而柯尔则感到大为惊奇：“先生也是基督教徒？”

孙中山点了点头。

“那你为什么还去犯罪呢？”

“我没有罪，我是国事犯。”

“国事犯？”柯尔显然对这个词很不理解。

孙中山想了想，觉得一时难说清楚，“你知道阿美尼亚人的遭遇吗？”

“我知道。他们也是基督徒，被土耳其苏丹成批成批地屠杀了，真惨啊！”

“中国皇帝想要杀我，也因为我是异教徒，我是因为中国民众争取人的权利，谋求政治之改革而遭罹难的。他们现在拘捕我，就是准备把我押回国去杀害。”

“啊，原来是这样！”柯尔在胸前画了个十字，说，“上帝保佑你。”

孙中山想不到从这里和柯尔取得共同语言了，这给他又带来了一线希望，于是恳挚地说：“上帝已经昭示过我的感知，有一个人将保佑我脱离险境，得到自由。”

“太好了！这个人是谁？”柯尔显然很为孙中山高兴。

“你！”

“我？！”柯尔惊呆了。

“就是你！这是上帝的安排，我的感知也这样告诉我。”

“我只是中国使馆的普通佣人，怎么会有能力救你脱险呢？”

“只要你替我送一封信给我的朋友，你就完成了上帝的使命，我也因此可以获得了自由。我现在就给你写信！”

“不，不！这不行！”柯尔惶恐地赶紧阻止。

因为柯尔知道，这是触犯清朝使馆戒律的大事。自从把孙中山抓进来以后，马凯尼和公使已经三令五申，不许走漏半点消息，如有谁走漏出去，一定要严加惩处！而且他也知道，清使馆对此事盘查得很紧，信很难带出禁室，再说就是带出去，一旦被使馆事后发现了，他的饭碗也就砸了！找个职业是多么不容易呀！失业的滋味他至今还记忆犹新。他们那未及出生的孩子，就是因为他上次失业迫使妻子出外帮工，因劳累过度而流产的。至今想起来，柯尔还觉得是对妻子的歉疚。

难道能因为自己一时冲动而招致失业，让妻子和自己再一次受苦吗？不，那太可怕了！

柯尔没有听清孙中山又说了些什么，他默默地收起餐具，退出了禁室。孙中山失望地看着柯尔的背影，心里非常难过。

而这时，清使馆却在紧锣密鼓地加紧筹划押解孙中山回国的事。马凯尼带着沈谦又一次来到轮船码头。

前两天，马凯尼曾独自到英国格来公司，秘密商谈成一桩不寻常的生意，即借这家公司的轮船，押送孙中山回国。但因吨位尚没装满，公司讲五六天之后才能起航。公使和马凯尼都觉得那时启程太晚，希望能加快装货速度。最后达成这样协议，轮船可再装四天货，其余未装满的吨位，由清使馆包租，按实有吨位付款。但要求公司绝对保守机密，并付给了一笔可观的贿金，双方均表满意。

今天，马凯尼带沈谦来，是和船长商谈押解犯人的安全措施的。

船长带他们下到舱底，马凯尼看着许多巨大的货箱，他马上闪出了个好主意，建议船长把这些一吨多重的货箱垒起来，上面用铁皮封顶，就可做成一个铁牢式的密室，只要外面把门一封，孙中山将插翅难飞！

马凯尼和船长对这想法都比较满意，并专门留下沈谦监督构筑这一铁牢。马凯尼看着一切都安置就绪了，他才放心地返回使馆。

他一进公使的办公室，便感到一股腾腾杀气。公使正在训斥唐怀远，说他私通乱党魁首。

如此吓人的罪名指的即是那天晚上，唐怀远醉醺醺地信口开河，无意中把使馆近期要解押的消息透露给了孙中山。其实这也不算什么大不了的事，而公使如此暴怒，并且给他加上私通乱党的罪名，的确是欲加之罪。但唐怀远确实被人抓住了把柄，只好诺诺连声："卑职酒后失言，望公使开恩！"唐怀远越是认罪，公使则越是得理不饶人。

这也难怪，自从唐怀远到伦敦以后，虽官卑职小，但每每却要摆出朝廷专使的架势，不断和使馆发生矛盾，特别是捕到孙文以后，冲突更加激化，以致几次在大庭广众之中给公使难堪，尤其是对他的侄子龚继宗，唐怀远简直视为眼中钉，犹如水火不能相容……对于这些，龚照瑗早就想整治他一下了。事情也真巧，那天唐怀远到孙中山禁室时，他没有关严门，因此，他的话都被门外的武弁听去了。这武弁原本就是龚继宗少爷的心腹，他向公使密告时，又添油加醋，尤其对唐怀远最后出门时说的那句："兔崽子们，领赏去吧，小心你的脑袋……"竟演绎为："兔崽子们，我让你们领赏，我要你们的脑袋！"

公使听了禀告，气得咬牙切齿，他想了两天决定把唐怀远扣起来，准备和孙中山一起押赴回国，请朝廷处置，可是，他刚要这样做的时候，看见马凯尼进来，觉得可能不妥，于是改口道："你与孙文私通消息，罪不容诛，今天我不加刑铐你，回国后你自己请罪吧！"

唐怀远唯唯退出去。

坐在一边不作声的马凯尼这时走过来，对公使说："公使还想解渡孙文不了？"公使不解地看着马凯尼。

"你刚才这样处理了唐怀远，等于告诉唐刺史待毙，一个等死的人是什么都能做出来的，中国有这样一句话：困兽犹斗啊！"

"我这是对他客气的，他敢怎么样！"

"万一他狗急跳墙，索性向外界走漏风声，说出捕人真相，你还能押走孙文吗？"

公使觉得马凯尼说的话，实在有道理，不禁担心起来，他看着马凯尼的神色，突然似有醒悟，便说："你的意思是把他铐起来？"

马凯尼不阴不阳地说："这件事本来应该回到中国以后，再向朝廷奏禀，现在你在这里已经向他挑明了，我看也只有如此，才能安全解渡孙文。"

这话正中公使下怀，便说："来人！"门外武弁进来，公使命令他们立刻把唐刺史铐起来，推进一间密室。

第七章　漆黑的夜空里已经透出了一丝光明

柯尔退出禁室之后，孙中山心情很焦躁，他在斗室中来回地踱着，思索着冲出牢笼的办法。这时,他感到吃了饭以后,身上确实有点劲了。要是现在投纸包,一定会掷得远一些。于是,他打开窗户。正欲使劲向外投掷时,一下子呆住了!原来两个武弁和另外一个使馆人员正缘梯登上墙外的屋顶,收捡他扔出的纸包,他们找得非常仔细,连落在瓦缝里的金币都抠了出来。地上、夹道里的纸包也全不见了。

孙中山一晕,仿佛失去了最后一个精神支点,他跌坐在椅子上,有点绝望了!与外界取得联系的路,都给堵死了,难道真的就这样无声无息地被他们秘密押解回去,斩首示众?!三十岁的生命够短促的了,真正许身革命的时候则更短暂。三十岁的生命真正为中华民族做了些什么呢?组织了革命力量——兴中会,可是广州起义已经损失将半,不少中华男儿死于斯役,许多朋辈身陷囹圄,自己也行将赴难……诚然,以身许国,血荐轩辕,是他的志向,生命本不足惜,可是一生的事业却就此夭折,感到十分痛苦和留恋。他站在窗前,凝望着外面的夜空,教堂的塔尖看不见了,黑暗笼罩着一切。乌云滚动着,那漆黑的云团像沉重的铅块一样压在孙中山的心上……这是孙中山被拘进禁室以来,第一次感到这样沉痛,他难过地扶着铁栅,头垂在手臂上……

柯尔从孙中山的房中走出之后,心里也像刀绞似的难过。失业和幸福,良心和现实搅得他非常痛苦。傍晚,他拖着沉重的双腿走回家里来。

同往常的星期六一样,妻子已经摆好餐具,坐在椅子上等着他。一见他走进屋,她满面春风地迎了上去,闭上眼睛等待丈夫那照例的一吻。她等了一会,自己额头始终没有感到丈夫的亲吻,睁开眼睛——柯尔脸上的愁容使她立刻收拢了笑容,她感到很委屈。

他们结婚八年了,丈夫下班后的亲吻,几乎成了他们夫妻感情的暗语,无论她和他遇到什么不愉快的事,都可以在这一吻中得到消融和排解。然而,今天,柯尔因为什么而失去了这一吻的勇气呢?

柯尔刚进屋时本来是想照例亲吻一下妻子的,可是当他嘴唇接近妻子那美丽的前额时,他又走开了。这对于妻子的感情来讲,无疑是一种伤害!幸福的期待变成了失望的委屈,这是她八年来第一次感受到的痛苦。泪水在眼睛里流动,终于控制不住地涌了出来。然而,她毕竟是温存的妻子,当她挂满泪花的眼睛看到丈夫木然的表情时,不禁心里一震,她预感到丈夫在外面遇到了什么大事。于是,疼爱地依偎到丈夫的身边:"告诉我,发生了什么事?"

柯尔看着妻子,停了半晌,说:"若是我失业了,你责怪我吗?"

妻子愣了一下:"怎么,使馆要解雇你?"

"不,是我自己要离开使馆。"

妻子像被烫了一下似的甩开柯尔的手:"你疯啦?你看看周围,现在多少人在失业,多少人羡慕你的工作?可你有这么好的工作还想……"她委屈得哭了,"难道你忘了咱那可怜的……"妻子没有说出来,柯尔已经明白她指的是那没有出生的孩子,

孙中山（1866—1925），是我国伟大的民主革命先行者

一说到这，妻子哭得更厉害了，柯尔的心也被她哭碎了。他默默地到厨房里端来热饼和红菜汤，放到妻子面前，并把一副刀叉递向妻子……妻子一下子按住这些餐具："先把事情讲清楚！你到底想干什么？"

于是柯尔把孙中山的情况和自己的心情详细地跟她讲了一遍。最后，他一边为妻子擦眼泪一边说："我清楚，如果答应救他，等待我们的将是失业，接踵而来的还有贫困和饥饿。然而，如果我不救他，过两天清使馆可就要把他偷运回国杀害了……"柯尔说到这儿，心里很难过，一个基督徒的良心在责备着他……

"怎么才能救他？"妻子沉默了一会问道。

"只要替他传一封信。"

"信呢？"

"我没让他写。因为不知你……"

"去，让他写吧！我替他送去。"

妻子这意想不到的决定，使柯尔大为激动，他倏地把她抱起来，在她的额头、面颊上热烈地亲吻着。妻子突然挣脱开丈夫，轻声地说："不！今天我得吻你，你有这样慈善的心，上帝明年一定会赐予我们个儿子—— 一个和你同样善良的小柯尔。"说完，她扑过去紧紧地拥抱着丈夫，两张湿热的嘴唇贴在了一起……

柯尔当晚就跑回使馆，他提着一只煤筐走进孙中山的禁室。

孙中山正手扶窗扉上的铁栅，窥望着窗外，阴沉的夜晚，愁云密布……他像没感到有人进来一样，依旧望着这漆黑的夜空想着心事。

"先生！"

孙中山听出是柯尔的声音，慢慢地转过身来。

柯尔看着孙中山紧蹙的眉宇、忧愤的面容，本欲说点什么，可是门外传来有人上楼的脚步声。他赶紧退到门口，用身体挡住钥孔，指了指煤筐，便退出了禁室。

孙中山疑惑地走近煤筐，左右端详了一会，忽然发现一个煤块下压着张字条，他迅速地取出来，展开一看：

我愿为先生传信。写信时勿伏案，免被钥孔窥见。

孙中山警惕地看一眼房门，惊喜不已。他使劲往壁炉里填了两铲煤，炉火骤然升腾蹿动，火光映红了他的全身。

他走到屋角隐蔽处迅速地给康德黎写了一封短信。在他等待柯尔来取信的时候，一抬眼看见了墙上的日历，他像第一次才发现似的走过去，将日历从10月11日一张一张地扯下，一直扯到10月18日。

他手里拿着这七张日历，反复地看着，这每一张里都记载着他感情的波涛。这里有他怒火中烧，砸碎这座封建地狱的决心；也有他缅怀战友，瞩望中国革命东山再起的寄托；更有他忧心如焚，抱定一死的痛苦时刻……

现在，漆黑的夜空里已经透出了一丝光明，他深信这光明肯定会驱走黑暗的。他珍视地将这七张日历连同柯尔的字条揣到怀里，他要作为一个永久的纪念！

第八章　孙文会不会被秘密转移出中国使馆

当柯尔的妻子按着孙中山信上注明的地址，找到覃文省街46号的时候，康德黎夫妇正在火堆旁检视孙中山的行李。康德黎一封封地看着和孙中山往来的信件，他把那些可能给孙中山招致灾祸的文字一张张地投入火中……火在燃烧着，火光照在康德黎夫人的脸上，她正对着孙中山的一张近照落泪。

自从孙中山失踪以后，康德黎夫人这已经不知是多少次落泪了。这些天，他们和蒙申整天到处奔波，打探孙中山的下落，而每天总是怀着希望出去，也总是带着失望回来，今天上午，他们还在一起研究孙中山遭遇的种种可能，其中大家最不愿想，也是最害怕想的便是他可能被捕。

谁知，他果然被捕了！康德黎接到柯尔妻子送来的信后，心里非常难过。他一边流着泪读孙中山的来信，一边内疚地责怪自己："我羞为人师，愧为人友！想不到逸仙辗转了半个地球，没有遭到不测，却在我的身旁陷入了囹圄！"

夫人劝他不要过于伤痛，当前还是救人要紧。一句话提醒了康德黎，他抓起风衣,就向外走。

“你到哪去?”夫人着急地问。

“我去马凯尼家,请他想一下办法!”说着,便心急如火地冲出门去。

马凯尼家里,夫人正在幽暗的灯光下弹琴,曲调充满着思念和柔情。黑人女管家站在她身旁,半天不敢打断她的弹奏。趁她一曲终了,舒展手臂的时候,女管家赶忙告诉她客人来了。

马凯尼夫人回身见是康德黎,她非常高兴。这些天,她感到孤单而又寂寞,可能是丈夫不在身边的缘故,所以很希望有人来和她谈谈心,纾解一下忧郁的情绪。

今晚她非常热情地接待康德黎,让女仆端来咖啡和果品,并把她自己写的钢琴曲拿出来,请康德黎指点。

然而,康德黎却失去了往日的热忱,他只急切地问:“马凯尼勋爵今天什么时候回来?”

“他到外地出巡去了。”

“什么时候去的?”

“快一个礼拜了。”

“那什么时候回来呢?”康德黎的声调中透着焦急。

“他告诉我,少说也得一两个月。”

这等于给康德黎头上泼了一盆冷水。他本来是满怀热情想通过马凯尼来帮助解救孙中山的,而他却偏偏这个时候到外地去了,这使康德黎很是失望。

回到家里时已是夜深了,他躺在床上辗转反侧,一条条地想着营救的办法。

第二天一早,康德黎和蒙申商量了一下,便登上他们专雇的一辆马车,前往梅尔蓬巷警署。警监听完他们的陈述,耸耸肩说此等事需到上一级警署。于是他们又驱车到附近的一个大警署,值班警监听了几句之后就打断他们,说此事属西境管辖范围,我们东境警署无权过问。这样,他们又驰往西区,找到侦探长,康德黎向他详细呈诉了事情的经过,侦探长一边记录一边思索着。待最后,他将二位博士送出警署,抱歉似的说:“此案事关重大,非我辈所能主持,请二位原谅!”

就这样,整整一个上午的奔波,没见一点成果,两个人精疲力竭地回到了康德黎家。

他们靠坐在沙发里,谁都不想讲话,康德黎夫人看见他们疲倦的样子,赶紧端来饮料,让他们消除一下劳累。

当他们刚刚端起酒杯的时候,柯尔跑进来,告诉他们使馆已雇好轮船,两三天内就要押解孙先生回国!

时间如此紧迫,可到现在还想不出一个有效的办法来,康德黎和蒙申急得踱来踱去……

“咳,若是勋爵在,一切都好办了!”夫人感叹地说。

“那为什么不去找找他？”柯尔问。

“康德黎去过了，他不在。”

“这该死的马凯尼，偏偏在这个时候出巡！”蒙申颇有点气恼。

“你们说谁？马凯尼？”柯尔吃惊地问他们，“你们说的那个勋爵，就是马凯尼？”

“是的、是的，正是他！”蒙申满含希望地说，“怎么，你知道他的去处。”

“太知道了！”柯尔重重地说。

满屋的人均欣欣然而面露喜色。

康德黎急切地问道：“快说，他到哪儿去了？”

“他哪儿也没去，一直在中国使馆里！”

“噢？”众人都有些惊愕。

柯尔接着把他所知道的有关马凯尼如何策划，如何诱捕孙中山等等一系列的细节都讲了出来。

原来阴谋搜捕和迫害孙中山的罪魁祸首就是马凯尼！……“啪”的一声，康德黎将茶杯摔在地上！他气得浑身都在颤抖。

破碎的玻璃片和茶水在洁净的地板上淌着，谁也没心思去顾及它……

蒙申吐了一口烟圈儿，忧虑地说：“这样一来，营救就更加困难了！”

他们商量来商量去，现在只有一个办法，到外交部去，请求政府干预。

午餐过后，康德黎和蒙申到了外交部，向值班司员陈述了事件的经过，请求政府出面交涉。值班员合上记事簿：“好吧，我明天向上司转达，二位请明天下午来听消息。”

“先生，救人如救火，能否请今天转达？”

“不行。今天是星期日，官员们都在度假。”

“难道会因为是星期日，外国就不来危害我国的主权了吗？！”蒙申显得很激动。

“您说得有道理。”值班司员慢条斯理地说，“但遗憾的是，这政府的惯例，我无权更改。”

康德黎和蒙申只好离开外交部，等到明天再来听候消息。

在回来的马车上，蒙申忽然想到，如果清使馆今晚提前把孙逸仙押走，即使明天政府出面也来不及！

康德黎想了想说：“要是中国使馆雇的是英国轮船，就是开到海上，也可以派快艇将它追回来！”

“若是雇的是外国船呢？那英国政府就无权搜查了！”

康德黎一听，也顿时紧张起来。他提出应该雇两个私人侦探，日夜守住清使馆，一旦清使馆把孙中山押解出来，就上前阻止，把事情闹大，引起官方干预，蒙申很赞成这个意见，他又提出应该立刻去中国使馆，请求见孙逸仙。这样即使达不到目的，也可以正告中国使馆，他们的所作所为已经引起英国注意，让他们悬崖勒马。康德黎觉得很对，赶紧叫车夫停车，他刚要下车，蒙申拉住了他，说："使馆不少人知道孙逸仙和你的关系，我去可能更有利，你去雇私人侦探吧。"

康德黎同意了，于是他们兵分两路，各自行动。

蒙申下了车，直奔中国驻英使馆，门卫通禀以后，好半天才从楼里走出一个人，这个人就是二秘沈谦，他很客气地把蒙申让到门口一间接待室。

蒙申开门见山地说："我是医学博士蒙申，我要见孙文！"

沈谦先是一愣，但很快平静下来，对蒙申说："先生想见孙……孙什么？敝使馆没听说有这样的人。"

"孙文在一星期前被你们诱捕，现在就禁押在贵使馆里。"

"我怎么听不懂您的话，先生是在开玩笑吧！"沈谦故作轻松状。

"我看您倒像在开玩笑！先生不必隐讳了，现在英国外交部和警方都已知道此事，正在彻查中。"

沈谦听到这话，不禁惊骇了一下，但很快就镇定下来，他一边用请蒙申喝茶来掩饰自己的慌乱，一边把椅子向蒙申跟前挪了一下，异常平和地说："听先生说得这样真切，使我考虑一个问题，是不是有人故意造本使馆谣言，挑拨中英两国关系。假如像先生说的那样，本使馆诱捕过什么人，引起贵国政府的干涉的话，那么，贵国政府可以来搜查，如无确证，我们将抗议这种妄动。你想那时中英关系将是很不愉快的了！"

蒙申有些气愤，他看看眼前这个中国官员，觉得他虽然具有外交官的辩才，但总掺有狡诈，于是蒙申也强硬起来："这种不愉快完全应由中国使馆负责，你们在英国领土——伦敦大街上公然捕人，这是无视英国主权的行为，英国公众和政府是不能允许的，请先生注意它的严重后果！"蒙申说完便气冲冲地走出中国使馆接待室。

蒙申来到康德黎家时，已经很晚了。他将去使馆的情况向康德黎夫妇讲述了一遍。康德黎也告诉他私人侦探不在家，他已经留下字条，约他晚 12 点前到这里。接着康德黎又讲了顺路去了一趟泰晤士报馆的事。蒙申一听，大为振奋，连声高叫："好主意！好主意！"因为他知道，若是《泰晤士报》肯于披露这条新闻，整个英国都会很快震动起来，那事情就好办多了！

蒙申非常欣赏康德黎这运用舆论力量的想法。于是，康德黎便把他如何去的泰晤士报社，如何跟记者谈的情况又讲了一遍。

"何时能见报？"蒙申急切想听到结果。

"记者还得请示主编，据说他们的主编对这类事一向非常谨慎。"

"那明天去听消息？"

"他让我们在家注意明天的报纸。如果刊用，即在明天；如果明天不登，那就是说……"他遗憾地将两手一摊。

这种结局虽不完满，但毕竟有了点起色，他们的心情也稍稍舒展了一些。康德黎夫人留蒙申一起进夜点，他笑笑说："不！今天马拉松的终点是我的家，晚安！"

送走蒙申以后，康德黎回想清使馆接待人员的那种态度，越想越气愤。一个堂堂的外交官，一个国家的使者，怎么可以不顾事实，矢口否认捕了人，难道国际间的事都是这样欺骗和诡诈！？他又想到马凯尼，为什么从政的人都搞这种骗术？他不能理解，也很痛恶！

可转而又想，为什么中国使馆敢于矢口否认，还敢让人去搜查呢？！一个可怕的想法涌入他的脑海：孙逸仙会不会已经被秘密转移出中国使馆，解渡到海上了？想到这里，康德黎出了一身冷汗，他又着急起来，担心真的出现这种后果。不行，应该立刻派人监视使馆的行动。康德黎看看表，已经快12点了，可是雇的私人侦探还没来。他焦急地踱着步，一秒一秒地挨过，一直等到12点1刻，还不见侦探来，康德黎判断侦探可能来不了啦，他决定自己去守着使馆。于是，向夫人说了一声，拿上一件大衣，走出楼门。车夫知道康德黎又要出门，赶紧备好马车。

康德黎走出大门，看见一个人正欲按他的门铃："我找康德黎先生。"

"我就是康德黎，您……"

那人拿出一张字条对康德黎说："先生留在我家的字条，要我12点钟到这来，我已经来了好一会儿了。"

"那为什么不早进屋？"康德黎有些不解地问。

"这是我搞侦探的习惯。附近好像有人。"那人笑笑，显然对此比较得意，"先生，您有什么事，请吩咐吧！"

康德黎说："走，车上再谈。"他话音刚落，只见老侦探已经轻捷地跳上了马车。

第九章　凶手的试探和讹诈

灯红酒绿，人影婆娑。在那座高级旅馆的舞厅里，衣冠楚楚的马凯尼勋爵正伴着丽姬在翩翩起舞。

昏暗的灯光，给这批贵族的星期日之夜罩上了一层迷人的色彩。马凯尼和丽姬相互依偎着，旋转着，意兴正浓……

沈谦气喘吁吁地闯进来，直冲马凯尼的背影走去。丽姬发现后，怕打断了她的兴致，便将马凯尼的腰部使劲一搂，两人飞旋进人群中。谁知，不识趣的沈谦追着钻进了人群，急不可耐地叫住了马凯尼，把他拉到了舞厅的一角。接着便把一个英国学者要见孙逸仙的事，详细地讲了一遍。他一边说着，一边擦着头上沁出的汗珠，这不知是因他跑得急出的热汗呢，还是因隐私被外间知晓而惊出的一身冷汗？

然而，马凯尼听此消息后，却并未慌乱，他脑海里涌出来的是这样的判断：可能是康德黎长时间没见到孙逸仙，便以此方式来进行试探。马凯尼顺着这个思路，又进一步向沈谦了解了一番这位来访者的特征，马凯尼判断，此人就是蒙申。于是，他自信地拍拍沈谦的肩膀："没关系，是个小小的讹诈。现在事情已经完全被你应付过去了。你是个很出色的外交家。"说着，站起身来。

舞场上又一支舞曲已经奏响了，一个个碧眼金发的妙龄女郎在穿着燕尾服的贵族陪伴下纷纷步入舞池。马凯尼含着得意的微笑正欲向舞池走去时，他迈出的脚忽然停住了！这时，机敏的思维搜索到了一个可怕的疑点：如果是讹诈的话，蒙申他们怎么会知道得那么具体，连在伦敦大街上诱捕的细节都知道呢？显然不是试探和讹诈，而是警告！马凯尼想到这，慌乱了！是不是使馆内部走漏了消息？是谁泄露的呢？他首先想到唐怀远，又想到孙中山曾经扔出的小纸团，也想到接触过孙中山的外籍仆人……若是有人甘愿给他做内应，这事情太可怕了！

丽姬小姐不知道马凯尼此时内心的紧张和惶恐，两支舞曲都已奏完了，她穿着华丽的舞裙一个人坐在冷板凳上，听着这令人心醉的音乐，眼巴巴地看着人家一对对地在尽情飞舞，她实在有点不堪忍受。回头斜睨了他们一眼，见他俩仍在没完没了地交谈……她推开面前的高脚酒杯站起来，带着她那特有的妩媚，娇嗔地走过去拍了一下马凯尼。没料到，一向文雅的马凯尼竟粗暴地将她一甩，拉起沈谦急匆匆地冲出了舞厅！

丽姬呆呆地立在那里。舞场上那些贵族小姐和阔少们也都停下舞步看着她，这目光里有惊愕，有疑问，但也有讥笑和嘲弄……丽姬实在受不了这些目光，她提着拖地的舞裙带着羞辱和愤怒也冲出了舞厅。

马凯尼根本没有考虑对这位小姐的伤害，他一门心思都在思索下一步该怎么办？在回使馆的路上，他和沈谦商议，觉得当务之急是尽快地把孙文押走。于是，他命令沈谦立即与格来公司商量，马上起航，没装完的吨位，由中国使馆赔偿其全部损失。

回到使馆以后，马凯尼又命令龚少爷秘密把孙文转移到地下密室，杜绝一切人与之来往，尤其把接触孙中山的英国仆人都换为中国人，以便加强控制。

马凯尼经过这样的部署以后，心里仍感惴惴不安，他最担心的是事情败露，而败露以后最棘手的麻烦事，就是英国追究在其领土上捕人的外交责任。在国际间微妙的关系中，有时比这还小的事，都可能酿成一场极大的争斗！

马凯尼终于想出一条可以体面应付不测后果的办法。他决定和孙中山接触一次。

自从收到柯尔带来的康德黎的信以后，孙中山的心已经飞出铁窗之外，可是快两天了，还不见什么迹象，他心情有些焦虑。从柯尔那里得知，清使馆将在一两天之内将他押解走，时间这样紧迫，康德黎会不会遇到周折，来不及呢？今天，使馆又突然把他挟持到地下密室，与柯尔失去了联系，显然，处境更加险恶了。

正在孙中山非常焦急的时刻，马凯尼笑容可掬地出现在面前。

孙中山打量着这个穿着中国官服的外国人，心里感到很别扭。

马凯尼似乎感到了孙中山的冷漠，但他仍和颜悦色，语调轻柔地说："孙先生，久仰了！我是马凯尼，在贵国使馆服务，今天我受朋友之托来看望您。"

孙中山没有言语，只用眼睛瞟了他一眼。

马凯尼又说："康德黎博士刚才到我家里，我才知道您是康德黎的朋友，这些天我如有不恭之处还望原谅。您可能不知道，我和康德黎是多年莫逆，我自然应该为孙先生尽一点力。"

听到马凯尼这番话，孙中山也想起康德黎曾说过他在外交界里有位朋友叫马凯尼，不禁心有所动，又听马凯尼说得真切有理，会不会真的是康德黎委托这位朋友来营救自己？于是他试探地说："康德黎君是我的铮师良友，但不知他是怎么得知我在中国使馆的？"

马凯尼立刻感到孙中山的机智，他还是轻声地说："匆匆间他没有谈及这点。因为我知道确有此事，所以也没有问，我们只顾商讨获释的办法。"

孙中山问："请先生告诉我是什么办法？"

马凯尼神秘地凑到孙中山跟前，仍然那样轻声地说："是这样，你用林行仙这个名字给我写封信，信中写明你是来使馆看望朋友马凯尼，不幸被使馆误认为是孙文，加以拘禁，要我立即向公使申明真相，以解无辜之冤。"

孙中山听了这话，他相信了马凯尼是受康德黎之托而来的，因为自己的化名只有康德黎知道。可是如按他所说的那样写，使馆会相信吗？因为他并没有向使馆隐讳自己的真实姓名，他说："这样恐怕不妥，我的身份使馆很清楚。"

马凯尼说："当然，这样写只是为了借口，但我有了借口，就可以向公使斡旋，公使平时是很听我的话的，这样做也是给公使卖个人情的台阶，他也好向朝廷交代。"

孙中山想一想，也不妨试试，于是按照马凯尼的意思写了封信。

马凯尼拿到这封信后，一阵欣喜。他抑制着自己的兴奋，边走边说："一两天之内，就可听到好消息，你不要着急。"

马凯尼得意地回到办公室，把这封信锁到抽屉里。他刚想回寓所，沈谦回来了，看到马凯尼要走的样子，他就摘其要点向马凯尼作了汇报，他说："格来公司已经同意使馆的要求，后天起航。"

马凯尼问："为什么不能明天起航？现在晚一天，就会增加许多难以预测的风险！"

沈谦说："我也说了这点，但他们要给轮船上水、上煤、准备食品，不能立刻起航。"

马凯尼无可奈何地走了。

马凯尼盼望能起航的日子赶快到来，尽早把孙文押走，他这颗悬着的心才能落地。然而地球却并不因为他着急而加快转动，尽管马凯尼在中国使馆可以颐指气使，他却不能把地球的黑夜变成白天。

现在，马凯尼只好回寓所打发这沉寂的夜晚，当然，寓所里有女译员丽姬在等着他，也别有一番情趣。这些天，马凯尼一直背着家里和这个女译员住在旅馆，他像度蜜月一样，殷勤地陪伴这个野性的女人。只是最近他越来越感到女译员对他的冷淡和不悦，这一点在他心里很清楚的，他虽想百般温存，但往往力不从心。正像他无法使黑夜变成白天一样无可奈何！

第十章　革命家在伦敦的境遇

匆匆吃过早餐以后，康德黎等不及邮差来送报，便提着手杖亲自跑到报摊去等候《泰晤士报》，以图先睹为快。

康德黎夫人在家里为他打印一份文稿，一向打字娴熟的夫人今天也是接二连三地出错，因为她的心思没在打字机上，她也一直在惦记着今天的《泰晤士报》。当听到楼梯上出现手杖的声音时，她急急忙忙地跑出去，刚到楼梯口就朝下边喊起来："来了吗？"

康德黎摇了摇头："我把仆人留在那里等着，报纸一到他就送回来！"

康德黎夫妇在沙发上刚刚坐了一会儿，"当当当"传来一阵敲门声。

夫人高兴地喊着："仆人回来了！"

康德黎快步去开门，结果进来的是蒙申。他刚从外交部回来，他一边脱着大衣，一边讲述他去外交部的情况。外交部认为国际间的小事宜宽容慎行，所以不拟正式与中国使馆交涉，并说这是政府的一贯原则。

"维护人权保护法，难道就不是原则吗？"康德黎没等蒙申讲完，就愤愤地插话。

"我也这样问他们，可外交部那位官员冷冷地回答：'你如果认为必要，可以正式呈文给外交大臣嘛！'他说完，站起来就走了。"

康德黎听到这，非常气愤，他用手杖咚咚地戳着地板："龌龊！官场上的事就是这样的龌龊！嘴上讲着冠冕堂皇的原则，实际上是谁都想睁一眼闭一眼！"

"咱们马上给外交大臣写呈文！"蒙申提议说。"只怕他也是用一只眼看事！"接二连三的失望，使康德黎对此也没有太大的信心。他从烟盒里抽出一只粗大的雪茄，燃着后，慢慢地吞吐着烟雾……蒙申则走过去，自己倒了杯甜酒，他抓起酒杯，正欲喝的时候，已经被调到外勤的柯尔，借着买菜的机会风风火火地跑进来："孙先生不见了！使馆里的各个房间我都找遍了，也没见到孙先生！"

康德黎家客厅里的空气一下子紧张起来！又是一个意想不到的变故！康德黎让柯尔赶紧回使馆，继续寻找，他和蒙申商议：现在必须马上采取措施！可是条条出路都被堵死了……怎么办？康德黎将雪茄狠狠地吸了一口，又将浓浓的烟雾慢慢地吐出来。蒙申则一杯又一杯地往肚里送着甜酒……真有点一筹莫展啊！

"主人，今天的《泰晤士报》来了！"仆人这时在楼下喊着回来了。

蒙申，连忙扔下酒杯，和康德黎几乎是同时奔出了客厅，这两位博士三脚两步地沿着弯曲的楼梯奔跑下去……

及待他们再返回客厅时，康德黎夫人不用问也就明白了，显然，《泰晤士报》上没有登！

康德黎气愤地将手中的报纸揉作一团，狠狠地摔在地板上！

蒙申说："外交部保持慎重，倒还有情可原。这号称无冕之王的报界也如此缄默，我真不明白为什么？！"

"这些报纸的老板不是搞新闻的，是商人！什么无冕之王，见鬼去吧！都是一些仰人鼻息的商人，商人！"康德黎一边说着，一边解气似的又在纸团上踏了一脚。

仆人推门进来："博士，有客人来访。"

正在气头上的康德黎一口回绝："不见！"仆人刚欲退回去，夫人将他叫住了："什么人？"

"一位报社记者。"

"会不会是《泰晤士报》的？"夫人像是自语又像是询问，"请他进来吧，问问他有什么事？"

"都是些利禄商人，会有什么好事？！"康德黎气犹未消，"我现在烦死了，反正我不见！"

谁知那位记者竟推门而入，笑吟吟地说："也许我能医治你的心烦？"

康德黎见是位年轻的女人，不是在报馆里见过的那位，便冷冷地问她："你是干什么的？"

女记者说："一个不速之客，《地球报》的特派记者。"

康德黎夫人见博士对人家有点过分冷淡，便亲热地走过去，向女记者解释："对不起，小姐！他有点不大舒服……"

女记者拉开提包，从里面抽出一张纸来，递给夫人："也许这张纸，能成为医治他的药方？"

夫人接过纸来一看，激动得双手都颤抖起来："康、康德黎，快、快来看！"

康德黎吸了口烟，依旧冷冷地："那是什么？"

"报纸清样。"

一听说是报纸清样，蒙申一下抢过来，展开一看，上面的大标题赫然写着："革命家在伦敦被诱捕"。

这突如其来的喜讯，使康德黎欣喜若狂。他高兴得将燃着的大半截雪茄一下子甩进鱼缸里，金鱼看着那吱吱发响的烟幕，吓得躲到一边去了。

“什么时候见报？”康德黎的声调里都透着喜悦。

“如您同意，明天一早！”女记者用美丽的蓝眼睛含笑看着他。

蒙申一听，太高兴了！“你简直是带来福音的女神！”他不拘礼仪地大声叫着扑过去，紧紧地握着女记者的双手，直疼得女记者大叫起来！

而康德黎夫人则含着眼泪将女记者紧紧地抱住，那像断了线的泪珠一直滴在女记者的肩上……

第二天，对于雾都伦敦来讲，这是一个难得的好天气。微风习习，白云飘荡，和煦的阳光撒向伦敦塔的尖顶。奔腾的泰晤士河水，在晨曦的辉映下泛动着金色的波纹。波德兰教堂的钟声仿佛也比往日更为洪亮和威严地回响着，它在呼唤一颗颗虔诚圣洁的心灵……然而，今天更为震撼人们心灵的，却是一起国际政治案件的揭露。

《地球报》以《革命家在伦敦被诱捕》的通栏标题，详细地披露了孙中山被捕经过和现在的境遇。报纸的上方印有康德黎夫人保留下来的孙中山的那张近照；左下角则发表了一篇该报的短评，它以犀利的笔锋严正告诫中国使馆应立即悬崖勒马，放还孙中山，不然对这种侵犯英国人权保护法的行为，英国民众是绝不会答应的。

报纸赢得了英国公众的普遍关注，也激起各阶层人民对中国使馆的义愤。

人们争相抢购《地球报》，街上的报摊被围得水泄不通……《地球报》使整个伦敦都沸腾了！

第十一章　他一直在地牢奋笔疾书

《地球报》将孙中山的事披露以后，伦敦各大报纸纷纷起而响应，形成了一股强大的舆论攻势，这使清使馆大为恼火！

公使办公室里，龚继宗将搜集来的报纸一张张地摊在桌子上，每一张上的标题都非常醒目：

《可惊可骇的新闻！》

《革命家被诱于伦敦！》

《中国公使馆之拘囚！》

……

马凯尼一张张地翻弄着，每一篇文章都像利剑一样刺痛着马凯尼的心，他翻报纸的手开始哆嗦起来……

“砰！”公使将拳头击在这叠报纸上：“我一定要把这走漏消息的人找出来，缉查严惩！”

坐在他对面的马凯尼好像苍老了很多：“这当然要办，不过眼下它已经不是当务之急了！”

公使愣了一下，玩味之后才领悟到目前形势的严重，燃眉之急当是如何应付可能降临的严重局面。他吸吮着水烟袋问马凯尼：“轮船不是定为今天起航吗？”

“原定是这样，不过，我们却不能按原定计划押解孙文了！”

“为什么？”公使愤愤地说，“押走了事，谁敢怎么样！”他把水烟袋使劲往桌上一蹾！

孙中山

马凯尼指着《地球报》说：“事情闹到这个地步，英国怎么也得出面干预了。此刻，你即使把孙文押到海上，他们也可以派快艇追上去搜查，你想，弹丸之地，还能搜不出来吗？”

公使心慌意乱：“那……那你说该怎么办？”

马凯尼神秘地说：“要是现在才去想怎么办，早就晚了。”他向公使做一个等等的手势，急忙回到他的办公室去拿孙中山那封信。

此时，女译员丽姬正在马凯尼办公室看报纸，她目不转睛地端详《地球报》那张孙中山的照片，看见马凯尼进来了，她就挑衅地问马凯尼：“你们抓来的这个中国囚徒有多大岁数？他很英俊哪！”

马凯尼不语，只顾开抽屉。

女译员丽姬近几天由于多种原因，存心想报复和整治一下马凯尼，她眼睛盯着报纸上的照片，继续说：“我从他的眼睛里感到他很凛然、很刚毅，对了，也还和善！勋爵，我和你说话呢，你听见了吗？”

马凯尼取出那封信，刚走到房间门口，听到丽姬还在向他唠叨，就转身拖着长音道：“听见了！我的小姐，他很英俊，很和善，怎么样？”

丽姬听出马凯尼很不耐烦，便扔下报纸，故意气马凯尼：“什么怎么样！我想见他一面。”

马凯尼重新走回屋子，抓起报纸说：“我的小姐，现在使馆正在追查这消息是谁走漏出去的，再说你的身份见他也不合适！”

丽姬火了：“我的身份怎么了？我是使馆正式聘请的译员，有什么不合适？！难道我只配当你的情妇！今天我非见他不可！”说着咚咚咚地跨出了屋子。马凯尼无可奈何地摇了摇头。

公使等不到马凯尼，又听见对面房间像吵架，就走出房间，正迎上丽姬译员从马凯尼办公室气冲冲地走过去。公使走进马凯尼办公室，感叹地说：“唉！真是多事之秋啊，国愁人亦愁，无意步青楼。”

马凯尼顾不得感慨，他整个心思都在考虑怎么应付这场麻烦事。他把自己的得意之作——孙中山写的那封信拿出来，诡秘地递给公使。公使看了一遍，也没看出什么名堂来，他抬起双眼疑惑地看着马凯尼。

“这是孙文的亲笔信，你仔细玩味一下其中的奥妙。”马凯尼颇有点自我陶醉。

公使又重新看了一遍，恍然大悟地说：“信里说是孙文自己来使馆看朋友的……”

“对！文章就作在这句话上，”马凯尼得意地说，“他自己来使馆，就是说，不是我们在伦敦大街上抓的。”

“不是在英国领土上抓的，英国无权过问！”公使龚照瑗也兴奋起来，“太妙了！在中国使馆里，我想抓谁，你别国干涉不着！妙！妙！妙！”公使兴奋地举着那封信不过，他怎么会写这样的信呢？”

“智者千虑，必有一失。何况他又急于想要获释，饥不择食，这种心理正可为我所用……”

公使惊服不已地大笑起来：“没想到你在这里等着他呢！”

“不！是料到可能有这步棋！”

公使站起来斟满两大杯酒，举起来：“何以解忧，惟有参赞。”两人高兴地开怀痛饮起来。

干过两杯之后，公使的眼睛忽然转了一下：“既然有人肯把信传出去，那么就不会有人把事实真相传出去吗？”愚笨的人有时也会提出一些聪明人所意想不到问题来！

龚照瑗的这一句发问，把刚才的酒兴全给扫走了！马凯尼也不禁倒吸了一口冷气：看来还得想想下一步棋。可下一步棋怎么走才好呢？他直想得头脑发胀，也没有想出一个满意的主意来。

龚照瑗提出把唐怀远拉出来拷问一下，看是不是他泄露出去的。马凯尼明知他是别有用心的，可也没有表示异议。这条可怜的忠实走狗，他奔波了半个世界到这儿落了个遍体鳞伤的下场。

就在公使和马凯尼拷打唐怀远的时候，丽姬真的跑到地下室去看孙中山了。她这样做，倒不完全是和马凯尼故意赌气，但到底为什么她自己一时也说不清，反正平时她想做的事，别人越是阻拦，她就非做成不可，这也许是她的本性。不过当她在地下室看到孙中山以后，才逐渐意识到她下来的真正原因，在报纸上第一眼看到孙中山的照片时，她就被年轻、英俊的东方人吸引住了，她甚至对这种从未领略过的东方风采有点垂涎欲滴，这可能是她本性的另一个侧面。

她先是踮着脚跟，从墙壁上那菱形气孔向里看，可是气孔太高，一般男人都够不着，她虽然身体颀长也仍差一截。对面两个看守的武弁赶紧给她搬来凳子，放在气孔下边，她索性让武弁给开锁，武弁虽然不悦，但知道她与马凯尼的关系，甚至和公使也有前科，所以不敢惹她，只好把门打开。

孙中山在地牢里听见外边有响动，立刻收起纸笔，警惕地注视着牢门和气孔。

自从马凯尼从孙中山这里骗走那封信以后，孙中山开始确曾抱有希望，以为是康德黎委托朋友来救他，但是很快他就觉察到自己上当了。他找出了马凯尼的破绽：如果真的按马凯尼说的那种办法救自己的话，根本用不着自己的亲笔信，他马凯尼完全可以咬定是自己朋友向公使斡旋，如果公使不信，可以请康德黎、蒙申来证明，这比"犯人"本人证明要有力得多，何必又舍本求末呢！孙中山感到自己想到的太晚了，现在亲笔写的自己来使馆这点，等于授人以柄，他悔恨自己的轻信和天真，他觉得这是自己性格的致命弱点，而作为一个革命家这将会给事业带来重大损失的。孙中山从这次被捕和写信的教训中不断自省，又从自省中痛感他的敌人的诡诈刁滑，应该向世界揭露这些卑劣的行径，人类不应该让这些丑类滋生，人类应该警惕这些龌龊腐恶的蛆虫！

因此，从那天起他一直在奋笔疾书，追述他被捕和在狱中的全部过程，揭露清使馆和马凯尼的诡计和阴毒，他希望这篇狱中纪实能流传于世，可以给世人以警觉，匡正人们的灵魂。两天来，他陆续写了一万多字，当门外出现响动时，刚好文章收了尾，他急忙把这份用心写成的文章藏好。

随着门锁启开的声音，丽姬笑容可掬地走进来，他立刻被这位身着白色西服的青年惊呆了！目光迅速把孙中山从头到脚搜索一遍，她不敢相信眼前这位斯文的中国人会是罪犯。她又扫视一眼室内简单的卧具和坚固的四壁，一种说不清的感觉，似乎是女人特有的怜悯涌上心头，她甚至感到自己也设身处地于这种境地了。孙中山看到闯进来的这个西方女人，确实在这一刹那间，流露着人类美好的纯真的感情，但是他很快发现这个女人身上也存在着一种不幸的玩世不恭和贪婪的邪欲。孙中山脑际开始时闪出的一丝自由和渴望已经湮灭了，他意识到这个女人的到来，和他出狱的事毫无关系，她可能另有使命。于是他开始警惕起来，并且提醒自己决不可再轻信和天真，他甚至对这个女人有些愤怒，因此决意不予理睬。

丽姬明白了：面前这个年轻人，将是她在人生旅程中所遇到的第一个不可征服的男性！面对着孙中山的凛然正气和神圣不可侵犯的威严，这个女人感到自己来时目的之卑微——这也是她有生以来第一次感到做人的尊严和自己的不幸。对比自己的年轻时代，她不由得一阵酸楚，眼角上也不知不觉地渗出泪珠：回首人生，她能说什么呢？在社会的交际市场上她耻辱地混过三十多年，没有家庭的温暖，没有丈夫的爱抚，没有幸福和追求，年复一年，只是用自己肉体和刺激来填补精神的空虚，而如今青春正在逝去，将来……

丽姬不敢再想了，在这个场合她也不能再说什么了，可是她还是鼓起勇气向孙中山说了一句："再见吧！先生。"这声音低得似乎只有她自己才能听得见。

孙中山渴了，正欲倒水，可是壶里空了，他只好放下杯子。孙中山已经发现这个女人感情的变化，特别是看到她痛苦地流泪，他也摸不清她到底是好人还是坏人了。当听到她道别的话时，出于对女性的尊重和礼貌，他也点了点头。

丽姬慢慢地走出禁室，当她从黑乎乎的地下室顺着阶梯上到地上以后，她的眼睛感到很不舒服，在这一刹那，她产生一个明显的想法：她又回到这块可憎的地面，回到可憎的使馆，一切都该诅咒。丽姬带着这种情绪，气冲冲地拐进使馆膳房，大声地斥责道："你们哪个是领头的？"膳监知道她的厉害，胆怯地站起来："小的在。"

丽姬骂道："你这肥猪早该杀了，你为什么虐待下面那个人，他饿瘦了，你能担当得起吗？"膳监向来对上面唯唯诺诺，何况这位具有特殊身份的女官员了，他连连求饶，因为他明白，弄不好，至少要挨五十大杖。

柯尔正在洗菜，听到女译员的话，心里已经判断出究竟，原来孙先生被押在地下室。两天来他急得如坐针毡，看到眼前这情景，他不禁心里一亮。

柯尔走到女译员跟前说："小姐，您别生气，这是误会。"他顺手从橱柜里拿出一只烧鸡，一瓶葡萄酒，"您看，这都是膳监先生早就预备出来的，我来给他送去！"柯尔顺手从怀中掏出一张《地球报》将烧鸡包上，直奔地下室走去。

第十二章　孙中山怒视着马凯尼这个衣冠禽兽

柯尔今天非常高兴，他要赶紧去见康德黎，告诉他找到孙中山的消息，同时把孙中山的一叠纸交给他。

柯尔刚一走出使馆，立刻被眼前的情景惊住了——大门外数百名英国各界民众正团团围住使馆，高呼着口号，情绪激愤昂扬。

柯尔跑过去观看，许多人举着《地球报》和标语牌，在振臂高呼：

"保护人权！"

"不准在英国领土捕人！"

"交出捕人凶手！"

……

使馆的大门紧闭着，但示威的声浪越过围墙，直冲进使馆的院内，摇撼着那些紧闭的窗扉……柯尔看着这一激动人心的场面，身上的血液一下子升腾起来，他有生以来还没有像今天这样切身地感受到民众的力量，正义的力量！

柯尔非常激动，也非常自豪。他之想救孙中山，原本只是出自一个基督教徒的良心，可他万万没想到此事会激起这么强烈的反响和轰动……他开始意识到这件事的价值，同时也感到自己肩负的责任。一想到这，脚下不由得加快了步伐……

柯尔来到康德黎家里时，正巧康德黎被召到外交部去了。于是他将孙中山写的有关揭露马凯尼阴谋的材料交给康德黎夫人，并告诉她孙中山在地下室的消息，便匆匆告辞了。

康德黎夫人打开那用油渍的报纸包着的纸团，里面是一小叠信纸，其中有几张还是用日历纸写的。康德黎夫人看到马凯尼的卑劣行为之后，简直怒不可遏！她决定立刻把这份材料送到外交部去，以作为揭露中国使馆的佐证。

英国外交部主动召见康德黎的消息，使柯尔大为振奋！显然在舆论的压力下，英国政府决定进行干预了！

满天的阴云即将驱散，柯尔似乎已经看到了胜利的曙光。

当柯尔怀着欢愉的心情返回使馆时，清使馆的气氛简直吓了他一跳：

整个使馆都沉浸在一片愁云之中……公使的议事堂内，马凯尼颓唐地斜靠在躺椅上，一言不发；号称智囊的沈谦此时也紧锁双眉，他不时地眨着那双小眼睛，一会儿看看闭着双眼的马凯尼，一会儿看看低头吸吮水烟袋的龚照瑗……空气异常沉闷，只听见龚照瑗的水烟袋在吱吱作响……

“谁也没想到，这一邀功取赏的美事竟落得个这样的结局！一种无名的懊恼和烦躁，充塞着室内，加上水烟袋和雪茄吞吐出来的重重烟雾，这房间压抑得简直让人窒息！马凯尼站起来，他走过去想打开窗户，透透空气，他走到窗前时又停住了，他不敢打开，外面游行示威的声浪如传进来，将比这尼古丁的气味更使他难以消受。

英国民众的游行、声援，报界舆论越来越大的压力，现在倒像是把他们囚禁在使馆这一牢笼里。现在，整个英国和伦敦业已民怨沸腾，那激愤的情绪犹如波涛汹涌的海潮，而小小的清使馆则像在浪尖上颠簸的孤舟。

这是精明一世的政客马凯尼所没料到的。“没打着狐狸反惹了一身骚”，一种作茧自缚的懊恼侵扰着他……他仿佛看到那轮船中他精心构筑的铁牢，装在里面的已不再是孙中山，而是设计者自己；原本得意地对丽姬吹嘘的悲喜剧，做梦也没想到自己竟成了悲剧的主角！想到这，一种近乎等候宣判的凄楚和穷途末路的悲凉，涌上了他的心际……

本来向真理低头，没有什么不光彩的，而向正义投降，更是历史必然的归宿。然而马凯尼和龚照瑗却都不这样想，也不想这样做，更确切地说，是他们并不甘心！难道就这样毫无反抗地束手就擒？这是他们决不甘心的！可是，不甘心又有什么办法呢？事到如今，几乎是无路可走了……

就在这万念俱灰的时候，朝廷的电谕来了！这是对他们在孙中山的事情败露后紧急请示的回电。电文大意是：既已如此，不必再押解回朝，可将孙文就地秘密处决！

得此电谕，沈谦等仿佛像扎了一针吗啡一样，顿时活跃起来。公使龚照瑗连声叫道："就按朝廷意旨办，秘密处决！"

马凯尼抬起眼皮翻了他一下，冷冷地敲着报纸说："现在还秘密得了吗？"

马凯尼这话，好像用针扎了一下皮球似的，龚照瑗泄气地跌坐在靠椅上。

"通"的一声，门被踢开，龚继宗兴冲冲地跑进来！他一进门就操着那刺耳的男高音大声叫着："好消息，好消息！"

龚照瑗："嚷什么？讲！"

龚继宗："英国外交部已经明令格来公司不要承包中国使馆生意，现在，轮船已经起航了。"

龚照瑗气恼地一拍桌子："混账！这叫什么好消息！？"

龚继宗看了一眼他叔父："您听我说呀！正在这时候，一艘外国的轮船开来，我将使馆愿出高价的事一说，他们答应立刻开航！"

龚照瑗说："太好了！我们马上动手把孙文押走！时间紧迫，我也不随船返国了。"

"可怎么出门呀？"沈谦思索着，"外面全是示威的人群……"

龚照瑗一听，急得直搓手："是呀是呀，这可怎么办？"

沈谦说："不知后边角门外有没有游行的？若是没有的话，咱们可以化装从后门出去……"

一下子提醒了龚继宗："对！我刚才就是从后边角门进来的，那边没有人。"

"好！"半天没有吭气的马凯尼这时也兴奋起来，高声命令着："化装！快——"

经过一番紧张的忙碌，马凯尼、龚照瑗带着龚继宗和沈谦到了地下室孙中山的囚房。

化装后身披神父服装的马凯尼冲着孙中山微微一笑："孙先生，对不起，又得委屈您一下了！"

龚继宗和沈谦扑上去，拿出日本的和服来，欲强行给孙中山套上。

孙中山用一双喷火的眼睛，怒视着马凯尼这个衣冠禽兽，他奋力甩开他们："干什么？英国政府已经知道了你们绑架的真相，难道你们还想一意孤行吗？"

龚照瑗甩甩马蹄袖口："我是清朝命官，只听命于大清政府！"

"请别忘记，这可是在英国领土上！"对英国法律颇有研究的孙中山义正词严地说。

"遗憾的是，您马上就将押上外国的轮船，那里，不再是英国领土了！"龚继宗得意地挖苦着。

"实在对不起！"马凯尼假惺惺地对孙中山说完，一转脸冲沈谦和龚继宗："穿！"

几辆富丽堂皇的马车驶到使馆门前停下了，康德黎夫妇和蒙申以及外交部官员、侦探长、警察从车上跳下来，蜂拥着走进清使馆。他们带着外交部的正式函件来接取孙中山。

康德黎和蒙申急匆匆地在前面走着,他们推开一楼议事堂的房门,里面是空的,没有人;他们找到公使和马凯尼的办公室,也没人;他们疾步奔上三楼孙中山的禁室,仍没有人;接着又返身奔地下室,找到关押孙中山的房间,还是没有人……

人哪去了呢?他们四处搜寻着,忽然发现,后角门敞开着,糟了!他们已经提前出去了!康德黎带着人赶紧登上马车,风驰电掣般地向码头驶去。

这时,清使馆的马车已经抵达码头。月光下,人影朦胧。只见龚继宗正与一个大胡子经理在低声洽谈。

“人犯押来了吗?”大胡子经理问。

“押来了。”

“先押到经理室去吧,那里保险些。”

龚继宗等随即跟着大胡子经理将孙中心山押进船舱。

等到一切都安排就绪,公使龚照瑗和马凯尼又亲自进去检查了一遍。等他们认为满意了之后,龚继宗对经理说:“经理阁下,可以开船了!”

大胡子经理爽快地说:“好!这就开船!”说着,拉响了轮船的汽笛。

马凯尼和龚照瑗在夜色中,望着即将离岸的轮船,有一种渡过了惊涛骇浪后的满足,回想自抓到孙中山以来,这十三天暴起暴落的风云变幻,时而是霏霏细雨,时而则暴雨倾盆;时而是峰回路转,时而又惊涛裂岸……他们的心情也随着这事件的起落而戏剧性地跌宕着:紧张与舒缓,惊恐与欢笑,懊悔与绝望……人世间苦辣酸甜的各种滋味在这短短的时日里他们几乎全尝遍了!如今,一切总算过去了,他们合力驾驭的这叶扁舟,终于经受住了风浪的考验,而驶向了领功受赏的进身之岸!想到这,两人不禁会心地微笑了……

嘚嘚嘚嘚……突然,一阵急促的马蹄声惊断了他们的思绪。回眸一看,原来是康德黎和外交部官员们跟踪追来了!

马凯尼还未得反应过来,康德黎已经跳下了马车,他炯炯的目光犹如两把利剑一样紧紧逼视着这位人面兽心的“朋友”。康德黎愤怒地一步步地进逼着,马凯尼则狼狈地一步步后退……他真担心康德黎会揪住他的衣领,给他一顿老拳!

这时,幸亏外交部官员及警察等走过来,才使他得以幸免。外交部官员将一函件交给马凯尼和公使。公使初时按照与马凯尼商量过的口径,断然拒绝交还孙中山的要求,理由是孙文是自己去中国使馆的,并非使馆在伦敦大街上捕人;而公使在本使馆区域内缉拿本国要犯实属内政,外国不得干涉!说着拿出马凯尼的那根稻草——孙文的亲笔信作为证明。

外交部官员笑了一下,也掏出一叠纸来,递给公使:“这也是他的亲笔信,请阁下过目。”公使和马凯尼接过一看,不禁瘫软下来。

此时,轮船的汽笛声又骤然鸣起!外交部官员示意警察等上船搜取孙中山。

在警察及侦探长等正欲步上甲板时,马凯尼急忙赶过来拦住:“请注意!这是艘外国轮船！依照国际法的规定，外国轮船亦即外国领土，英国政府如去轮船上领人，岂非也等于侵犯别国主权？！”他振振有词地讲着，并颇为得意地说：“因此，诸位无权踏上这艘外国轮船……”

“不！”蒙申打断了马凯尼的话，“这不是外国船！”

马凯尼和公使惊诧地望着他：“什么？！你，你说什么？！”

“参赞大人，请您回头看看吧！”蒙申揶揄地说。

马凯尼和公使回过头去一看，不禁瞠目结舌！

只见大胡子经理此时正一件件地摘去头套、眼镜和胡须：原来是康德黎雇请的那位私人侦探！

马凯尼和公使莫名其妙地看着这位笑吟吟的英国人，他们哪里知道这是侦探和蒙申他们经过一夜筹划想出来的计谋。

这时，人群中一阵欢呼，只见孙中山走出船舱，来到了甲板上！他用那双模糊的泪眼望着这突如其来的一切，他简直不敢相信他从地狱又一次回到了人间……

“逸仙——”康德黎排开人群，高叫着扑过去。他紧紧地拥抱着孙中山。此刻，孙中山的胸臆间如同海潮一样在澎湃汹涌，一个已经许身中华古国的生命今天又获得了自由，这首先得感谢面前这慈父般老人的心血！他奔跑着扑进康德黎的怀中，一向以善于演讲而著称于世的孙中山此时只说出了一句话：“老师，我亲爱的老师！”可这一句话，它代替了多少语言！多少感激！多少深情啊！

站在一旁的蒙申，这时只觉得眼睛滚烫，模糊了又清晰，清晰了又模糊！他急奔过去，三个人激动地拥抱在一起。蒙申哽咽地看着孙中山：“孩子，让你受苦了！”一边说着，一边用他那激动得发颤的双手，轻轻地为孙中山擦拭着泪痕……

《地球报》女记者抢拍下了这一记录着中英两国人民情谊的珍贵镜头。

闻讯赶来的其他记者和群众，这时纷纷蜂拥过来向孙中山表示祝贺，有的上前拥抱，有的向他飞吻。新闻记者们则争着拍照、采访。孙中山被人们簇拥着，拥来拥去……这场面使孙中山想起了十二天前自己被清使馆暗探强行簇拥的情景来，那时他们簇拥他，是为了要他的头颅；而今天英国朋友们簇拥他，是友好地祝贺他获得自由！孙中山感激地望着大家，他一再拱手，向人们表示谢意。

待到孙中山告别人群，在警察的护送下登上马车，准备返回市区的时候，天已渐近黎明。几乎谁也没注意马凯尼一伙究竟是怎样溜走的，和什么时候溜走的，也许是陪着黑暗一起消失的吧！

孙中山乘坐的马车驶进市区的时候，伦敦城里一片宁静。宽阔的泰晤士河畔的大街上，只听见这急速奔驰的马蹄声……

当然，伴随着它的还有泰晤士河滔滔的流水声。可是它仿佛也收敛了往日的汹涌的咆哮，而是沉缓地、静静地流着……好像是想以其沉稳和含蓄迎候着那即将到来的黎明！

第十三章 悠远的尾声

十五年后,扬子江畔回应起惊天动地的和声。孙中山领导的辛亥革命,终于推翻了清朝政府的统治!中国几千年的封建王朝结束了,孙中山就任中国历史上第一任大总统。

在庆祝孙中山就职的盛大国宴上,各国友人欢聚一堂。孙中山满含微笑,接受各国国宾的举杯敬贺。然后,他举着酒杯登上讲坛,向中外贵宾表示感谢。当他高擎起酒杯,环视着宴会大厅时,他的目光突然停在一个角落上。他举着酒杯走下讲坛,穿过长长的大厅,越过一簇簇人群,直向那张偏僻的餐桌走去。餐桌上坐的是一位四十几岁的外国妇女,孙中山恭敬地举起杯来为她敬酒。

1912 年 1 月 1 日,孙中山赴南京就职

一个普通的记者,竟受到大总统专意敬酒的殊荣,各国记者好奇地纷纷围拢过来。

“尊敬的女士,您是英国《地球报》记者吧?”孙中山微笑着举起了酒杯。

女记者受宠若惊地望着孙中山,连忙还礼:“真没想到,总统阁下还能认出我来,我感到万分荣幸!”

“我们中国人,是永远不会忘记朋友的!”孙中山这激越的声音,在酒宴大厅里回响着。

“我今天太高兴了！十五年前我曾对柯尔说过，他做了一件可能对中国未来具有重大意义的事……”感情激动的女记者说着，擎起酒杯与孙中山一饮而尽。

孙中山逐一向她问起了英国朋友们的近况，当他们谈到柯尔和康德黎的孩子们时，孙中山眼望着手中的酒杯，不禁想起康德黎家的那次酒会来，那是康德黎夫妇为祝贺孙中山获得自由而举行的家庭酒宴。自动辞去使馆职务的柯尔夫妇也赶来了，各界人士，济济一堂。当酒宴正在热烈进行的时候，院内康德黎等人的孩子们忽然争吵起来，大家走向阳台，原来是七八个孩子在做游戏。他们有的扮作柯尔，有的扮演康德黎、蒙申和老侦探，孩子们都争当孙逸仙，而不愿当马凯尼。最后通过抽签，得到了妥协。角色分派之后，孩子们以一种特有的方式，展开了一场激烈地厮杀，把“马凯尼”打死了，救出了“孙逸仙”！并把“公使”绑起来，押着示众，孩子们热烈欢呼，高兴地唱起歌来……

十五年过去了，孙中山至今想起来，孩子们的歌声还回荡在他的耳际，现在这些孩子想必都已长大成人了吧？他们是中英友谊的第二代继承人。但愿这种友谊，能通过他们，一代一代永远传下去！

三、宋教仁遇难真相

三、宋教仁遇难真相

第一章　一声枪响，举国震惊

1913 年 3 月 20 日，早春的上海。

白天淅淅沥沥地下过一阵小雨，夜晚雨停了，喜欢夜生活的上海人不顾早春雨后的微寒，纷纷走出家室，涌向华灯如昼、车马如梭的十里洋场。上海沪宁火车站前，历来是人来车往、喧嚣热闹的所在，这时就更变得熙熙攘攘。

难得的是闹中取静。离车站不远处，有一条狭小僻静的里弄，内中有一家酒店，精巧雅致，尤其是楼上靠窗处的一包间雅座，距车站仅数十米，因其后窗紧靠车站的议员休息室，所以站在窗前，可将议员们的进进出出看个一清二楚。

小店不仅陈设雅致，饭菜也很讲究，但今天包下这间雅座的三个人，显然既不想在这里吃花酒，也不想一醉方休，他们只是简单地要了几样小菜，一小壶老酒。这三个人饭虽吃得很斯文，但人长得却并不斯文。坐在主人位置上，几乎没有怎么动筷的是一位四十几岁的中年人，他面色枯黄、消瘦孱弱，一看就知是鸦片烟和纵欲过度，掏空了他的身体和血脉，使他骨瘦如柴、一脸菜色。和他坐在对面的则是一个壮汉，年纪略小一些，三十五六岁的样子，五短身材，满脸横肉，鼻孔朝外翘翘着，显得出奇的又黑又大。他虽是今晚被请的客人，但却一点也没客气，桌上的几碟小菜和那壶老酒几乎被他扫荡一空。

时针指向 10 点。街上的行人少了，车站广场也渐渐地沉静了下来，一直站在窗前担任瞭望的那个年轻人回过身来，朝瘦削的中年人点了点头。中年人立即站起身来，用手按住了五短壮汉伸向酒壶的手，略带歉意地说：

"兄弟，今晚大事在身，酒就先喝到这儿，待事情成功之后，老哥我在迎春坊设宴，咱们喝他个一醉方休！"

这位中年人边说边从提包里掏出了一把崭新的德国造勃朗宁手枪，"咔咔咔"连着压上了五粒子弹，掂了掂，递向了五短壮汉。

"他们来啦？"五短壮汉一边接枪一边询问。

瘦削的中年人点了点头后，将枪放到壮汉手中，并随即紧紧握住这壮汉的手，期盼而庄重地："成败在此一举，兄弟，拜托了！"

"应大人放心，武某不会有负重托！"被酒精烧起来的这个自称"武某"的人熟练地把弄了几下手枪，将它揣进了怀中，然后穿好外衣，同这位应大人道了一声别，就随窗口那个年轻人悄然走下楼去，淹没在浓浓的夜色中。

与此同时，另有一行人，此刻也正向车站走去，他们衣着整洁，气宇轩昂，不同凡响，都是辛亥革命中赫赫有名的大人物。他们之中有黄兴、廖仲恺、于右任、吴铁城等，这些创建中华民国的功臣，今天是来给国民党代理理事长宋教仁送行的。宋教仁，字遁初，别号渔父，是位年轻有为的干练之才，自从理事长孙中山先生去日本之后，他就担负起领导民国第一大党国民党的重任，近几个月来，他为第一届国会的召开四处奔波，今天是应中华民国大总统袁世凯的邀请前往北京议政，商讨关乎民国命运前途的方针大计的，所以这位年轻的理事长今天格外的意气风发、踌躇满志。送行的这一批民国干城，国民党领袖人物也都满怀希冀、谈笑风生。

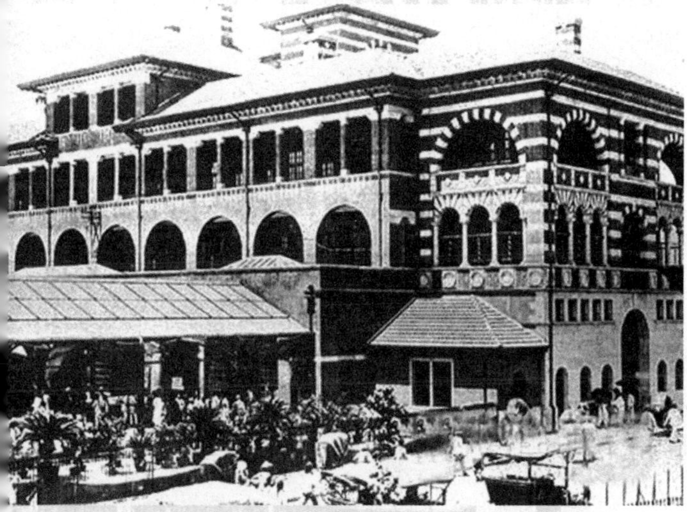

上海沪宁车站 20 年代的老照片
909 年，沪宁铁路局建成一座四层高的沪宁车站。该楼为英国人设计，造价 32.9 万银元。宋教仁就在这里被刺杀

这次由上海到南京，然后由浦口开往北京的列车，开车时间是夜 11 点整。待到 10 点 40 分左右时，宋教仁率先站了起来，黄兴等知是时间已到，便也都随之站起，提好行装，一道走出议员休息室，走向检票口。

就要剪票了，宋教仁从送行人手中接过自己的提包，众人也随即收住了脚步，人们挥着手，进行着例行的祝福：“祝渔父兄一路顺风！”“一帆风顺！”“我们等你的好消息！”

宋教仁在这一声声的祝福声中转过身去，将票递向检票员，就在这即将剪票的刹那间，突地从人群中窜出一个身影，朝着宋教仁“砰”地一枪，子弹打进了宋教仁的后背。

“啊！”的一声惨叫，宋教仁扔下提包，退到铁栅栏旁，这时紧接着又是“叭”“叭”两声枪响，凶手射向了左右的人群，车站顿时大乱。黄兴等如梦初醒般疾步扑向宋教仁，焦急地问道：“遁初，怎么样？”

“我中枪了！”宋教仁说完，一下子倒在黄兴的怀中，他手捂着伤处，声音孱弱地又说了一句：“我被刺了……”

廖仲恺和吴铁城急忙去呼叫车站中的巡警来捉拿凶手，可他俩找来找去，偌大的车站竟没有见到一个巡警！

于右任帮着黄兴将宋教仁扶出车站，拦住外面驶来的一辆汽车，将宋教仁送往了附近的沪宁铁路医院。这时，廖仲恺等也好不容易地找来了巡警，可凶手早已在同伴的掩护下逃之夭夭了。

第二天，举国震惊。各家报纸均以头版头条位置，用大字标题，刊出了这一刺杀案件。在这国会即将召开之际，全国第一大党的领袖人物，众望所归的国务总理的最佳人选，突然被人刺杀了，这一轰动中外的新闻，即是近代史学家们所称的，民国第一政治大血案。

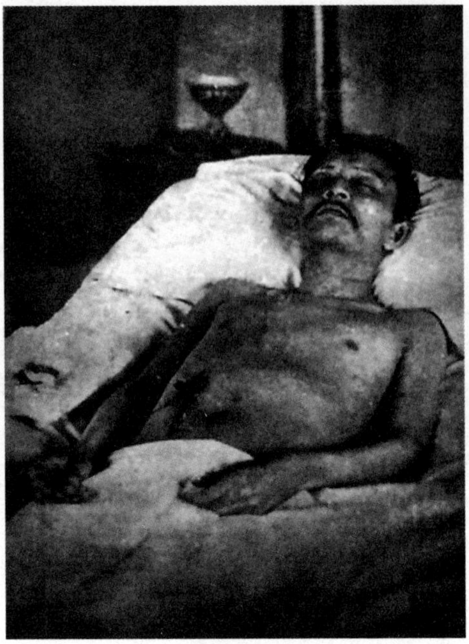

宋教仁被杀后照片

第二章　大总统下令：重悬赏格，迅缉真凶

宋教仁上了汽车以后，送行的人大多留在了车站，有的协助巡警搜寻凶手，有的致电各处机关，侦查通缉，只有时任国民党干事的于右任陪同宋教仁一起去了沪宁铁路医院。

到达医院时，已是深夜。医生都不住在医院内，值班的派人去找医生，于右任陪同宋教仁在值班室内等候。宋教仁因流血不止，脸色惨白，他紧紧地用手捂着伤口，不住地呻吟。于右任想看看他的伤口，宋教仁推开他，流着眼泪说：“任公，不要看了，我恐怕不行了。为人总有一死的，只是事业未成，令我不能瞑目！”宋教仁喘了口气，继续说道：“有三件事，我得拜托任公！”

于右任一听这话，知是要他照料身后之事，连忙掏出纸笔来，肃然正色地：

“好，你说吧，我一定记好。”

宋教仁忍着疼痛，正了正身体，说：“第一件是，所有南京北京及我在日本东京寄存的书籍,统统捐给南京图书馆。”

于右任点了点头:“好,我记下了。第二件?”

“我家本来寒苦,是老母一手把我养育成人,今老母尚在,拜托您和克强及其他诸位朋友、同志,替我照顾。”

于右任又深深地点了点头,这时宋教仁因剧痛头上已沁出了一层汗珠,于右任连忙掏出手帕,为他一边擦拭一边应道:“这你就放心好了。我和克强一定像照顾自己母亲一样照顾伯母。”

他们所说的克强,即是黄兴。黄兴原名轸,字廑午,因民国纪元前十年第一次长沙起义失败,清廷悬赏通缉,为便于奔走革命,始改名为兴,字克强。他也是湖南人,和宋教仁系同乡同学,又一同闹革命,十几年来他们风雨同舟,患难与共。于右任知道他俩的这层关系,所以特意强调黄兴,好叫宋教仁更加放心。

黄　兴

“谢谢了!”宋教仁惨笑了一下,“第三件是,党国的事业诸君仍当继续努力进行,切不可因为我遭遇不幸而生退缩,放弃国民的责任。我本欲调和南北,费尽苦心,为国为民,现时局已见曙光,胜利在即,但谁知此暴徒不理解我的心意,误会太深,以致置我以死地。”

由于激动,加之说话太多,宋教仁的疼痛、气喘都骤然加剧了,于右任正不知如何劝慰为好时,医生赶到了,于右任连忙协助医生护士将宋教仁扶上病床。

解开衣服,医生悚然一惊。原来子弹打在宋教仁的右腰骨稍偏处,与心脏极近。医生指着伤口告诉于右任:此乃危险地带,生死难卜。子弹已经深入体内,只有先取出子弹后才能医治。

经于右任认可后,医生进入手术室施行手术,取出了子弹。这颗子弹弹形尖小,这在当时极少见到,显然系新式手枪所用。

手术过程中,宋教仁一直呼痛不止,医生虽为他注射了止痛药水,可他仍不住地呻吟,无法安睡。天将黎明,黄兴、廖仲恺,连同曾任前上海都督的陈其美都前来探问,宋教仁见到这批一道为革命出生入死的热血朋友后,更无法入睡了,刚刚施行过手术的身体虽不能动,但他用眼睛深情地巡视了一遍,最后将目光停在黄兴的脸上,期冀地说:

“我要死了。但我死后,诸君一定要继续往前做去!”

黄兴等连忙点头应允。

宋教仁这时又忍着疼痛,让黄兴拿出纸笔,口述了一份给袁世凯的电报。经黄兴整理后，将电稿又念给宋教仁听。

其电文如下：

北京袁大总统鉴：

仁本夜乘沪宁车赴京，敬谒钧座，十时四十五分，在车站突被奸人自背后施枪，弹由腰上部入腹下部，势必至死。窃思仁自受教以来，即束身自爱，虽寡过之未获，从未结怨于私人。清政不良，起任改革，亦重人道，守公理，不敢有一毫权利之见存。今国基未固，民福不增，遽尔撒手，死有余恨。伏冀大总统开诚心，布公道，竭力保障民权，俾国家得确定不拔之宪法，则虽死之日，犹生之年。临死哀言，尚祈鉴纳！宋教仁，哿。

宋教仁听完认可后，签上了自己的名字。黄兴立即派人发往北京。朋友们见宋教仁临危犹不忘国事，犹以宪法为念，犹对大总统寄予厚望，犹殷殷期盼实现他所为之追求的共和国，大家均为他这种执着的革命精神所感动。

天大亮，闻讯赶来探望的朋友越来越多，宋教仁的病体却越加深重，疼痛缠绕着他，折磨得他大汗淋漓，难以忍受。他紧蹙着眉头，痛苦欲绝地哀叫：

"我不怕死，可疼痛难忍啊！请你们告诉医生，若不能止住我的疼痛，就叫我快点死吧！"

大家自是又一番劝慰。好在这时，约请的其他各大医院的名医均相继赶到，除中医外，还有几位著名的西医。经过这批专家的会诊，认为肠已受伤，必须剖验补修，只有这样也许尚有生还的可能。

因事关剖腹，所以于右任将国民党内的同志与宋教仁的亲朋好友都召集在一起，告知医生的诊断后，说："渔父病已至此，与其不剖腹而死，徒增后悔，不如听从医生的意见剖腹一次吧？"

经大家一致同意，宋教仁重又进手术室，由五位上海最有名的医生，共同为他施行手术。医生施过麻药，剖腹取出大肠，洗净上面的血块淤积，见有小洞，用线缝好后放入体内。

手术进行得很顺利，几位医生也面有喜色。但谁知当麻药渐渐消散之后，宋教仁刚一醒来，便大叫疼痛，且大小便流血不止。医生们连忙再次检视，发现内肾亦已受伤。医生们对着于右任，无可奈何地连连摇头……

夜间，病势急剧恶化，生命垂危。黄兴等闻讯奔至床前，只见宋教仁奄奄一息，说话已经十分困难，黄兴赶紧拿出刚收到的袁世凯的电报，连声地："遁初，遁初！大总统来电了！"

宋教仁眼睛为之一亮，兴奋地说："快，快念给我听！"

黄兴展开电报，凑到宋教仁的跟前，一字一顿地慢慢念道：

上海宋遁初先生鉴：

阅路透电，惊闻执事为暴徒所伤，正深骇绝。顷接哿电，方得其详。民国建设，人才至难，执事学识冠时，为世推重。凡稍有知识者，无不加以爱护，岂意众目昭彰之地，竟有凶人，敢行暗杀，人心险恶，法纪何存？惟祈吉人天相，调治平复，幸勿作衰败之语，徒长悲观。除电饬江苏都督、民政长、上海交涉使、县知事、沪宁铁路总办，重悬赏格，限期缉获凶犯外，合先慰问。

宋教仁身体虽已衰弱不堪，但听完电报仍很激动，他强忍着伤痛从黄兴手中要过电文，又默默地看了一遍，然后自言自语地念道："民国建设，人才至难，执事学识冠时，为世推重。"念到这里，他停顿了一下，似乎为袁大总统对自己的评价所感动，他环视了一下诸位之后，继续念道："凡稍有知识者，无不加以爱护，岂意众目昭彰之地，竟有凶人，敢行暗杀，人心险恶，法纪何存？"念到这里，不知是袁世凯的话打动了他，引起共鸣，还是此刻伤痛发作，他痛苦地嚎叫起来，一边嚎叫一边激愤地呼喊："这凶人究竟是谁呀？！"

见此情状，医生连忙赶过来为他注射镇静剂，使之镇静，但宋教仁虽不再哭嚎，可脸色却如同一张白纸，气喘也开始加剧。医生示意，这是临终的征兆。

宋教仁似乎不甘心就这样离去，他用目光在寻找黄兴，黄兴连忙趋到床前，抓住宋教仁的手，感到双手已经冰凉，只是眼睛中仍满含着冤苦和愤懑：

"克强，你我这么多年，你知道我这个人是从不结怨于人的。这凶手究竟是什么人？他与我究竟是什么恩怨？他怎么会对我有这等深仇哇？！克强，我，我死也不能瞑目啊！"

这撕心裂肺的话语，震撼着室内的所有人。有的感叹，有的拭泪，黄兴则用手握紧了宋教仁，加重语气，发誓地说：

"遁初，你放心去吧，后事由我等担任。至于凶手，就是他跑到天涯海角，我们也一定将他缉拿归案，绳以极刑！"

时任上海督军的陈其美

宋教仁手一松，气绝而逝。时年仅三十二岁。人虽死，但两眼却直视不闭，黄兴用手慢慢将其抚合，它竟又重新睁开。真真是死不瞑目啊！

陈其美见此情景，悲痛欲绝，他悲天

跄地连声大叫:“这事真不甘心,真不甘心啊——”

宋教仁这颗彗星就这样陨落了,陨落得这样突然,这样地不明不白,使在场的人无不义愤填膺,大家顿足捶胸地发誓,一定要找出杀害宋教仁的仇人!

可这仇人究竟是谁呢?

宋教仁被害致死的凶耗传出后,全国各地函电,雪片一样寄到上海国民党交通部,内容除却慰唁之外,几乎全部都是同仇敌忾,要求缉拿真凶。

大总统袁世凯在得知宋教仁死去的噩耗后,又发来第二封电报,以示关切。

其电文曰:

> 宋君竟尔溘逝,曷胜浩叹!目前紧要关键,唯有重悬赏格,迅缉真凶,彻底根究。宋君才识卓越,服务民国,功绩尤多,知与不知,皆为悲痛。所以身后事宜,望即会钟文耀妥为料理。其治丧费用,应即作正开销,以彰崇报。

电文中提到的钟文耀,系沪宁铁路总办,事情出在他所管辖的车站,他除却料理丧事外,还责无旁贷地协助“迅缉真凶”。

当时,上海属江苏管辖,地方上的最高行政长官是江苏都督程德全、民政长应德闳。他们也均是袁世凯上次电示中提到的人物,在他们地界出此大案,朝野震惊,他们自然得更加效力,他们通电地方官一体协拿,限期缉获。为此,上海县知事及地方检察厅悬赏缉捕,赏格高达一万元。

黄兴、陈其美等身为同事、战友,就更是积极。他们私下致函上海公共租界总巡捕卜罗斯,重托这位英国人秘密缉寻,如能破案,答应另外再给酬劳费一万元。而沪宁铁路总局也不甘心落后,他们也悬出赏金五千元。

相关各界均按袁大总统电文“重悬赏格,迅缉真凶,彻底根究”的指示,悬出赏金,其赏格之高,前所未有。所以整个大上海,一时间沸沸扬扬,兴师动众,撒下了天罗地网。

可凶手到底是什么人呢?他究竟为什么要杀宋教仁呢?他选在众目睽睽的车站进行刺杀,刺杀后又立即逃匿,显然不是一般的劫持财物,那他又是为的什么呢?

……

第三章　迎春坊，来人不是寻常的狎客

3月22日，以江苏都督程德全和民政长应德闳的名义发出的布告，贴满了上海及其城郊的各个角落。

布告宣示：

本月念日（二十日），宋先生教仁在车站被匪枪伤，业经通令严缉在案。此案关系重大，兹特悬赏大洋一万元，如有拿获正凶者，经案讯属实后，即将赏洋如数照给，决不食言。

道义连同金钱，双管齐下。上海的巡警与中西密探见此赏格均像扎了吗啡一样兴奋起来，他们倾巢出动，不分昼夜地明察暗访。

23日下午，位于上海四马路的公共租界巡捕房。这是一所典型的英国式花园洋房。总巡捕卜罗斯疲惫地从外面回到办公室，为自己冲了一杯浓浓的咖啡，他刚刚坐下，点起一支粗大的雪茄时，门口传来了当当的敲门声。

随着门房仆人进来的不是他的英国探员，而是一位陌生的中国人。这位中国人，年过半百，谦恭有礼。进门后，他先用那双细眯着的小眼睛小心翼翼地四处搜寻了一遍，见房中只有卜罗斯一人后，方摘下头上的帽子，深施一礼，然后趋步走到卜罗斯的跟前，并重新用他那双小眼睛上下打量着卜罗斯。

"刚才门房告诉我，说先生有极重要的事，要跟我面谈，请坐下谈吧！"卜罗斯打断了这位中国人的打量，客气地指了指他对面的沙发。

仆人送上一杯茶后退下了，室内只有两个人。

"阁下就是总巡捕卜罗斯先生吧？"

"是的。先生尊姓大名？"

"鄙人王阿法。"他站起来，重又施了一礼："我原籍河南，十年前来到上海，开了间小店，做古玩字画生意。昨天见公共租界贴有悬赏一万大洋，缉捕刺杀宋教仁凶手的布告，请问总巡捕先生，不知真凶可否捕到？"

"还没有。"

"有无可靠线索？"

"也还没有。"

"鄙人知道凶手是谁！"王阿法兴奋得一下子又站了起来，眼睛里流露出一种抑制不住的喜悦。但当他看到卜罗斯并没有随同自己一起激动时，他连忙收住话头，慢慢地坐下来控制了一下自己的情绪，然后又用他那狡黠的小眼睛连眨了几眨，盯视着卜罗斯：

“这悬赏一万大洋之事，究竟是真是假？”

“白纸黑字，大红官印，民众皆知，岂能有假！”卜罗斯很讨厌王阿法的啰唆和猥琐，他用流利的汉语正色地回答，满脸的威严。

“那好，鄙人此来，就是特地报案的。”王阿法不再兜圈子了，他抓起茶杯，连喝了两大口，然后正了正身子，俨然一副听我慢慢道来的架势……

十里洋场的夜晚，并没有因发生刺宋血案而收敛它的妩媚与侈靡，灯火荧荧，车马萧萧，那些腰缠万贯的阔佬和风流倜傥的公子哥儿们，又一齐随同夜色潜进散落在各个角落的妓院舞厅。23日这天的夜晚，照例是一派灯红酒绿，纸醉金迷。

位于法租界内的迎春坊，是一处不大不小的二层楼，外看小巧，内却轩敞。沉寂了一白天的门前，随着夜色的降临，这里渐渐地红火热闹起来，待到夜深，更是清曲笙歌，欢声一片。但今晚却有些不同，因为夜半来此的不是寻花的狎客，而是一群身着警服的巡捕，为首的便是总巡捕卜罗斯。

待将房前屋后四下围定之后，一位华人捕探身着西装，风度翩翩地步入门内。一个年轻的龟爪连忙迎上来，一面趋前恭迎，一面高声喝道：“有贵客到——”

妓院的老鸨李桂玉闻声跑出来：“欢迎光临！不知官人要哪位姑娘？”

“我是来找人的。”这位华人捕探不理会李桂玉她们的招呼，而是径自走入大厅，朗声呼叫：“夔丞兄！夔丞兄——”

“是找应大人呀！”妓院老鸨顺风转舵，见来人点了点头，连忙又说，“应大人在楼上饮酒呢！”

这位华人捕探一听，便大踏步地朝楼上走去，边走边呼叫：“应夔丞君！楼下有人，请你说话。”

楼上一道房间的门应声打开，里面探出一个人来，瘦瘦的，四十多岁的光景。此时有人找他，显然不合时宜，败了他的兴致，坏了他的好事。他一边穿衣服，系扣子，一边颇为不满地问道：“什么人找我？”

“您是应夔丞君吗？”

“正是。您？”

“请君下楼，楼下有位朋友在等你。”华人捕探截断了他的问话，胁迫着他联步下楼。

来到楼下前厅门口，只见总巡捕卜罗斯和另一位英国捕探已站立厅中。

“二位找鄙人？”应夔丞在这种场所，见到这么两位洋人，先自有几分惊惑，他的酒气连同骄狂都一下子消去了许多。他打量着这两位身躯高大的英国人，一边回想在哪里见过，一边疑惑地探问：“二位大人是？”

“你就是应夔丞吗？”卜罗斯没有回答他的问话，而是反问了一句，见应夔丞点过头后，他猛地一挥手，躲在门外看守的四名巡警呼地一拥而进，不由分说地将应夔丞架起，押出了迎春坊妓院。

第四章　应夔丞何许人也?

这个应夔丞，便是本文开头在酒馆喝酒时的那个“应大人”。他和宋教仁究竟有何仇隙？他为什么要杀宋教仁呢？

巡警局经过一番调查，发现这位“应大人”，说起来在上海滩上，倒也颇有些嘴脸。他本名叫应桂馨，字夔丞，是浙江镇海县人。他的父亲应文生原本是石匠，后来从事地皮生意，因熟悉几个外国地皮商人，加之善于贿赂公差，以贱易贵，巧取豪夺，转手盈利，所以很快成了拥有数十万两白银的巨富。出生在这样一个奸商家庭的应桂馨，从小便不务正业，在上海花天酒地、狂嫖滥赌，吸毒纳妓，无所不为。他父亲见他没什么出息，便花巨款为他捐了个候补知县的虚衔。他扛着这个虚牌牌，先是冒充安徽筹赈委员坑蒙拐骗，后又勾结地痞流氓走私洋纱，两度犯难，两次被捕。但他不思悔改，而是继续大胆妄为、为非作歹。这之后，在开办“江苏官办印刷局”时，再一次因挥霍公款、狎妓嫖娼，致使一名妓女吞毒自杀而被当局追捕。

逃到河南后，因当地风气尚未开放，他便利用在上海交际场上学到的几句英语，炫耀于官府。与此同时，他又利用其父留给他的银子，掏出五万两来创办了一所新式学校。从此名声大震，不仅当地官员将他奉若神明，维新党人陈其美等也对其大为赏识。但应桂馨本性难移，办学校只不过是为了蒙骗舆论、蒙骗社会，暗地里他又跑到上海办起了秘密的军火公司，走私军火，结交会党。另外，为了掩盖，他又用钱疏通，钻进了巡警局，当上了缉捕，在太湖一带为清廷卖力地搜捕、屠杀革命党人。

武昌起义爆发后，应桂馨见天下大乱，原本是替清廷卖命屠杀革命党的刽子手摇身一变，再次秘密潜回上海，伪装进步，骗得当时上海都督陈其美的信任，当上了谍报科长，并被推荐为孙中山的侍卫、庶务科长。不久因孙中山发现他过去的劣迹而被开除。

这时，正值全国动乱不止，各种社会团体如同雨后春笋纷纷成立。不甘寂寞的应桂馨也趁机建立了一个会党组织，名曰中华共进会，他自任会长。所以当总巡捕卜罗斯带人来到应桂馨的住宅时，他的大门前挂的是两块招牌，一是江苏驻沪巡查长公署，一是中华民国共进会。他利用这两块牌子、两个头衔，加上他父亲为他留下的大笔黑钱，在上海滩上广交地痞流氓，除宿娼、贩毒、赌博之外，还专营绑票杀人等罪恶勾当。

这么一个劣迹昭彰的人，干出刺杀宋教仁的事，似乎并不意外。所以，当卜罗斯等了解了他的档案材料之后，对他是杀人凶犯已不再怀疑。但意外的是，当卜罗斯总巡捕要他交代杀人动机、经过时，他竟一口否定，拒不承认。

卜罗斯见他这样，冷笑了一下，让人将王阿法带进房来。

王阿法当着卜罗斯和应桂馨的面，再次详细讲述了事情的原委。

事情的经过是这样的：

王阿法早在河南时就与应桂馨相识，后来由于应的介绍来到上海，做古玩字画生意。因为应桂馨在上海人头熟、有势力，所以王阿法经常得到应的照顾，而王阿法也很知趣，知道应桂馨喜欢玩这些东西，因此也就常常将好一点的古玩字画送到应桂馨处，先由应桂馨挑选，价格也由应桂馨定，王阿法从未计较过，应桂馨也从未欺侮过王阿法。应桂馨照顾着王的生意，而王则对应桂馨百依百顺，唯唯诺诺、言听计从。时间一久，两人倒也相得益彰，走动得越来越勤。

这一天，王阿法从外地客人手中收到了一对古玩，便又首先拿到了应桂馨家中。应关于这对古玩没谈上几句，便从抽屉中拿出一张照片，让王阿法审视。王拿着照片，看了半天，也认不出此是何人，因为他从未见过此人，同时他也弄不清楚应桂馨拿这照片让他看是为了什么。

应桂馨并未马上告诉王阿法看这张照片的用意，而是细细地观察着王阿法的神情，后来留王吃饭，酒过三巡之后，应桂馨才书归正传，问王阿法想不想发笔小财？因为应桂馨知道王阿法本就贪图小利，加之近来王阿法家中拮据，所以应指着照片告诉王阿法："如能除掉此人，可以得到大洋一千元。"当时王阿法的生意，一年也只能挣个二三百元，如能一次得到一千大洋，岂不顶自己四五年的收入？但王阿法毕竟只是掮客，不是暗杀党，他虽艳羡这千元巨款，但却不敢因此而杀人。

因为无法推托应桂馨，便答应为他物色一个人选。此人姓邓，系辽宁马贼出身，颇有膂力，因妻子偷人他杀了奸夫淫妇，逃匿来到了上海，王阿法是在倒卖古玩时与他相识的。王阿法告诉了应桂馨后，便找到了邓某居住的客栈，王阿法将此事跟邓某一说，邓当即一口答应，但到了第二天，邓某又找到了王阿法，告知自己想了一夜，决定不能干这种无故杀人的勾当，以徒增自己的罪过。王阿法无奈，只好以此回绝了应桂馨。

刺杀宋教仁案事发的第二天，王阿法翻看报纸，看到了宋教仁被刺的消息，并刊登了宋教仁的照片。这不就是那天应桂馨要刺杀的人吗？！

王阿法正自慌乱，不知如何处置的时候，邓某也拿着报纸来了，并告诉王阿法，那天他们在客栈所谈刺杀事，被客栈老板听见，客栈老板拿着报纸来找他核实。紧接着悬赏缉捕的通告贴遍了上海的大街小巷，王阿法见到上面的万元巨款，怦然心动。心想万元巨款是何等大的数目，与其由别人去举报，钱落到别人手中，莫如自己率先举报，得此巨款，逍遥一生。

王阿法就这样来到了总巡捕卜罗斯的办公室。

听完王阿法的叙述，卜罗斯微微冷笑地盯视着应桂馨，心想事实确凿，人证俱在，看你还有什么好说？

但谁知这个应桂馨对视着卜罗斯，还以一个微微冷笑，说当初是跟王阿法开玩笑，后来的刺杀，只是偶然的巧合。继而他竟振振有词地反问：自己与宋教仁无冤无仇，为什么要刺杀？再说，刺宋的时候，自己并没有在车站现场，自己怎么可能是凶手呢？！

一席反问，卜罗斯竟一时语塞，无言以对。

第五章　武士英道出了事情的原委

正在应桂馨大要流氓手段负隅顽抗的时候，卜罗斯秘密派出的警探包围、查抄了应桂馨的家。从他的家中，搜查出了大批的公文信件，一时因来不及细阅，洋人巡捕命令统统装入箱箧并亲手加封，运到了巡捕房。同时，在查验应宅的家人时，又发现了两个不是眷属的陌生人，这两人一男一女，女的是男装打扮，而男的则是一身新衣，操山西口音，不伦不类，甚是可疑。

后经警探辨别，认出那个女的即是妓女胡翠云，她是在应桂馨被抓后跑来报信的，但应家的人对她恨之入骨，不许她进门，她好说歹说刚刚开门，还未及述说详情，警探们就冲了进来。

英国巡捕命令将男客全部押至租界巡捕房内，而将女眷关在楼上软禁起来，不许外出走动，并派洋人巡捕严加看守。应家的女眷们对胡翠云又吐又骂，认为都是她这个妖精带来的灾祸，而胡翠云也只有远远地离开她们，躲在一边，忍气吞声。

男客被押至巡捕房后，总巡捕立刻派人去沪宁车站，找到刺杀当天在站口剪票的检票员，因为事发之后他曾说记得凶手的长相。法警带他到巡捕房后，在被拘的人犯中，他一眼就认出了这个穿新衣服操山西口音的五短身材：“就是他！他就是那天开枪刺杀宋教仁的凶手！”

一听此话，“五短身材”立刻吓得面色如土，两条腿竟不由自主地颤抖起来。他叫武士英，就是二十日那天与应桂馨一道在车站饭店喝酒的那个凶手，应桂馨本来是让他刺杀完宋教仁之后立即离开上海，但这个好色之徒因贪恋女色多玩了两天，原准备明天一早就走，谁知今晚竟被捕了！

应桂馨并不知道武士英没有逃走，当然也就不可能知道武士英被抓，更不可能知道武士英在几次威吓之后竟一切招供！武士英不仅供出了他所知道的有关应桂馨的一切，而且还供出了在车站一道喝酒的另一个案犯陈玉生。

由此理清了策划刺宋案的来龙去脉：

那是本月初的一天，应桂馨因久久找不到刺宋的人选而愁眉紧锁。因为宋教仁并非一般人物，此事事关重大，刺杀后此人必须立即离开上海，所以绝不能找当地的地痞流氓，熟人熟脸，事情容易败露。外地的商贩像王阿法之流虽见利眼开，但胆小怕事。必须找那种做过军人、见过战阵、杀人不眨眼的亡命之徒。这类人物若在平时可能也并不少见，但此刻又不能公开招募，只能秘密寻访，一时之间，谈何容易！

宋教仁

茫茫人海，上哪儿去找这种合适的人物呢？正当应桂馨无计可施的时候，他在中华共进会的亲信陈玉生来到了他家。交谈之后，应桂馨紧锁的双眉展开了，听着听着脸上渐渐出现了笑意。但陈玉生告诉他，此事必须如此这般而行……

第二天下午，应桂馨来到了他所熟悉的妓院迎春坊。近来因了无心绪，这位嫖客已将近一月没来光顾，所以老鸨母李桂玉见到这位财神爷后喜出望外，而他的相好妓女胡翠云当然更是千种风情，万般缠绵。两人亲热之后，又过了一阵烟瘾，摆上酒肴，两人正准备推杯换盏之际，楼下忽然传来一声声叫卖古玩字画的声音。

应桂馨生在富家大户，自小养成对古玩字画有一种特殊的癖好，这时一听叫卖，立即推开怀中的胡翠云，探身窗外，叫住了弄堂里的卖主，并让胡翠云下去找人把他叫到楼上来。

这个卖字画的，就是武士英。他随胡翠云来到楼上花房，见里面香气馥郁、装饰精美、陈设讲究，而妓女胡翠云脱去外衣后，只穿一袭紧身的内装，两个乳房凸显着，衣襟里又隐隐露出诱人的肌肤，两只眼睛左右顾盼，真是既娇美艳丽，又风情万种。武士英这个落魄的武夫从来未到过这样高档的场所，也没见过如此风骚的美人，所以今天一见，竟骨酥腿软，眼睛直勾勾地变得不听使唤。

应桂馨见他这种神情，心中暗笑，既没有取笑他，也没有忙着要看他的字画。

“先生，快拿出字画来看看呀！”倒是胡翠云的一声轻喝，使武士英如梦初醒般地约束了愣怔与遐想，不好意思地连忙从前兜中取出了一卷字画。

“这是货真价实的郑板桥的真迹！”武士英一边将字画打开，一边说道。

应桂馨接过字画一看，是一副对联，上联是“春风大胆来梳柳”；下联则是“夜雨瞒人去润花”。应桂馨看过哈哈大笑，他并不知郑板桥写此对联的本意是什么，也不知这字是不是郑板桥的真迹，只是在这风月场所，他立即联想到寻花问柳偷情上去，觉得这对联倒是很配这青楼风月，为胡翠云的芳室别添一番风韵。

正在倒茶的胡翠云听见应桂馨如此开心的大笑，便赶忙走过来问他笑什么，应桂馨没有回答而是将这副对联送到她手中。胡翠云也略通文墨，看过后也“扑”的一笑，并传了个媚眼给应桂馨，意思是没想到郑板桥跟你一样竟也是个风流情种。

待到胡翠云把字画还给应桂馨后，应并没有研考这字画的真假，而是一边玩赏着对联上那歪歪扭扭的板桥体，一边随口问道：“要多少大洋？”

“先生如真心要买，我也不要谎价，您就给二百块吧！”

“二百块大洋？！”胡翠云一听叫了起来，“就这么幅破字，能值二百块大洋？”

“小姐，我如果不是急等钱用，就是给我三百四百，我也不会卖的。这可是地道的板桥真迹呀！”

“好，给你二百块！”应桂馨一边数钱一边打量着这个身体壮健的外地汉子。

“你可真是运气，除了应大人，全上海你找不出第二个人，肯这么大方，肯出这么高的价钱！”胡翠云巧舌如簧，不失时机地又加了这么几句。

“谢了！”武士英举手抱拳，“谢谢应大人，谢谢胡小姐！”

应桂馨见他举手抱拳的姿势动作，果断利落，知是行伍出身，心中又是一喜。同时应桂馨也注意到，买卖虽已成交，但武士英并没有急于离去的意思，而是时不时地用眼睛溜向胡翠云。

“兄弟如没有什么急事，咱们一起喝一杯怎么样？”应桂馨指着桌上的酒菜，邀请道。

“初次见面，怎么好意思……”

“咳，客气什么！”胡翠云伸手一拉，武士英便顺势坐到了她的身边，“谁不是一回生两回熟啊，再说你也不能不给应大人个面子呀！”

“今天得遇应大人、胡小姐，实是武某三生有幸！恭敬不如从命，武某就叨扰了！”

俗话说，赌越赌越薄，酒越喝越厚。几杯酒下肚之后，应桂馨和武士英就如同多年知己，并大有相见恨晚的味道。应桂馨向武士英介绍了自己的走南闯北、过五关斩六将以及创建中华共进会的情况，武士英也向应桂馨和盘托出了自己的身世与遭遇。

武士英，籍隶山西，行伍出身，曾在云南充任清军七十四标二营管带，后因民国建立，裁减军旅，浪游来沪。时间一长，加上上海这花花世界花费又大，所带的银钱很快就花光了，不得已才将过去当兵时收藏的这幅字画拿出来变卖，以支付旅馆的拖欠。今天得遇应桂馨，这般慷慨豪爽，令他大为动情。武士英早在前两日结识陈玉生时，就想加入中华共进会，以便在上海有个落脚的场所，今日交谈下来，原来应桂馨就是中华共进会的会长，这更使他感到时来运转，喜从天降。

应桂馨呢，则是一面喝酒聊天，一面细细观察着武士英的言谈举止，觉得这个落魄的军人，还颇有点江湖义气，这正是自己踏破铁鞋没有觅到的人选。所以他趁武士英喝得差不太多、一味感叹自己英雄气短之时，站起身来，郑重地敬过武士英一杯酒后，告知武士英，应某人虽没有万贯家私，但依靠先父的荫德，也略有几个积蓄，看武兄弟英雄落难，我应某人没有本事，还小有几个臭钱。说到这儿，应桂馨再度站起身来，卷起字画，递还武士英：

“这字画系武兄心爱之物，今璧还武兄。那二百块银元权做送予武兄，以解燃眉之急。另外，旅馆处，也请尽管长住下去，走时由我应某一并结算。”

武士英一听，激动不已，他“噗”地一下跪到应桂馨的跟前：

“萍水相逢，应大人如此仗义，武某无以图报。如若不弃，今愿拜在大人门下，听候驱使，即使赴汤蹈火，也万死不辞！”

“武壮士快快请起！”应桂馨伸手拉起武士英，扶武士英重新坐好后，徐徐说道，“谁没有落难的时候，区区二百金算得了什么！难得的是咱们的缘分，武壮士既然有意，你我以后就是兄弟了，以后武兄弟在上海，有什么困难，只管来找我应某！”

“无功受禄，心中总是不安。不知应大人有什么用得着武某的地方，请尽管吩咐。我武某人，无才无德，但十年军旅，倒也练就了一身武功，一手枪法，百步之内，不会有人逃出我的手心！应大人，听陈先生说过，中华共进会创办之初，颇受刁难，现今是不是还有什么仇隙？”

应桂馨听到这里，心中暗喜，但嘴上却是一再推托客气，反复讲初次见面，怎么好让武兄弟去拿生命冒险云云。应桂馨的这种引而不发，越发引逗得武士英这个亡命徒拍胸舞拳，指天发誓，非要报效应桂馨不可！

应桂馨看见火候已到，便讲中华共进会之所以未能在全国形成气候，主要是革命党从中作祟刁难，而其中首要的只有一人，此人因过去与自己积有私怨，不共戴天，这次实际是官报私仇，兄弟如能帮我去此心病，将酬以千金。

武士英是最恨革命党的，他的清军管带就是因革命党造反才丢掉的，不然时至今日自己也许当上了都督、将军，怎么会这等穷酸落魄？所以他一听应桂馨的仇敌是革命党，他立刻金刚怒目，马上就要去宰杀此人。

应桂馨心中大为高兴，但表面上却叮嘱武士英，因为此人党羽甚多，需谨慎从事，莽撞不得。武士英表示一切听从应大人安排调遣。

一块石头落地的应桂馨，立即吩咐胡翠云，又请来一位妓女，名叫胡彩云，长得也是同样娇美艳丽，因其比胡翠云还年轻两岁，所以显得越发妩媚动人。胡彩云走进屋后，武士英只感到室内一亮，两只眼睛死死地盯视着，仿佛想要用这两道目光扒去那身衣裳一样。

武士英这一介武夫，长年的落魄饥渴，今天得遇天仙般的佳人丽女，他淫火难耐，应桂馨和胡翠云刚刚离去，便迫不及待地将胡彩云宽衣解带，搂入怀中。

此后，武士英天天沉湎于迎春坊，因一切都由应桂馨开销结账，所以武士英出手并不寒碜，而妓女胡彩云看在金钱的面子上，自然也对武士英曲意迎奉，缱绻缠绵。直到 3 月 20 日这一天中午，应桂馨才再来迎春坊，叫出了武士英，他们和陈玉生一起，到了沪宁车站旁的那所半斋酒家，演出了本文开头的一幕。

据武士英交代，当晚从酒店下楼以后，陈玉生又叫上一直在楼下等候的两个人，四人一同到了火车站，留一人在外面放风，买了三张站台票进入站内，待宋教仁等一行人出现时，陈玉生指着中间的那个年轻人告诉武士英："就是他！"武士英因在此前就看过照片，对宋教仁的形象记得很清，所以当宋教仁走出议员休息室正欲剪票告别时，他冲出人群，对准宋教仁就是一枪，打中后他飞奔出站，因怕人拦捕，就又朝天连发两枪，车站大乱，他们一行趁乱跑出了车站，跑回了应桂馨家。一见面，应桂馨大为夸奖，说："如今好了，已替四万万同胞除害了！"

第二天晚上，应桂馨在迎春坊设宴庆贺，畅饮花酒。本来讲好，第二天武士英即离开上海，但他因贪恋妓女胡彩云，色胆包天，暗中与胡彩云勾通，又多留了一日，谁知偏偏就在这一日事发了……

至此，刺杀宋教仁一案的全部事实经过，可以说已经了然在胸。加之，那天搜查应桂馨家中时，又搜得武士英交回的那支德国造的新式手枪，这种连发五弹的枪内尚存两颗子弹，与武士英交代的当天开了三枪的事实完全吻合，而经鉴定，宋教仁体内取出的子弹与这手枪的子弹相同。所以说，到此刺宋案的物证、人证及凶手供认，一切都确凿无疑，应桂馨无法狡赖，理应认罪服法了。

可是，当英国巡捕召开特别公堂秘密会审，并将一切都摆到应桂馨的面前时，他不仅拒不认罪，而且态度较之先前更加刁蛮，尽管中外捕探轮番上阵，威吓利诱，软硬兼施，用遍了审讯的十八般武艺，可应桂馨在人证物证面前就是一味狡赖、死不认账、死不松口，搞得卜罗斯等竟也无可奈何，只好仍将应桂馨再行羁押。

应邀前来参加会审的英国副领事，听卜罗斯汇报时认为破案迅速、人赃俱在，会审只不过是一个形式，以为会审后作为英国巡捕的一大伟绩向中外发布，但哪里想到竟是如此尴尬的结果！所以副领事大为不满。

卜罗斯一方面觉得丢了面子，一方面对此局面也大为意外。他大口大口地猛吸着粗大的雪茄，望着那浓浓的烟圈，他怎么也搞不清楚：应桂馨为什么这样顽固？他为什么敢这样顽固呢？武士英连被刺杀的宋教仁是何许人，都是直到宋死后才知道的，应桂馨为什么不告诉武士英事实真相？应告诉武士英，说宋教仁是与他不共戴天的仇人，而上次审讯他则硬辩说自己与宋无仇无怨……他到底与宋教仁有仇无仇？若有仇，是什么仇？若无仇，为什么要处心积虑非杀他不可呢？他的背后会不会另有背景、另有后台呢？

第六章　浩浩荡荡律师队伍，竟清一色是洋人

1913 年 3 月 25 日。

上海同孚路 21 号，黄兴寓所。

风尘仆仆的孙中山在革命党人的焦急期盼中回到了上海。孙中山自 1912 年辞去临时大总统，让位于袁世凯之后曾想专门致力于全国的铁路建设，后因当局的处处作梗，很难实现自己的抱负，于是便想出国考察，与此同时于同年 8 月 25 日将同盟会等组织改组为中国国民党，孙中山先生担任理事长，任命年富力强的宋教仁为代理理事长，主持国民党党务。孙中山见宋教仁能力很强，系杰出的才俊，于是放心地将国民党交给宋教仁经营，自己出国考察，但哪里想到他出国不久宋教仁即遭暗杀。为此，孙中山提早结束了在日本的访问，匆匆赶回国内。孙中山一进黄兴家大门，便抱头痛哭：

“想不到从海外归来，失此良友，为党为国，血和泪都流完了！”

孙中山一再发誓，此事一定要彻底根究，以告慰遁初在天之灵！黄兴等在场的国民党要员也随之痛哭流涕，悲愤莫名，并一道商讨案情及国民党应取的对策。

1913 年 3 月，孙中山（前中）、黄兴（前左二）、戴季陶（后左二）等人

第二天，江苏都督程德全离开南京，改到上海办公，以便彻查刺宋案。

宋教仁

程德全虽非国民党人，但与孙中山、黄兴、陈其美等早就有所交往。程系前清官员，以有胆有识而著称，曾先后任职黑龙江、奉天，1910年迁任江苏巡抚，武昌起义后，他联络立宪派，电请清廷改组内阁，实行立宪。11月上海光复时，他宣布“独立”，自任江苏都督，1912年改任南京临时政府内务总长，袁世凯出任大总统后，他又再度出任江苏都督。在辛亥革命后各地飘扬的五色旗，即是程德全所拟，他对此旗解释说：“法国三色旗、俄国亦三色旗，不过横直不同耳。中国五色，则可以代表汉满蒙回藏五个民族，谓之五族共和。”程德全的这一建议，得到黄兴、陈其美等的热烈赞同，所以五色旗遂被当作正式国旗而在全国飘扬。

程德全因与孙中山、黄兴、陈其美等有此渊源，所以孙中山一回到上海，程德全便赶来拜访。大家略事寒暄，便引上了共同关心的刺杀宋教仁案。

陈其美和孙中山虽都知道应桂馨其人，但对他怎么当上的江苏巡查长，却都不知其详，所以一提起刺宋案，陈其美便首先发问：

“应桂馨一向招摇撞骗，此次他自称江苏巡查长，请问，贵督是否真的委任过他？”

“这倒是实有其事。”程德全点头应道。

“似这等劣迹斑斑之人，程都督何以委任他呢？”身高马大的黄兴乃性急之人，他不待程德全说完，就拦腰责问。

“其实，我对应桂馨根本不了解，”程德全长叹了一口气后，接着说道，“这都是因为洪述祖……”

“是内务部的那个洪述祖吗？”性急的黄兴再次打断了程德全。

“正是他。是他不久前点名保荐的。”

“这么说，此案可能还大有蹊跷呢！”黄兴一拍大腿，大声叫了起来。

一向与文墨打交道的于右任，对洪述祖并不熟悉，他听出黄兴话中有话，便连忙问道：“洪述祖此人，有何背景？”

“他官倒不大，只是内务部的秘书，但他的妹妹是袁大总统的六姨太，也就是最受宠的那个洪妃，所以这位洪述祖也就成了国务院内可以直通总统的特殊人物，连国务总理赵秉钧也得让他三分。”黄兴讲到这，顿了一下，他将脸转向程德全，语气沉重地，“程都督，我看此案很不简单，主谋可能不止一个应桂馨啊！”

“我一定彻底清查，决不让渔父含冤！”

黄兴闻言站起，他放下手中的茶杯，朝程德全恭恭敬敬地深鞠一躬：“但愿都督能如此秉公，如能不使真凶漏网，我这里先替宋渔父拜谢都督了！”

程德全离开黄公馆后，立即派交涉使陈贻范致函各国驻沪总领事及英法领事：

> 此案发生地点，在沪宁火车站，地属华界，所获教唆犯及实行犯，均系华籍，应由华官提讯办理，请指定日期，将所有人犯及各项证据解交。

英国领事复函表示：按理应解交华官，只因目前尚在搜集证据，党羽尚未尽获，待办得有些眉目后再转送中国法庭办理。

此事被法国领事得知后，则以应桂馨居住在法租界，提出应由法国会审；而英国领事则称，应桂馨是在英租界被抓获，理应由英国审讯。后经协商，决定英法共同审理。这样，就将武士英，改押往公共租界。

押送这天，武士英由洋人侦探将其双手拷住，携下汽车，进入法庭候审。此刻的武士英一改往常，不仅毫无惧色，相反还颇自鸣得意：“我武某生平还从来没有坐过汽车，这次当了犯人，特地用汽车迎送我，这也算得一乐哪！”

而那位流氓头子应桂馨则更是从容，他仗着外面的爪牙为他设法运动，并请了著名律师为之辩护，他所请的律师皆为洋人。程都督因案情重大，为了慎重，也亲自延聘了三位律师，而宋教仁的叔父，闻讯也从湖南赶来，为自己的侄子鸣冤，他为此也聘请了两位律师。几方的律师会聚一堂，可谓浩浩荡荡，而且清一色都是洋人！

此次开庭，由于原告方只想迅速结案，为死者申冤，而被告方则百般狡辩，一味拖延。事先，由于应桂馨的党羽四处活动，并买通巡捕房，叮嘱武士英，让他认定是自己的主意，这样既可保证他不死，又会使其家属得到大笔银两，并将存往钱庄的银票，展示给他看，让他放心。所以，待到英法会审再度开庭时，武士英几乎全部推翻了过去的招供，只说杀宋教仁乃系我武某一人所为，跟其他任何人都没有关系。

此话一出，整个法庭为之哗然！

法官拿出从应家抄出的手枪质问，武士英竟一口否定：

“这不是我的手枪，我的手枪是七响，杀完宋教仁后，我已丢弃在车站旁边的草丛中。”

法官再问，宋教仁与你无冤无仇，你为什么要杀他？

他回答说：“宋教仁自尊自大，想当国务总理，甚至还想做总统，如果不除掉他，必定危害百姓危害社稷，引起第二次革命，所以我为四万万同胞计，将他击死，为民除害。他舍去一命，我也舍去一命，保全百姓，我不仅无罪，还应算有功呢！”

审判人员，尤其是在场的国民党要员，见他如此狡辩，气愤之余竟无可奈何。于是人们转而审讯应桂馨，而应桂馨则更是荒诞，竟将与宋案的关系推了个干干净净！

案件出现如此的曲折反复，使孙中山、黄兴、陈其美与程德全等陷入了沉思。武士英这一介武夫，竟如此反复，且说出如此一番堂皇的道理来，显然是有幕后人在指点，这幕后人是谁呢？

没有实供，无法定案，怎么办？程德全与孙中山、黄兴等商议后，决定前往租界巡捕房，收取他们查抄应桂馨家时封存的文件。

文件箱笼一打开，使在场人等均大为惊骇！原来应桂馨家中所存的文件中，内有许多是与国务秘书洪述祖的往来函电。程德全都督会同应德闳民政长又前往上海电报局，查取应桂馨送发北京的电稿，经过校译发现，应桂馨不仅与洪述祖串通一气，就是国务总理赵秉钧，也与应桂馨常通信息。因电文多系密码，程德全、应德闳等又会同上海地方检察厅长陈英，仔细研究破译，终于发现洪述祖与刺杀宋教仁有密切关系，应桂馨乃是遵照洪述祖的指示行刺的。

证据确凿，程德全都督致电北京内务部，要求将洪述祖拘留关押，以便质询。但谁知电报传到内务部后，回电告知，洪述祖已经逃离。

程德全接此回电后，又电呈袁世凯大总统，请求饬令严拿。袁世凯大总统不久果然下令："内务部秘书洪述祖，携带女眷一人，乘津浦车至济南，由济南至浦口。此人面有红斑黑须，务饬地方官一体严拿！"

通缉令虽然下发，但洪述祖并未捉到。为了表示北京对此案的重视，先后派下一批批国务大员前往上海，了解此案，其中有许多什么侦探长、勤务督察长之类的官员，但他们如同走马灯一样的来去匆匆，不仅没能帮忙解决一点实际问题，相反，还导致了一位内阁大员的辞职，这位大员就是内阁工商总长刘揆一，他早年曾和黄兴一道发起组织过华兴会，后又追随孙中山加入同盟会，他于去年入阁出任工商总长时，宋教仁同在内阁任农林总长，二人本内阁同事，所以最初派他来上海时他曾雄心勃勃要为宋教仁昭雪冤情。因有上述关系，所以孙中山和黄兴也对他寄予厚望，原以为他可以秉公处理，彻查此案。可谁知当孙中山和黄兴将案情线索和盘托给他后，他竟不辞而别，而且没有返京述职，停在天津给袁世凯和赵秉钧打了个报告，称病辞职。他病得好快，病得蹊跷！

案情如何进展？洪述祖是在通缉令下达之前就逃到胶州，躲到了德国总督的帐下，因有洋人庇护，已无法再追捕归案。这条线掐断了，程德全、孙中山、黄兴等便再跟英法领事交涉，要求他们交出凶犯及一切证据，以求有新的突破。

经程德全都督一再坚持，北京内务部和司法部向英法领事馆发出了联合照会。其大意为："援洋泾浜租界权限章程，凡中国内地发生事件，犯人或逃至租界，捕房应一体协缉，所获人犯，仍由中国官厅理处。"

负责交涉的陈贻范依此照会精神，再往英法领事馆郑重交涉，迫使英法领事终于同意将全部案犯及证据，移交给上海检察厅。

将人犯与案情材料接收过来以后，程德全、应德闳等日以继夜地查阅档案、证据，搜寻幕后人物线索，就在他们从蛛丝马迹中就要抓住狐狸尾巴，只待开庭审讯人犯，取得口供、扩大战果时，检察厅看守所所长突然跑来报告：武士英在看押所服毒自尽了！

为什么在洋人处看押那么久都没事，而刚一转到华人看守所，他就服毒自尽了呢？

第七章　孙中山大声骂道："原来又是他捣的鬼！"

江苏都督程德全一听凶犯武士英服毒自尽，立即派遣西医前往狱中，对尸体进行解剖化验，证明系服用火柴的磷头自杀的。程德全、应德闳等人，虽然谁都清楚，武士英这么一介武夫，不可能自杀，再说，他自犯案以来一直在牢狱被看押，他哪来那么多的磷头？这些虽说都是大破绽，人们都知道里面有鬼，但因一时查找不到其他的线索证据，所以也只得将武士英遭毒手事暂放一边。

武士英死了，缺了一个活口，但同时也暴露了另外的问题，即有人暗中操纵、杀人灭口。

程德全是位办事认真、公忠守职之人。由于有袁世凯大总统"严令彻查"的敕令，加之自己对年轻有为的宋教仁的私谊与崇敬，所以他觉得自己于私于公，都是责任所在、义不容辞，发誓定要一追到底，挖出真凶。于是，他殚精竭虑、废寝忘食、夜以继日地加紧查检证物文件，终于峰回路转，案件取得了突破性的进展，查出了刺杀宋教仁的元凶！

当孙中山和黄兴等国民党人得知此信息后，大为兴奋，准备一有结果便大张旗鼓地为宋教仁昭雪冤魂。本来约好，一有消息，程德全便即刻前来报告的，可是孙、黄等人焦灼地一等再等，连着几天过去了，也没有见到程德全的身影。黄兴实在耐不住了，便拉着孙中山径自闯进程德全的都督公府，登门造访。

进得门后，一见程德全的神情，孙中山和黄兴全都惊愣住了。这位曾信誓旦旦、雄心勃勃，声称一定要彻查此案、非追出杀宋元凶不可的大都督，如今却是一派萎靡地坐在沙发里。按理，案件突破、查到真凶，理应是兴奋和喜悦，或者是如释重负般的轻松，然而孙中山和黄兴看到的程德全却是愁眉紧锁、忧虑重重。

孙中山望着程德全的这副神情，心中涌起了一团疑惑：莫非案情又有变化？又出现了意想不到的差池？

对于孙中山的疑惑，程德全没作任何解释，而是从厚厚的刺宋案里抽出一本卷案来，递给孙中山："这是证物，你看看吧！"

孙中山接过案卷，初时还比较冷静，但看着看着，他便激动了起来，神情越来越凝重，脸色越来越难看，连翻看文件的手也不由自主地颤抖起来。待看到最后，他竟倏地站起来，一拳击在桌子上，爆发似的大声骂道："原来又是他捣的鬼！"

黄兴看了看激愤的孙中山，忙拿过案卷来，见是上海检察厅从应桂馨的大量档案材料中，清理出的宋教仁被害前两个月的函件电文。里面全是应桂馨与国务总理赵秉钧及洪述祖的往返电报，虽仅仅两个月的时间，但他们策划刺杀宋教仁的阴谋却历历在目，且有多处涉及孙中山和黄兴：

1913 年 1 月 14 日，亦即刺杀宋教仁的两个月前，国务总理赵秉钧在致应桂馨电函中说道："密码送请验收，以后有电，直寄国务院可也。"

第三天，即 1 月 16 日，应桂馨回寄赵秉钧："国会盲争，真相已得，洪回面详。"

不久的 2 月 1 日，应桂馨又寄赵秉钧电："宪法起草，以文字鼓吹，主张两纲：一除总理外，不投票；一解散国会。此外，何海鸣、戴天仇等，已另筹对待。"

紧接着，2 月 2 日，应桂馨再寄程济世转赵秉钧电："孙、黄、黎、宋，运动极烈，民党忽主宋任总理，已由日本购孙、黄、宋劣史，警厅供钞，宋犯骗案，刑事提票，用照辑印十万册，拟从横滨发行。"

黄兴当然明白，这里所言之孙、黄、黎、宋，即系指自己与孙中山、黎元洪、宋教仁，皆为当时国民党的领袖人物和辛亥革命的领导人，而文中的"民党"，即是国民党。

与此同时，2 月 1 日，洪述祖在致应桂馨的函电中提出："大题目总以做一篇激烈文章，乃有价值。"

第二天，即 2 月 2 日，洪述祖再致应桂馨函："紧要文章，已略露一句，说必有激烈举动，弟须于题前径寄老赵，索一数目。"

至此，阴谋刺宋的"激烈举动"的指令，已正式下达。这之后，应桂馨便紧锣密鼓地物色人选，待其用金钱美色将武士英控制到手之后的 3 月 13 日，应桂馨回洪述祖函：

"民立（报馆名，系国民党创办）记遁初（宋教仁字遁初）在宁之说词，读之即知其近来之势力及趋向所在矣。事关大计，欲为釜底抽薪法，若不去宋，非特生出无穷是非，恐大局必为扰乱。"

紧接着，第二天，即 3 月 14 日，应桂馨再致洪述祖："寒电有梁山匪魁，四处扰乱，危险实甚，已发紧急命令设法剿捕之，转呈候示。"

3 月 18 日，洪述祖回电："寒电应即照办。"

3 月 19 日，也就是火车站刺杀的前一天，洪述祖再致应桂馨："事速照办。"

3月20日，半夜两点钟，亦即宋教仁被害之当晚，应桂馨致电洪述祖：“号电有二十四分钟所发急令，已达到，请先呈报。”

3月21日，当得知宋教仁死讯之后，应再次致电洪述祖，得意地通报：“匪魁已灭，我军无一伤亡，堪慰，望转呈。”

宋教仁遗像

白纸黑字，证物凿凿。原来这桩刺杀宋教仁的血案果真是由国务总理赵秉钧及洪述祖一手操纵的政治谋杀。堂堂的一国总理竟直接参与阴险谋杀，这本来已让人惊愕不已了，然而更令人扼腕发指的是：洪述祖后面是国务总理，而国务总理赵秉钧的后面竟然还有其人，那就是大总统袁世凯！原来这位大声疾呼“下令严查”的大总统，这位被宋教仁至死仍感激莫名的袁世凯，才是阴谋刺杀宋教仁、制造这民国第一政治大血案的元凶！

尽管政治家无不要弄阴谋，但袁世凯却自认为是中国有史以来的第一高手，他政治台阶上的每一步升迁，都无不与阴谋诡计紧紧地连在一起，袁世凯是借助前辈吴长庆起家的，随后，他在解决朝鲜事变中靠背叛吴长庆而得以夺取兵权；1898年戊戌变法，他又是由于出卖光绪皇帝而获取慈禧太后的青睐，并由此而升任直隶总督；当慈禧病重、行将就木时，他因怕遭到报复，便勾结李莲英，愣是让年轻的光绪，在慈禧老佛爷去世的前一天死去；后来辛亥革命爆发，他先是利用革命军的兴起，逼迫清宫升任他为总理大臣；然后又转过来利用清宫的北洋三军，压孙中山革命党交出政权，由他出任大总统；本来议定，袁当选大总统后离开北京，前往南京去赴任，但袁世凯策动曹锟兵变，借口治乱，而又使想以南迁而控制袁世凯的企图破产……袁世凯就是这样，利用阴谋诡计的屡屡得逞而攀上权力的顶峰的。

而这一次的刺杀宋教仁致死，他正自鸣得意，以为又一次阴谋得计时，却万万没有想到，事发仅仅三天，便出现纰漏，抓到了应桂馨，更没想到来往电函中，竟留下了他大总统的桩桩把柄：

在2月4日，洪述祖致应桂馨的电函中写道：“冬电到赵处，即交兄手，面呈总统，阅后色颇喜，说弟颇有本事，既有把握，即望进行等语，兄又略提款事，渠说将宋骗案及照出之提票式寄来，以为征信。”

2月8日，洪述祖致应桂馨的函电中又写道：“宋辈有无觅处，中央对此，似颇注意。”谁都清楚，所谓中央，即是袁世凯大总统的代名词。

而2月22日，洪述祖在给应桂馨的致函中，更为明确地点出：“来函已面呈总统总理阅过，以后勿通电国务院，因智（赵秉钧字智庵）已将密电本交来，恐程君不机密，纯令归兄一手经理。请款务要在物件到后，为数不可过三十万……”

除此之外，在查抄应桂馨家的证物中，还有国务总理赵秉钧致洪述祖的几封信函，洪将原件转寄给了应桂馨，内有“应君领纸，不甚接头，仍请一手经理，与总统说定方行”及答应“毁宋酬勋”等语。“毁宋酬勋”的具体内容是：送金50万元，勋二位。

……

至此，刺杀宋教仁的台前幕后，缕缕疑团均得以解释：应桂馨与宋教仁无冤无仇，他何以那么急迫地非杀宋教仁不可？应桂馨一切败露之后，何以竟那样的有恃无恐？洪述祖何以在通缉令下发之前得以脱逃？……林林总总，白纸黑字，铁证凿凿：刺宋案不仅与洪述祖、赵秉钧有关，而且直接关系到大总统袁世凯，他才是刺宋案的主谋，他才是真正的元凶！

至高无上的大总统竟是刺宋案的罪魁祸首，原来两次下达指令让“重悬赏格，迅缉真凶，彻底根究”之人竟是真正的“真凶”。怎么办？程德全仿佛抱了个大刺猬，放又放不下，抱着又扎手。如此案追究下去，一直追到袁世凯的头上，其后果是可想而知的；但这样一粧轰动中外的大血案又不能如此不了了之，特别是袁世凯早有电示让“彻底根究”，自己这样不了了之，既对不起屈死的宋教仁，而袁世凯届时又可反咬一口，让自己有口难辩呢？经过反复思量，在国民党人孙中山、黄兴等的催逼和斡旋下，程德全决定，最后以他和民政长应德闳联名的形式电达中央，将上述函件电文摘要通告，并写明下述前言：

> 前奉电令，穷究主凶，必须彻底讯究，以期水落石出，似此案情重大，自应先行撮要，据实电陈。

过去，关于刺宋案的电文请示，都是当天最迟也不过第二天即有回音，可是这封请示电报发出后，竟是迟迟没有回文，不仅袁世凯总统没有回电，就连赵秉钧也没有一字辩白的电文。

迟迟等不到中央的指示，上海审判厅只得按原计划开庭，传讯应桂馨，应态度极坏，一味狡赖。在此情况下，原告律师要求，必须洪述祖、赵秉钧二人来案对簿。于是，由检察厅特发传票，令洪述祖、赵秉钧来沪质审。

洪述祖早已逃之夭夭，他如何再自投罗网，而堂堂的一国总理赵秉钧，当然更不会来上海自寻其辱！

宋教仁案虽然卡在那里，成为悬宕，但主使刺杀宋教仁的案情却已大白于天下，所以一时间袁世凯和赵秉钧成了舆论的众矢之的。在国民党人控制的报纸上，在一系列为宋教仁举办的追悼会上，人们均点名道姓声讨袁世凯这个刺宋的主凶。其中，最为著名的，一是孙中山的挽联：

作民权保障，谁非后死者；
为宪法流血，公真第一人！

而另外一副，则是黄兴所撰写的：

前年杀吴禄贞，去年杀张振武，今年杀宋教仁；
你说是应桂馨，他说是赵秉钧，我说是袁世凯！

黄兴对联中的吴禄贞和张振武，均是辛亥革命运动中被袁世凯暗杀的先烈。

吴禄贞原为清军第六镇统制，兵权在握，当他正准备发动滦州兵谏，以推翻清朝统治时，被袁世凯重金收买的内部叛徒马惠田所杀害，也是三十二岁。这桩震动全国的石家庄血案，执行者为段祺瑞，其主使者乃是袁世凯。袁世凯正是依此"功勋"，踏着吴禄贞的血迹，而登上了清政府总理大臣的宝座。

另一位张振武的被杀，则更是无辜。张振武原为武昌起义的领导人，担任湖北军务司副司长，颇得鄂军将士拥戴。但因其与驻守湖北的黎元洪不合，黎元洪便求助袁世凯将其铲除。1912 年 8 月初，袁诡称有重要军务商讨，电令张振武及部下方维团长进京。抵京后，黎元洪密电袁世凯，以"蛊惑军士"、"倡谋不轨"的罪名，要求施以军法，就地处决。袁世凯明知黎元洪这是借刀杀人，但他仍将计就计地于 15 日将他们逮捕枪杀。对此杀害"革命元勋"的血案，革命党人群起质问，早有准备的袁世凯当众公布了黎元洪的密电。这一来，不仅推卸了自己的罪责，也离间了同盟会和黎元洪的联盟，同时打击并收拢了黎元洪，迫使黎元洪乖乖就范。而革命元勋张振武就这样死于枪下，成了袁世凯与黎元洪肮脏交易的牺牲品。

黄兴的对联，不仅揭露了这一连串谋杀史实："前年杀吴禄贞，去年杀张振武，今年杀宋教仁"；而且矛头直指："你说是应桂馨，他说是赵秉钧，我说是袁世凯！"

此对联一出，迅速传遍全国，谁都知道了杀害宋教仁的真凶原来是大总统袁世凯。

但袁世凯为什么要杀害宋教仁呢？

第八章 袁世凯抄起茶杯，摔在墙上："不识抬举！"

要知道袁世凯为什么要杀宋教仁？他和宋教仁究竟有什么恩怨？

这得从宋教仁到底是个什么人说起。

宋教仁，1882 年生于湖南省桃源县。他早在日本留学期间，就热心钻研西方资产阶级政治学说，向往西方的议会政治和政党内阁。

1912 年 2 月 12 日，清朝皇帝宣布退位；次日，孙中山宣布辞职，推荐选举袁世凯继任临时大总统。袁世凯是个极其善于玩弄权术之人，他略施小计，不仅实现了将首都由南京改在他的老巢北京的阴谋，而且骗取了孙中山的完全信任。善良的孙中山不遗余力地推崇袁世凯，在他打给袁世凯的电报中称："查世界历史，选举大总统，满场一致者只有华盛顿一人，公为再现。同人深幸公为世界之第二华盛顿，我中华民国第一华盛顿。"

就是这个被孙中山誉为"世界第二华盛顿"的袁世凯，因其立足未稳，他一方面利用孙中山的弱点蓄意拉拢，同时对在辛亥革命中立下汗马功劳的同盟会也投其所好，大讲什么一定忠于民主共和国。这样一来，使得以宋教仁为首的一部分同盟会会员，更加唤起了他们的"政党政治"的幻想，妄图通过扩大组织，争取席位，实现欧美资产阶级的"责任内阁"制度。

为此，宋教仁联合一些政团在北京虎坊桥湖广会馆改组同盟会，建立了国民党，并推举孙中山为理事长，黄兴、宋教仁等八人为理事。

孙中山对同盟会改组为国民党，虽然表示赞许，但并不热心。因为他此时正醉心于实业救国，专心致志于他的铁路计划，他宣称"十年不予政治"，并曾当面向袁世凯表示："希望你当十年总统。十年之内我筑成铁路二十五万里，你练精兵五百万。"因此，孙中山表示只愿做一个普通党员，采取了"于党事一切不问""超然放任"的态度。这样，国民党的一切党务就都落在代理理事长宋教仁的身上。

年轻气盛的宋教仁，励精图治，使得国民党得到迅速的发展，它在 1912 年 12 月和 1913 年 3 月的国会选举中都获得了意想不到的成功，在众参两院全部 615 席中，国民党占有 392 席，而其他共和、统一、民主三个党合计起来也只有 223 席，国民党成了中华第一大党！

议会的胜利，使宋教仁更加踌躇满志，积极为国民党组织责任内阁而四处奔走。他跑遍湖南、湖北、安徽、浙江、江苏等省，发表演说，批评袁世凯。宋教仁是个极善演讲之人，加上年轻潇洒、仪表堂堂，所以他无论是演讲的内容，还是演讲时的风采，都大得人心，所到之处，均受到热烈欢迎，言辞风采，"大有倾倒一时之概"。年轻的宋教仁为这些鲜花掌声所陶醉，一心一意只准备返京后出任国务总理，组织第一届责任内阁。

宋教仁的一举一动，其实都在袁世凯的暗地监视之中，当心腹爪牙们将这些情况汇报给袁世凯时，袁大为不满和恐慌。因为从封建王朝脱胎出来的袁世凯自从篡夺辛亥革命的成果和中华民国的政权之后，最怕大权旁落，总统成为礼仪性的虚位，而实权都控制在总理的手上，所以他从一开始便逐步破坏民主政治，早在1912年6月，亦即建立中华民国和他当上临时大总统不到半年，他就因内阁权重而迫使唐绍仪辞职，改由心腹赵秉钧出任总理。赵秉钧是袁世凯一手豢养的鹰犬，他就任后，为了讨好袁世凯，投其所好，竟将国务会议搬到总统府，把所有权力都交给总统，使内阁徒具虚名。

而这次，宋教仁竟以组织责任内阁为目标到处活动，一旦成功，袁世凯的这个大总统岂不反成了牌位？！一向热衷独裁的袁世凯对此自然十分紧张、十分嫉恨，他将宋教仁这个国民党的“灵魂”，视为最大的障碍物。因为他拥有北洋重兵，一向自恃有兵力不怕用暴力夺权，但对从西洋学说来的民主政治却深深忌讳，唯恐这些洋学生通过政治斗争来合法地夺走他的政权。

为此，他趁宋教仁南下时，派人送去一张五十万元的交通银行支票和一套价值三千元的高级西装，并告之说：

“大总统叮嘱，此钱先生可自由支用，用完后再行领取。”

不日，宋教仁来京求见袁世凯。袁世凯以为收买成功，因为那个时代，一千元即可买一个人头，一万元已是一般人不敢奢望的梦想，堂堂五十万则属于天文数字！有此五十万元，一家人尽可天堂似的过上一辈子。所以袁世凯一见宋教仁这么快便返京求见，心想一定是来谢恩的，加之见面时看见宋教仁身穿自己派人送去的那套西服，更是心花怒放，因此一见面，袁世凯便连声称赞：

“宋先生真是一表人才。这套西装，穿在宋先生身上这么合体，简直就像为先生专门定做的一样，真是漂亮，潇洒！”

宋教仁连忙起身谢道：“谢谢大总统的关怀。”

袁世凯客气了一下之后，又趋身向前，满脸堆笑地对宋教仁说：“另外还有一件不便言传的事，今天正好趁先生来访，当面相告。”袁世凯讲到这儿，略略停顿了一下，一面诡秘地注视着宋教仁，一面压低了声音：“本人有一位远房侄女，年轻美貌，琴棋书画，无一不晓，本总统为她挑来选去，始终未能找到出色人物，今见先生年轻有为、风采照人，所谓才子配佳人，不知先生意欲如何？”

袁世凯一向认为，金钱再加上美女，就可以无坚不摧，攻无不克。靠这些手段，他曾收抚了北洋大将冯国璋、段祺瑞，并用一绝色妓女使文臣阮忠枢至死都为他死心塌地。但他万万没想到，这位年少风流的宋教仁竟不假思索地回道：

“谢谢大总统的美意。只是我国民党人一直倡导一夫一妻制，教仁早已有了妻室，不敢再行续妾。”

袁世凯一听是这个理由，大不以为然：

“听说先生之妻，乃旧式妇女，且已半老徐娘，与今日先生之身份、先生之才俊，已不匹配。如先生坚持一夫一妻，那也不过是一纸休书……”

“教仁原配，虽非年轻美貌，相夫教子，倒也堪称教仁的贤内助。这么多年，教仁在外奔波，家中老母幼子，均是由她照料，所谓糟糠之妻不下堂，休弃这样的结发之妻实于心不忍。有负大总统美意，请见谅。”宋教仁边说边从西装口袋里取出银票，“大总统赐予的西装，教仁已愧领了。教仁自小清苦，这五十万元银票，实不知如何花费，特将原票璧还。”

袁世凯看着宋教仁放在桌上的银票，久久没有说话。他端起桌边的茶杯，慢慢地把玩着，以此来抑制心中涌起的恼怒。这样沉寂了许久，袁世凯方轻轻放下茶杯，脸上重新堆出了笑容：

“先生的富贵而不淫，令人可敬！本总统另有一要事，请先生玉成……”

“不知何事？”

“本总统思虑再三，觉得我共和刚建，尚属雏形，内阁责任制似进展过快，不甚符合中国国情，先生如能放弃内阁责任制，我将让先生取代赵秉钧，出任国务总理。”袁世凯见收买不成，便决定开门见山，直接亮出了底牌。

宋教仁一听这话，“霍”地站了起来，脸色和声音一起变得严肃起来：“内阁责任制为议会所通过，为民众所赞成，教仁不敢擅废。至于国务总理一职，当由议会选举产生，也非总统点定！”

宋教仁说完，匆匆一躬，便退出门去。年轻气盛的宋教仁完全没有想过此番话的后果，也完全没有顾及大总统袁世凯的脸面。

袁世凯怔怔地望着宋教仁大步离去的背影，他猛地抄起茶杯，“啪”地一下朝墙上摔去：“不识抬举！”

了解袁世凯的人都清楚，他的用人谋略，历来是恩威并举、黄白兼用。黄的是金钱美女，白的则是刀枪血刃，既然恩不成，就要施以威；金钱美女收买不成，那就只有靠刀枪血刃了。

袁世凯阴沉着脸，慢慢拿起桌上的银票连同地上的碎瓷片一道捏搓着。他突然将瓷片一扔，按响了电铃，让人把赵秉钧和洪述祖立即叫来……

第九章　她等待应桂馨请赏归来

宋教仁一死，国民党缺少了首脑，内阁责任制遂成泡影。袁世凯虽除去了心腹之患，但因事不机密，应桂馨、武士英先后被捕，并顺藤牵出了洪述祖和赵秉钧。自从程德全将全部罪证公布之后，纸再也包不住火，铁证如山，舆论和各种追悼集会齐声对袁世凯进行声讨，特别是当上海检察厅连着三次发出传票，传赵秉钧、洪述祖去法庭对质后，袁世凯更是心神不安，坐卧不宁。为此，他不得不让洪述祖更名改姓，化装逃走。洪一走，赵秉钧则更成了众矢之的。袁世凯本属政治无赖，利用手中至高无上的权力，加上他在文字上没有留下把柄，尚可以推卸，而赵秉钧则不然，革命党人早就对他恨之入骨，这次他的亲笔信和亲笔电文，白纸黑字，已成铁案，无法翻悔，但堂堂国务总理又怎好去上海受审呢？正所谓做贼心虚，面对凿凿铁证，他赵秉钧去了又如何抵赖？没有更好办法的赵秉钧以托病为由请了长假，而袁世凯也正想以此摆脱，所以便顺坡下驴地免去了赵秉钧的国务总理职务，改任他为直隶总督，离开北京，移住天津。

送走赵秉钧后，袁世凯断然下令，禁止组织特别法庭。此令一出，尽管国民党人大声疾呼、坚持不干，要求"审理宋案、严惩凶手"的呼声响彻大江南北，但因军权、政权、警权均握在袁世凯一人之手，所以除却呼喊之外竟也无奈他何！

宋教仁的鲜血，终于洗清了孙中山的眼睛，使他彻底丢弃了对袁世凯的幻想，看清了袁世凯的真面目。孙中山断然舍弃了"十年不问政治"的天真，决心重披战袍，呼吁为中国革命，为建立真正的民主共和，为完成宋教仁烈士的遗愿，"非去袁不可！"所以，孙中山自3月底从日本返回上海后，便召集一系列国民党人的紧急集会，主张武力讨袁。

然而，国民党并非一个坚强的战斗集体。孙中山武力讨袁的主张，首先便招致黄兴、陈其美等核心人物的反对，他们认为民国已经建立，应该施行"法律解决"；而其他一些担任议员的国民党人则幻想在议会内通过选举进行弹劾"倒袁"，不愿因此而丢掉他们的议员席位；至于那些真正手握军权的国民党人更是瞻前顾后、优柔寡断、患得患失，不肯轻易出兵……

国民党内部的这种争论不休、举棋不定，恰恰为袁世凯创造了充分调整、准备的机会。4月26日，袁世凯完成了同英、法、德、日、俄五国的"善后大借款"。有了钱的袁世凯，购置军火、调配兵力，从5月下旬开始军事部署，6月他便先发制人地先后免去了国民党人李烈钧的江西都督、胡汉民的广东都督和柏文蔚的安徽都督，步步为营地剥夺了国民党占有省份的军权、政权。

在此情况下，国民党不得不被动地起而抵抗。李烈钧接受孙中山的指导，首先在江西湖口组织讨袁军，宣布独立。此时的黄兴也改变了主张，他7月抵达南京，出任讨袁军总司令，并促成程德全宣布江苏独立。紧接着，安徽、上海、广东、福建、湖南、重庆等省市也率相独立，加入反袁的行列。至此，一场以江西、南京为主战场的讨袁大战全面爆发。这就是史书上所说的“二次革命”。

但因前者丧失了良机，后者又事起仓促，而袁世凯早已调配就绪，所以战争由始至终袁世凯的北洋军都占据优势，8月18日南昌便被北洋军攻陷，9月1日南京又再告陷落。“二次革命”宣告失败，孙中山、黄兴等不得不再度流亡海外。

镇压了“二次革命”的袁世凯，更加肆无忌惮，专横跋扈，一手遮天。他明目张胆地破坏《临时约法》并于10月6日用地痞流氓组成所谓“公民团”包围国会，强逼议员进行“大总统选举”，以致10月6日上午10时10分，临时总统袁世凯终于得以去掉“临时”二字，正式就任了中华民国大总统。

紧接着，1913年11月4日，又宣布停止两院议员职务，一律遣返原籍。至此，国会实际上等于宣布解散。

刺杀宋教仁的凶手应桂馨，早在“二次革命”爆发时，便趁政局纷乱，人们注意力转移之机，由上海一批地痞流氓策应越狱出逃。

逃跑后的应桂馨，潜入上海租界，销声匿迹地躲了起来。待他见“二次革命”被袁世凯镇压下去，继而袁世凯又解散了国民党和国会，大权独揽之后，他感到气候已变，并自以为袁世凯能有今日，都是因为他应桂馨策划刺杀了宋教仁的结果。而袁世凯正式就任大总统后，曾进行一系列大规模的授勋封赏活动：赵秉钧、徐世昌等授勋一位；朱瑞、蔡锷、唐继尧等授二位；其他的，有的授三位、四位，有的授五位；此外还有一大批人授一等嘉禾章、二等嘉禾章、二等嘉禾章和一等文虎章、二等文虎章等。

应桂馨望着报纸上发表的这授勋封赏的长长的名单，越想越气：袁世凯的江山坐稳了，人人都得到了好处，而独独自己这个为清除国民党立有首功的人，不仅榜上无名，每天还得像老鼠一样躲在阴暗的角落里，不敢在光天化日之下活动。对此，他越想越觉得不公平，于是不再蜗居上海，他要走出租界，抱着袁世凯当初“毁宋酬勋”的许诺，奔赴北京，去领取他那“五十万元和授二等勋”。

10月20日，应桂馨来到北京，找到一家旅馆住下后，便写了一封信，送交了总统府，要求袁世凯履行通过洪述祖答应自己的诺言。

信发出后，应桂馨住在旅馆内坐等回音。开始时，他还颇能坐得住，因为许久没来北京，京城的青楼妓馆又远不同于南方，别有一番情趣，而且应桂馨本来就有积蓄，加之即将到手的五十万银元，他变得更加挥霍无度，就这样日复一日地沉浸在灯红酒绿之中。但钱毕竟是有数的，没有几天，钱袋变瘪，加上迟迟没有回音，他也有些着急，便转往天津，谒见时任直隶总督的赵秉钧。赵秉钧甚是念旧，连着数日款待，应桂馨自是再一次领略了天津歌坛舞榭的风光。

就这样一天又一天，天津的好玩地方都玩得差不多了，赵秉钧人家作为堂堂总督没事也不好意思总去打扰,这天正无所事事不知如何打发这苦等难挨的时光的时候,突然传来轻轻的敲门声。开门一看,门前站着一位打扮得花枝招展的丽人,应桂馨大喜过望,他一下子扑过去,将这女子抱入屋中。

此女即是应桂馨同过风雨的妓女胡翠云。她因应桂馨倒霉时为他通风报信、关过禁闭,也受过应桂馨家中人的奚落和难堪,而应桂馨在上海时不敢与其他人联系,又全靠她的掩护照料,并答应一旦发迹便正式为她赎身娶她为妾。胡翠云惦记着"酬勋"和五十万赏金,怕应桂馨反悔,或又另外招上什么野花野草,于是便打点行装赶来与应桂馨相聚。

已经苦等了两个多月的应桂馨,正自孤寂无聊时来了这么一位红粉知己,他喜悦兴奋得难以言表。这天晚上,他早早洗漱完毕正和胡翠云缱绻缠绵之时,赵秉钧的心腹亲信来告知,说总统打来电话,让应桂馨即刻赴京,总统谒见。

应桂馨高兴得一下子跳了起来,连称这都是胡翠云带来的好运。他换了一身新衣褂后便匆匆地赶往赵秉钧的总督衙门。赵秉钧已在后宅密室备好了酒席,为他祝贺、为他送行。几天来,赵秉钧与应桂馨因系一条绳上拴着的蚂蚱,而且在声色犬马上两人又趣味相投,所以数日下来,两人几成莫逆。近来袁世凯平息了"二次革命"、解散了国民党、驱逐了议员,袁世凯的一统江山已固若金汤,可高枕无忧了。而这一切,都是因为刺杀宋教仁所带来的,赵秉钧和应桂馨属头等功臣。这次总统召见,定是老袁记念前功,给畀优差,予以富贵。所以赵秉钧连声祝贺,应桂馨也春风得意,二人开怀畅饮后,赵秉钧便派贴身卫队将应桂馨送至车站,连夜登车进京。

应桂馨走了之后,赵秉钧倒并不怎么在意,可胡翠云却是一夜都辗转反侧,兴奋得怎么也睡不着。她想着袁世凯的召见,想象着补授二位勋后应桂馨的风光,当然也想象着那白花花五十万银元,想象着这五十万元到手后应桂馨答应她的衣服首饰、别墅洋楼以及自己从良和应桂馨的明媒正娶、洞房花烛……

就这样,胡翠云越想越兴奋,越兴奋越是睡不着。第二天一早,她索性爬起来,不再睡了。她住的地方离海河不远,站在窗前小楼上,眺望晨雾笼罩的河水,宛如海市蜃楼,越加诱发她的遐想、她的亢奋,以致天已大亮,她只迷迷糊糊睡了一会儿。

当当当,一阵急促的敲门声,将胡翠云从刚刚睡着的梦中惊醒,她翻身起来,见来者是总督赵秉钧的心腹亲信,以为是来送应桂馨的好消息,所以把外衣一披,顾不上梳妆,便将赵的心腹亲信请进屋来,热情地端茶让座。

但这位赵秉钧的心腹亲信没有坐下,而是像钉住了似的站在门口,告知胡翠云:"应大人在火车上被人杀害了!"

胡翠云一听,犹如五雷轰顶!本来亢奋得连着几宿都没睡好的胡翠云,这时身子一软,就倒在沙发上。赵秉钧的这位亲信,费了好大的劲儿方将胡翠云唤醒过来,接着告知她,应桂馨是在火车行至天津杨村时被人刺杀在他的包厢里,身中数刀,满身污血。系何人所杀,尚不得而知。

胡翠云以为，肯定是国民党人干的，他们在为宋教仁报仇；而一直追随在袁世凯身边的赵秉钧却摇了摇头，他已经看出不是国民党所为，而是另有其人。

应桂馨被杀之后，赵秉钧细细地思索了一番，他恍然醒悟，坐稳了总统宝座的袁世凯，不想有人再提什么宋教仁，当然更不愿意这件曾轰动全国，搞得他甚为狼狈的政治血案重又跟他扯上关系。他本来想这件见不得人的丑事从此像块石头一样沉入海底，但没有想到这个应桂馨重又冒出来，要授勋领赏，而且在京津一带大肆招摇，并曾扬言："没有我姓应的，老袁他能当上大总统？我为他除了对头，又为他坐了牢，九死一生，他若是骗我，我就把底都兜出来，要他好看！"

赵秉钧

好不容易才把这么一个天大的案子压下去，好不容易才把总统宝座坐稳，如果任由应桂馨这样闹下去，岂不把这个刺宋案重又翻起，又要闹个天翻地覆？好不容易坐稳的袁家王朝岂不又要动摇？……不，袁世凯绝不会容忍应桂馨如此胡闹！而消除这隐患的最好办法，就是把他从人世间清除。

赵秉钧深知袁世凯的为人，也深知袁世凯在清除异己方面的暗杀手段，因为一直追随袁世凯的赵秉钧曾任袁的内务部长，袁世凯的特务机构就是赵秉钧一手创建的，而且袁世凯的许多政敌，如吴禄贞、张振武，包括这次的宋教仁，都是直接通过赵秉钧的手将他们暗杀的。所以他敢百分之百地确定此事是袁世凯之所为！

但这次刺杀毕竟有所不同，因为应桂馨并不是政敌，而是为你袁世凯立过头功的功臣，而且此事是跟赵秉钧联手干的，所以赵秉钧除了兔死狐悲之外，又有几分不平。加之暗杀之地点，又在赵秉钧所管辖的辖区，应桂馨又是从赵秉钧的督府衙门出走的，赵秉钧也不愿再背此黑锅，所以当天，他便操起电话，打给袁世凯：

"自古以来，凡人主恩待部下，效死者必多。应桂馨忠于大总统，可谓出生入死，却遭此下场，自此以后，那何人还肯为总统尽力？"

对方听了此话，久久没有回声。赵秉钧对着话筒连呼数声，仍无反应。赵秉钧只好长叹一声放下话筒。

后经查明，刺客系总统府的侦探长郝占一和王滋圃，他们是乘火车从北京抵达天津的，在车站与应桂馨相见后，一起登上火车。他们名义是奉总统命令特来迎接的。应桂馨对此受宠若惊，哪里还会防备，在车到杨村时，王滋圃和郝占一乘应桂馨不注意时掏出手枪，从背后开枪，因怕不死，又连捅数刀，结果了应桂馨的性命。当时车中人们听到枪声，看到血案，都惊惶不已。这时，王滋圃高声叫着："这是总统命令！"人们一听"总统"二字，谁还敢多嘴，只好看着王滋圃和郝占一从容下车，从容离去……

赵秉钧虽然判定是袁世凯之所为，但确切得知真相后，心中仍是郁郁不平，加之近一段时间跟袁世凯父子的诸多矛盾，他对袁之长子袁克定为袁世凯密谋称帝，明确表示不赞同之后，与袁克定的关系明显恶化，几成仇人。这些都使他心中不快，渐渐地积郁成疾，卧病在床，好几日不能视事，便致电总统府请假。

第二天，一位名医来到天津，说是奉总统之命，前来探视。赵秉钧对此甚为感动，心想总统派来的定是高手，所以便请他悉心诊治。

谁知这位"名医"，为他草草看视了一下之后，便掏出一颗黑黑的药丸，告诉他这是专治郁闷头痛的，总督即刻服下去，定会药到病除。

赵秉钧一直是袁世凯的特务头子，见此情景，心生疑虑，他想先放一放，待问过自己的医生之后再服用，便借故推辞说：

"我今天头不疼了，心绪也很好，这药丸先留着，待以后头疼时再服用吧！"

"不行。这是为总督专门配制的药，若时间久了，会失去药力。"

赵秉钧听了这话，更加生疑，便厉声回道："我的病已经好了，还为什么非得服用？"

谁知，这位"名医"，此时竟刷地一下从怀中拔出手枪："你肌体无病，可你心中有病，这药非吃不可，这是大总统的命令。"

赵秉钧彻底明白了，这是袁世凯的赐死。没想到自己为宋教仁案竟紧随应桂馨之后，要被袁世凯杀人灭口。赵秉钧接过药丸，灵机一动，高叫一声："来人，拿水，我要吃药！"

他原本以为这么一喊，他的心腹侍卫就会应声而至，救他脱险，但哪知话音刚落背后立刻有人应道："水已备好！"

赵秉钧回头一看，又是个持枪的陌生人。赵秉钧知道在劫难逃，便连连长叹了两声"罢了，罢了！"随之任由"名医"将药丸强行塞进嘴中。不多时便两眼翻起，四肢青黑，七窍出血。时间为 1914 年 2 月 27 日，距应桂馨的被杀，尚不足一个月。

第十章　最后一个漏网者

刺杀宋教仁这一民国超级大案，因孙中山、黄兴“二次革命”的失败，而成了一桩不了了之的历史悬案。虽然因此而没有得到法律正式判决，但这一案件的凶手武士英、应桂馨、赵秉钧却都不得好死，他们固然是死于袁世凯的杀人灭口，但这也是他们多行不义必自毙的必然结果。

刺宋案的真正元凶袁世凯，在武、应、赵死后不久，也因刺宋案情败露，激起举国公愤，讨袁的浪潮从未平息过。后来由于他强奸民意恢复帝制，更加搞得天怒人怨，以蔡锷等所领导，联合中华革命党人、国民党人组成的反袁联合战线揭起了护国的大旗。1915 年 12 月 25 日，在云南成立了护国军政府和护国军，云南宣布独立。1916 年元旦，护国军在昆明誓师，1 月下旬迫使贵州独立，紧接着广东、广西、福建等省也相继独立，护国反袁的烽火遍及全国的各个角落。特别是袁世凯的心腹死党陈宧也在四川宣布独立后，袁世凯感到大势已去，连他袁氏家族及其赖以生存的北洋体系也矛盾四起，分崩离析，众叛亲离。至此，袁世凯不得不于 2 月 23 日宣布帝制活动“缓办”，3 月 22 日正式宣布取消帝制，仍称大总统，废除洪宪年号。这个曾几何时还不可一世的大独裁者，只做了 83 天的皇帝梦，便在举国一致声讨谴责声中灰溜溜地结束，搞了个身败名裂。

遭此打击后，袁世凯从此坐卧不宁，喜怒无常，萎靡不振。至 5 月下旬，病势越来越重，无法下楼；6 月 6 日，这位独夫民贼，终在全国的讨伐声中，带着对民众的恐惧、对亲信爪牙背叛的愤怒连同一系列的罪恶而郁郁死去，时年 57 岁。

至此，刺杀宋教仁的主凶，已有四位不得善终，唯一逃匿的就是那个国务院内务部秘书，贵为“国舅”的洪述祖。

其实，这位洪述祖原本只是天津洋行写字间的练习生。他因自幼死了父亲，家道甚为艰苦，20 岁方得亲戚推荐，当上了这练习生。他学业虽无长进，但生性灵敏，颇得洋行里外国人的喜爱，升他充任洋行跑街。当时，袁世凯正在天津小站练兵，需要军用杂物，洪述祖向军需官竭力运动，揽得了这一大宗生意。洪述祖为了讨好袁世凯，便把各种货物办得格外丰富，暗暗合了主帅的心意。洪述祖心机乖巧，又常常孝敬袁世凯礼物，讨袁世凯的欢心，于是袁世凯便委他一个襄办军务的美差。洪述祖因系小人得势，经袁世凯重用后，对于营中同仁十分骄傲，常常倚势凌人。其中被触怒的一位标统，叫张勋，即是后来因搞复辟而赫赫有名的“辫帅”。张勋很看不起洪述组的为人，在袁世凯跟前讲了他许多坏话，并要求斥退洪述祖。

洪述祖得知后十分惶恐。冥思苦想，终于想出了一条解救的办法：他知道袁世凯是个好色之徒，到了此时，只有用美人计，可以挽回这位主帅的心。洪述祖有个妹妹，长得十分娇冶，花容月貌，以致引得左邻右舍的游蜂浪蝶，整日围在洪家门口盘旋。洪家虽穷，但此女却是心高气傲，不将这般男子放在眼里，她向哥哥表示，一定要拣一个大户人家，哪怕做妾也行。

洪述祖因有这个底数，这天便将他想把妹妹送予袁世凯的事，与妹妹商量。谁知妹妹竟死活不肯，洪述祖不得已，最后索性跪到了妹妹跟前，求妹妹可怜可怜哥哥，保住这饭碗，将终身不忘妹妹的大德。就这样，妹妹方答应了下来。

洪述祖辗转将妹妹送入袁府后，他妹妹仗着自己的聪明美貌，果然大得袁世凯的宠爱。他妹妹那时刚刚十九岁，生得秀外慧中，粉妆玉琢，进入袁府中经过一番修饰打扮，越发楚楚动人。她不仅年轻美丽，又知书识字、能写会算，加之待人和气，因此她在袁府中虽在妻妾中位居第六，但所受宠爱却远胜过其他的各位姬妾。袁世凯对她宠爱有加，将府中一应账目事务全交付她掌管。所以人们都不称她为六姨，而是称她为红姨，这红姨虽是洪字的谐音，但更多的却是她在袁府中最为得宠、最为走红之意。

袁世凯初时以为这红姨是平常烟花女子，当后来得知是洪述祖的胞妹后，甚为称赞洪述祖的忠心义气，对他也就更加重用。随着袁世凯的步步高升，他也随之一步步地爬上了政坛高位。

袁世凯的许多机密，不可告人的勾当都是交付洪述祖去办理。所以这次刺杀宋教仁，袁世凯也是把他视为心腹，全权交由他去处置的。没想到此事在全国震动太大，加上事不机密，应桂馨、武士英的相继被抓、被抄，证据都落在了上海国民党人的手里，上海检察厅发出传票，传洪述祖到上海法庭候审。洪述祖一看，大事不好，如去上海岂不等于自投罗网，于是在袁世凯、赵秉钧和六姨太的安排下，他偷偷地溜回天津，安置好家眷后，剃去胡须，更名为王兰亭，先乘车到济南，而后又转往青岛租界。

洪述祖逃走后，袁世凯和六姨太都大大松了口气，所以当上海都督程德全发函要求国务院拘捕洪述祖时，袁世凯为遮人耳目，假惺惺地命令警察总监等去天津抓捕洪述祖归案，而此时的洪述祖早已躲进德国人的公寓了。

在青岛，躲进德国人租界的洪述祖因外面风声太紧，仍感到不太踏实，于是他便想用加入德国籍的方式，逃脱国人的惩处。为此，他向德国的胶州总督写了份申请书，恬不知耻地称自己是个国事犯，要求得到德国的保护。但他怎么也没想到，这位总督看过材料之后，不但没有同意，反而认为他是“杀人犯，非国事犯”，把他扣押了起来。鉴于当时全国要求惩办凶手的舆论，意欲引渡。

山东都督周自齐得到这个消息后，马上通报了袁世凯。袁世凯大为惊恐，生怕洪述祖落到国民党人手里，而兜出他幕后指使刺杀宋教仁的内情，赶紧以北洋政府名义，派内务部次长等前往青岛交涉。

可就在这位内务次长抵达青岛的时候，情况又发生了变化。原来洪述祖在拘押期间，得知德国警务长要出卖一座住宅，苦无买主，他马上以高价买下，使德国警务长大为欢心。在这位警务长的游说下，德国方面来了个一百八十度的大转弯，改变了将洪述祖引渡的主意，允诺给洪述祖以特殊保护。

洪述祖离开拘留所后，化名恒如，向德国祥丰洋行借贷银两，买下了警务长的那座洋房，在租界过起悠闲自得的寓公生活。

待到 1916 年袁世凯因称帝不成而一命呜呼之后，洪述祖在青岛过这种隐居生活已达三年，由于当时中国的政局变幻纷纭，他看看人们对宋教仁一案已慢慢淡忘，不再追究，难耐寂寞的洪述祖便于 1917 年绕道日本，秘密迁入上海，化名张皎厂（又名张皎安）租了一所房屋定居下来。他行事机密，认为此事不会再有人知道，不料他在青岛向祥丰洋行借贷的一万五千银还未归还，德国行主突然发觉他不在青岛，以为他是逃避债款，便派人四处侦寻，最后得知他人在上海，并很快查到他在上海的地址，于是便委托律师向租界法庭控告洪述祖逃避债务。

4 月 29 日，租界法庭公审此案。初时，洪述祖极力抵赖，说他不是恒如，但祥丰洋行的律师早已掌握他的全部底细，戳穿他从洪述祖到王兰亭、到恒如、到张皎厂的一系列化名伪装。洪述祖见逃避不过，便表示愿意还清债务，于是经过协商，裁定由洪述祖通知家属先送现款六千五百银元，余款用他在天津的价值四万元的房产地契做担保，此案方告结束。

就在洪述祖暗自庆幸自己摆脱债务的时候，洪述祖被逮捕的消息已经见诸上海报端。国民党人柏文蔚、朱执信等得此消息后，立即相约前往孙中山的住所，商讨对洪述祖的起诉办法。

4 月 30 日下午 2 时，当洪述祖从租界法庭刚一走出来，宋教仁的儿子宋振吕和宋教仁的秘书刘白，立刻冲上前去扭住洪述祖。十五岁的宋振吕高声哭叫：“他是杀我父亲宋教仁的凶手，还我父亲血债！”

众人一听，他就是杀害宋教仁的凶手，立即蜂拥而上，将洪述祖揪打在地，并协助宋教仁的秘书和儿子一道将洪述祖押送到法庭。

由国民党控制的新闻界，对此事立即大肆宣扬，整个大上海再度纷纷扬扬地沸腾起来。上海地方检察厅也甚为关注，要求将洪述祖引渡，由上海审讯判决，但租界当局认为洪述祖的犯罪地点是在北京，只肯移交北京办理。

1918 年 4 月 26 日，北京巡警总监派人来上海，将洪述祖押往北京，交由京师地方审判厅审理。经过 8 月份的三次预审后，9 月 11 日作出判决，判洪述祖无期徒刑。洪述祖不服，向高等审判厅上诉，申称“宋案与自己毫无关系，所有与应桂馨往来电报，并非是自己的意思，乃是承前总理赵秉钧”，并为自己开脱说，“杀宋与己无益，不杀宋亦与己无损，而地方审判厅即以往来之电报，认为犯教唆杀人罪，处以无期徒刑，碍难甘服”。

高等审判厅复审后认为他“纯属狡辩”，驳回了他的上诉。他仍不服，再度上诉给大理院。大理院又组织了最后的复审，不仅认为他“主使杀人罪”证据属实，而且认为地方审判厅量刑太轻，将原判撤销，改判死刑，同时判他给宋教仁家属一万元抚慰金。

洪述祖翻案不成反遭重判，实为罪有应得。但洪述祖并未因此而悔悟，他得知判死刑后，撰写了一联：

服官政，祸及其身，自觉问心无愧怍；
逢乱世，生不如死，本来何处无尘埃。

洪述祖行刑那天，定在1919年4月5日。为了给犯人以全尸，便于收殓，即没有用砍头和枪毙，而是采用当时大理寺刚从美国引进的一台处决犯人的“文明刑具”——电绞椅，洪述祖有幸成为这台洋刑具的第一名试验品。

行刑前，为了保险，曾用狗做过试验，结果狗绞死后，表面上看不出一点损伤。但到洪述祖被绑上电椅时，不知是洪述祖身体过重，还是操作人员不熟练，待脚板抽去时，竟将洪述祖的头颅绞了下来，顿时血喷如泉，本来想让他留个全尸，却落了个身首两处。后来还是请来医学院的学生，将洪述祖的脑袋缝上，并用硼砂胶布贴好，方交给家属收殓的。

洪述祖

这是袁世凯的走狗帮凶的最后下场，也是刺杀宋教仁这一政治血案的最后一个漏网者的下场。

这大约就是恶有恶报吧！害人者最终都以害己而告终。

四、张学良智斗枭雄

四、张学良智斗枭雄*

第一章　中南海风涛迭起

1928 年，西历虽然刚交 6 月，保定城外的田野上却已是热气蒸腾了。下午，打着赤膊的农民正在锄地，突然发现一辆黑色的轿车，像箭一样地从保定府北门开出来，直向北京方向驶去……

当时在中国，小汽车尚属稀罕之物，特别是保定一带，几乎是绝无仅有的。沿途的农民，不由得都停下了手中的活计，簇拥到公路两旁，想看看车里坐的是什么样的大人物。

轿车窗上是垂有轻纱的，人们透过淡淡的纱帘，只隐约看见车内坐的是两男一女，好像都是年轻人。他们一个个都阴沉着脸，一语不发，对路旁百姓的围观也无动于衷，似乎他们只是一个劲地催促司机加大油门，风驰电掣地直朝北京驶去。一路留给围观百姓的，除却飞扬而起的烟尘之外，便是一团团莫名其妙的疑云……

这是 1928 年 6 月 2 日的事。坐在车前司机旁边，腰挎匣枪全副武装，年二十三四岁的军人，便是张学良的亲信副官崔波。他当时正年轻俊秀，体格强健，笔挺的军服散发着一种青春的英武和勃勃的生气。他挺直胸脯，坐在前面，两只奕奕有神的眼睛像鹰一样，警觉地注视着前方。

张作霖

坐在崔副官后面的那位妙龄女郎，是张学良的私人秘书赵四小姐——赵媞。当时的赵媞正是豆蔻年华，玉貌芳姿，流光溢彩。特别是她长长睫毛下汪着的那对水灵灵的大眼睛，抬起来亮晶晶，低下去静幽幽，忽闪忽闪的，仿佛会说话一样，极其招人爱怜。

和赵媞并肩而坐，身着白色西服，一副贵族派头的年轻人，不用说也可猜到了，他便是

* 注：此文系和李政合著。

安国军的前线指挥，当时只有28岁的上将军团长张学良将军。

张学良的父亲张作霖，是统率几十万大军的奉系军阀首领，进占北京后，他在一批亲信部下的拥戴下做了安国军总司令，陆海军大元帅，搬进中南海，做了北京的执政。于是一些人把张作霖尊为“老帅”，因势下来，张学良便被呼为“少帅”。“少帅”称号一出，很快风靡京华，被世人所承认，因为它一下子抓住了张学良的两个特点：一曰“少”。年仅19岁就指挥部队，任上校旅长，如今刚刚28岁便指挥十余万雄兵，任上将军团长。这样的高级将帅，竟如此年轻，这是“少”；至于“帅”，则是指他举止风度的潇洒飘逸。别的不讲，单就他身上的这套白色西服，也就可见一斑。这是他仿照西方燕尾服的式样，自己设计的。每逢北京的上流社会中有什么交际活动，他总是穿起这套服饰，出入于舞厅宴会，在灯红酒绿之中与达官贵妇们交往酬酢。然而今天，他虽然遵从赵媞的安排依旧穿起了这身西装，可他却不是去赴宴跳舞，他已经没有那种闲情逸致，他手中捏着的这份加急电报告诉他，中南海等待他的绝不是什么愉快的事，而很可能是使人焦躁、棘手，甚至是十分难堪的。

最受张学良宠爱的赵四小姐，十分理解张学良此时的心情。年纪尚不足二十岁的妙龄少女，过去每次陪同少帅出游，她总是要对汽车外面的风光景物指指点点，赞叹不休，而今天她却收起了往日的雅兴，车虽然已经走了许久了，可她仍然是一直缄默着，一语不发。近些天来，由于蒋介石、冯玉祥和阎锡山联合起来向奉军展开进攻，奉军前线节节失利。加上日本侵占山东后又乘人之危，对张大元帅处处威逼，奉军已进退维谷，左右为难。在5月19日不得不放弃张家口之后，30日又宣布将奉军从保定撤抵琉璃河。昨天报纸又登出，张大帅已通告各国公使及北京的商会会长，决定撤离北京。今天，大帅打来的这份加急电报，她因打点行装没来得及了解详情，可她从张学良双眉紧蹙的表情上看得出，这准又是一桩令人焦心的事！

多年战乱，公路坑坑洼洼，汽车像扭秧歌一样左右躲闪着前进。汽车刚刚躲过了一个水洼，前面紧接着又是一个大坑，汽车来不及躲闪，赵媞小姐被汽车猛地一甩，一下子栽倒在张学良的怀里。张学良抱住她的双肩，把她扶了起来，可他的手并没有随之放下来，他扶着赵媞的肩膀，凝视着她那古典美人型的姿容，终于用一种疲惫的声调打破了这一路上的沉寂：

“小四，兵荒马乱的，我看你这次还是随大帅先回奉天吧？”

“咱不都谈好了吗？怎么又变卦？！”赵媞虽是不满的口气，可听得出来，这不满之中却有几分娇嗔。

张学良把手顺着她白皙的臂膀滑下来，攥住她那双纤细的小手，一边抚摸着，一边用一种深沉的目光注视着她。这目光，明白无误地告诉赵媞：我当然舍不得你离开，可目前这变幻纷纭的局势，却不能不让人担心啊！

“小四，北京的紫禁城虽好，却不是我们的站脚之地呀！”

“不！”赵媞没等张学良说完，便把手抽出来，打断了他的话，“我是你的秘书！

照顾好你的生活、安全，这是少夫人交给我的使命。”

赵媞搬出少夫人来，张学良就不再吱声了。这少夫人，指的是张学良明媒正娶的妻子于凤至，那是位知书识礼，十分豁达贤惠的女性，张学良在家时总是把她尊称为“大姐”。近几年，张学良在外南征北战，于凤至便留在奉天大帅府主掌内务，她委托赵媞随营照料张学良的生活。赵媞虽几乎与张学良形影不离，但一直没有正式的名分。今天，张学良见赵媞打出这张王牌来，不由得苦笑了一下：“你呀！好吧，那就留下来，咱们共患难吧！”

傍晚时分，汽车迎着刚刚垂下的夜幕驶进了北京城。汽车穿过喧嚣的前门大街，绕过天安门前狭窄的牌楼，沿着西长安大街，一直向中南海开去。汽车快到新华门时，隐隐看见门前黑乎乎的一片。再走近一些，看得更清楚了，原来是一群人簇拥在那里：长衫的，短褂的，洋装的，布衣的，还有穿旗袍大衣的，他们吵吵嚷嚷，激动地在与门卫的值勤官交涉着什么。

张学良连忙让司机把车停下来，吩咐崔副官去打听一下，看看出了什么事。

等了一会儿，崔副官回来报告说，是东三省各界请愿代表在那里请求大元帅接见。

张学良一听，脸沉了下来：“笨蛋！不会说，大元帅这几天太忙，不在家吗？”

“他们知道少帅今天返京，说是见少帅也行。”

“我？我不见！”张学良说着，对司机一挥手，意思是让他把车倒回来，退回南长街，改从东门进中南海。

每次跨进中南海，赵媞看着那恬淡秀丽的一泓湖水，画栋雕梁的楼台亭榭，金碧辉煌的瀛台仙岛，依依摇曳的翠竹垂柳，总有一种流连忘返，心旷神怡之感。特别是那素有园中之园称号的“静谷”，更是玲珑剔透，美不胜收。她喜欢那里的屏山镜水、云岩奇秀，她喜欢那里的华林芳径、竹柏葱茏，她更喜欢“静谷”这名字，它是那样的清幽、淡雅，让人思之总觉得余味无穷。

这次，赵媞急匆匆地从汽车上走下来，她相携着张学良，没有从正门直接进入大元帅办公的“丰泽园”，而是直奔“静谷”的石牌楼前，她想从这里绕过去，趁便再领略一下“静谷”的幽雅。可是，他们刚刚走到连理柏树下，就听春耦斋的回廊水榭处传来一片慌乱的吵闹声。中南海历来是威严、肃穆的所在，怎么会出现这种慌乱的吵闹声呢？

张学良他们循声走过去，见到的竟是一片乱糟糟的场面：一队士兵在慌慌张张地搬运着物品箱笼，一个奶妈模样的女人在指手画脚，跑前跑后，她一会儿追上抬箱子的士兵，尖声喊着：“哎呀，小心点！这是六夫人的东西，都是金贵玩意儿，碰坏了一件，砸碎你的骨头也赔不起！”一会儿，她又拦住植秀轩下走过来的士兵：“哎，哎！那个箱子是五小姐的！你也得轻点哟！”

一位士兵听了奶妈的话，刚把脚步放缓，可这时背后一靴子踢过来，士兵回过头一看，原来是他们的顶头上司正横眉立目：

“快，快！麻溜点！到时候装不完车，大元帅发起脾气来，你们还要不要命了？！”

这时，值勤官发现了从翠竹后面转出来的张学良，他赶紧高喝一声：“立正——敬礼！”

一位士兵闻声一惊，还未回头看清来客，脚下一慌，背上的箱笼“哗”地一下栽了下来，各种衣料首饰铺撒了一地……

张学良看着这种慌乱的情景，不由得发起火来：

“怎么把园子弄成这个样子！乱七八糟的，客人来了像什么话！”

“报告少帅！”刚才踢士兵的那个军官，赶紧把穿着马裤皮靴的双腿向前跨出一步，“啪”的一声并在了一起：“杨总参议命令卑职七点钟以前把东西运到车站，说大元帅夜里启驾，返回奉天。”

“大元帅今晚不走了，把东西放回原处。”张学良依旧阴沉着脸。

“是！”这位穿马裤皮靴的军官姓丁，是杨宇霆的副官。他一边答应着一边低下头去，以示恭敬，但随即他又抬起头来：“不过，总参议他……”

总参议，指的是张作霖的智囊人物杨宇霆，丁副官是他的心腹亲信。这是个仰仗杨宇霆的鼻息生存的人，他的一切都只听命于杨宇霆，对其他人的任何指示，向来都是表面应承。张学良很讨厌他这种奴才式的作风，所以冷冷地甩了一句：

“回头我告诉他。你先把弄乱的地方整理一下吧！”

张学良说完，挽起赵媞的手臂，沿着草坪，走进了张作霖居住办公的丰泽园。

丰泽园是典型的宫廷建筑，层层庭院，回廊相绕，曲折迷离，蔚为奇观。他们穿过菊香书屋，走进了大元帅的客厅颐年堂。这里轩窗掩映，玉栏朱楯，金虬玉兽，金碧相辉。室内的装潢和摆设，也都极工极细，古色古香。张学良拣了张靠窗的太师椅坐了下来眼望着窗外的一片修竹。崔副官站起来，欲去倒茶，张学良摆了摆手说：

“你先给六国饭店挂个电话吧！问一下宴会什么时候结束？请大元帅和总参议早一点回来。”

崔副官答应着走出去了，客厅里只剩下张学良和赵媞两个人。赵媞站起来，打开漆木的茶盒，亲自为张学良沏了一杯茶。张学良接过来，打开杯盖，一股扑鼻的清香飘散出来，他一看那碧绿的颜色和那细嫩的尖叶，知道这是上好的龙井。他端起杯来，刚刚呷了一口，值勤官便匆匆忙忙跑进来报告：

“请愿代表求见少帅！”

张学良把茶杯一放，不耐烦地挥了挥手：“我不见！”

值勤官怔了一下，看了看赵媞，只得怏怏退下了。

赵媞眼望着值勤官那为难的表情，本想劝说张学良，去见见这些东三省的请愿代表。可当她看着张学良那愁苦烦躁的目光时，她又把话吞回去了，因为她知道张学良心有苦衷。这些请愿代表，肯定是为“满蒙悬案”而来的。张学良见了他们，让他说什么呢？说丧权辱国的“满蒙悬案”坚决不接受？大元帅又没发话，他委任的谈判代表是杨宇霆。说坚决把日本人赶出山东，赶出东北，张学良他能办得到吗？即使他有这个想法能披露出去吗？他只要一讲话，立刻就会成为一个外交事件的！……可是，家乡的请愿代表，千里迢迢地来了，张家父子都躲着不见，会不会挫伤民心呢？

赵媞想到这，本想再劝说一下，可这时值勤官又返回来了。

值勤官递给了张学良一张名片。张学良接过来，把那片小纸头，翻来调去地端详了半天，仍旧是莫名所以：

“黄蕙？黄蕙是谁？”

“黄蕙？”赵媞一听，却高兴得跳了起来，连忙吩咐值勤官：“快请黄小姐进来！”

张学良怔怔地望着赵媞，大惑不解地：“哪个黄小姐？”

“哎呀，你怎么忘了？我的老同学，薛医官的未婚妻。”

张学良一拍脑门：“噢，想起来了！”薛秉谦曾领来见过，是奉天一家报馆的记者，一位能言善辩的女人。

黄蕙今天完全是一副学生打扮，她没有像赵媞那样留起时髦的长发，而依然像“五四”时的青年一样，把头发剪得短短的，冷眼看去似乎比赵媞还年轻。可当人们接触之后就会发现，这位举止洒脱、目光敏锐的女性，是个经过风云，见过世面的人物，她有着职业妇女的沉稳和干练。

黄蕙宠辱不惊地向张学良微微施礼：“少帅，您好！”

赵媞热情地扑过去，紧紧抓住她的手臂，好像生怕她再跑掉似的：

“什么风把你吹到北京来了？”

“冷风，从日本海吹来的刺骨的冷风。”黄蕙又像玩笑又像正经地回答。

“黄小姐真不愧是政治记者，连玩笑都带有政治性。”张学良看她们这样亲热，也跟着高兴起来。

“是不是听说薛医官要返回奉天，专程来北京迎接的？”赵媞歪着头问她，好似抓到了她的隐秘。

“不，我是作为请愿代表来的。”

“怎么，你也是请愿代表？！”张学良毫未掩饰他的惊讶。

“少帅，您为什么不肯接见东三省请愿代表呢？他们含辛茹苦，千里跋涉，在北京已经等了半个月了！”黄蕙的声调变得严肃起来。

“黄小姐，请你不要给我出难题了！”

“不，这不是难题。我知道，你们战事不利，加上日本人步步紧逼、你们的心绪不佳。然而，正因如此，你才更应该见见这些请愿代表！他们都是些爱国的热血青年，见了他们，你会感受到民族的脉搏，见了他们，你会感受到时代的伟力，见了他们，你会看到我们祖国的希望……”

身为记者的黄蕙女士，果然是谈锋犀利，出语不凡。

“唷，照你这么一说，这些请愿代表都是尊神了？”张学良的话里依然不无玩笑的成分。

“不，他们虽说都是普通的中国人，可却是我们民族的精英。少帅不是可以从他们那里听听民众的呼声吗？”

“民众想些什么，要求什么，我并不是不知道哇！”这时张学良的话里，已经没有了玩笑的色彩，“可是……”

“可是您应该看一看他们对祖国，对民族的忠心赤胆！黄蕙接过话头，依然是寸步不让。

张学良放下手中的茶杯，不由得又重新打量起这位伶牙俐齿的黄小姐来。她是那种看上去并不非常漂亮，但见过之后却让你无法忘怀的女性。她眼睛不大，但熠熠传神。她衣饰素朴，没有一丝华贵，但却剪裁得恰到好处，原本就身材颀长，越发陪衬得苗条俊秀。总之，她的一切装饰打扮，都透着两个字：精明。

赵媞见张学良的脸色很平缓，于是也见缝插针地开腔了。但她由于和张学良的特殊关系，她不是称他为少帅，而是总称呼他的表字。

“汉卿，黄蕙的话有道理，去见见他们吧？”

黄蕙目不转睛地望着张学良，等待他的答复。

张学良望着黄蕙那执拗的表情，莞尔一笑：

“好吧，就凭黄小姐这一番演讲，我也不能不动心啊！”黄蕙见张学良答应下来，高兴得拉起赵媞就往外走：“我们这就陪少帅去！”

张学良扬手拦住了她：“不过你别急啊，等大元帅回来，我陪他一起去好不好？”

黄蕙一步不让：“那，一言为定？”

张学良望着她那认真的样子，使劲地点了下头。

黄蕙顺利地完成了任务，显得格外有兴致，赵媞便拉着让她陪自己到园子里转转，一来是想领略一下中南海的景致，二来也想对赵媞做做工作。谁知，她们刚刚跨出丰泽园，张学良便也跟了出来，于是他们一起信步向瀛台的拱桥走去。

黄蕙因是初次到这一般人无法涉足的地方，眼望着幽雅的环境，恬淡的气氛和金碧辉煌的建筑，简直有点目不暇接了。每到一处名胜，她都久久地凝望着，回想着古书上记载的逸闻轶事。

穿过光绪皇帝辞世的涵元殿，黄蕙正望着蓬莱阁下那块奇异的木变石出神，张学良和赵媞突然从岸边闪了出来。他的思路依旧顺着刚才的谈话在回旋，他盯望着黄蕙，笑了笑说：“黄小姐，我真佩服你这张利嘴！”他狡黠地望着黄蕙，停顿了一下，“不过，我也有点担心……”

黄蕙和赵媞听了，都不觉一愣：“担心什么？”

“担心秉谦将来受你欺负呀！”说完，张学良放声大笑，赵媞也忍不住跟着笑起来。

黄蕙踢了下脚边的石头，略有点尴尬。善良的赵媞，一见这样，便走了过去，悄悄扯了下黄蕙的衣裙，顺坡下驴地说：

“哎，该结婚了吧？现在兵荒马乱的，早一点……”

刚遭到他们揶揄的黄蕙，正在想着如何报复他们一下，这时她不待赵媞说完，就伸出一只手来，在脸上刮了两下：“羞，羞！当姑娘的说这个。”但当她话一出口，马上又后悔了。她看到赵媞正偷看了张学良一眼，脸羞得像红纸一般。因为张学良的正式夫人是于凤至，赵媞还没有正式的名分。于是黄蕙赶紧把话锋一转：“我早就抱定宗旨，要献身社会，结婚也不能影响我的事业。”

已经看到赵媞羞红了脸的张学良，也顺着黄蕙的话，掩饰地开了句玩笑：“哟，黄小姐还是个女权主义者呢！”

“嘎”的一声，一辆汽车在他们的脚边刹住了。车门打开，跳出一个身穿西装，戴着金丝眼镜，一副洋绅士派头的年轻人来。

黄蕙一看，两眼露出了惊喜的目光，赶忙奔了过去。

车上下来的即是薛秉谦。他是黄蕙的未婚夫，大帅府的军医官，也是张学良的同窗密友。他虽文质彬彬，但因长期留洋在外，所以也受了一些西方风俗的熏陶。他一见黄蕙，便热情地张开双臂，欲上前拥抱。黄蕙羞怯地躲闪开了，可她的手却被薛秉谦紧紧地攥住了，他握得是那样的有力，那样的炽热，仿佛有一股强烈的电流，迅速地通遍了黄蕙的周身。黄蕙羞红了脸，使劲低着头不敢抬起来，因为她已经感受到，薛秉谦正用一双火辣辣的眼睛在注视着她。

张学良微笑地看着这一对忘情的恋人，他悄悄地拉起赵媞，风趣地说：

“小四，咱们得躲一躲了，人家情人的目光都是直线的，根本就没发现我们的存在。”

当他们正欲悄悄溜走的时候，薛秉谦笑着猛一转身：

“站住！大元帅马上就回来了。”

他们一路谈笑着，返回了丰泽园。刚刚在大海棠树下站定，突然，不远处传来“啪啪”两声枪响！赵媞惊恐得赶紧拉住张学良的衣襟，脸色煞白，她被这意想不到的枪声吓得有些战栗……

中南海虽然位处于中心，但它却是个一向沉寂肃穆的所在，四周拔地而起的高大红墙，不仅仅是高贵和权势的象征，而且它也把市区的喧闹和嘈杂隔离开去，把里面围成一块使人莫测高深的威严禁地。所以，在这空旷的禁地上出现的枪声，就显得格外的凄厉和恐怖。

张学良警觉地拔出手枪，他正在判断这枪声的来源时，流杯亭方向传来了一片惊呼声：“有刺客！”“抓刺客！”“大元帅被刺了！”跟着又是一片爆豆似的枪声。

“大元帅被刺了！”这呼喊声，犹如一把刀子一样戳进了张学良的胸口，剜得他心里咯噔一下子！他顾不得更多的思索，提着枪，一步跳出来，带领崔副官和薛医官，顺着烟雨阁前的走廊，穿过两层洞堂，直朝外面冲去！

当他们正欲冲出丰泽园门厅的时候，只见两排卫队撞了进来，沿着大门呈八字形列队排开。少顷，身穿大元帅服的张作霖，佩戴着勋章绶带，挎着象征权力的指挥刀，威风凛凛地走了进来。他扫了一眼惊恐的人们，慢条斯理地说道：

“慌什么？！个把刺客有啥可怕的，本大元帅见得多了！都给我去各就各位，该干啥的干啥去！”

这个土匪出身，一直称霸北方的大军阀，见惯了枪林剑树，眼前的枪声和骚乱他是毫不在意的。他虽然身材矮小，但却非常注意元帅的风度和威仪，他挺直胸膛，在众人的簇拥下，迈着沉稳坚定的步伐，穿过层层庭院，一步步地向颐年堂大厅走去。

颐年堂大厅依照张作霖的喜好，全是些古典式样的红硬木家具。张作霖在中间一座高高的太师椅上落座之后，用眼睛扫视了一下周围站立的人。他的眼睛不大，但却熠熠有光，透着威严：

“占魁，张占魁呢？”

张占魁是张作霖的同族兄弟，也是绿林出身，多年追随左右，极得张作霖的宠信，现任大帅府的侍卫长。他满脸络腮胡子，有一手好枪法，百步之内可说是百发百中。他在门外听见大元帅招呼他，急忙分开人群，一手拎着一只匣枪，三步两脚地奔到大帅跟前，两腿一躬，满口的辽海口音便冲了出来：

“大帅，占魁在！”

张作霖见他敞开衣襟，露着毛茸茸的胸脯，虽说这位同族兄弟从来不受军人风纪的约束，可在这堂堂的帅府议事厅中，且有女宾在场，这种打扮总有些不雅。但此时他顾不上训斥这些，而是急切地问道：

“刺客抓到了没有？给我带来，我要亲自审问。”

“抓是抓到了……”张占魁搔他那光秃秃的头皮。他的头发大约都移栽到下颏和胸脯上去了，脑瓜顶上几乎所剩无几。他一边搔着他那秃头，一边喃喃地说：“可他，他已经说不出话来了……”

“嗯？怎么回事？”斜倚在太师椅上的张作霖一下子坐直了。

“刚才，我那两枪打得有点不是地方。他，他胸脯咕嘟咕嘟地直往外冒血呢！”张占魁像小孩子办了错事似的，依旧喃喃地回答。

张作霖并没有责怪张占魁，他把目光转向了薛秉谦：

“噢，薛医官，你去给看看？他妈拉个巴子的，这小子还挺有福气，大元帅的医官给他看伤，啊！”随即哈哈地笑起来，似乎他很欣赏自己的豁达和幽默。

张占魁没敢跟着笑，他依旧严肃地站在那里：

“那，他缓醒过来，我就带过来？”

“算了，让杨总参议审审就中了。”张作霖伸了个懒腰，“你去到汽车上，把我那翡翠嘴烟袋拿来！”

张占魁跟在薛秉谦的后面退出了颐年堂。他俩沿着草坪，正欲向“静谷”方向拐去的时候，突然两人不由自主地倒退了一步，让在了一边，原来迎面一个大人物走过来了！此人便是杨宇霆。他五短身材，矮小肥胖，但却威仪堂堂，言谈举止都不失那种儒将风度。他早年留学日本，有阅历，有魄力，机敏善变，城府颇深。他四十多岁的年纪，身着一套将军礼服，佩挂着勋章、短剑，抬手投足，一颦一笑，都可看出这是个权力在手、炙手可热的人物。然而，此刻他却是一脸的关切和惶恐，他和薛秉谦略略点了下头之后，便急急忙忙地跑到大元帅的面前：

"大元帅，您受惊了！我的车落在后头，让您……咳，本来，我的车应该在前头，您看，这多危险呐！"

张作霖没等他啰唆完，就不耐烦地打断他：

"行了，净他妈的马后炮！你的车在前头，说不定这时你的小命早完犊子了呢！我说，邻葛，你看这个刺客是……"

杨宇霆的字号叫邻葛，有人说他是自比邻近诸葛之意。此时他见大帅发问，赶紧趋前一步：

"很明显，不是南京派来的，就是共产党！"

"难道就没有另外的可能吗？"一直躲在角落里的黄蕙，这时忍不住从人后面走出来，冲口反问了一句。她对杨宇霆那种武断的腔调煞是反感。

"噢，什么可能？"张作霖眨了眨他那细小而有神的眼睛，显然对这句反问发生了兴趣。

"最近一段时间，围绕'满蒙悬案'问题，日本报纸上对大元帅骂声不绝。我想，他们不会只停留在口诛笔伐吧？"

黄蕙的一席话触到了张作霖的痛处，他刚刚微露的笑容从脸上消去了，翘着的二郎腿本来在不停地摇动，这时也停顿了下来，黄蕙的话勾起了他的心病。这一阵子，他一直在进行痛苦地思索。日本人上个月出兵济南，占领山东，本已激起了全国人民的强烈不满，可日本人恃强欺人，他们在5月17日又送来"满蒙觉书"，逼迫张作霖解决满蒙诸悬案。所谓满蒙悬案，即是1915年日本政府向袁世凯提出的侵夺东北、蒙古主权的二十一条，当时国会在全国人民的压力下，拒绝承认。后来，中国政局瞬息万变，始终没有一个稳定的政府，于是这些条款也就一拖再拖。到张作霖做北京的执政以后，他们利用过去对张作霖的扶植和支持，重又提出类似的条款，其中包括日本在东北、内蒙古的筑路权、商租权等多项要求，但张作霖慑于人民的压力，也一直未予承认，因此日本人便把这一系列的条款统称之为"满蒙诸悬案"。如今，日本见张作霖的大势已去，他们就急欲利用张作霖在北京执政的最后时刻，威逼他承认下这些丧权辱国的条款。近一个月来，日本从军界、政界、外交、满铁等各种渠道对张作霖恩威兼施、刚柔并举，企图逼迫张作霖就范。可张作霖在全国人民反日的声涛下，他既不甘心给日本人当傀儡，也不愿承担这遗臭万年的骂名，所以对日本人这咄咄逼人的要求，是能敷衍的就敷衍，能拖延的就拖延。张作霖这种软磨硬泡耍死狗的手法，激起了日本人对他越来越强烈的不满，以致日本报纸上已连篇累牍地出现了“倒张”的言论……因此，刚才黄蕙的这一席话一下子点到了张作霖的隐衷，他口中虽未说，可他脑子里早就在转悠：这刺客会不会是日本人所派遣呢？

然而，一向与日本人有着密切来往的杨宇霆，却全然不是这种逻辑。黄蕙的话音一落，他立刻冲口而出：

“是日本人？这绝不可能！”

杨宇霆一边说着，一边用他那犀利的目光审视着黄蕙，他很讨厌，也很怀疑这个陌生的女性。但是，当他得知这位黄蕙女士是位新闻记者，是薛医官的未婚妻时，阴冷的脸上浮起了一丝笑意。他走过去，摆出了一副雍容大度的姿态，一面握着黄蕙的手，一面依然不肯改变刚才的话题：

“如黄小姐所说，倘若刺客是日本派遣的，那刺客肯定是日本的亡命徒。但是，很遗憾，他吐出的几个字都是汉语。人在昏迷状态，只能流露本国语言，这证明他是中国人。”

“也许逻辑上如此。然而，中国人就没有当汉奸的吗？日本人是舍得花钱买走狗的。”

一向以善于辞令而自诩的杨宇霆，没想到今天竟被这样一个女人反唇相讥，他甚为恼火，足足有半分钟，也许更长一点，他没有说出话来，他的脸色由于难堪而气得紫胀，半晌中挤出这么几个字来：

“黄小姐的话，似乎有点耳熟啊！”

在场的人几乎全都听出了杨宇霆的弦外之音。张学良深知杨宇霆心狠手毒，生怕自己密友的未婚妻吃亏，于是赶紧站出来，打个圆场：

“算了，争这个有什么用！”

“可不是，邻葛，你去审一下不就他妈的清楚了嘛！”张作霖这时打了个呵欠，显然烟瘾在作怪。

既然张作霖发话了，恼怒的杨宇霆也只得答应着退下了。可他临走时又狠狠地扫了黄蕙一眼，眼角里射出了一道阴冷的光芒。

脚跟脚，张占魁举着一杆翡翠嘴的大烟袋进来了。那长长的烟杆足有好几尺长，巨大的铜烟锅擦得锃光瓦亮，张占魁已经装好了烟末，点着后，递给张作霖。

张作霖深深地吸了一口，这是他最喜欢的关东烟。他慢慢地吐出一股烟雾，然后把烟杆一挥，人们知道，这是让大家下去的表示，他要一个人留在这里歇一会儿。于是，张占魁、赵媞、副官和卫士们都悄然地退下了。

黄蕙在经过张学良身边时，向他递了个眼色，张学良会意地点了点头。

待众人都退走以后，张学良走近了张作霖，低声地叫了一声：“爸爸。”

张作霖随着吐出的一个烟圈儿，漫不经心地哼出了一个“嗯？”字，算是回答了。

“民众请愿代表在西厅等候您接见。”

张作霖一怔：“谁让他们来的？”

“他们已经在北京等有半个月了。爸爸，民心不可侮，您还是见见他们吧！”张学良恭恭敬敬地恳求着。

“见个屁！”张作霖把烟袋使劲地往条案上一磕，“都是些成事不足败事有余的东西！告诉他们，都回去安守本分，国家的事有政府管，小心上赤党分子的当！”

张作霖这个手上沾着共产党人鲜血的军阀，对共产党有一种本能的防范和畏惧。所以一有什么请愿示威之类的事情，他总是自然地把这种活动与共产党连在一起。然而，身躯里流动着青年人热血的张学良，并不完全同意他的看法。

“爸爸，对付日本人不能忽视民众的力量。古语说，天下兴亡，匹夫有责。”

一向顺从父意的张学良，今天竟一再固执己见，张作霖不禁有些恼怒了：

“你他妈少在圣人面前卖百家姓！我二十来岁就和日本人打交道，过的桥比你走的路还多，他日本人一撅屁股，我就知道他要拉几个粪蛋！”

张学良低下头去，脸“刷”地一下红了。张作霖一见他那手足无措，窘迫不安的样子，知道自己有些话说得太重了，于是他放缓了语调，叫着张学良的乳名说：

“小六子，你可得学得稳重点，我这摊子事业将来还得交给你，你可不能感情用事啊！”

张学良见爸爸改变了声调，知道父亲动了感情，于是把这些天郁积在心头的话也一股脑儿地端了出来：

“爸爸，日本人出兵山东，占领济南，如今又乘人之危，得寸进尺，逼我们解决‘满蒙悬案’……如果我们不奋起抵制，动摇其野心，抓住其魔爪，等到国破家亡之时，学良还有什么事业可言哪！”

张作霖听着儿子的肺腑之言，也很有所动，他吧嗒吧嗒地抽着烟，半晌没有言语，只听得烟锅嗞嗞啦啦地响着，浓浓的烟雾一团一团地从他嘴角里涌出来，一股还没及消失，另一股又喷了出来。他觉得，儿子的话，虽说讲得蝎虎了点，他自信他们张家父子还到不了那一步，可眼下这一档档的事，也是真他妈够让人糟心的了！忽然，他发狠似的猛吸了一口，又慢慢地吐出来，眼看着浓浓的烟流飘散开去，渐渐地由白而蓝，由蓝变淡了，他才将烟锅一磕，像作出一个什么重大决定似的，抬起头来：

“若不，你代表我去见见他们？”

“我怎么和他们说呢？”

“告诉他们，本大元帅一定力争国权，绝不辜负东三省和全国的父老兄弟！其余的，你照量着说吧，不让日本人捞着大便宜就中啊！”

张学良答应着站起身来，向门外走去。

“等等！”张作霖又急忙叫住了他，“言多有失，还是少说为佳！多听听他们的，你少说话。外交上有个词儿叫什么来着？他妈拉个巴子的，怎么想不起来了……好像是什么，什么……告？”

“是无可奉告吧？”

"对,就是这个词儿。你要是不好回答,或是答不上来的话,就给他来个'无可奉告'!"

张学良走出去的时候,已是夜深了。张作霖伸伸懒腰,打了个呵欠,随之用烟袋锅敲了敲茶几,侍者们知道这是到了大元帅抽大烟的时候了。这是张作霖一天之中的最后一个程序,他只有抽完这泡大烟,才能安安稳稳,悠悠乎乎地进入梦乡。

年轻侍者托着烟盘进来,一揖到地:

"大元帅,今天送到哪位夫人的房里?"

张作霖略略思索了一下:"放五夫人那儿吧!"

中学生出身的五姨太是最受张作霖宠爱的,她年轻、貌美,又有才学。张作霖在她那里不仅可以享受到天伦之乐,而且往往还可在事业上受到启迪。

张作霖在两名侍女的搀扶下,来到后院内宅。一跨进五姨太的绣房,只见烟具已经摆好了,素爱整洁的五姨太烟具也非常讲究。紫檀木的烟盘擦得光亮亮的,上面放着的一杆紫红色的烟枪也是干干净净,葫芦是南玉的,嘴是玛瑙的,烟缸是象牙的,至于其他像钎子、挖刀、小剪之类的物件,也都是小巧精致。一看这器具,张作霖就喜上眉梢,烟瘾难耐。两名侍女赶紧走过去,帮他脱去金光闪闪的大元帅服,换上宽大的丝绸衣裤和软口布鞋。

一会儿,烟泡烧好了,张作霖急切地甩掉布鞋,爬上了烟榻。他拿起烟枪,对着烟灯,正准备吞云吐雾的时候,突然外面传来了一迭声呼叫"大元帅"的声音,声音由远而近,带着明显的急促和不安。

张作霖听出这是值勤官的声音,他很不情愿地放下烟枪,问了句:"什么事?大惊小怪的!"

值勤官掀起门帘,跨着一步说:

"日本使馆的斋藤助男先生求见。"

斋藤助男是日本外务省的重要官员,也是日本驻华使馆芳泽公使的全权代表。半个多月来,就是他和芳泽两个轮番来纠缠张作霖的。今天都这么晚了,他又来干什么?真是臭蚊子,还叮上了!

"告诉他,就说我睡下了!"

"是。"值勤官恭敬地答应着,可却没有挪动脚步:"大元帅,斋藤先生说,事情紧急,您睡下了,也请您起来一下。"

张作霖感到事情严重了。因为他知道,日本外交官员都是讲究礼仪的,不是遇有非常的大事,是不会在这个时候来打扰的,何况斋藤又非等闲的人物。张作霖想了想,不可因小失大。于是他叫五姨太先吹灭烟灯,自己从烟榻上溜了下来,让侍女帮他重新穿起大元帅服,又返回到颐年堂。

一进门,张学良正等在那里。他见父亲来了,急忙迎上去,说:

"爸爸,斋藤深夜造访,来者不善哪!"

“嗯，依你看，他这是？”

“定然是为‘满蒙悬案’而来，爸爸您无论如何也不能答应他们。”

“答应我是不能答应，可总得给人家点甜头。不然，我也过不去这个坎儿呀！”张作霖过去是靠日本支持起家的，所以他很有些难言之隐。

“不，爸爸，一步也不能让。这是新二十一条，当年连袁世凯都不敢接受，如果我们让步了，岂不要背千古的骂名吗？！”

“唉，当年郭鬼子（即郭松龄）反奉，我要用他们的兵，饥不择食，答应过人家，这是欠了人家的账！”

张学良见父亲提起这档子事来，他便不好再讲什么了。那是1925年的事，张学良的良师诤友郭松龄，突然率兵讨伐张作霖，精锐大军浩浩荡荡地开进山海关。张作霖在仓皇失措的情况下，许给了日本人一些好处。

此事的起因，因牵扯张学良，所以他不好再讲别的道理了。说着，他打开提包，从里面抽出一段白绢来，捧给张作霖，这是东三省的请愿代表让他交给大元帅的。

张作霖抖开一看，啊，原来是一份血书！鲜红的血迹写着八个大字：还我山东，还我主权。

张作霖虽说在战场上见惯了砍头流血，可当他在这种场合下见此血书时，也禁不住心头一紧：“啊，这，这是干啥呢！”

“这是东三省青年的热血。爸爸，这就是民心、国心哪！”张学良说时，声音都有些发颤了。

张作霖望着血书，他仿佛看到了那些在皮鞭、水龙下仍昂首挺胸示威请愿的人群。他清楚，这些人为了民族、民众的利益，是不怕掉头颅、洒热血的。张作霖虽然很反感他们那种动不动就游行请愿的做法，可他心里却不能不承认这是些有骨气的热血青年。他眼望着这鲜红的八个大字，沉思了一会儿，他仿佛计上心来似的，决定把这份血书留在这里。

少顷，衣冠楚楚的斋藤助男走了进来，他是有名的中国通。

张作霖慌忙从椅子上站起来，笑容满面地迎了过去：

“啊，老朋友，欢迎，欢迎！”

斋藤赶忙鞠躬还礼：

“听说大元帅今晚要返回奉天，芳泽公使特意派我赶来送行。”

“谢谢！谢谢芳泽公使的美意。”草莽出身的张作霖，办起外交来竟也是彬彬有礼，礼仪周全，“来人！为斋藤先生准备酒宴！”

“不，不必麻烦了！”斋藤一听，急忙上前拦阻，因为他此时的心绪根本不在酒宴上面，“鄙人深夜造访，有一要事。刚才接到鄙国田中首相的电报，让我前来贵府，听取大元帅关于‘满蒙悬案’的最后回复。”

斋藤一面说着，一面“刷”地一下拉开皮包，取出文件夹，递给张作霖：

“这是备忘录，东京在等候我的回电！”

张作霖对“备忘录”看也没看，就放在螺钿条案上：“不要急嘛，咱们边喝边谈。”他见侍者依然在那里垂手侍立，便训斥地：“怎么还不快去准备酒宴？”

侍者打躬退下。

“不不，大元帅阁下，首相急等我的电报！”斋藤对张作霖的这番客套显得非常着急。

张作霖偷望了一下他那着急的模样，更加慢条斯理地说道：

“那你告诉他，前天，我已指派杨宇霆将军专门和你们谈判。我告诉杨宇霆，咱们要对得起日本朋友，过去你们没少给我帮助，我张作霖是知恩报恩的。”

“奇怪，难道杨将军没有报告大元帅吗？芳泽公使与杨将军的谈判没有达成协议。”

“哎呀，这怎么说的！”张作霖仿佛是刚刚听说的一样，“我一定叫他继续和你们谈判，直到日本朋友满意为止。”

“大元帅这两天没见到杨将军？”斋藤不无怀疑地叮问了一句。

张作霖没有正面回答，而是顾左右而言他：“斋藤先生喜欢喝什么酒？是茅台，还是白兰地？”

张作霖说着站起身来，欲给斋藤倒酒。

“啊，不，不。”斋藤伸手阻拦，继续追逼道，“请问，今天晚上杨将军不是陪大元帅赴宴了吗？”

“啊，是的。不过，没来得及谈这件事。”

张作霖一路遮掩着，极力想回避开这一棘手的话题。可谁知杨宇霆却偏偏这时冒了出来。他急匆匆地凑到张作霖的耳边，低声地告诉他，刺客死了。

张作霖见他出来，觉得非常难堪，便不耐烦地一挥手，意思是让他赶紧走开。可当杨宇霆正欲离开时，斋藤助男一把将他拦住了：

“请问杨将军，您没有把谈判的结果向大元帅报告吗？”

杨宇霆面露难色，他看看张作霖，又瞅瞅斋藤，半天只吐出了一句：

“这个……我非常遗憾！”

斋藤一切都清楚了，他拿起备忘录，声音变得强硬、激烈起来：

“大元帅阁下，我们不必绕圈子了！您只要在这个文件上签个字，一切就都圆满地解决了。日本政府保证继续支持您的事业，提供一切可能的援助。”

“那样的话，当然好喽！不过，本大元帅在没有听取外事官员的意见之前，就贸然签署外交文件，这不大妥当吧？”张作霖眼睛一眨，又想出了这么条理由。

深深了解中国政界内幕的斋藤助男，知道张作霖这完全是一种托词。他望着张作霖那双狡黠的小眼睛，总有一种被他耍弄了的感觉，这使斋藤甚为恼怒，他倏地站了起来，声色俱厉地宣布：

“大元帅阁下，鉴于您如此不合作的态度，如果因此在两国关系上，引出一些不愉快来，其后果……”

张作霖望着强忍着怒火的斋藤，一边玩弄着手中的长烟杆，一边故作傻气地反问：

“噢，那会有什么不愉快呢？”

“我国政府电示我们，由于战乱蔓延，为了保护我国侨民和日本在满蒙的特殊权益，必要的话，可以采取适当而有效的措施，甚至将不惜以武力相周旋！”

斋藤这种充满威胁的强硬言辞，丝毫没有吓住张作霖，相反张作霖却仰头大笑起来。

“武力周旋？哈哈哈……你们在山东用兵，已经得罪了中国民众和各国列强，难道你们还要在东三省用兵吗？噢，我给你看一样东西。”

张作霖说着，拿出那幅白绸，递给了斋藤。斋藤慢慢打开，一看是血书，不由得也惊颤起来。他呆呆地站在那里，许久许久，仿佛被钉子钉住了一般。

“看见了吧？我也有我的难处。”张作霖望着有些惊惧的斋藤，口气变得舒缓起来，“老朋友了，就不要这样难为我了！你们不就是想多要点好处吗？慢慢来嘛！别逼得中国人都火起来，到时候，你们什么也得不到。就这样吧，咱们过两天再好好谈谈。”

张作霖说完，站起身来，做出一种送客的表示。

“大元帅不是今晚就要离开北京吗？”

“不，我今晚不走了。”

“改在哪天走？”

“三天以后吧。”

“那么，咱们后天再谈？”

“后天？好吧。”

“那就一言为定？”

“好，一言为定。送客！”

一直在旁边房间里等待的张学良，目送着斋藤出去以后，心急火燎地跑了进来。他手里捏着一份电报，是奉天宪兵司令齐恩铭打来的，电报上说：自大帅返奉消息传来后，日方军队调动频繁，关东厅警察亦日夜巡逻，在老道口一带日本守备队不许行人通过，迹象可疑，望多加防备。

张学良拿着这份电报如同捏着火棍一样，这使他焦虑不安。今天把他从保定电召回京，就是为了商谈大帅回奉天怎么走的事宜。几天来，日本关东军方面不断传来情报，说他们想在锦州一带对大帅实行缴械，甚至想加害大帅本人。对此，张学良更是忧心忡忡。

可张作霖看完电报之后，却大不以为然。他觉得日本人虽对他不满，但还不至于对他下毒手。所以他掂着那份密电，笑着说：“齐恩铭这小子，真他妈能咋呼！”

然而张学良却不无忧虑：“我看还是坐汽车走吧？”因那时，满洲铁路归日本所管辖，而公路尚属中国人的天下。

“坐这么远的汽车还不把我这老骨头给颠打零碎啦？”年已五十七岁的张作霖，曾几次从生死灾难中闯荡过来，他自认为自己是大难不死，必有后福之人。所以这次，他虽觉得是有些风险，但他自信还会闯荡过去的。

“专列准备好了吗？我坐哪辆包车？”

“还是慈禧太后那辆花车。”张学良知道，这是张作霖最喜欢的，外面是蓝色的钢皮，漂亮而有气势；里面座位舒适，还专门配有一张牌桌，供张作霖路上打牌用。沿途的保卫也都布置好了，是一路警戒，十步一岗。

张作霖听了这些措施之后，心更踏实了。

“大后天什么时候动身？”张学良低声问。

“不，我明天走。”

“明天？”张学良似未听清。

“明天夜里 11 点，给他来个人不知鬼不晓。”张作霖显然早已谋算好了。

“可您刚才答应斋藤后天谈判哪？”张学良依然有些不解。

“傻小子，这叫金蝉脱壳之计！”张作霖得意地哈哈大笑起来，笑声里充满着得意和自信。

然而，张作霖他笑得太早了！他哪里知道，就在他自鸣得意地哈哈大笑之时，日本关东军一个谋害他的秘密计划已经开始实施……

陷阱已经挖好，罗网已经张开……历史在等待张作霖的究竟是什么命运？他能不能像他自己所设想的那样，来个

张作霖

金蝉脱壳呢……

第二章　神秘的大和旅馆

张作霖一向是讲究排场的，自从当上中华民国陆海军大元帅之后，每次出巡都是前呼后拥，盛仪威行。这次怎么办？若是组织人马大张旗鼓地夹道欢送，则无法做到“金蝉脱壳”，可若是灰溜溜地偷偷逃走，又觉得太失“大元帅”的身份。张作霖为这件事很费了一番脑筋，最后终于提出了一个自认为既不太丢面子又能保证安全的办法……

6月3日，夜已经很深了。一天的喧嚣停止了，北京狭窄的马路上陷入一片沉寂。风早就停了，葱茏的树木和灰色的房屋，也都像疲倦了一样昏昏欲睡，只有几盏稀疏的路灯懒洋洋地闪着昏暗的黄光。

马路上虽已人迹寥寥，可在府右街通往火车站的路上，依然断绝了交通。临近子夜时，中南海的西门打开了，四辆黄色的钢制汽车旋风一样地冲出来，径直向前门火车站驶去。

车站月台上，戒备森严，一排排的刺刀闪着寒光。汽车一出现，早已秘密等候在车站的军乐队，立时奏起了送行曲。

送行的人很少，主要是留在北京负责善后和撤军的几位心腹部下，如国务总理潘复和张学良、杨宇霆、孙传芳等。他们一齐拥向前来，张作霖本想还像往日那样威仪堂堂地道别，可他今天怎么也抖不出往日的神气和威风来。相反地，这个在铁与血中滚打出来的汉子，内心却涌起了一阵阵的酸楚。送行的几位亲信也是一样，他们虽都极力装出笑脸，说着吉利的祝福话，可张作霖看得出来，人人心里都是一肚子的凄凉，就连那咕嘎作响的军乐，在张作霖听来，也不像平时那样高亢入耳，而是充满了一种令人沮丧的哀音。

6月3日夜里11点半钟，火车启动了。张作霖振作起精神来，同送行的人们挥手告别。

火车在慢慢地加快，紫禁城抛得越来越远了。张作霖恋恋不舍地凝视着窗外，灯光变得越来越稀，渐渐地整个天地万物都被黑漆漆的夜幕吞噬了……

随行的六姨太和三公子回卧车休息去了，拜把兄弟吴俊陞、张占魁以及薛秉谦等也都先后响起了鼾声，可张作霖却没有一丝睡意，他怔怔地坐在窗前，对着窗外的暗夜，凝目托腮地沉思起来……

曾几何时，他张作霖还是何等向往能坐上这慈禧太后的花车呀！可如今，这蓝色的花车、讲究的陈设，还有这金碧辉煌的大元帅服，不仅不再带给他以荣耀，相反地，每一样东西都勾起他一阵阵的心酸！

作为军阀，张作霖不同于段祺瑞、曹锟等人，他们的宦途履历，原本就在北京政府中任军政要职，他们称霸一方，都是比较容易的。而张作霖则不然，他是从辽海农村的绿林草莽，经过苦心钻营，一步步地拾级而上，由给骑匪看马的兽医，变为清廷的营官，进而又成为民国的师长、奉天督军、东三省巡阅使，以至最后称兵关内，问鼎中原，并在一批亲信的拥戴下登上了中华民国陆海军大元帅的宝座，成了北洋军阀时期最后一个统治者。这期间，前后十四年的含辛茹苦，他经历了多少风云变幻，多少次生生死死，耗尽了多少心血啊！他本想自己做个开国的李渊，让儿子张学良去当创业的唐太宗，可哪里想到，这大元帅的宝座还没坐上一年，就这样灰溜溜地退回东北……想到这，张作霖的鼻子一酸，泪水涌了出来。他赶紧扭过头去，把脸冲向窗外，虽然车厢里人们都昏昏入睡了，可他还是担心怕他们看见自己在流泪。平时，在部下面前，张作霖从来都是以顶天立地的硬汉子面貌出现的，他绝不轻易落泪，也绝不轻易认输。这次进兵关内，虽说在北京栽了这么一下子，可他也绝不肯就这样善罢甘休，一切待退守东北以后再说！俗话说，十年河东，十年河西。中国近几十年的历史，就是在这种起起伏伏，颠簸跌宕中发展过来的。再经过几年的养精蓄锐、卧薪尝胆，我就不信，这暂时压下的葫芦，在宦海中不会再浮起来！……想到这，张作霖颓唐的情绪为之一扫，越发变得睡意全无了。

就在张作霖这样彻夜不眠地回首往事的时候，奉天一家靠近铁路的旅馆也同样是通宵达旦，灯火辉煌。所不同的是，这里没有酸苦的感伤，而是灯红酒绿，充溢着一派歌舞淫乐之声。

这家旅馆，名叫大和旅馆，是日本关东军的一所高级俱乐部，也是日本特务机关的一个据点，很多骇人听闻的政治阴谋都是在这丝竹管乐声中谋划的。

这旅馆，是按照日本的格式修建的，上下七层。是这一带最高的建筑。外表看去，并没有什么特殊的东西，滑动门，榻榻米……看着很像一个高级娱乐场所，如同东京触目即是的高级艺伎馆一样。可是，进入楼内之后就会发现，这里依照特务、情报工作的需要，建造了很多密室、机关。有些不明就里的人来到这里，很多都迷途难返，或误入陷阱，或身落情网……

一楼左侧的客厅是个长方形的大房间。室内的陈设布置，豪华而又典雅。天花板饰有淡淡的图案花纹，装在天花板上的灯球用明亮而又柔和的光线，映衬着室内的家具，显得极为协调。四周墙壁，挂的是高级壁毯，壁毯上点缀着各种名画；窗前和屋角，还摆有鲜花、盆景，若不是那间设有拉隔的密室显得有些神秘的话，这里简直可以称之为艺术殿堂。

一张镂花的方桌上，置放着一台留声机，弯曲的大喇叭上还画着一只哈巴狗在匍匐静听。富有浓厚日本气息的轻音乐,从大喇叭里悠扬地传出来,充溢着整个客厅。

听众只有一个,他叫河野大作,四十左右的年纪。他是关东军的高级参谋,军衔大佐,日本特务机关的头目,是日本少壮派中赫赫有名的领袖人物。他穿着一身宽大的和服,正斜倚在沙发上。刚刚刮过的脸上。明显地可以看出,左脸上横着一道刀痕。

他一边擦拭着闪亮的军刀,一边欣赏着这略带轻佻的乐曲。看上去他很是悠闲自得,可仔细端详,就可从他那流动的眼神中发现,他并没有沉湎于这声色之乐,而是醉翁之意不在酒,好像另有心事。

"铃铃铃……"电话铃急促地响起来。

河野大作扔下军刀,推开房间的暗隔,跨进了那间特制的密室。他听了几句之后,便以严厉的口吻,下达了不可抗拒的指令:

"传达我的命令,要严密封锁,不许走漏半点消息!违者,格杀勿论!"

放下电话,他没有再回到沙发上去倾听音乐,而是走到窗前,站在那里向楼外眺望。

奉天的街道,虽然不像北京那样的热闹和繁华,可作为东北的第一大都市,它也是高楼林立,商场、银行、餐饮、舞厅、妓院、拍卖行等,鳞次栉比,一应俱全。不过,现在也像北京一样,一切都隐匿在夜色之中。昏暗的夜色像一块巨大的黑丝绒幕布一样,把一切都裹住了,只能隐隐看出一点轮廓。

夜,昏黑的夜,凄冷而沉寂。

突然,一辆黑色的轿车像流星似的,划过这暗夜,顺着弯曲的街道,飞快地驶向这大和旅馆。

车门打开,走下来的是一位戴着眼镜、文质彬彬的人。他是日本驻奉天的总领事——林久治郎。他不像河野那样骄横和狂傲,也没有那种浓厚的武士道味,这是一位很讲究礼仪风度,富有西方气质的外交家。

河野急忙迎出门去,显然这正是他翘首等待的客人。

两人鞠躬相见之后,河野笑吟吟地携着林总领事,沿着铺有红地毯的甬道,让进了刚才那间客厅。女招待送上来烟、酒、水果,河野恭敬地请林久治郎就座。

林久治郎刚刚在沙发上坐定,留声机重又响了起来。随着悠扬的舞曲,屏风中旋出四名年轻的舞伎来。她们个个都不高不矮,身段苗条,头发高高地梳成大岛田髻,宫粉涂得浓浓的,衣襟敞开,两只丰腴的乳房微微露着,个个都带着一种撩拨人意的妖冶和风骚。随着音乐的节拍,她们放浪地扭动着手臂和腰肢,时而大腿踢起,时而轻纱飘拂……

河野大作好像忘却了林久治郎的存在一样,饶有兴味地观看着歌舞,不时还摇头晃脑地随之击拍哼唱几句。林久治郎却无心欣赏,他是在就寝之后,从被窝里被请来的,此刻尚有些睡眼蒙眬。他不知道河野这么急迫地把他找来,有什么要紧的事……

林久治郎望着河野,一直等待着他开口。可时间已经过去很久了,河野仍是一副沉醉的样子在观赏歌舞,毫无开口之意。林久治郎实在忍耐不住了:

“大佐阁下,您深夜叫我到这里来,该不只是为了让我欣赏这些歌舞吧?”

“当然,请林总领事是不会用这类节目的。”

河野笑着一挥手,艺伎们鞠躬告退了。但河野也并没因此就说出他邀请的真意,而是反问了一句:

“总领事阁下,芳泽公使这两天有信来吗?”

“您指的是哪个方面?”林久治郎对他这无头无脑的问话,有点无从答起。

“当然是我们关心的那个‘满蒙悬案’的谈判……”

“咳——”林久治郎叹了口气,声调里充满了沮丧,“已经彻底破裂了!”

“怎么?”河野用一双敏锐的目光,盯视着林久治郎的表情。林久治郎修有一副漂亮的仁丹胡,一到遇有焦虑棘手的问题时,他就要下意识地抚摸这胡须。这时,他又托着下颏,用拇指和食指,来来回回,漫无目的地抚弄起胡须来。

其实,河野早已从关东军的情报部门得知了谈判破裂的消息。在此之前,关东军曾一再告诫外务省,跟张作霖打交道,靠谈判是没有用处的,可是外务省执意不肯,结果碰了这么一个滑溜溜的软钉子。河野对这一结果,是早就料到,而且是盼望如此的。但是今天,他却装出一副全不知情的样子,故作惊疑地问:

“哎呀,斋藤先生可是我国有名的谈判专家呀!”

“可张作霖是个无赖!”很有涵养的林总领事,这时气得直拍桌子,“他从来不跟你好好谈判,而是东拉西扯,软磨硬泡,用他们满洲话说,就是耍死狗!”

河野望着林久治郎那气恼的样子,仍旧一字一眼地发问:

“难道我们就如此罢休?东三省可是我们帝国的生命线哪!”

“芳泽公使虽然十分恼怒,可也毫无办法……”林久治郎摸着胡须,发出了无可奈何的哀叹。

河野冷笑着站起来,走近刀架,轻轻地弹了弹那把亮晶晶的军刀。

“你们在谈判桌子上得不到的,让我们关东军用武力来索取吧!”

“武力?不,不,这不是上策。”林久治郎一听,连连摇头。作为长期研究中国问题的外交官,林久治郎一贯反对关东军的“外科”办法,即通过武力来索取满洲。他主张,对中国的占领,应采取“内科”的办法,即通过经济和外交的方式来一步步地蚕食、渗透,他认为诉诸武力乃是不得已的下策。

“算了吧!你们的那种软弱外交该结束了!”河野未等林久治郎说完,就粗暴地打断了他,露出了他作为少壮派军人的骄横本色。他慷慨陈词地列数了自1915年以来,外务省在“满蒙悬案”交涉上的失败,他歇斯底里似的大声疾呼:

“在日清战争、日俄战争中,我们日本将士用鲜血换来的满洲特殊权益,不能再迟迟不解决了！”

林久治郎望着激愤的河野，扶了扶眼镜，依旧争辩地说：

“我认为武力只能暂时解决问题。再说时机……”

“林久治郎君，时机是靠人来创造的！”

“不，我的意思是……”

“啊，好了，今晚请你来，可不是为了争论的。”河野平静下来之后，他挑起的争论，又由他来打住了。

林久治郎越发迷惑不解了：

“那么，请问您这位高参，深夜邀请，到底有何公干哪？”

“我想请你看场好戏。”

“看戏？河野君，改日一定从命，今晚不行！”林总领事生气地站起来，起身欲走。

河野急忙伸出手去，拦住了他，笑笑说：

“不，不，这出戏一定请您赏光。如若不看，您将追悔莫及！”

河野到底要搞什么鬼名堂，让人在这里猜哑谜？！林久治郎带着迷惑，被河野强按在沙发上。河野一招手，侍女为他们各自斟了一杯酒。河野举起来，递到林久治郎的面前，林久治郎无奈，只好端起来陪他一起饮酒。

话音刚落，一位副官进来通报：“谢倩怡小姐到。”

林久治郎见河野有客人来访，又听说是一位小姐，便欲起身告辞。河野一把将他按住：

“不必，不必。这也是一出戏，不过是一个小小的穿插。”

河野的话音刚落，谢倩怡就飘然而进。这是个刚过二十岁的漂亮女人，东方人的脸型，却有着西方的风韵。身穿一套华贵的拖地长裙，头戴一顶时髦的法国大沿软帽，波浪式的卷发长披在肩。林久治郎一眼就清楚了，这准是交际场上的能人。她使得那些浓施粉黛，搔首弄姿的艺伎，顿时黯然失色。她是杨宇霆的私人秘书。

河野慌忙站起来施礼、欢迎，并把她介绍给林久治郎。谢倩怡迎前一步，把她那美丽的睫毛向上一扬，像对一个熟朋友似的对林久治郎亲切地笑了笑，然后伸出她那戴有宝石戒指的小手，和林久治郎轻轻地握了一下。林久治郎本来早就听说杨宇霆有一位漂亮而又能干的私人秘书，但始终未得相识。今日一见，果然是神采飘逸，名不虚传。

“谢小姐刚从关内赶来，千里奔波，一路风尘，大大地辛苦。”河野一边介绍着，一边站起来又鞠了一躬，“我深夜邀请您来这里，实在抱歉，对不起。”

“旅途劳顿倒算不了什么，”谢倩怡收起了刚才的嫣然浅笑，脸上罩上了一抹愁云，“只是我……唉！”

河野倒了一杯饮料，双手递过去，问：

“谢小姐是身体不舒服，还是此行不顺利？如果是前者，可以请我做医生的妻子帮忙;如果是后者,我倒愿意为您排解忧烦。”

“谢谢。这次我……”她望了一眼林久治郎,话又吞了回去。

河野看出了她的顾虑:

“但说无妨!林君是我的老朋友。”

谢倩怡起身深深一躬:

“我这次辜负了河野先生的重托,深感惭愧!”

“不要这样,我不会难为你的。”河野非常宽厚。

“我在北京向杨宇霆将军,再三转达河野先生的意愿。可是他,最后还是拒绝了。他说,关于‘满蒙悬案’的谈判,他只是张作霖的代表,并没有决定权,因此,无法满足贵国的要求。”谢倩怡边说边从手提包内掏出一张支票,票面上是二十万元的巨款,“这个请您收回吧,实在对不起。”

河野诧异了一下,没有言语。

“请体谅他的苦衷,他不是执掌最高权力的人。”谢倩怡把支票送到河野的面前,然后又退回一步,深深一礼,“我没有完成使命,也请河野先生包涵!”

河野略略思索,随即爽朗地大笑起来:

“啊,不,不!谢小姐,你的使命完成得很好,我非常地感谢。至于杨宇霆将军的处境,我们非常地同情和理解。杨将军雄才大略,手中又握有重兵,他应该干一番更大的事业。请向杨将军转达我们日本军方的敬佩之意。”

一直在侧耳静听的林久治郎,此刻一切都明白了。他望着河野这个面有刀痕、满脸横肉,看上去粗野蛮横的一介武夫,没想到还搞了这么多的鬼名堂!

林久治郎正想旁敲侧击他一下,副官又进来,请河野去隔壁听电话。河野一问,电话是日本驻奉天守备队打来的,他那浮有微笑的脸上立时严肃起来,道了声“对不起”,就匆匆起身离去了。

林久治郎是很善于观察人的。他望着河野的神情变化,虽然此时尚不知河野想让他看的是什么把戏,但外交官的敏感告诉他,这位特务机关的头目,准是在策划一项阴谋,而这阴谋又肯定与满洲有关。虽然他在处理满洲问题的方式上与河野存有分歧,可他们毕竟属于一个营垒的。所以,他为了防止谢倩怡看出破绽,便热情地与谢倩怡攀谈起来,这一方面是借以分散她的注意力,另一方面林久治郎也想趁机了解一下谢小姐的身世。

谢倩怡的父亲原来是杨宇霆将军的老部下,前年逝世后,谢小姐的一家都由杨宇霆抚养照顾,所以,谢倩怡对杨宇霆是忠心耿耿。当然,林久治郎也早就耳闻,杨宇霆对谢小姐也格外垂青。

“谢小姐辛苦了!”林久治郎与谢倩怡正谈着家常,突然,一个粗壮的女人声音从楼梯处灌了进来。随着声音进来的是一个肥胖的中年女人,硕大的和服紧紧包裹着她那笨重的身躯。谢倩怡循声望去,认出是河野大作的夫人河野加代,她知道,这是一位负有特殊使命的医生。

两位女人正寒暄着，河野大作又返回来了。林久治郎看得出来，显然刚才那个电话使河野放心、满意了，所以他那严肃的脸上又像魔法师似的堆出了笑容：

“加代，你为谢小姐准备了什么好玩的东西呀？”

河野加代如数家珍一样告诉人们，准备先请谢小姐品茗茶道，然后再到后楼女院去看日本古老的民间艺术——插花。

“只不知谢小姐肯不肯赏光？”

“不胜荣幸，不胜荣幸。”谢倩怡连声回答。

于是，河野加代用她那粗大的身体亲热地挽起谢倩怡，一路谈笑着向后院走去了。

待她们走了之后，林久治郎歪头盯视着河野，不无讥讽地：“想不到你这位大佐也搞起外交来了，你们军部的手，未免伸得太长了吧？”

“哪里。”河野站起来，拍拍林总领事的肩膀，“咱们是殊途同归，一切都是为了帝国在满洲的远大前程。”

“领教了！今晚受益匪浅。”林久治郎忽地站起来，“告辞了！”

“哎，这个时候怎么可以走哇？好戏就要开场了。”河野连忙又按下林久治郎，他看了下手表，“来，咱们到楼上去。”

河野连拉带拖地把林久治郎领到了楼上第七层，这是旅馆的最高层，也是靠近铁路这一带最高的建筑。拉开风门，便是一所豪华宽敞的大厅，光滑的地板，葡萄形的吊灯，富丽堂皇的装潢，这里显然是个舞厅。然而今天这里却是空荡荡的，唯见临街的几扇落地窗上垂挂着厚重的金丝绒窗帘。

河野拍了拍手，两名侍女出来，送上了丰盛的酒菜。随即音乐荡起，几名艺伎又轻步飘出，有的拥至林久治郎和河野大作跟前殷勤劝酒，有的则随着音乐节拍轻歌曼舞起来……

林久治郎此时更加无心观看这些歌舞，他回首望望河野，只见他也同样是心不在焉，不时地看着手表。

过了一会儿，河野按了一下桌上的按钮，一位副官走进来，拉开了厚重的窗帘。早晨五点的光景，窗外已是微露曙色，一抹霞光正在挣脱黑夜的羁绊，悄悄升起……

歌舞在继续着，轻佻的音乐绕梁回旋……

河野站起来，向林总领事举杯相邀。

“来，为我们在满洲的精诚合作，干杯！”

两个人的酒杯刚刚碰在一起，突然窗外爆发了一声惊天动地的巨响。轰隆隆嘎啦啦……沉雷般的震响，窗上的玻璃抖得哗啦啦的乱颤……

艺伎们吓得惊叫起来，她们抱着脑袋仓皇逃下。

“怎么，地震了？”林久治郎手中的杯子落在了地上，他惊诧地望着窗外，只见远处烟柱腾空，火光一片。

“噢，不是地震。”河野不仅没有惊恐，反而露出一种得意之色。他轻轻地放好酒杯，然后推开窗户，走到椭圆形的阳台上，那里早就摆好了两副长筒望远镜。他拿起来，递给了林久治郎一副：

“林君，请往皇姑屯方向看。对，看那三洞桥！”

这时，铁路方向的刺耳的汽笛声和警车的鸣叫声，响成一片。隐隐还可见到车灯、火光在马路上奔驰、闪烁……

林久治郎观察了一会儿之后，看了看手表，他猛然醒悟过来，惊骇地：

“啊？！张作霖的专车被炸？！”

“是的。慈禧太后当年的蓝色花车，如今已经变成了一堆废铁。”河野得意扬扬地说，“这位昨天还不可一世的东北王——张大元帅，现在已经成为古人了！”

林久治郎一切都明白了：

“你让我来看的原来是这出戏？！这么说，这出戏是你导演的了？”

“不，应该说是历史的巨手，把张作霖这陈旧的一页翻过去了，从此满洲将要书写新的篇章！”

林久治郎望着河野大作那志得意满的样子，不由产生了一种厌恶和反感。他在前些时曾耳闻关东军要搞掉张作霖，想乘张作霖兵败退守关外时，对张作霖实行武装缴械。这个方案已经被内阁否决了；关东军怎么又干起这种谋害的勾当来呢？万一这起国际谋杀案泄露出去，就会成为震惊世界的外交事件，成为世界丑闻，引起全世界舆论的谴责。那样的话，田中内阁将会因此而垮台……

林久治郎越想越可怕，越想越严重，他再也控制不住自己的愤怒，拍案而起！

“胡闹！你们军部如此不顾大局，一意孤行，由此引起的一切后果，关东军要负全部责任！”

林久治郎是河野大作的老朋友，在东京时曾一起受教于一位在野浪人，可以说是兼有同窗之谊。今见林久治郎脸气得刷白，仁丹胡也不停地颤抖，显然他是大动肝火了。但是，河野的态度并没有因为老朋友的盛怒而有丝毫变化。对于后果，他和林久治郎有着截然相反的看法。在他看来，历史由于他的作用，开始一个新的里程，这是留名万世的事业，因而显得更加踌躇满志，自鸣得意。

当然，河野也是有后台的，他之所以敢于这样肆无忌惮，是因为他摸清了关东军司令部的态度。早在去年“东方会议”之后，关东军就确定了自己的方针：对一切亲日的军阀要统统抓住。能利用的时候给以援助，不能利用的时候，就将其消灭！

自从张作霖拒绝了“满蒙悬案”的签字后，关东军就对张作霖恨之入骨，认为他已经不再是日本推行东亚政策的帮手，而是障碍、绊脚石。在张作霖决定退守关外之前，关东军司令官武藤信义便曾秘密派遣竹下义晴少佐，让他到北京去组织刺客谋杀。此事被一直想谋害张作霖的河野大作得知后，他主动把这任务揽过来说：“我替你干吧！”于是河野开始了一系列的布置和谋划，并派竹下照旧去北京，专门侦探张作霖的行踪，把张作霖退回关外的时间、车次，都准确无误地告知了河野大作。这便是河野之所以胸有成竹的理由，也是河野敢于有恃无恐的原因。

但是，他没有把这些幕后的策划告诉林久治郎。二人回到客厅坐下之后，河野望着暴怒的林久治郎，点燃了一支雪茄，随着那冉冉升起的烟雾，他淡淡地反问了一句：

张作霖

“不除掉张作霖，我们何时能实现对满蒙的统治？”

“张作霖死了，还有他的儿子张学良，你炸得完吗？”

“张学良？一个乳臭未干的公子哥，不足为虑！”河野蔑视地吹出了一串烟圈儿。

“不，对他可不能等闲视之！他不同于他父亲，这是个受过良好教育，胸有城府的少壮派领袖人物。”

对于这一点，河野也承认，张学良是有些不同凡响。可他认为，这位少帅此刻正在河北前线忙于撤军，只要张作霖一死，奉天的军队、帅府立时就会乱成一团，他张学良即或有三头六臂，也是鞭长莫及！或许有人会乘机倒戈，几天之后，张学良还能不能居于人世，都很难说呢！更何况，关东军已将几个旅团，从大连、大虎山方向调进奉天市郊，只待帅府一乱，关东军顷刻之间便可进占奉天。过去，大日本帝国常常苦于没有借口，无法出兵干涉，现今，地图上微不足道的皇姑屯，将会给大日本帝国以千载难逢的机会！在保护侨民的名义下，关东军可以堂而皇之地出面干涉了！也许晚则三五天，快则顷刻之间，整个满洲即将置于大日本帝国的全权管辖之下！

林久治郎似乎并没有像河野大作那样乐观。

“你敢确保张作霖必死无疑吗？万一没有炸死，岂不画虎不成，弄巧成拙吗？！”老谋深算的林久治郎，说出了他内心的忧虑。

“我以帝国军人的名义向你担保，这一切都是经过精密计算的，请相信我们大日本帝国的现代科学技术！张作霖必死无疑！”河野大作掐灭雪茄，并在烟灰缸里使劲拧了一下烟蒂，仿佛张作霖就如同这烟蒂一样，任他在手中蹂躏。

“不过，此事必须向首相报告，请首相裁决。”林久治郎的态度依然有所保留。

“首相那里，你尽可放心！你不是也参加过‘东方会议’吗？田中首相的奏折，难道你忘记了吗？”

河野把话点给了林久治郎，他知道这位总领事是清楚这番话的背景和分量的。

所谓“东方会议”，是1927年6月27日至7月7日，日本首相田中义一，在东京外相官邸召开的一次专门策划侵略中国、独占东方的会议。日本外务省次官森恪、出渊，亚洲局长本村，驻华公使芳泽以及其他各方面的代表，都出席了会议。会上，田中义一指出：中国的东北和日本帝国的生存“有重大利害关系”，并说中国战乱“一旦波及满蒙”，日本将“不失时机地做出适当措施”。之后，为了贯彻这一决议，于同年8月15日，又召开了“大连会议”，除讨论对东北的自办铁路加以干涉，控制等经济控制事项外，又特别强调了“在满洲实行强硬手段”。而这些集中起来，便形成了《田中奏折》中所概括的那一既定国策：“欲征服中国，必先征服满洲，欲征服世界，必先征服中国！”

对此，林久治郎虽说像圣经一样铭刻在心，可是对河野大作的这种贸然的举动，依旧忧虑重重，他捋着仁丹胡，但声调已不像刚才那样慷慨激烈了：

“但此事非同小可！它关系到整个内阁和日本外交界的声誉，一旦泄露出去，就会成为世界丑闻，而导致内阁垮台的！”

“正因如此，军部才指令我和你一起研究如何处理善后的问题。”这才是河野深夜邀请林久治郎的真谛，以此既成事实来迫使林久治郎接受。

河野眯起眼睛，望着林久治郎，递过去一只酒杯：

“老朋友，我想你不会拒绝这一合作吧？”

“如果我拒绝呢？”林久治郎没有接酒杯，而是这样反问了一句。

“拒绝？”河野眨了眨他那鹰一样的眼睛，狡黠地笑笑说，“林君，你不会拒绝的。军部能答应你吗？田中首相能答应你吗？”

这几句话具有很大的威慑力量，林久治郎怔怔地站在那里，他不得不思索一下，拒绝可能带来的后果：田中的既定国策、关东军的嗜血成性、个人的身家性命……

河野望着沉思的林总领事，又把酒杯递了过去：

“为了大日本在满洲的前程，也为了我们自身的前程，老朋友，让我们合作吧！”

林久治郎苦笑了一下，接过了酒杯。

河野得意地站起身来，与林久治郎碰杯。

“踏踏踏……”一阵急促的木屐声从楼道传来。河野拉开门，只见谢倩怡和河野加代气喘吁吁地从楼下跑上来。谢倩怡着和服，拖着木屐，显然刚才和河野夫人玩得相当投机。但此时，她却是一脸疑云：

“河野先生，皇姑屯发生了什么事？”

“是啊，惊天动地的，像是火药库爆炸了！”河野加代仿佛也并不知情。

河野这位杀人如麻的关东军大佐，却竟是一位表情十分丰富的天才演员。他以沉痛的语调告诉谢倩怡：

“不幸得很！刚才接到守备队电话，张作霖大元帅的专车在通过皇姑屯三洞桥时被炸了！”

林久治郎清楚，河野自上楼以后，根本没接过守备队的电话，可他出于高度的自信，竟把事情说得如此准确而肯定。

“啊？！那大元帅他……”这犹如天塌地陷的消息，使谢倩怡大为惊恐。

“我们日本的老朋友，满洲军人之父——张作霖大元帅不幸遇难！”河野的表情变得更加悲痛。

“天哪，太可怕了！”刚才还兴致勃勃的谢倩怡，此时像遭到晴天霹雳一样，只觉得天旋地转、六神无主……

“听说谢小姐是大元帅的干女儿，我向您表示沉痛地哀悼！”林久治郎也走过去致意。

谢倩怡再也控制不住自己的感情，她伏在河野加代的肩上，呜呜地恸哭起来。

河野加代把谢倩怡扶到沙发上，河野大作也慢慢地走到谢倩怡的身旁，劝慰说：

“大元帅是归天了，可他的事业，他缔造的日中亲善，还将要继续下去。当今迫在眉睫的问题是东三省——大满洲的帅印由谁来执掌！谢小姐，你思考过这个问题吗？”

谢倩怡停止了哭泣，她被河野提出的这个巨大问题吸引了：

“当然是少帅张学良啦！”

“执掌偌大江山的重任，你不觉得他过于年轻了吗？”

“那，老一辈中，德高望重的要属吉林督军张作相。”

谢倩怡知道，张作相是张作霖的结义兄弟，为人老实忠厚，颇得东三省军政界的敬重。

“他，却又过于老迈喽！”

那么，河野他们认为应该是谁呢？……谢倩怡惊疑地抬起头来，睁着两只大眼睛，目不转睛地注视着河野大作。

“如果事情发生在我们日本国的话，我将毫不犹豫地选择杨宇霆将军！”河野把话挑明了。

“谢小姐，请转告杨将军，我们日本国寄大希望于杨宇霆总参议阁下。”林久治郎挤了进来，不失时机地补上了一句。

河野加代此时忘记了刚刚装出的悲痛，竟扭动肥胖的躯体，手舞足蹈起来：

“哎呀，如果杨将军做了大元帅，那谢小姐可就是……”

“好了，这都是以后的事。”河野大作打断了他妻子不合时宜的表演，重又端起酒来，依然是那种沉痛的声调：“来吧，让我们为大元帅的仙逝，干掉这杯苦酒，愿他早升天国！”

林久治郎用嘴唇沾了一下，随即把剩下的酒向空中一洒，以示对张作霖的祭奠。当河野也仿效他，把杯中酒向空中抛去时，险些洒在一个匆匆闯入的年轻军官身上。

这位全副武装的年轻军官，即是东宫大尉，他是日本奉天独立守备队的副官，也是皇姑屯炸车案的现场指挥，河野就是命令他按的电钮，使张作霖的蓝色钢车化为一堆废铁的。在关东军的眼中，这是帝国的勇士的骄傲。所以，河野一见他进来，眼睛里立即放出一股奇异的光彩。

“报告，卑职奉命……”东宫举手敬礼。

河野一个眼神制止住了东宫下面的话，随即他又轻轻地扯了一下河野加代的衣角。河野加代会意地携起谢倩怡，二人下楼去了。

“报告，中国政府要求保护现场，说是要调查炸车原因。”

“你是怎么回答的？”河野急切地问。

“我说，南满铁路纯属日本势力范围，理应由日本政府维护治安，中国政府无权干涉。”

河野很满意东宫大尉的回答，他赞许地点点头。

“东宫大尉，据你的调查，都有哪几个大人物遇难啦？”

这是林久治郎最为关心的问题。

“报告，黑龙江省督军吴俊陞和张作霖的六姨太当场身亡。”

“嗯，还有呢？”河野兴致勃勃地等待他说下去。

“只此二人死亡，其余几十人受伤，尚未详细统计。”

“那，那张作霖他？”林久治郎的声调里已经透出了紧张。

“报告，张作霖身受重伤，现已抬回帅府抢救。”

“什么？你再说一遍！”河野脸色一变，口气严厉地逼问。

“是！张作霖身受重伤，现已运回帅府抢救。”东宫重又说了一遍。

“你胡说！”河野大作怒吼起来。

“卑职不敢胡说，是卑职亲眼所见，方秘书长和薛医官把他抱进了汽车，在汽车中他们还在说话。”

“张作霖没有死！怎么办，河野先生？！”林久治郎心里十分沉重，用一双犀利的目光逼视着河野大作，目光里充满着焦虑、不满和责难。

河野大作恼羞成怒，气得眼睛通红，脸色铁青，那道刀痕可怕地抽搐着……只见他一步步地走近东宫，猛地抡起一掌，“啪”的一声，狠狠地给了他一记耳光！

……人们已经走了很久了，河野还像发疯一样在客厅里转来转去，酒杯、茶碗全都砸碎了……他苦苦地思索着：张作霖怎么会没有死呢？

这次炸车案是河野大作一手策划的，他亲自指挥，布下的必死之阵。埋置了三十麻袋黄色炸药，在五百米外又设立了瞭望台，并有电气机直接控制电钮……按理是绝对准确，分毫不会差的。就是钢垛子也要粉身碎骨的，可张作霖怎么会没炸死呢？这里会不会还有其他的蹊跷？

想到这，河野连忙又抓起电话，他要找老谋深算的林久治郎再仔细分析谋划一下，因为张作霖的死与不死，这可是事关日本帝国兴衰成败的大事啊！

第三章　阴云笼罩的奉天城

6月4日清晨，奉天火车站充满了一派隆重热烈的气氛。天还没亮的时候，大帅府的秘书长方世靖和奉天宪兵司令齐恩铭就率领着留守奉天的军政官员，一个个身穿礼服，按着官阶大小整齐地排列在月台上。

车站临时搭起了一座高大的凯旋棚，上面装饰得花花绿绿，彩旗飘舞。欢迎大帅荣归的标语贴满了车站周围的道口、胡同，高矗的建筑物上不是拉着横标，就是垂挂着长长的竖幅，真可谓五颜六色，琳琅满目，一派喜庆、堂皇！

威武的军、警、宪部队和声势浩大的军乐队，分列月台的两旁，特别是那闪亮的铜管乐器，在晨曦的辉映下，更显得威仪壮观。

方世靖知道，大帅在离开北京时是灰溜溜走的，有些扫兴，所以这次他有意搞得非常隆重，火红，让大帅看看故乡的气派和情意。

当一缕朝霞冲开迷雾，照射到辉煌的彩棚上时，一位值日军官跑过来报告，大元帅的专车已经驶进皇姑屯了！车站顿时变得肃穆起来。方世靖整整衣冠，垂手肃立；各级官员也都屏住了呼吸；军乐队的指挥抬起了装饰有彩穗的指挥棒，铜管乐队的队员们也都摆好架势，做好吹奏的准备……

一进皇姑屯，张作霖的专车上也现出了一派“到家了”的气氛。一夜都提心吊胆的人们，这时都像一块石头落了地，车厢内荡起了笑语欢声……

整整一宿愁眉苦脸的张作霖，此时脸上也绽出了笑容。他拉开窗帘，把头探出窗外，已经可以隐隐看到站台上人头攒动、高高的彩棚，飘舞的五色旗和那闪闪发亮的铜鼓铜号……张作霖精神为之一振，他兴奋地告诉随行的人们，不要陪他了，都赶紧回自己的车厢去收拾行装，准备接受奉天的盛大欢迎。

他自己也开始忙碌起来，六姨太帮他重新戴起那拖着长穗的军礼帽，穿起那身饰有徽章绶带的大元帅服。他对着镜子，反复地端详自己的容颜和装束。回到自己的天下了，他一定要精神抖擞、威风凛凛地进行月台检阅，以挽回在北京偷偷溜出的脸面……

“呜——”火车一声长鸣，它似乎在宣告：大元帅已经安全到家了，你们快来迎接老帅的凯旋吧！

一直风驰电掣的专车，这时慢慢地放缓了速度。它一面得意地喷吐着白雾，一面缓缓地驶进了南满铁路的交叉道口——三洞桥……突然，轰的一声巨响，铁桥被炸塌,专车被炸翻……

奉天车站像穹窿崩裂、巨厦倾塌一样,立时火光冲天、烟尘弥漫、鲜血横飞。警车声、呼喊声、哭叫声、呻吟声……响成一片,刚刚还井然有序的站台,顷刻如汤浇蚁穴、火燎蜂房一样乱作一团。

方世靖不顾一切地赶来,当他发现被炸的正是张作霖乘坐的第四节车厢时,他的脑袋像遭雷击一样,轰地一下子!他最担心的事情发生了!这个平时温文尔雅的总管,此刻变得非常严厉,他铁青着脸,用不容分辩的口气,斩钉截铁地命令宪兵司令齐恩铭,立刻整饬现场秩序,不许任何人走动,不许任何人出站台,违令的当场枪毙!

布置停当后,他急忙奔回张作霖的那节专车。这时,随同张作霖归来的医官薛秉谦和张占魁,已从炸塌的车厢里把张作霖扒出来,只见大帅已血肉模糊,头部的鲜血还在渗流,金光闪闪的肩章绶带上到处都溅满了血迹……方世靖赶过去,帮着薛秉谦把张作霖抬进了汽车。张占魁虽然头部也受了轻伤,可他顾不得自己的伤口,只用手巾胡乱扎了一下,就手持双枪一路保护着,直向奉天城内开去。

奉天的大帅府,不同于北京的中南海,它是近年刚刚仿照西方样式建造的,因外观是一色的青砖砌成,所以只被称为大青楼。车进大青楼后,方世靖立时命令前后戒严,除了薛医官外,任何人不得近前。张作霖居住的二楼里间卧室,更是绝对不许涉足,有谁胆敢越雷池一步,定要军法从事!对于前来探视的,不管是中国的外国的,也不管是外戚内眷,都要一律挡驾。

第一天,警卫士官们以这种死命令都给挡住了。但到了第二天,闻讯赶来探视的人越来越多,而且都是上流社会里有些头脸的达官士绅、太太小姐。他们有的是在这里守了一夜,有的是刚刚从外地赶来……担任警卫的士官,对这批有身份地位的人物不敢得罪,只是婉言相劝,可这些贵人们哪个肯把这些下级官兵放在眼里,为了表示他们对张作霖的耿耿忠心,一个个都争先恐后,直想横冲硬闯!

卫士们不得已,赶紧进去把正在休息的张占魁喊起来了。张占魁头上缠着绷带,他在黝黑的躯体上披了一件衫褂,腰里插上双枪,来到了外客厅。因为昨天一天一宿没睡,他一边走还一边抹着眼屎。

人们一见张占魁出来,喧闹立即平息下来。张占魁扫了一眼前来探视的人群,他略一抱拳,算是这厢有礼了。

“诸位长官,老少爷儿们!休怪我张占魁不给面子,实在是大帅吩咐,不见客!大帅治伤,心情烦躁,惹急眼了,有你们的热闹看!”

一位老年士绅不知是听不见还是怎么的,他还想往前挤。张占魁两眼一瞪,迎了过去:

“喂,那位先生,别死皮赖脸的。你要见大帅,大帅可不想见你!识趣儿点,快走!”

这位老士绅是个富富态态的老者，飘拂的银须和整肃的衣装，说明他是个有学识有身份的人。他没有计较张占魁的粗话，而是拱手向张占魁作了一揖。

"侍卫长标下，请开恩让老夫看上一眼，只看一眼足矣！"

"你少来之乎者也的，快给我土豆搬家——滚球！"不通文墨的张占魁，丝毫不给面子，又迎头给了他一棒。

老士绅在众人面前受此抢白，觉得颜面上很下不来，他用手指着张占魁，连银须都气得颤抖起来：

"吾爱大帅，前来探视，情合理顺，何罪之有？奈何遭尔羞辱？"

张占魁没有二话，"刷"的一下掏出枪，对着那位老士绅：

"我说不过你，可它能说过你！走不走？"

老士绅哪见过这种场面，望着张占魁那凶神恶煞的脸色，黑乎乎的枪口，只吓得他双腿发软，连连后退……

正这时，方世靖从里间走出来，他见张占魁正对着老士绅讲粗话，赶忙喝止："占魁，不要无理。"

这些吓坏了的达官士绅们，一见方世靖出来，都像见到了救星一样，委屈地拥过去。他们知道，方世靖这人极得张家父子的宠信，是帅府的总管，张家父子进京后，奉天的大帅府便交由他全权负责。

方世靖今天穿了身深色的洋缎长袍，外罩一件团绣马褂，着一双黑亮的皮鞋。一看装束，就让人感到他镇定自如，足以信赖。他在台阶下，向下扫视了大家一眼，挥了挥手，人们立刻静了下来，他用沉稳的声调，有条不紊地说：

"诸位，刚才我把大家的关切和期望禀报了大元帅，他让我转达他的谢意。他让大家都回去忠于职守，少安毋躁。大元帅说，伤势减轻之后便出来执事，只是现在医生不允许见客，请诸位多多见谅。"

"既然大帅有话，不见也中啦！"一位官员还心有余悸地望着张占魁那两个黝黑的枪口，见有了台阶下，就赶紧拉了拉刚才那位老士绅。

可那位老士绅没有理睬他的好意，仍固执地向前凑去。

"方秘书长，请问大元帅的伤势究竟怎样？吾等甚为关切，能否略说一二？"

"可以，可以。我们正准备在报上发表医情公报。"方世靖转过身来，对刚从里间走出来的薛秉谦说："薛医官，你给大家介绍介绍。"

薛秉谦从白大褂的衣兜里，掏出一纸医情公报来，读给大家：大元帅今天早晨体温三十七度二，血压正常。但是，有时还头晕、眼花，右手微抖。中饭后，在别人扶持下向前走了七步半。

乡绅们听着医情公报，赞叹连声。有的说："大元帅不发烧了，福音、福音啊！"也有的竖起拇指称赞薛医官："只一天工夫就有起色，真是医到病除啊！"

方世靖接过话茬，乘机介绍了薛秉谦，讲他是留日的医学博士，医道精深。大元帅有他医治，伤愈是指日可待的，让大家尽管放心。

这样一讲，人们果然放下心来，纷纷准备离去……

“哎，云鹤老！”方世靖忽然叫住了一位官员，“大元帅要吃家乡海城的红毛鲤鱼，你这位父母官给办一办吧？”

被称作云鹤老的官吏，感到这是莫大的恩宠，他惊喜得都口吃起来：“那……敢情……太、太好了！你说吧，要、要什么样的？”

“大元帅的老习惯嘛，鱼长不过半尺，上岸不过三个钟头。”

“我、我知道。就、就去办！”云鹤老高兴地走了。

“哎，赵老财东！”方世靖叫住了刚才那位被张占魁抢白的老士绅，“大元帅的眼镜摔坏了，你老给配副新的吧。他头上缠着绷带，眼镜腿给配长点……”

“然也，然也。”这位眼镜行的赵老财东，不仅挽回了面子，还竟有此荣耀，他大为激动起来，“我赵某定为大帅择优选配。使之眼明如初，可于病榻之上料理国事，使之……”

赵老财东本想再说下去，可方世靖拱手一揖：“那就拜托了，送客！”

送走了这批达官士绅之后，方世靖命令张占魁把守住二门。不许任何人再进入。

方世靖年约五十多岁，他处事沉稳，又足智多谋，是大帅府里有名的智囊人物。但此刻他返回正厅时，却是步履沉重，忧虑重重……

“秘书长！”一个声音打断了方世靖的忧思。谁又进来了？

他回头一看，原来是张占魁。

张占魁见方世靖停住了脚步，便紧走了几步赶了上来，哀求地说：

“让我去看看大帅吧，自家人还不能通融吗？”

方世靖一听，沉下脸来：“占魁，大帅的脾气你不会不知道吧！”他见张占魁面子上有些过不去，就又补了一句，“好吧，待会儿，我跟大帅说说。”

“好哩！”张占魁高兴地退出了正厅。

这大帅府，外表虽是现代的西方式样，可内里的格局却类似北京的一些王府。特别是室内的陈设，更是依照张作霖的喜好，全是些古色古香的家具。

薛秉谦从张作霖的楼上卧室里走下来，方世靖正坐在一张太师椅上托腮出神。薛秉谦微微停了一下，然后轻轻地走到方世靖的椅边。

“老方，这件事现在得让张家人知道了。已经过了三十多个小时，没有张家人的配合，这台戏不好唱了！”

“是啊，这外面的人还好对付，万一后面的眷属闹起来，咱们就难办了！”

显然，方世靖刚才也正为这件事发愁。他说着，还掏出一张纸来，递给薛秉谦。这是一份机密情报，上面说日本关东军已经下了紧急动员令，正枕戈以待……

事态越来越严重，时间越来越紧迫了，每一分一秒都孕育着危机！

“我看，这事得把汉卿的夫人请来？”

“嗯。”方世靖点点头，他觉得也是时候了。

张学良的夫人于凤至，住在大帅府的后院。她三十出头的年纪，原是怀德县商会会长的女儿。她父亲过去曾资助过张作霖，张作霖为了报恩，决定让儿女结为亲家，可张学良开始对这门亲事并不满意。张学良当时已名扬海内，是全国有名的风流人物，他与孙中山的儿子孙科、段祺瑞的儿子段宏业、浙江军阀卢永祥的儿子卢筱嘉，被称作中国的“四大公子”，而且张学良这时已经带兵打仗，威名远震。于凤至的父亲为了适应张作霖的显赫门第，将于凤至特意送进奉天女子师范就学深造，并以优秀成绩毕业。

于凤至是个贤淑聪慧雍容大度而又知书达理的女性。她与张学良结为伉俪之后，以其才学和品德，逐渐赢得了张学良的敬重，他们举案齐眉，相敬如宾。因她年长三岁，张学良把她尊为大姐，凡有什么机要大事，张学良总是找她商议。老帅和少帅带兵入关以后，帅府的内宅便统由她来料理，帅府上下对她都尊为少夫人。

于凤至的房间，也如同她的为人一样，不尚浮华，讲求自然素朴。室内没有更多的装饰，除一张唐伯虎的《海棠春睡图》和一尊倒坐观音外，只有一盆冬夏常青的天冬草。花梨大理石的大案上，摆满了笔墨砚台，看上去这不像少妇人的卧室，倒像是一间书房。

她唯一独特的爱好是喜欢养狗，在她的住所里养着好儿只各式各样的可爱的小狗。当方世靖派人来请时，恰巧她给大帅做的莲子羹也煮好了。她挥去膝上的一只小花狗，让一名侍女端着莲子羹，便到大青楼正厅来了。

“老方，莲子羹我已经做好了。秉谦，现在能给公公喝吗？”一句话里，她和正厅里的两个人都打了招呼。

“少夫人！凤至……”薛秉谦因是张学良的同窗密友，所以对张学良夫妇，从不称官衔，而直呼其名，管张学良称汉卿，把少夫人称凤至，这是他们彼此关系亲密的象征。他们之间，历来是无话不谈的，可今天，薛秉廉刚刚开口，就又收住了。

“少夫人，您请坐。”历经宦海沧桑的方世靖，毕竟老练些。他打发侍女退下后，站起身来，“少夫人，有件事要告诉您，还要请您拿主意。”

“需要我做什么？说吧。”于凤至端着盖碗，并没有坐下。

方世靖望望薛秉谦：“你说吧？”

“不，还是你说吧！”薛秉谦又推给了他。

这两个人，一个是张学良夫妇的同窗密友，一个是张家父子的心腹部下。于凤至看着他们说：

“咳，你们俩，谁说还不行？一会儿汤该凉了。”

“少夫人，请您一定不要过分激动……”停了许久，终于方世靖开口了。

“老方，你什么时候也变得这么啰里啰唆？！”于凤至嗔怪地说。

“少夫人，大元帅他，他，他升天了！”虽然方世靖尽量压低了声音，可在于凤至

1930 年，(左至右)张学良、宋霭龄、于凤至、宋美龄、蒋介石

听来，却依然是有如五雷轰顶！

“什么？”于凤至不敢相信自己的耳朵，她用一双惊疑的目光，望望方世靖，又转向了薛秉谦。

“大元帅在返回帅府四小时之后，就咽气了！”薛秉谦沉痛地补充说。

“啪”的一声，于凤至手中的盖碗掉在了地上，汤洒了，碗也碎了……她木然地呆立了一会儿，两腿一软，跌坐在椅子上，半晌才呜呜地哭起来……

“少夫人，不能哭！”

“凤至，你镇静一点，不能哭啊！”

方世靖和薛秉谦慌忙上前劝阻。

“为了蒙蔽日本人，大元帅的死讯我们已经封锁了三十个小时了，在汉卿返回奉天之前，还得继续封锁。”

“现在，日本人已经起了疑心，一旦他们得知大元帅不在了，您可以想象，这帅府内外，那将会是一种什么后果？”

知书达理的于凤至，一听这些，知道事情的严重，她连忙收住眼泪，沉重地问：“让我做些什么呢？”

方世靖说：“少夫人，您必须忍悲节哀，装出笑脸来，要做出大元帅伤势好转的样子，应付各种探访，保持帅府的平静，不能有一点疏漏……”

“这秘密能不能守得住可是关系重大啊，凤至！”薛秉谦插话说，“它不仅关系到帅府的安危，也直接关系到汉卿的安危啊！”

“汉卿他……”一提到张学良，于凤至的眼圈又红了，嘴唇痛苦地颤动着，浓密的睫毛下重又涌出了一串酸痛的泪水。但她一想到当前危险的局势，稍一疏忽，就将招来无法估量的后果！不止是汉卿和帅府的安危，很可能是东三省顷刻沦陷啊！想到这，她强制自己把泪水咽下去，抑制住了哽咽。

可谁知，这时厅外一个男人却呜呜地哭嚎起来！三人一听，都惊呆了！

“谁？进来！”方世靖边往厅外走，边厉声喝问。

张占魁抹着眼泪走了进来，原来刚才他们说的话，他都听到了。他慢慢地走进来，也不说话，突然扑通一声，双腿跪下，冲着大帅的房间痛不欲生地哭喊起来：

“大帅，我的大哥，咋不让我替你去死啊！呜呜……”

“占魁，现在不是哭的时候！”方世靖急忙劝阻。

张占魁没有理睬他，依旧号啕大哭：“大哥，你死得不明不白，你死得好冤枉啊！”张占魁的哭声，在这空寂的大厅里，听起来格外地响亮……

薛秉谦急得直跺脚：“占魁，你这样要坏大事的！”

“什么他妈大事，人都死了，连哭都不能哭啊！”张占魁越发放声大哭起来。

怎么办？方世靖和薛秉谦连拉带劝，可张占魁就是不听，仍然弯着腰，伸长脖子，一把鼻涕一把泪地哭嚎……

突然，“砰”的一声，于凤至猛地一拍桌子，厉声呵斥：“放肆！”

于凤至是一个窈窕的少妇，微红的脸庞显得有些瘦削，但她却具有一种稳重娴静的仪态。尤其是她那黑亮的头发，漫不经心地顺便一梳，就生发出无限的风韵。于凤至在帅府中，历来是以素朴、稳重、贤淑和待人和气而著称内外的，张占魁从未见过她发脾气。今天一见，少奶奶气得两只杏眼圆睁，一向温和的脸上，射出一道威慑人心的目光，张占魁一时也傻住了。

于凤至见张占魁已被镇住，便收起怒容，依旧温婉地走过去，扶起了张占魁。

“魁叔，您对大元帅的感情，我和学良都知道，方秘书长他们也都十分清楚……”

这时，薛秉谦从里间取出张作霖那杆翡翠嘴的长烟袋，递给了张占魁，告诉他，这是大帅临终时特意留给他的一件临终信物。

张占魁望着这张作霖最喜爱的长烟袋，心头一热，张作霖待他的桩桩往事又涌现他的眼前。最使他难忘的是，在辽海老家时，那时张占魁还没有当兵落草。一次，他在海城县城里赌钱赌输了，输得非常惨，最后连房子、地、牲口和老婆都一起押上，还是没有捞回来。他输得赤条条的，怎么回去见人哪？怎么跟老婆说啊？能说把她也输给人家了吗？……没办法，他心一横，想出了最后一招：把一只胳膊砍下来押上，你们如果也敢砍，就把这些财产都收去；如果不敢赌的话，那就把这些房子、地、老婆和金钱全归我！他已经输红了眼，一边说着一边就操起了腰刀，正要对着自己的胳膊砍去的时候，一只手把他攥住了！“占魁输的钱，我来付！”张占魁回头一看，是他的同族哥哥张作霖，他连忙跪在地上，“当当当”连磕了三个响头，前额都磕出了血印。从此后，张占魁便死心塌地跟上了张作霖，一直做他的心腹保镖。

张占魁手握着这杆翡翠嘴的长烟袋，回首这段往事，不觉又见物思人，悲从中来，他喉咙一酸，又欲哭泣起来……

“魁叔！”于凤至见他这样，连忙制止。

“占魁，大帅对我们可都是格外恩重啊！”方世靖望着心潮起伏的张占魁，语重心长地说，“我们切不可因一时莽撞，辜负了大帅的嘱托，毁了大帅的事业啊！”

张占魁抹去眼角上的泪珠，说：“你们刚才讲的道理，我都听见了。该怎么办，我听你们的！”

“谢谢魁叔！”于凤至一听，连忙致礼。

于凤至的话音没落，值勤官跑进来报告：日本驻奉天总领事林久治郎阁下前来探视大元帅的病情。

“什么？日本人还来探视？！”张占魁刚刚压下去的怒火，重又被点燃起来！他虽没有确凿的证据，可他从前些时日本人对张作霖的态度，特别是离京前齐恩铭打去的电报中，他敢断定，这炸车肯定是和日本有关。什么探视？明摆着是来刺探大帅的情报，他们还摸不定大元帅死还是没死，怎么能让他们进来！所以，他冲那值勤官大手一挥：“挡驾！”

“慢！”于凤至威严地叫住值勤官，随后用目光征询了一下方、薛的意见，见他们微微点头后，她吩咐张占魁和值勤官：“请他们进来。”

来人除林久治郎外，还有河野加代和一名护士，她们手中提有医药箱，俨然是一个医疗小组的样子。

方世靖把于凤至介绍给林总领事。

林久治郎慌忙鞠躬致意：“少夫人，大元帅和我们多年交厚，情同手足，对大元帅的不幸受伤，我们深感震惊，同时也十分关切！芳泽公使专电指示我，代表日本驻华使馆前来探视大元帅，并致以亲切的慰问！”接着，又是深深的一躬，日本人在什么时候都是礼仪周全的。

于凤至鞠躬还礼，表示感谢。

林久治郎指了指护士手中的药品，说：

“这是我们从国内运来的贵重药品，准备敬献给大元帅，聊表我们的一点心意。”

“谢谢。”于凤至彬彬有礼地说，“我一定向我公公转达林总领事的好意。”

方世靖走过去接药品，林久治郎本想借送药之名，亲自去探视张作霖，他见方世靖来接药品，无奈，只好交给了他。

但林久治郎毕竟是老练的外交家，他灵机一动，又抬出了芳泽公使。

“少夫人，公使指示我，一定当面转达他的亲切问候。”

林久治郎特意把“当面”两字拖得很长、很重。

“实在抱歉得很！”于凤至做出一副十分为难的样子，“大元帅已有明令，养病期间，谢绝一切客人探视。就是对最为友善的日本友人，我们也不敢例外。总领事既和大元帅多年交厚，一定深知他的秉性，请多加包涵！”于凤至抓住林久治郎的“多年交厚”，把球又打了回去。

“是的，是的，这我十分理解。”林久治郎连忙应承下来。但他随即把身子一侧，手指着河野加代说，“请允许我介绍一下，这位是河野加代女士，我国著名的外科医生。”

“噢，很荣幸。”于凤至与河野加代握手致意。

“为了使大元帅贵体早日康复，我们特派加代医生前来诊视，这也是对老朋友的一份情意。”

林久治郎又甩出一张新的王牌。他得意地把眼睛眯成一条细缝，眼光在这细缝里转来转去，似乎在说，你总不能拒绝前来看病的医生吧？

林久治郎这一招的确使于凤至大为棘手，她怔在那里，半晌不知怎么回答才好，只是喃喃地：“这个，当然欢迎……”

薛秉谦见于凤至有些慌乱，便轻轻咳嗽了一声。于凤至抬起眼来，望了一下薛秉谦，她明白了，于是微笑了一下，接下去说：

“如果主治医师感到也确有此必要的话……”

没等于凤至说完，薛秉谦就傲慢地站了起来：“如果我没有记错的话，河野加代女士原名叫松崎加代吧？”

河野加代也站起来，施了一礼：“是的，那是我大学时代的名字。怎么，先生认识我吗？”

“当然，我们是校友。您在帝国医大读书时，没听说过山田教授的学生薛华吗？”

河野加代肃然起敬：“那是母校的骄傲。在校期间，他就在国际医学杂志上发表外科手术论文，蜚声日本医学界。山田教授一直把他树为我们效仿的楷模！听说，他也是支那人？”

“就是鄙人。”薛秉谦一边漫不经心地回答，一边摘下金丝眼镜来，用嘴哈了一口气，然后掏出一块软绢手帕，轻轻地擦拭着。这傲岸的神情，具有一种居高临下的威势。

“啊，久仰，久仰！”河野加代扭动那肥胖的躯体，连忙鞠躬施礼。她有些惶惑不安，她来时的骄矜崩溃了，自信也随之丧失了，只悔恨自己有眼不识泰山。

薛秉谦拿出病志，递给河野加代，态度十分谦和恳切。

“这是我填写的病志，有关诊断和治疗都在上面，请不吝赐教。”

“啊，对不起。”河野加代接过来，草草地翻看了一遍，就连忙递了回去。

“有什么谬误和疏漏的地方，请不要客气。”薛秉谦依旧是那种慢条斯理的声调。

“啊，没有，没有。”河野加代连忙说，“您的诊断和处置都完全正确。”

于凤至这时却有意地挑了一句：

“薛医官,您看是不是请河野加代医生再给重新诊断一下?万一您……”

“怎么,少夫人对我薛某人的医术不信任吗?”薛秉谦感到受到了莫大的侮辱,大为生气,“那就另请高明吧!”他“砰”的一声关上房门,甩身进里屋去了。

于凤至为难地对河野加代:“这,您看……”

“不,不必看了。”河野加代说,“薛医生的医术高超,大元帅一定会很快痊愈的。再见!”

方世靖急忙跨前一步,说了声:“请慢走!”态度虽然谦恭,可实际上是在送客了!

一场惊恐总算应酬过去了。方世靖和于凤至把日本人送出前厅,一颗悬着的心才稍稍落下地来。他们刚想松口气,谁知后厅忽又吵闹起来!

他们紧走了几步,只听张占魁在一迭声地嚷着:“不,不中,不中!”

于凤至回到正厅,只见从后门进来的谢倩怡正在和张占魁争吵,谢倩怡的声调是既辣又酸。

“怎么?占魁叔,连我是谁,你也不知道啦?”

“谢小姐,不能进!”

“为什么?我是大元帅的干女儿,看谁敢拦挡我?!”

于凤至听到这儿,便迎了过去:“倩怡,是你呀?”

谢倩怡一见,“噔噔噔”地跑过去,抱住于凤至的肩头,就抽抽咽咽地哭泣起来。

“嫂子,我来晚了!我刚听说……不知是哪些坏蛋干这种伤天害理的勾当,万一他老人家有个好歹,可叫我们……”

“你轻点声!”于凤至一边为她擦着眼泪,一边低声制止她:“倩怡,父亲的伤势不太重,没有生命危险,你别哭坏了身子。”

“是吗?你看,我还以为……那我进去看看他老人家。”谢倩怡说着,便径直往里间楼梯处走去。

于凤至急忙拦阻:“倩怡,父亲不让打扰他,医生也不准他会客。你坐在这儿喝杯茶,待会儿,我进去告诉他老人家一声。”

“不,嫂子,不看一眼,我这心里不踏实。”

“倩怡,父亲的脾气……”

谢倩怡未等于凤至说完,就打断了她:

“老爷子一向疼我,我去看他,他不会发脾气的。他若是责怪你,就往我身上推好了!”

谢倩怡一边说着,一边往里间楼梯走去。于凤至急向张占魁做了个手势。

张占魁跨步过去,横在了谢倩怡面前:

“谢小姐,大元帅的吩咐就是命令,不经他的许可就闯进去,他怪罪下来,我可担待不起。”

“呸！谁叫你担待了？”谢倩怡沉着脸斥责张占魁，“我就不相信他老人家会不让我去看他，做女儿的孝敬义父天经地义，我还要守在他老人家身边，亲手给他老人家端汤倒水呢！”

听了这话，于凤至哼了一声，也沉下脸来：

“倩怡，你这是什么意思？莫非是嫌我当儿媳妇的侍候不周，还要劳您的大驾？你是来看望老人家的，还是来挑毛病的？”

谢倩怡见话被于凤至抓住了破绽，连忙回过身来，婉言解释道：

“嫂子，您想到哪儿去了，都怪我看老爷子心切，说话不周到，我真没有别的意思。”

“可你为什么不相信我们的话呢？老人家受了伤，心情不好，我们不想违逆老人家的意愿，按照他的吩咐，让他静心几天，好好疗养，这有什么不对的呢？”

“这……”谢倩怡有点无言以对了，她进也不是，退也不是，很尴尬地站在那里。脸、耳朵、脖子，都因难为情而涨得绯红。

“就是嘛，回去吧，谢小姐！孝心不在嘴上，得来实在的。”张占魁见谢倩怡尴尬在那里，便以这不冷不热的话下了逐客令。

正愁没缘由下台的谢倩怡，这时抓住张占魁的话柄，借机撒起泼来。

“你这么一说，我还真不能回去，今天我非见到他老人家不可。不然，倒让人家说我孝心不实在！”

谢倩怡说着，甩开张占魁，又欲向里间冲去。

一直在外面察看动静的方世靖，疾步走了出来。谢倩怡一见，又哭泣着向他诉说委屈。

“方秘书长，张占魁他不让我去见义父，还说我孝心是假的，我……”

“嘘——轻点声。”方世靖打断了她。

谢倩怡抓着方世靖的胳膊，一边摇晃着，一边呜呜地抽咽着，泪水顺着眼角噼里啪啦地掉下来，仿佛她真有万分的委屈。

“好好，别哭了，我进去给你禀报一声，听听大元帅的口气……”

过了一会儿，方世靖从里间楼梯处走下来，失望地对谢倩怡说：

“我给禀报了，大元帅没说话，只一个劲儿地摇头，你看怎么办？”

谢倩怡一听，霍地一下站起来，她眉毛一挑，用牙齿狠狠地咬着那涂得血红的下嘴唇。

“哼，你们都合起来糊弄我，我自己去问问他老人家！”

谢倩怡说着冲进了里间，直奔通往张作霖卧室的楼梯走去……

于凤至和张占魁的心，随着她那高跟皮鞋声，也一起一落地紧张起来……

谢倩怡拐到楼梯口，还欲往上爬时，只听楼上“砰”的一声，一只茶杯掉在了地上！跟着传出张作霖的骂声：“让她给我滚！我他妈的谁也不见！”

1932年，张学良与国联调查团，正中是于凤至，右二是顾维钧的夫人

谢倩怡像被针扎了一样，身体一抖，连忙从楼梯上退了下来……她边走边陪着小心：

“干老，您别生气，我这就走！您老好好养伤吧！”

方世靖迎过去：“谢小姐，请到前边用茶。”

讨了没趣的谢倩怡，对方世靖的话理也没理，径直酸溜溜地走了。

这全然意外的结局使于凤至和张占魁，惊得瞠目结舌，直至谢倩怡走出好远了，张占魁依然张着大嘴，莫名其妙地望望于凤至，又望望方世靖。

“老方，这到底是怎么回事？”

于凤至也被蒙在鼓里，但她知道，这准又是方世靖搞的把戏，可是方世靖却望着她，笑而不答。

一会儿，薛秉谦从楼上走了下来，边走边学着张作霖的声调：“让她给我滚！我他妈的谁也不见！”他学着竟像演员在练习台词，惟妙惟肖。

于凤至望着这位文质彬彬的洋博士，微微摇了摇头，嘴角上漾出一丝笑意。这位薛博士平时就有点小幽默，好学人讲话，每每都是声情并茂，加上他本身又是海城人，学起大元帅来，难怪这样像真的一样。

“看把我吓得，这一身冷汗。”张占魁至今还心有余悸，他已经把手伸进了腰间，只要谢倩怡再往上一拐，他就准备以枪相见。这时，他把那只握枪的手伸出来，粗壮的大手上汪着一层厚厚的汗水。

“看看我这头上！”薛秉谦摘下帽子来，头上是一层密密的汗珠。

薛秉谦一边擦拭着头上和帽衬上的汗水，一边神情严肃地说：

“凤至，方秘书长，这戏要唱不下去了，赶快派人进关给汉卿送信去吧！”

“我去！”一听说去送信，张占魁一拍腰中的双枪，自告奋勇。

“不，你目标太大。送信的人不仅要十分忠勇机警，还必须是大家都不认识的人。”方世靖说。

“那为什么？”张占魁不解地问。

“我们给前线的电报都是大帅健在，一旦外界知道我们又派人去送信，这个秘密就会不攻自破。那样的话，无论对这里，还是对少帅，都将是十分危险的。”

那该派谁去呢？按这说法，师府里的亲信，一个也不能派，可像这样生死攸关的机密大事，还必须是既绝对可靠，又得不怕死。难哪！

“老方，你有合适的人选吗？”薛秉谦打破了大家的沉默。

“我想了整整两天了。”一直在客厅里踱来踱去的方世靖，抬了下头，又继续焦躁地踱起步来。

薛秉谦又用目光去询问于凤至，只见她刚才的笑意消失了，脸上又罩起了愁云，她紧锁着双眉，把眼睛望向窗外。于凤至已经感觉到薛秉谦在拿目光询问，可是她却始终没有转过身去，半晌，只听她惘然地嘘出了一声长叹：“唉——”

薛秉谦又瞅瞅张占魁，这个不怕死的人物，正急得直抓头皮，他有劲使不上，憋得他攥着拳头不知往哪儿发泄，最后他像爆发似的仰天大叫：

“上哪儿找这样合适的人去呀？！”

第四章　壮士血洒滦州

荒凉的海滩，蔚蓝色的大海。

天空中，几片白云在飘游浮动；

沙滩上，一个身影在独自徘徊……

海浪冲击着岩石，蓝色的海水卷成了白色的浪花……

张学良手里捏着一张字条，独自在荒滩上慢慢地走着。他喜欢大海，自从军队撤退到滦州以后，他几乎每天都到这海边来玩玩。他喜欢看海洋上的风云变幻：有风的天气，霹雳轰鸣，白浪滔天，惊涛裂岸——大海像个暴怒的男子汉；风平浪静之后，一切都归于沉寂，烟波浩渺，海水温存地抚摸着沙滩，好像生怕碰坏了那些漂泊的生物和贝壳，小心翼翼地把它们送到岸边，又在回潮时悄悄地把它们收回……

每当海潮退落的时候，张学良都早早地跑到海滩来，拣些贝壳、石子和海菊花。他最喜欢海菊花了，因为它不同于花盆里栽养的，不那么娇嫩，它虽没有鲜花那样艳丽，可它经历过风涛海浪，却别具风采，很有点像军队中的女兵，妩媚之外还另有一种英武之气。

可是今天，一朵海菊花明明已经漂浮到他的脚下，他也没有去捞取，而眼看着第二层海水上来，又把它收走了……他在想什么呢？

山海关的孟姜女庙，有这样一副对联，上联是"海水朝朝朝朝朝朝朝落"，下联是"浮云长长长长长长长消"。这是利用汉语一字多音的特点，写出的一副妙联，它应该为："海水潮，朝朝潮，朝潮朝落；浮云涨，长长涨，长涨长消。"

张学良过去每当望着海潮，吟咏起这副对联时，只是欣赏它构思的奇特、巧妙；可是今天，当他又想起这副对联时，却别是一番滋味。他望望天空的浮云，又看看眼前的潮水，回想起父亲风泊浪颠的一生，曾几何时还是位极人臣的北京政府的最高执政，可转瞬之间却在皇姑屯遭此厄运……人生、社会，何尝不也是像这浮云潮水一样，吞吐起伏，时起时落，乃至大起大落啊！

因染有嗜好，身体本来就不太好的少帅，此时变得更加消瘦了，眼窝塌陷下去，颧骨凸显出来……每天晚上他一合上眼，父亲冷峻的面容就涌上他的脑际。他虽一心盼望着父亲伤情好转，可梦中的情景却偏偏总是噩兆。一次他梦见一条大蟒，吞食了庙宇里的神像；一次梦见一条张着血盆大口的狼狗咬断了铁轨；有一次则更怪了：他正在奉天的大街上走着走着，忽然大晴天地下起雨来，接着是噼噼啪啪的冰雹。雨水在脸上黏糊糊的，他一摸，全是血！再看那冰雹，哪里是冰雹呀！分明是一根根的白骨和一颗颗的骷髅！……就这样，好几次他都被这心惊肉跳的梦魇吓得怪叫起来，赵媞赶紧拉开灯，披衣陪他坐着，每每是从半夜一直待到天明……

海浪一层一层，有节奏地涌向岸边，张学良无目的地在荒滩上踱来踱去。自从张作霖被炸的消息传来之后，张学良这些天一直坐卧不安，饮食无味。当他把手伸进裤袋，触及到那张窄窄的字条时，他的心不由得又悸跳起来。这是情报处昨晚送来的一份密电，上面的电文像一把碎盐一样，撒在了他撕裂的伤口上，害得他昨晚一宿没睡，以至今天一大早他就跑到这荒滩上来。现今的形势是千钧一发，稍有不慎，就会铸成千古遗恨的，所以他要冷静地进行思索……

说皇姑屯炸车案是杨宇霆制造的，张学良并不相信。可是，杨宇霆会不会想乘机加害于自己呢？过去，他从没有往这方面思考、怀疑过，如今一经提出，他自己首先害怕起来，好像有一股冷风袭进了他的骨髓，从头顶直冷到丹田！再一对照杨宇霆近来搞的一系列反常活动，张学良不由得浑身战栗、忧虑不安起来！

张学良曾几次向杨宇霆提出，两个司令部不要摆在一起，目标太大，可他就是不肯；他几乎每天都派人到张学良的住处，不离其左右，似乎在观察他的动静……而且前些天，又秘密打发谢倩怡回奉天去，她负有什么使命？还有，机要室的人告诉张学良，近些天杨宇霆和奉天有频繁的密电往来，他究竟在打什么算盘呢？

张学良怔怔地站在沙滩上，海水推涌上来，他的鞋和裤脚都被打湿了，可他竟全然不觉。大帅的伤势究竟怎么样？杨宇霆究竟安的什么心肠？这两个问题，犹如一把钳子一样绞着他的心，使他无法安宁。

“咴咴咴……”一阵马嘶，打断了张学良的思绪。他抬起头来，只见一辆四轮马车急速地朝这里驶来。再走近些，他认出了那华贵的车棚，于是连忙迎了过去。

还没等马车停稳，崔副官就跳了下来，气喘吁吁地打了一个立正：

“少帅，赵四小姐让您立即回府。”

“什么事？”

“她没讲，只是说请您立即回去。”

赵媞自从留在军营以后，就成了张学良的机要秘书，一切机要大事都是先经过她过目的。张学良一听赵媞叫他，又见崔副官这汗流浃背的光景，知道一定又有什么机密紧急之事了！他一个跨步跳上车，命令驭手催马回城。

赵媞出身于一个很有教养的家庭，父兄都是留学英美的学者。年轻美貌的赵媞，从小就崇拜英雄，自打在跳舞会上结识了张学良以后，便一见倾心，她完全被张学良那翩翩的风度、英雄的气质所吸引。这位赵家的四小姐，不顾社会的议论，也不考虑在张家的名分，而是执着地对张学良倾心相爱，忠心耿耿。作为张学良，本来在此之前，他曾和哈尔滨的一位名妓有旧，自从交上赵媞之后，竟从此断然割断了以往的风流艳史，而专心致志地对赵媞倾心爱恋，并与之一道励精图治了。如果说，张学良最初的一见钟情，还是出于对赵媞窈窕姿色爱慕的话，那后来张学良能够

张学良最喜欢的赵四小姐 1928 年的真实照片

忠贞不渝，则主要是为赵媞聪颖的才智所倾倒了！所以人们说，于凤至是难得的贤妻良母，赵媞则是出众的一代才人。赵媞小姐良好的家庭教育，使她年纪轻轻便才华横溢。她不仅写得一手好字，而且精通英语，深谙密码。渐渐地，这位一见钟情的红粉知己，变成了志同道合的良朋诤友，很多军旅之中的机要大事，张学良都先交由她来处置。

急驰的马车，很快把张学良带回了他的驻地。这是坐落在滦州附近的一处别墅，精巧别致。楼前葛藤交错，绿茵铺地，中间围成了一个圆形的大花坛，顺着花坛是条辐射出去的十字形甬路，甬路两旁是修剪得整整齐齐的常青树，一看就知道这是一所典型的法国古典式建筑。室内的陈设，也迥然有别于张作霖的大帅府。这里没有古色古香的家具，而是清一色的西式现代摆设。地板上铺着厚厚的地毯，两边墙壁上悬挂着西方的风景名画，正中是张作霖的戎装画像，不过也是西洋笔调绘成的油画。张作霖身穿着大元帅服，勋章绶带，真是巧夺天工，栩栩如生，特别是那两只小眼睛炯炯有神，俨然像在用他那冷峻的目光俯瞰着屋中的一切。顺着这目光望去，对面书橱里放着裸体的维纳斯塑像，再下面是两套式样不同的沙发，中间架着一台德国的三角钢琴。两侧雨过天晴的瓷瓶里插着几束含苞待放的鲜花，居中靠楼梯的高几上一盆吊兰醒目地垂挂着，小小的白花喷吐着淡淡的馨香……这里虽是军旅之所，但经过赵媞的细心装点，仍给人一种舒适、文雅的感觉。只是这些天，却显得过于安静了，客厅里空荡荡的，因处于非常时期，谢绝了一切记者采访。没有司令部的通行证，任何人也到不了这里。

赵媞从楼上窗口，望见马车归来以后，她急速地跑下来，迎出了大门。她今天换上了一身合体的军装，腰间束着皮带，波浪式的秀发压在军帽下，真是妩媚之外又添加了几分勇武，俨然一派巾帼英姿。若是平时，单单赵媞这身装束，张学良就得赞赏地品评半天，可今天张学良好像没看见似的，一见面就急切地问道："出了什么事？"

赵媞没有立即回答，她把他迎进客厅，从抽屉里取出一张报纸，递给了他。这是刚刚送来的当日报纸，赵媞指给他看角落上的一则消息。

张学良刚刚接到报纸时，曾闪过一丝怨怒，心想这么心急火燎把我找回来，就是让我看报纸上的一条消息？可是当他的目光触到那则消息时，他一下子惊愕了，好像触电一样木然地站在那里，嘴唇闭得紧紧的，拿着报纸的手不由自主地颤抖起来……报上的消息是："奉军内讧，张学良将军在滦州前线枪毙杨宇霆……"

"这准是日本人干的，故意制造混乱。"赵媞风风火火把张学良找回来，她虽然知道这件事关系重大，可没想到张学良竟是如此惊骇！她望着张学良那痴呆的神情，赶紧故作轻松地进行排解，"咳，我看让杨总参议在公开场合露一次面，发个辟谣声明就行了！"

"没那么简单！"张学良捏着报纸，在房间里踱来踱去，过了很久才开腔，"这是日本人对杨宇霆的一种暗示。只要老爷子那边情况不妙，奉军内讧就会被他们不幸而言中！其结果，很可能不是我张学良枪毙杨宇霆，而是他杨宇霆……”

张学良的后半句虽未说出口，可赵媞已经完全明白其中的含意了。由于这张报纸的出现，张学良显然把他早晨分析的严重事态又往前大大推进了！

“真有这种可能吗？”

赵媞虽然嘴上这样说，其实她心里也早已看出了一些苗头。比如，过去杨宇霆见张学良时，总是客客气气、恭恭敬敬的，可自从皇姑屯炸车的消息传来后，明显地感到他渐渐地不把张学良放在眼里了，言谈话语之中，总有一种老资格对年轻人的傲慢和轻蔑……对于这些，赵媞虽然也很不舒服，但她考虑张杨的关系，怕引起他们的不和，所以她始终没有把这种感觉讲出来，相反的，每次出现这种情形时，都是委婉调和，努力起个降温、缓冲的作用。这次见张学良把事情看得如此严重，深恐他年少气盛，一时干出不得体的举动来，于是又用和婉的口气，安慰着张学良。

“汉卿，你也别太往心里去了，只要大元帅健在，他们不敢怎么样！”

赵媞一边安慰着，一边从文件夹中取出一份电报递给了张学良，这是方世靖打来的病情报告。

张学良接过后，仔细地看了两遍，然后用手掂了掂电报：

“小四，我怎么对奉天的消息不托底呢？我总感到这像是做戏给别人看的。”

“你呀，这是思虑过度，神经过敏。”赵媞微微一笑，说，“若是大元帅伤势严重，还不用电报催你回奉天？”

“那倒也是，”张学良苦笑了一下，“但亦不可逆料呀！”

张学良使自己充满疑团的心慢慢地平静了下来，他几天没有正经地处理公事，他见办公桌上已经堆起了厚厚的一叠公文，便坐下来摊开文件夹，准备签署公事。

突然，外边卫兵一迭声地高喊起来：“立正、敬礼！”

赵媞到窗外一看，原来是杨宇霆来了。赵媞连忙示意张学良，两人一起迎出门去。

杨宇霆是带着副官马弁好多人一起来的，他气势汹汹地跨上台阶，径直走到沙发上坐下了。对待站在门口迎候的张学良和赵媞，好像没看见似的，竟理也没理。

赵媞愣了一下，但旋即端起茶杯，堆着一副笑脸，送到了杨宇霆跟前：“总参议，请用茶！”

“还是给邻葛倒酒吧，把那瓶法国酒拿来。”张学良没等杨宇霆回答，便抢先吩咐说。

“不必了！”杨宇霆铁青着脸，他并没有因张学良和赵媞的热情而稍减怒色。

“杨将军，是不是有什么不痛快？”

自从他一进来，赵媞就知道他准是为报纸而来，可是她仍然装作不懂似的问道。

“请看新闻！”

杨宇霆从怀里掏出报纸来，“啪”的一下扔在了张学良的面前！

赵媞紧张地盯视着张学良，只见他并没有急着去看报纸，也没有受杨宇霆那难看的脸色所左右，而是抬眼望了望紧张的赵媞催促说：“快拿酒去。”那从容的神态和口气,等于在告诉赵媞:你尽管放心。

赵媞走出去,和崔副官一起取来了酒具。

“汉卿,你对报上的消息有何感想啊?”杨宇霆用一双咄咄逼人的目光怒视着张学良,他逼问的每个字仿佛都是从咬得很紧的牙缝中挤出来的。

赵媞唯恐出事,她趁和崔副官摆酒具的机会,悄悄地叮嘱他,不要离少帅的左右。

张学良此时却是异乎寻常的镇静,显然杨宇霆的到来,早在他的意料之中了。这时,他慢慢地燃着了一支烟,然后微微地抬起头来,只是望了杨宇霆一眼,没有回答他的逼问,而是慢慢地从兜里掏出一张窄纸来,递给了杨宇霆。这就是早晨的那份密电。

杨宇霆一把抓过来,他本想溜一眼就递还给张学良。可哪知,这字条竟使他倏然变色!那张窄窄的字条,就像火团一样,让他扔也不是,抓也不是……怒气冲冲的杨宇霆这时完全被惊惶恐惧所替代,他红着脸喃喃地分辩:

“这,这哪有的事?哪有的事啊?!”

赵媞溜了一眼那字条,只见上面写道:“皇姑屯炸车案乃杨宇霆密谋推翻张学良的行动。杨野心勃勃……”

张学良微笑着走过去,拿起了那份密电,他望着紧张得直流汗的杨宇霆,“吧”地一下燃着了打火机,然后把它放在火上点燃了,一边用手漫不经心地甩动着火焰,一边说:

“这都是敌方的拙劣表演,别让它破坏了咱们喝酒的兴致。来,来,尝尝这法国酒,据说是存放了五十年了。待会儿,再上楼玩他两圈麻将,上次输给你的,我一直想捞回来呢!”

张学良宽厚得像没事人似的,招呼大家入座喝酒。

赵媞也沉静下来,她笑吟吟地给杨宇霆斟满了酒:

“总参议,这酒得喝出点名堂呀?”

“当然是祝大元帅早日康复!”杨宇霆说着举起了酒杯。可没等大家站起来,他又首先放下了,“唉,不知道大元帅到底怎么样了,真让人焦虑不安哪!汉卿,你这里有大元帅的最新消息吗?”

“当然有。小四,把刚刚收到的方秘书长的电报,给邻葛读读。”

张学良向赵媞努了努嘴,赵媞会意地从办公桌上拿起那份电报来,朗声读道:

“大元帅今晨体温三十七度一,午饭吃了尾红毛鲤鱼。配上新眼镜后,情绪很好,可看当日报纸,并想听辽海大鼓。但仍有时头晕,薛医官嘱其继续卧床休息,不能会客……”

“别念了!”杨宇霆没等赵媞念完,就打断了她,“我那里也有一份,和这个一字不差。”

杨定霆把酒杯往前推了推,身子探到了张学良的跟前,脸上是一副关切的表情:

“汉卿，我看你回去一趟吧，反正这里有我顶着，你尽可放心。”

张学良看出了这是杨宇霆在试探他，便装作不经意的样子回答说：“回去？没有老爷子电召，我可不敢。再说，这电报总传来好消息……”

“好消息？”杨宇霆冷笑了一声，刚才那副关切的表情消失了，探出的身子也收了回去，他仰在沙发上，用手掐了片兰花的绿叶，边端详边说，“汉卿，你没感到方世靖是在有意遮掩什么吗？”

“有意遮掩？”杨宇霆漫不经心地这样一句话，使张学良内心又重重地震撼了一下，这正是他心中所想的，也是他最为害怕的。但不知杨宇霆从哪儿看出了破绽，他怎么产生的怀疑？为了引出这话头来，张学良隐藏起内心的震动，装出一副茫然不解的神态：

“老方他，遮掩什么？”

“大元帅的脾气我们是知道的，只要他神志清醒就要发号施令，好几天了，居然对前方没有一句具体指示，这不很奇怪吗？又能吃鲤鱼，又能看报纸，又要听大鼓，可是对我几次请示的电报却不置一词，难道这不有点反常吗？！”杨宇霆把手中揉烂了的兰叶一甩，一口气说出这么一长串的疑问。

杨宇霆提的这些问题不是没有道理的，老实说，这也正是一直萦绕在张学良心头的疑问。可是……张学良捏着酒杯沉吟了一会儿，突然放声大笑起来：

“哎呀，这都怨我，都怨我！临行前，老爷子对我说过，前方的事他不管了，交你我全权处理。皇姑屯一出事，光顾忙乱了，把这事给忘了。以后，你不用往奉天发请示电报了，有事咱俩商量一下就行了。”

杨宇霆听了张学良的解释，莫测高深地笑了笑，也不知他是相信了，还是继续怀疑？只见他重新举起了酒杯。

“噢，那好，让我们举杯祝大元帅康复，干杯！”

三杯酒下肚，人们正喝得酒酣耳热的时候，一名卫士跑进来向杨宇霆报告：“奸细已经押到了！”

“奸细？！”张学良和在场的人一听，不由得都愣住了。

“噢，光顾喝酒了，正事没办。”杨宇霆见大家那种惊疑的神情，他放下酒杯，随口解释说，“我们抓到了一名奸细，南方口音却假冒说是奉军军官。”

“你审过了吗？”张学良也停下了筷子。

“他说一定要见少帅，不见少帅他什么也不招供。带给你，你亲自发落吧！”

“那何必，你就处置了嘛！”

“不，我杨某人刀下不死屈死之鬼。丁副官，去把奸细带来！”

“不审了，免得扫了我们的酒兴。”张学良说着走到了门口，对崔副官说，“就在院子里毙了吧！”

赵媞在刚听到冒充奉军军官时，就愣了一下，当后来听说不见少帅他什么也不说时，更觉得有些奇怪了。她生怕这里会有什么隐情，于是便装成害怕的样子，撒娇似的惊叫了起来：

“哎呀，那可不行，吓死人了！”

“四小姐，给少帅当贴身秘书，心肠软了可不中啊！”杨宇霆带着开玩笑的口吻走到赵媞跟前，“要不，这样吧，咱们上楼打牌，这事就让汉卿麻烦一下吧！”

赵媞见丁副官正死死地盯在张学良的身后，怕他留在这里碍事，便娇媚地对杨宇霆说：“两个人怎么打，丁副官也来吧？”

“也好，把酒一起带上来。”

杨宇霆说着，同赵媞和丁副官一起上楼打牌去了。

两个卫兵把“奸细”押进来，这个身材魁梧的青年，二十五六岁，两只眼睛被黑布蒙着，五花大绑，身上的奉军军服已被撕破……

张学良步下台阶，没有看出什么值得重视的地方来，于是吩咐崔副官：

“带到后面去，远一点。毙完了，找丁副官去看看。”

“你们不能毙我，我要见少帅！”这位被称作“奸细”的青年，一听要毙掉他，就操着南方口音大声喊起来。

“带走！”张学良命令说。

两名卫兵上来推搡这个“奸细”，可他竟毫无惧色，他甩开卫兵，高声喊着：“摘下我的蒙眼，我不能这样不明不白地死！”

崔副官回头看看张学良。张学良正端详着这个威武壮健的汉子，也许是他那不屈的气概，引起了张学良的好感，他示意崔副官摘去他的蒙眼。

这位青年揉了揉眼睛，适应了一下环境。当他的目光扫到张学良的身上时，只见他“扑通”一声跪下了！

“少帅，可找到你了！”

“怎么，你认识我？”

张学良诧异地望着这位操南方口音的青年。

青年使劲地点了点头。

张学良思索了一下，决定让崔副官把他带进厅里。可进来半天，这青年也没有开口。

“你有什么话，说吧！”

青年依旧没有言语，只是回头望了望卫兵。张学良知道他有话不便卫兵听见，就示意卫兵们下去了。

“说吧，你为什么要冒充奉军军官？”张学良说话时，态度是冷冷的。

“少帅，我就是奉军军官。”这青年改作了东北口音，“我从奉天来的，有万分紧急的事情禀报！”

张学良斜倚在钢琴上的身体动了一下，但也仅仅是一下而已，因为他随即又恢复了那冷漠的腔调：

“为什么不禀报杨总参议？”

“这事只能告诉您一个人！”

直到这时，张学良才感到事情严重了，他大步跨到青年的跟前，瞪着两眼，声色俱厉地质问：

“说，到底是谁派你来的？”

“少夫人，方秘书长，还有薛医官。”

“有何凭证？”这句话，张学良几乎是脱口而出，他的声调显然已由严厉转为紧张了。

“我有他们的联名亲笔信。”青年军官压低声音回答。

张学良警惕地望了望楼上，给崔副官丢了个眼色，崔副官会意地点点头，走出门去，关好了通往楼上的房门，并盯守在那里。

“信在哪儿？”

“在我皮鞋底下的夹层里。”

张学良拔出身上的佩剑，割断了青年身上的绑绳，他又倒了杯酒，递给这青年，让他先压压惊。

青年接过酒杯来一饮而尽，然后用短剑撬开鞋底，取出密信，交给了张学良。

张学良展开一看，立时呆住了！他两眼发直，痴呆呆地，半晌没有一句言语。过了好一会儿，他像突然发作似的，踉踉跄跄，几步扑到张作霖那幅画像前面，双腿跪下，双手抓头，呜呜咽咽地抽泣起来……

青年急忙奔过去，低声地劝说：“不能哭啊，少帅！”

张学良也深知哭声可能招致的后果，所以他竭力忍住哭声，脸色憋得惨白，整个身体都因抽搐而在颤抖，紧紧咬着的下嘴唇，渗出了一缕血浆……

“少帅，东北安危，系于一身。您千万要保重，忍痛节哀，以东三省大局为重啊！”青年也是强忍着泪水，苦苦地劝说着。

过了一会儿，张学良慢慢地站起来，擦干了眼泪，然后掏出打火机来，把密信烧掉了。

“少帅，再给我一杯酒吧！”青年轻声地请求着。

张学良又倒了一杯，双手捧着递了过去。

1929 年的张学良

“谢谢你了，你走了几天？”

“昼夜兼程，整整走了五天五夜。”

“让你吃苦了！你叫什么名字？”

“姜树礼。”

“回去，我该怎么报答你？”

“不，我不需要。”

“我一定要重重谢你！你有什么要求吗？”

“要求？”

“提吧，我什么都答应你！”张学良非常诚恳。

“我要求您将我立即枪毙！”

张学良惊讶得向后倒退了好几步，他简直不相信自己的耳朵。他本想给姜树礼一些物质上的好处，比如几万元钱、一所小楼、一处买卖，或是几千亩地，师长旅长的官职……甚至比这更大更多的好处。可他万万没想到，这个看去普普通通的青年，对这些物质上的东西只字未提，却提出这么个令人震惊的要求来，这怎能不使他惊讶呢！

“为……为什么？”

“杨宇霆审问过我，他人又在这里，只有毙掉我，解除了他的怀疑，你才能安全地回到奉天。”姜树礼冷静地说出了他的思索。

“这……我可以把你藏起来。”张学良说着站起身来，拉起姜树礼就往外走，“我立即派人把你送走！”

姜树礼推开张学良的手，说：“不行，少帅！他的卫队都带来了，已经把这里监视起来了，外面全是他的人。”

张学良走到窗口，推开一看，外面院子里果然三三两两地游动着杨宇霆的卫队。怎么办呢？张学良陷入了深深的苦恼……

这时，崔副官走进来，对张学良低语：“少帅，总参议催您上去打牌。”

“告诉他，我就去。”张学良痛苦、焦急地摆摆手。

壁上的时钟，它不管主人如何着急，依旧一秒一秒地走着……它那滴滴答答的声音，今天听来是格外的响亮，格外的催人！

“少帅，时间来不及了，快下命令吧！”姜树礼恳求地说。

“啊，不，不！你是我的恩人，我怎么能……”张学良说不下去了！

“少帅，必须这样，没有第二条路。”

“不，我张学良不是忘恩负义之人，不能为了我，让你……”

“您说得不对，少帅！”姜树礼打断了他的话，“我不是为您个人，我是为东三省的父老兄妹，为了我们中华民族！”

姜树礼是薛秉谦请来的。那天，当薛秉谦见方世靖和于凤至都为送信的人选而一筹莫展的时候，他想起了黄蕙。他知道黄蕙是奉天反日青年会的骨干，反日青年会的成员都是有胆识、舍生忘死的热血青年。姜树礼就是其中一个，他是经由黄蕙介绍来的。其实,张家父子对他并没有什么恩德,他这次甘愿冒死送信,也不想求他们为自己树碑立传,寻个什么前程。他只是看到日寇的侵华野心毕露,特别是当皇姑屯炸车案发生以后,更感到东三省已处在千钧一发的危急关头,而目前只有张学良安全地返回奉天,稳定局势,日本人才不敢立即下手,可望出现新的转机。姜树礼感到,自己能为炎黄子孙免遭涂炭,为使中华国土不致沦于敌手,就是肝脑涂地也是死而无憾的!

张学良听完姜树礼的这一番表述,对他越发崇敬了。他扑过去紧紧抓住姜树礼的手,仔细地望着这个强健的军人,刚见时觉得他粗壮魁梧,现在才发现他的头发、眼睛、鼻子、嘴、身躯……哪个部分都长得那样匀称,那样英俊秀美。当然,最美的还是他的心灵,他的气节!他是那样崇高,那样纯洁!这样完美的人,过去怎么就没有发现,甚至连听说都没有听说呢?张学良悔恨自己,对姜树礼发现得太晚了,以至刚刚认识就得死去。想到这,心里一酸,眼泪扑簌簌地流出来,滴落在姜树礼的胳膊上。

"少帅,别犹豫了!"

"像你这样的忠贞爱国之士,让我怎么下得去手啊!"张学良心焦如焚,仿佛有只大手在撕扯着他的心胸。

姜树礼也为张学良的真挚的情意感动了,他紧紧攥着张学良的手,眼泪也控制不住地流了出来……

楼上又飘下来杨宇霆的喊声:

"汉卿,怎么还不来?我们可都等着你哪!"

姜树礼果断地擦去眼泪,双腿一跪:

"少帅,快!我求您,求您为国家、为民族着想,快下命令吧!"

张学良慌忙扶起姜树礼,他心里明白,事情已经无法挽回了,他紧紧抓着姜树礼的手,用一双泪眼望着这位结识得太晚的壮士:

"恩人,有什么东西给我,留个纪念吧!"

姜树礼摸了半天,从衣兜里掏出一枚银元,这是他身上仅存的物件了。姜树礼把它递给了张学良。

"家里还有什么人?"

"乡下有老父、老母,城里有新婚的妻子……少帅,不能让亲人们当亡国奴啊!"

姜树礼讲得恳切而悲怆,在张学良听来,这俨然就是壮士的遗嘱了!张学良禁不住又像绞心一样,心口的深处汹涌起一阵酸痛的波涛,几乎忍不住要放声痛哭。他也同样是父母精灵所造的血肉之躯,和自己一样的青春年华,和自己一样都有妻子父母,可现在,为了我,为了父老乡亲,他把这一切都抛舍了!想到这,张学良噙着热泪,紧握着那枚银元,向壮士信誓旦旦:

"放心吧,你的父母就是我的父母!"

楼梯响起来,上面传来了杨宇霆的下楼声,他一边往下走一边叫着:"汉卿——”

姜树礼着起急来：“少帅，快，不然要贻误大事了！”

可张学良依旧踌躇着，他怎么能下得了手啊！

杨宇霆下楼的脚步声越来越近了，咯噔咯噔……姜树礼突然一脚踢翻圆桌，接着操起那花瓶就向张学良砸去！

“哗啦啦！”花瓶砸在张学良身后的墙上，碎了！门口的卫兵闻声冲进来，只见姜树礼又抓起板凳正欲向张学良扑去，卫兵们连忙开枪！“啪啪”两声，姜树礼捂着胸口，最后望了一眼张学良，栽倒在血泊之中。

张学良背过身去，强忍住了泪水。

杨宇霆、赵媞、丁副官匆匆忙忙地跑了下来。杨宇霆斜视了一下姜树礼的尸体，故作轻松地骂了句：“他妈的，一手好牌全让他给冲了！”

姜树礼的尸体抬出去后，张学良颓然地坐在沙发上，他似乎失去了精神支柱。姜壮士的身影，像斧凿刀刻一样印在他的脑海里，以至一想起来他就觉得悔恨、惭愧，心头就止不住地撕裂、流血……

杨宇霆摆弄着手中的牌，依然饶有兴致：

“汉卿，上去玩两圈，冲冲晦气！”

“你们先去吧，我随后就到。”张学良有气无力地答应着。

杨宇霆、丁副官和赵媞上楼后，张学良从沙发上一跃而起，命令崔副官：“马上给我找一套士兵的衣服来！”

崔副官眨着眼睛望着他，颇有些迷惑不解。

“我今晚要连夜赶回奉天，行踪必须绝对保密！”

张学良吩咐完就上楼去了，他还得去应付那场貌合神离的牌局。

崔副官明白，牌桌上的输赢对于腰缠万贯的张少帅来讲，是无所谓的。关键是政治桌上的那张牌，张学良能够肯定打赢吗？

崔副官虽然按照吩咐去找士兵服装了，可他一路上却是忧虑重重，惴惴不安。大元帅一死，一切矛盾都骤然间激化了，过去一直依赖大元帅支撑的东三省天下，这次“喀嚓”一下子坍塌下来，二十八岁的张学良能承受得住吗？荆棘密布，坎坷层层，处处都布满了深渊陷阱，一向少年得志的张学良，能闯得过这道道难关吗？

远的不说，只眼前这偷偷化装逃走一事，能不能走得脱，就是他面临的第一道关隘。一套士兵服装，即或是蒙过了杨宇霆的眼睛，可是那漫长的铁路线上，能逃出日本人的魔掌吗？想到这，虽是炎炎夏日，崔副官也不由得瑟瑟战栗起来……

第五章　大帅府仇人吊孝

1928年6月21日，奉天省政府正式公布了张作霖的死讯并向全国发出举丧的通电。一直沉寂肃穆的大帅府顿时变得喧嚣忙碌起来。当然，最忙的要数方世靖了——迎来送往，张张罗罗，全由他出面。张学良把丧仪的一切事宜统统交付给他，自己则闭门谢客，回绝一切来往酬酢，甚至新闻记者多次求见，他也不予理睬。他要干什么呢？

张学良是6月18日夜间返回奉天的。那天在滦州，崔副官给他找到了一身既脏又破的士兵服装，又往他脸上涂了些脏土黑灰之后，张学良便以大兵模样钻进了一辆撤往关外的兵车。他的几个随身护卫也都化了装混到兵车里。这种兵车是两类车辆混合编组，当官的坐客车，当兵的坐"闷罐"。客车上有酒有饭，通风良好，阳光充足，坐着、躺着都很舒服；可是"闷罐"的景象就大不同了，七八十个人挤在一起，头挨头，肩贴肩，连直直腿的地方都没有。劣等烟草和汗臭味充塞其间，连拉屎、撒尿都在车里，那气味可真够受的了。张学良，这位坐惯了包车、专列的贵公子，什么时候吃过这种苦啊！再说这一路的风险也够他永生难忘的了。

日本关东军在皇姑屯炸车之后，料定张学良会赶回奉天，便加紧侦察，企图制造第二个"皇姑屯事件"。谁知张学良在滦州迟迟不动，这葫芦里卖的是什么药？弄得日本人也糊涂起来。6月10日，他们派曾做过奉军顾问的土肥原少将前去试探，结果带回了张学良"谈笑自若，并无返奉意向"的报告。然而，镇定自若的张学良并没有完全骗过精明诡诈的日本关东军情报机构，就在张学良化装奔丧的当天晚间，他们就获得了这个情报。兵车经过锦州时，日本守备队截住了车，带着张学良的照片搜查了一番。他们自然是在当官的坐的客车上仔细盘查，搜到兵车时，打开"闷罐"，一股呛人的酸臭味扑面而来，他们怎么也没想到张学良混在这些大兵中间，便放这列车过去了。等他们确切地得知张学良就混在这辆兵车的士兵中间，便在大虎山把这列车又截住了！上千个大兵被拉下车，一个个过筛子，结果还是一无所获。原来，兵车从锦州一开，张学良就带着几个随身护卫换了车，金蝉脱壳，甩掉了日本人。

这一路的风险，自然足以使张学良惊心动魄；然而，更使他惊心动魄的还是中国军人的屈辱。过去，他作为东北军的高级将领，只在上层与日本人打交道，没有这方面的体验。而这次，他通过兵车上的经历，亲身感受到了日本关东军的飞扬跋扈，盛气凌人。他们以搜查南军间谍的名义，就可任意拦截中国军车，驱赶奉军官兵。如此横行霸道，藐视中国主权的行径，血气方刚的张学良真是忍了又忍，倘不是重孝在身，重任在肩，他早就振臂一呼，带领奉军弟兄们和日本人干起来了！

虎口脱生的张学良，下了火车，方世靖已在车站迎候了。他们没有和任何人照面，就驱车直奔奉天大帅府。一进帅府，薛秉谦又领他们直奔停放张作霖尸体的二楼卧室。推开房门，里面阴森森的，一股酸腐的气味冲过来，使人不由得打起寒噤。方世靖赶紧去拉开窗帘，打开窗户。

时间已近傍晚，一缕昏黄的光束照进来，使人看到了停在床上的尸体，尸体罩着一块白布，透过白布，人体的轮廓依稀可见。

薛秉谦走过去，揭开了罩单，张学良顿时有如万箭钻心一样，只觉得天旋地转，若不是方世靖上前扶住他，险些晕倒在那里。

张作霖的遗容实在是太凄惨，太可怕了！往日的威严，全被紫黑的伤痕扭曲得不见了。浑身上下血肉模糊，面容已难以辨认。身上虽还穿的是那件大元帅服，可肩章、绶带、衣襟上到处都印有血污，脸已瘦削不堪，身上青一块紫一块的。瘦骨嶙峋的手，一只紧握着，一只伸向胸前，脸已经歪斜了，这是因痛苦的抽搐而扭歪的，可以想见，他临终前该是经历了多大的痛苦啊！仔细辨认，只有那两只眼睛还是原来的模样，只是它永远不动地盯看着进来的人。两片发青的嘴唇也痛苦地歪斜着，似乎他不肯就这样糊里糊涂地死去，好像要诉说些什么一样……

张学良的心全碎了，眼泪像断线的珠子一样刷刷地落下来……方世靖和薛秉谦好容易连拉带劝地，把他拖出了卧室。可刚跨出房门，他又挣开他们，跑了回去。这次他一直盯看着张作霖那倔强的手势和微张的嘴唇，从这里他似乎听到了父亲临终要说的话："小六子，我死得冤枉，你要给我报仇哇！"

张学良离开这卧室时，脸像石雕一样，毫无表情，眼泪也似乎哭干了。他默默地走着，想着，复仇的烈焰像泼了汽油似的在他胸中不断地升腾。他暗暗发誓：不报此仇，誓不为人！

从那以后，几天来，张学良一直闭门谢客，专心从事炸车案的调查，他决心要获取足够的证据，查出肇事的奸凶，必要时把一切都公布于众。为此，他便把丧仪方面的事，全权托付给了方世靖。

方世靖在公布发丧通电的同时，又公布了丧仪委员会的名单，先大元帅的至朋老友张作相，充任葬仪委员长。丧仪定在28日举行，规定从讣告发布之日起停止一切娱乐，东三省各地下半旗一周。遗骸的葬地，选在张作霖的老家黑山县高山子村。

灵堂设在帅府一楼后厅。帅府院内架起了灵棚，黑黄两色的缎带披挂在层层门庭，一进帅府就使人感到一种悲怆而庄严的气氛。

辕门卫队，一色的臂戴黑纱；内眷亲朋，一律是素服重孝。

这天，身披重孝的张学良守灵完毕，回到卧室，他想坐下来平息一下悲哀的心情。几天来，由于过度紧张和劳累，他的胃病又犯了，一直是靠打针吃药在支撑。

张学良坐下来，打开杯盖，刚要喝口茶，张占魁就一边喊着，一边闯了进来：

"少帅，清楚了，一切都清楚了！"

"什么清楚了？"张学良一是对他没头没尾的话，摸不着头脑；二是对他莽莽撞撞地追到这里来，也有些不快，于是话中便带出了这种不高兴的色彩。

可张占魁丝毫也没有听出来，他依旧操着大嗓门说着：

“仇敌呀！这下子全清楚了！”

张学良这才明白过来，张占魁指的是皇姑屯炸车案。前些时，日本方面一口咬定这次谋杀系南军（指南京政府的军队）便衣队所为。他们大肆宣传，说南军派来了三名便衣，炸车那天有两名被当场打死，从他们身上搜出了南军政治部的信笺。日本方面以此为证据，认定炸车是南军所为。

果真是这样吗？这些天来，张学良通过有关人士的调查及对炸药的检验分析，掌握的证据越来越多，调查像层层剥笋一样正一步步地戳穿日本人的谎言，事情真相越来越趋于明朗……张占魁所谓的“仇敌清楚了”，显然指的是这桩事。

张学良拉张占魁坐下来，为他沏了杯茶，让他别这样慌慌张张、没头没脑的，从头讲讲事情的经过。

原来，今早上，一位旅店的店主找到了张占魁，向他说，那被日本兵打死的嫌疑犯，他认识，不是什么南军便衣，而是前些天住在他店里的浮浪。他们因吸食白面儿（海洛因）被日本宪警抓起来，在皇姑屯炸车的前一天把他们带走的。店主还告诉他，现在有一个浮浪还没有死。

“他现在在哪儿？”张学良一听，立时放下茶杯，霍地站起来，追问了一句。

张占魁告诉他，他听到消息后当即跟随店主，找到了那个浮浪，现已秘密地把这个浮浪带到了帅府的禁闭室。

这回轮到张学良着急了，他不待张占魁抽完一袋烟，就催促张占魁马上带他去禁闭室。

浮浪是个面容枯槁，骨瘦如柴的人，多年的吸食白面儿使他穷愁潦倒，羸弱不堪。他头发蓬蓬的，穿着一件灰色的旧长衫，上面还扯了两个口子。两只显得很大的眼睛望着进来的人，并不时地按按衣服扯破的地方，显然想顾全一点体面。张学良看见他这副模样，不由得涌起了一阵怜悯，他让张占魁给倒了杯水，并找了条板凳请他坐下。

鸦片虽夺走了他的健康，但并未泯灭他的良心。炸车那天，他是现场的目击者，他向张学良一五一十原原本本地讲述了当时的情景，讲述了日本关东军怎样让高丽工兵在桥洞上埋的炸药，讲述了日本兵怎样扎死了他的同伴……

“那，你是怎么逃出来的呢？”听到这，张学良盯着浮浪问道。

浮浪喝了口水，抬起他那低垂的脑袋，用手搔了搔蓬乱的头发：

“炸桥的那天半夜，日本兵突然把我们几个关押的人放出来，让我们洗了澡，换了衣服，然后带到了南满铁路交叉桥那儿。他们一句话也没说，上来就用枪刺向头里的几个人扎去，我一看不好，赶紧滚到壕沟的草柯里，趁着天黑爬出了封锁区，跑出来了……

提审完浮浪，迷雾彻底拨开，真相大白了，可张学良的心情却因此而沉重起来。

事情这样严重，这是张学良始料所不及的。现在，该如何处置呢？以贫穷、孱弱的东三省，怎么惩处那些肇事元凶呢？

在返回大帅府的路上，张学良就这样一直默默地沉思着……

“少帅，现在人证、物证可都齐全了，咱爷们该咋办吧？”

张占魁以为张学良在提审完浮浪以后，会拍案而起，义愤填膺的，可这么半天了，张学良一直是低头不语，张占魁不由得着起急来。

1931年的张学良

张学良没有正面回答张占魁的提问，而是反问了一句：“你说呢？”

“我说，朝日本人要凶手，拿凶手的脑袋瓜子祭奠大帅的亡灵！”

张学良的心动了一下，张占魁讲的未尝不是个办法，但这必然要牵涉外交。外交上的事稍有不慎，就会酿成国际事件的。最好能找到一个时机、借口……

踏上大青楼的台阶时，崔副官迎出来报告：

“少帅，日本领事馆打来电话，说日本国吊唁特使两小时后前来吊唁。”

真是黄鼠狼给小鸡拜年！张占魁一听，立时就火冒三丈，他把衣服扯开，一拍腰中的双枪：

“正好，他们来了，咱就摊牌，人证物证俱在，看他们说啥！激愣子给他来个绑票！日本人交出凶手就放他们回去，若是不交……哼！”

张占魁说着，把两只匣枪一起抽了出来。

张学良显然被张占魁的话激励起来，他在大厅里踱来踱去，望着铺天盖地的治丧场面，回想父亲遗体上那痛苦的表情，他何尝不想这么干它一下子，出出这口怨气呢！但往细里一想，扣留特使，肯定会引起一场冲突，现在大帅刚死，奉天能经得起这么大的风波吗？想到这他又顾虑起来：“这……”

“怕冒险，是不？”张占魁未等他开口，就截住了他，“没这点胆量还能掌帅印吗？你父亲没少干这种事儿——把把成功！”

张占魁说完，见张学良还有点优柔寡断，便以长辈的口吻决绝地说：“干这种事不能犯嘀咕，得说干就干！我这就去布置！”

张占魁说着飞也似的走了，张学良喊了两声，也没有叫住他。

如果说，这时的张学良尚在举棋不定的话，那么等他接见完记者之后，他就决心按张占魁的主意孤注一掷了。

大帅府分新旧两个处所，新帅府是现代的楼房建筑，即大青楼，而老帅府则是近乎北京王府式的四合院。这里也是画栋雕梁，飞檐彩绘，但在颜色上有些偏青发黄，不像北京的那样一色朱红。

记者就是在老帅府接见的。本来，张学良是不想接见他们的，这之前记者们的多次请求，都被他回绝了。这次，方世靖反复劝说，讲这样久不露面会增加舆论界的疑惑，使民心波动，对稳定局势不利。他才勉强答应了。

张学良在赵媞的陪同下，穿过四周环绕的长廊，来到了老帅府的后院厢房，早已等在那里的男男女女立刻蜂拥过来抢着拍照，原始镁光灯一闪一闪的，腾起了团团烟雾。

赵媞赶紧声明："张学良将军因丧事在身，不能耽搁太久，只能回答每位一个问题。"

赵媞话音一落，一位身穿隐格西装，飘着浅色领带的年轻人首先站了起来。

"少帅，请问，您是否已着手皇姑屯炸车案的调查工作？这个关系到国家、民族以及您个人尊严的大事，您进行得怎样了？难道真像日本报纸所说，是南军便衣队偷袭所致吗？出事地点是在日本警戒线内，日本守备队严禁行人通过，而专家们断定安装那些炸药需要六小时之久，难道南军有隐身法吗？"

张学良沉吟了一下，还未及回答，一位戴眼镜的女记者又插上来：

"还有，为什么专车开到三洞桥时，偏偏在大元帅所坐的第四节车厢爆炸，时间不差分秒？分明有人在现场附近操纵电闸。对这一重要疑点，少帅，您怎么看？"

"请问！"一位身挎照相机的中年记者紧跟着站起来，他放下照相机，跨前了一步，"日本公使馆人员为什么中途陆续下车？炸车竟未伤他们的一根毫毛？少帅，您身为奉军首脑，是否向有关方面进行过交涉，要求惩办肇事凶手？难道，我们能够坐视外人在我境内如此胡作非为、横行霸道？请少帅回答东三省，不，全中国民众关切之大问题！"

张学良听着这些连珠炮似的发问，有如针芒刺背利刃剜心。记者们的话，句句都扎在要害处。只见他脸色红一阵白一阵，头上的汗珠一层层地沁出来……

面对这些翘首等待回答的记者，张学良脸如生铁，无言以对，他久久地沉默着，最后猛地一挥手说：

"学良无可奉告……送客！"

记者们本来都想明天抢个头条新闻的，可没想到竟是这么个结局。他们一个个面面相觑，带着迷惑和失望退出了老帅府。

记者们光顾自己诧异了，他们都没注意到张学良眼中滚动的泪水。他生怕在这些记者面前失态，或说出什么感情冲动的话来，所以他采用了这种不客气的方式赶走了他们。其实，这些记者们的话，一直在搅动他的心弦，记者们一走，他就毅然决定，照张占魁的主意办！

张学良返回大青楼客厅时，于凤至和方世靖正在那里焦虑地议论着，一见张学良进来，谈话戛然而止了，他俩都以紧张的神色注视着张学良。

张学良扫了他们一眼，没有言语，径自向楼上走去。于凤至赶紧追了过来。

“汉卿，魁叔正在集合卫队，说是根据你的命令要扣留使团作人质，逼日本人交出凶手。汉卿，可不能悲痛过激，铤而走险哪！”

张学良既没有回答，也没有抬眼看看她那惊骇的神情，依然低着头站立在那里。

“汉卿，你平时办事都很冷静，今天怎么了？”于凤至见他这样，声泪俱下地说：“快让魁叔把兵撤了吧，啊？！”

“别跟我婆婆妈妈的，今后政治上的事，女人少插嘴！”张学良烦躁地一甩袖子，扭身朝楼梯走去。

张学良过去从未这样粗暴地对待过于凤至，今天当着外人面，于凤至委屈得眼圈都红了，眼泪直在眼睛里转。若不是这时薛秉谦和黄蕙走进来，她非痛哭一场不可。

薛秉谦和黄蕙几乎是跑着进来的，薛秉谦截住了张学良：“汉卿，我不相信，要扣留使团的事，会是你同意的！”

张学良在楼梯拐角处停住了，但依然背朝着大家，没有转过身来。

方世靖见张学良还是不予回答，便也凑前了几步，温和地说：

“古人云，临乱不惊，每遇大事有静气。少帅，请再三思！”

“不杀仇人，我学良有何面目见东三省父老，我将何以为人哪！”

张学良转过身来，只见他两眼血红，声音充满了哽咽和愤懑。

“汉卿，一时鲁莽，会酿成千古遗恨的！”薛秉谦仍旧劝说着。

张学良用手猛地一拍楼梯栏杆：“即使玉碎宫倾，我也在所不辞！”说完，就又返身向楼上走去……

事情已到了这种程度，人们一时都不好讲话了。

沉寂，难耐的沉寂……只听见张学良沉重的上楼梯声。

站在角落里的黄蕙，这时走了过来，向上叫了声：“少帅！”

自从上次见面之后，张学良很敬重黄蕙的为人，加上她又算是客人，所以他略略思索了一下，从楼梯上走了下来，伸手迎向了黄蕙。

“黄小姐，你是有胆有识的女性，你会支持这个行动吧？”

“不，我不支持。”黄蕙坦诚地说。

张学良甩开黄蕙的手臂，脸色陡变：

“那好，今天我孤家寡人，一意孤行！来人！”

“慢！少帅，我给您带来了一样东西。”

黄蕙并没有因为张学良的粗暴而生气，她拉开手提包，从里面取出一枚小型炸弹，放到了张学良的面前。

于凤至惊惧地看着黄蕙：“你这是……”

黄蕙微微一笑：“这是拆了引信的，不会爆炸。”

方世靖拿起看了一下，见上面铸有日文，知是东洋造。

黄蕙故意没看张学良，而是用眼睛环视了一下大家，指着这枚炸弹说：

“这是报社同仁在大东门街上拾到的。炸车案发生以后，日本人连续在奉天城里扔炸弹进行骚扰，企图挑起事端。近来，日本关东军又连日在浑河沿岸进行大规模演习，并把两个师团开到小南边门外，架设电网，构筑工事……他们要干什么？司马昭之心，路人皆知！”黄蕙说到这，拿起了那枚炸弹，“眼下的形势，是炸药已经放好，只缺一个引信了。少帅没回来之前，日本人因对大帅是否身死不摸底细，未敢轻动。如今，少帅回来了，人心稍安，虽有大帅被炸，但因未至混乱，他们仍难以下手。而这时，少帅不要说有什么鲁莽之举，就是稍一感情用事，便等于授人以口实。这恰恰是日本人昼思夜想，求之而不可得的事情！况且，我方又无准备，其结果必然是整个东北沦于日人之铁蹄、毒手……少帅，请以东三省父老之身家性命，祖国之前途大业为重，卧薪尝胆，暂避锋芒，待大局稳定，准备充足之时，再兴问罪之师，也不为迟啊！”

方世靖一边听着，一边不住地点头，表示赞许。黄蕙这番话，层层剖析，说得恳切透辟，入情入理。

于凤至用感激的目光望着黄蕙，薛秉谦也为未婚妻的精辟演讲而感到钦佩和自豪。

但张学良却依然没有言语，他慢慢地走近那枚炸弹，似乎是在端详，又似乎是在沉思……这使于凤至和赵媞重又紧张起来，她们屏住呼吸，用目光紧紧地盯随着他，不知黄小姐的一番话会不会改变他的决定？

过了好大一会儿，张学良才回过头来，看到于凤至和赵媞那副紧张的神态，他笑了笑说：“你们怎么不给黄小姐沏茶呀？”这句话俨然像大赦令一样，使于凤至和赵媞那颗悬着的心落下地来，她们几乎是同声答应着，吩咐下人倒茶去了。

张学良拿起那枚炸弹，对黄蕙说：“黄小姐，我把它作为礼物收下了。”

“要说礼物，我倒还真有件东西要送给少帅。”

黄蕙说着，又拉开提兜，从里面掏出一把折扇来。打开一看，扇面上写着一个大大的“忍”字。

张学良接过折扇，会心地笑了笑。刚才黄蕙的那番话，使他联想起另一个危急的事态。据可靠的情报说，日本人已经派人把溥仪秘密地弄到了大连，只待奉天大帅府内一乱，他们便立即出兵，抬出这个末代皇帝来，当他们的傀儡。形势的确如黄小姐所说，是万分危急，千钧一发呀！稍有不慎，就会铸成大祸的！想到这，他感激地冲黄蕙笑了笑，把折扇郑重地交给了赵媞收存。

张学良看了一下表，按时间，日本吊唁特使的车队此时已经开出了总领事馆，正在向帅府驶来，他吩咐方世靖等，立即准备迎接。

突然，张占魁一手提着匣枪，一手拿着那杆翡翠嘴的大烟袋，兴冲冲地跑了进来：

“少帅，人马已经埋伏好了，只等你摔杯为号！”

“魁叔，把人都撤了吧。”张学良压低声音说。

张占魁一怔：“怎么，走漏风声了？”

张学良摇了摇头。

“那是你改变主意了？”

张占魁用他那双锋利的目光扫视着在场的人，似乎是在寻找到底是谁让少帅改变决定的。

“魁叔，以大局为重，咱先把这口气忍了！”张学良安抚地说。

“忍？老张家没人了咋的？！熊到这个粪堆上？！”张占魁一拍胸脯，“这回，你听我的，说什么也得给大帅报这个仇！”

“占魁，凡事要从长计议……”

“计议他妈个蛋！胆小鬼，你给我待着去！”没等方世靖说完，张占魁就粗暴地打断了他。张占魁认为张学良的很多主意都是方世靖出的，以为这次变卦准又是方世靖的鬼点子，所以他生气地把方世靖往旁边一推，对张学良大声地说了句，“就这么定了！”然后脱去外衣，甩到一边，转身就走。

“回来！”张学良语气严厉起来，“你马上去把人撤掉！”

“怎么？你想让大帅死不瞑目啊？！”张占魁一脚站在门里，一脚跨在门外，他同样严厉地说，“不，不中！啥事我都服从你，这件事你得听我的！”

正吵着，崔副官急匆匆跑进报告说，日本吊唁特使已经到了前门。张学良急忙派方世靖前去迎接。

张占魁一听日本人到了，越发激愤起来，他把翡翠嘴烟袋放在灵堂的前面，跪下去拜了三拜，然后站起身来，“刷”的一下抽出了匣枪，大叫了起来：

“好哇，我正好毙了他！用这鬼子的人头，祭奠我大哥的亡灵！”说着，又欲冲下。

“来人！”

随着张学良的这一声断喝，两个戎装的卫士跑了进来。张学良命令他们下掉张占魁的匣枪，送禁闭室去禁闭。

张占魁一听，立时毛发倒竖了起来，两只喷火的眼睛真像金刚怒目一样睁得圆圆的，连鬓胡子不停地颤抖，他气得也不称呼少帅了，而是直呼张学良的乳名：

“小六子，你跟我使主子威风？！你他妈有劲往鬼子身上使去！”

张占魁说着，哗地一下拉开枪栓，冲着两个卫士厉声喝道：“看谁敢动我？！”

一看这架势，大厅里的人们都像被钉子钉住了一般。张学良一时也不知怎么办好了，至于那两个卫士本来就是张占魁的属下，此刻更是愣愣地站着，不敢近前。

外面“立正、敬礼”的声音一声比一声近了，谁都清楚，日本吊唁使节已经进到了前厅。

时间是万分紧急！可这里，张占魁和卫士还在拔枪僵持着……

正在人们急得团团转的时候，只听扑通一声，于凤至双膝跪在了张占魁的脚前。

“魁叔，侄媳妇给您跪下了！”

人们的目光从于凤至身上，又“刷”的一下全转向了张占魁。

一向受人敬重的，至尊至贵的少奶奶竟跪在了自己的脚下，张占魁哪里受得了这个！这位砍头都不会眨一下眼睛的硬汉子，却承受不了这样动情的场面。他痛苦地扭过头去。手举着张作霖留给他的那杆长烟袋，仰天长叹了一声：

“大哥——你好命苦哇！”

张占魁哭着把枪交给了卫兵，跑出去了。日本吊唁使节几乎是脚跟脚地来到了大厅。

来的都是大家所熟识的人，不过这次他们都改换了头衔。日本公使馆的斋藤助男充任了吊唁特使，驻奉天总领事林久治郎和关东军代表河野大作也都在各自的身份之外，又添加了吊唁使团成员的名义。此外，还有几名日本记者和随员。他们都身着素服，胸佩白花，两名年轻随员还手捧一纯银制成的花圈，据说这是田中义一首相特命制作的，田中还以老朋友的名义亲笔书写了挽联。

寒暄过后，斋藤特使首先致了悼词。斋藤的悼词，并不算长，可在张学良听来却是异乎寻常的难以忍受。若不是赵媞小姐递给了他两片镇静药，他简直没法坚持听完。明明知道这一切都是假的，一切都是在演戏，而且是一出凶手吊唁的戏，但作为东北几十万大军的首脑还不得不站在这里接受这种讽刺，这对于二十八岁的张学良来说，实在是无法忍受的！斋藤在那里越是沉痛得痛哭流涕，张学良这里就越反感；斋藤在那里越是连篇累牍地叙述和张作霖的亲密情谊，张学良这里就越是气愤填膺、怒不可遏！

知己莫过于情人。张学良心理上的任何细微的变化，都没有逃出赵媞的眼睛。她深恐他爆发，就紧紧地站在他的身边。时而扯动一下他的衣角，时而又打开折扇，装作扇风的样子，以“忍”字示意张学良……就这样，好不容易才把张学良的火气压了下去。

可待到河野大作讲话时，这一直郁积的怒火却再也压抑不住了！

河野今天穿着一身崭新的军装，不论是那军阶、徽章、横跨在腰间的长长的指挥刀，还是他那走路和敬礼的姿势，处处都在显示他那威风凛凛的军人风度。他在斋藤和林久治郎讲完之后，跨前一步，向张学良行了个军礼。按理说，这本是恭敬的表示，可在张学良看来，河野即使敬礼，也有一种居高临下，不可一世的傲慢。这是张学良最难以忍受的。

河野施过军礼，脸上的横肉抽动了一下，看不出他这究竟是悲痛还是微笑。

“张将军最近过于劳神了吧？已故大元帅的不幸遭遇，对张将军的刺激一定是很大的，我们深表同情。不过，张将军尽管放心，只要张将军继续奉行日满亲善的政策，彼此精诚合作，我们完全能够防止这种悲剧重演！”

锣鼓听声，听话听音。这话外之意，似乎在说：如果不奉行日满亲善，不彼此精诚合作，这种悲剧就可能再度重演！这是不打自招的自供状，也是威胁！张学良想到这，气得牙齿咬得格格响……

赵媞一见,连忙扯了一下张学良的衣角,并"刷"的一下打开了折扇。

张学良强忍着,刚将火气压下去,河野突然又转过身来:

"张将军,请问府上的乐队,可以为我们奏一段乐曲吗?"

治丧期间,停止一切娱乐,这是妇孺皆知的常识。作为日本国吊唁使团的成员,他怎么居然敢于提出这种要求呢?张学良忍受不了这种挑衅性的侮辱,他猛地一拍桌子站了起来,厉声质问河野:"这是什么意思?!"

人们一见张学良勃然变色,空气顿时紧张了起来。

方世靖一看这情形,真是剑拔弩张,大有一触即发之势,整个大厅似乎都已布满了汽油、干柴,只要谁在这时再擦出一丝火星,都会造成不堪设想的后果。他赶紧站了出来,迎向了河野:

"大佐阁下,您是知道的,我们中国人的习惯,治丧期间,停止一切娱乐,是不能演奏乐曲的。"

林久治郎看出方世靖在有意缓冲矛盾,便也趁势站出来,加以解释。

"啊,张将军不要误会。为了表示日本政府对张将军的友善诚意,斋藤特使将要代表田中内阁向张将军授勋。按照规定,授勋仪式上要有西洋乐队伴奏。"

"对不起,这里不能演奏乐曲。"张学良冷冷地说。

"这?"林久治郎做出一副为难的样子。

"学良不敢违背祖宗的规矩!"张学良冷着脸,紧接着又顶了一句。

"少帅的意思是,能不能换个时间、地点?"

方世靖就像润滑油一样,把眼看又要激化起来的矛盾再度缓冲下来。

"啊,不必了,客随主便。"

一直冷眼相观的斋藤特使,这时做出一副雍容大度的姿态,示意随员把盛有勋章的盒子捧过来。

"张将军,田中内阁呈报天皇陛下恩准,决定授予张将军一等旭日大勋章,以表彰张将军为日满合作所做的杰出贡献。"

斋藤打开盒盖,拿出勋章,欲佩戴在张学良的胸前。张学良用手一挡,不无讽刺地说:

"这,我恐怕是无功受奖吧?"

"哪里,哪里,张将军过于谦虚了,请!"

斋藤不知是没有听出张学良话里的讽刺,还是故意装作不懂,他兴致勃勃地想亲自把勋章佩戴在张学良的胸前。张学良没有赏给他这种荣幸,而是冷冷地伸出一只手去接。斋藤怔了一下,还是把勋章放到了张学良的手中。

张学良走过去把勋章放到了桌子上,转身吩咐方世靖:

"请代我陪斋藤特使去后厅吊唁!"

实际上,这等于是逐客了。按理,作为国家的特使,本应由张学良亲自陪同到灵椁前吊唁的。可是，张学良以悲痛过度为由，一发怠慢了，因为他实在忍受不了这种鳄鱼的眼泪，忍受不了这黄鼠狼给鸡拜年式的仇人吊孝！

日本人一离开客厅，张学良就一下子撕开衣扣，他太憋得慌了！黑色西装上的那两颗纽扣“嘭嘭”地崩了下来，一直滚到那银制的花圈旁。张学良一见这带有讽刺意味的花圈，更是怒火中烧，肝胆俱裂。他从这惨白的花圈上，仿佛看到了大元帅肩章缓带上的血迹，看到了父亲那因抽搐而扭歪了的面容……他大步跨过去，操起花圈就欲向地上砸去……

正在捡纽扣的赵媞，这时赶紧跑过来，架住了张学良那高高举起的手臂，带着哭音低声地劝说：

“不能啊，汉卿！不能啊……”

赵媞急得眼泪流了出来，她想招呼于凤至，可又不敢大声喊，生怕后厅的日本人听见，她只能低声地哭劝。

其实，于凤至一直躲在屏风后面，她是放心不下。这时，她赶紧跑了出来，攥住了张学良的另一只手臂，和赵媞两个人苦苦地哀求着。

过了好一阵，直至后厅传来脚步声了，张学良才长叹一声，把花圈放在了原处。

斋藤等一行，吊唁完毕，又返回了客厅。一位留有仁丹胡的日本记者高傲地站了出来：

“我是日通社记者，这次随特使来华后，听说中国关内报纸对皇姑屯事件传说纷纭，敝报读者很想知道，张将军阁下是怎样看待此事的？”

张学良斜视了他一眼，没有回答。

斋藤微笑了一下，接过了话茬：

“我日本国朝野各党也都十分关注。听说张将军正在调查祸因，不知结果如何？”

特使发问，张学良不能不答了，可是这让张学良该怎么回答呢？明明是他们干的丑事，明明他们就是凶手，可还硬要逼被害者的家属回答，究竟谁是肇事者，这不是欺人太甚，逼人发火吗？

斋藤的话音一落，所有人的眼睛都一齐投向了张学良。谁都看得出来，斋藤是在用一根引信，试探张学良这愤懑的火药库。

赵媞最为紧张了，她的心一下子提到了嗓子眼上，睁大眼睛直直地盯视着张学良，唯恐他稍一不慎……她赶紧张开折扇，一个劲地给张学良扇风，以期引起他的注意。可张学良对她

16岁的赵四小姐

那扇子竟连看也不看……

于凤至的心怦怦地跳着，她屏住了呼吸，赵媞清晰地听得见她那紧张的心跳声……

日本人也在盯视着张学良！河野眯着那双鹰一样的眼睛，把手放在指挥刀的刀把上。看上去他好像是在玩弄刀把上的彩穗，其实他也是在紧张地等待着，他盼望斋藤的这根引信，能点燃张学良的愤怒之火。那样的话……

不同的人，以不同的心情，站在不同的角度，都在等待着张学良的回答。

客厅里鸦雀无声，空气似乎都已经凝固了，只有那架老式挂钟在滴答滴答地走着……

也不知过了多久，张学良慢慢地转过身来，用目光扫视了一周，然后一字一板地说：

“先父之不幸，纯属天意！”

赵媞手中的扇子，“啪”的一声，掉在了地上。

赵媞提着的心，随着扇子落了下来。她知道，张学良能说出这番违心的话来，内心不知该有多少痛苦啊！可话又说回来，笼罩在奉天城上的阴云，能因为张学良说出这违心话来，就随之而烟消云散吗？

第六章　后花园艺女道情

东北的伏天历来是很短的。几天之后，人们便熬过了盛暑，步入金秋了。这是东北最迷人的季节，天高云淡，风和气爽，清溪流翠，姹紫嫣红。特别是傍晚，凉风习习，气候宜人，最适宜小姐和少妇们盛装打扮了。

张学良精心选择了这样一个夜晚，举办他正式就任东三省保安总司令的庆祝晚会。

这一天，帅府内外一扫丧仪期间的悲痛和压抑，而代之以一派喜庆欢快的气氛，张灯结彩，乐音缭绕，喜庆的楹联贴满了各个角落。谁都清楚，当局这样做，是想借此驱散笼罩在奉天城上的阴霾和晦气，盼望开拓出一个昌盛兴旺的新局面。

作为帅府明珠的后花园，这次更像贵族人家受宠的妙龄女郎一样被精心打扮起来。翘立的凉亭上贴着烫金的对联，苍松翠柏的枝头上装点了各式彩带灯泡，而在那奇伟瑰丽的假山上，赵媞小姐不知从哪儿搞来那么五颜六色的菊花，装饰得酷似北京的九花塔。菊花历来品种繁多，学问极大，赵媞着人在每盆菊花上都标明了名称。不消说游赏，单看这花名就足以令人眼迷神醉了：什么蜜连环、银红针、紫虎须、老君眉、西施晓妆、潇湘妃子、平沙落雁、青山盖雪、玉池桃红、朱瓣湘莲等，据说这是菊花陈秧中的细种；如大红宝珠、紫凤舒翎、紫龙开爪、云龙焕彩、旱地金莲、芙蓉秋艳、玉扇银针、枫叶落照等，为陈秧中的粗种。此外新秧中，也还有细种粗种之分，像什么珠墨双辉、凤梧添线、汉宫春晓、浣花溪水、二乔争艳、羚羊挂角、碧玉搔首以及玉堂金马、紫电青霜、绿柳黄鹂、杨妃醉卧等，计有一百多种。真是千姿百态、群芳斗妍！本来就曲径通幽、秀色夺人的后花园，如今被菊花染缀得更加让人流连忘返了。

张学良的荣升，诚然是人们早就预料的，但对国运和民生抱有期待的东三省民众，仍然对少帅的受命感到欣慰。今天的晚会，实际上相当于一条界河，它象征着张作霖时代已经结束，张学良时代正式开始。从今天这喜庆的气氛中可以看出，人们对张学良寄予了很大的期望。

前些天，因为悲伤加上劳累，一直神情疲惫的方世靖，今天也像换了个人似的，穿着一身崭新的长袍马褂，喜气洋洋地到处张罗着。他派人在后花园入口处，摆了一张紫檀条案，专门迎候前来赴会的各界来宾。

肩舆簇簇，车马辚辚。临近傍晚时，华服美饰的贵妇小姐，勋章缓带的显宦权臣，都络绎而至了。车马喧闹，大帅府真是高朋满座，贵宾如云！

当赵媞将厚厚的签到簿送交张学良时，他一页一页地翻看着那长长的名单，嘴角上露出了一丝不易察觉的微笑。

赵媞最清楚，张学良的这一丝微笑，是他压抑不住的得意的微笑，也是一场鏖战之后胜利的微笑。回想前一时期，围绕着东三省保安总司令宝座的那场明争暗斗，是多么剑拔弩张、惊心动魄，而结局又是多么富于戏剧性啊……

这还是大帅治丧期间发生的事。就在日本人虎视眈眈，欲伺机侵吞东北的危急时刻，在东三省统治集团内部展开了一场争夺保安总司令宝座的角逐。从滦州前线匆匆赶回来的杨宇霆，名义上是参加张作霖的丧仪，实际上却在暗地里勾结串通了一批人，阴谋夺取东三省保安总司令的大权。

张学良返回奉天后，依照张作霖的遗命，只是先就任奉天省督办。而东三省的最高权力职称，是东三省保安总司令。谁若就任总司令，谁就握有了东三省的军政大权，谁就是名副其实的东北王。所以，这一场争斗非同小可，是东北的王位之争。

杨宇霆知道，如单以他个人的名义，显然无法与张学良的势力和名望相匹敌，于是他便采用曲折迂回的方式，策划把吉林省督军张作相抬出来当总司令，用他压张学良，把张学良只限于奉天督军的位置上。张作相因是张作霖同时期的人物，和张作霖又是拜把兄弟，加之为人敦厚老成，在东三省颇乎众望。但杨宇霆清楚，张作相的能力有限，不可能承担起东三省领袖的重任，不用多久，实权就会自然而然地落到他杨宇霆手里。而推举德高望重的张作相做总司令，又可堵住张学良的嘴，使他哑巴吃黄连，有苦难言。

杨宇霆和他的密友常荫槐等一伙，对此万全之策非常得意。他们四处散风，八方点火，扬言总司令一职非张作相莫属。一时间，一传十、十传百地张扬开去，待到东三省省议会联合会正式召开时，张作相就任东三省保安总司令一事，简直就是板上钉钉了！

张学良那时心中的恼火，是可想而知了。外面日本关东军倚势压人，这本来就使他难以忍受，而现今大帅的灵柩尚在，尸骨未寒，自家后院竟又燃起这么一场邪火！……可叹的是，张学良对杨、常二人的阴谋虽然洞若观火，如鲠在喉，但却一筹莫展。就连足智多谋的方世靖也觉得一时难以挽回了。这是因为，日本人正秣马厉兵，枕戈以待，盼望着东三省发生内乱，他们好乘机出兵干涉，这使张学良绝不敢轻举妄动。那样的话，势将毁灭整个东三省的前程。二是，张作相乃张作霖父子一向敬重之人，张学良也不好公开反对。

所以到议会开会那天，张学良整个像遭霜打了似的闷闷地坐在那里，他无计可施，只能用一双冷眼和一副冷笑，观看着杨宇霆和常荫槐的上蹿下跳，看他们如何表演出这偷天换日的逼宫戏！

会议果然按杨、常的策划在进展。虽然张作相没有在场，可在表决时，仍以压倒的多数通过了，就连张学良本人也觉得大势已去，不得不举起手来表示拥护。

会议结束的时候，侍从进来报告说，张作相来了。人们一听新领袖驾临，一个个都恭恭敬敬地站了起来，等候他的宣誓就职。而杨宇霆更是一马当先地冲到门口，去迎候总司令的光临。

可他刚跨出门口，就呆住了！只见那条已经伸出去的腿，半天也没能再抬起来。杨宇霆已派人送去了新制作的总司令军礼服，他心想张作相今天准是听到了选举结果，穿着辉煌耀眼的总司令礼服来的，可他哪里想到，张作相竟是披麻戴孝地走了进来。在座的人们一见都瞠目结舌，惊讶不止，这是演的哪出戏啊？！

张作相一进门，二话没说，把总司令军礼服往讲台上一搁，道了句“家母归天，作相得奔赴母丧”，然后拱手向四面揖了几揖，就匆匆地离去了。

杨宇霆、常荫槐精心安排的一场选举，就这样荒唐滑稽得像场闹剧似的破产了。几天以后，张学良重整旗鼓，又进行第二次选举，终于得以正式当选为东三省保安总司令。

回顾惊心动魄的争斗，往往是胜利者一种最大的快慰。张学良手托着长长的签到簿，正在得意地回首这段往事的时候，侍从一声报告，打断了他的遐思：日本驻奉天总领事林久治郎到了。

近来，日本方面对张学良十分“友善”，特别是林久治郎更是一再做出姿态表示友好。张学良对

杨宇霆

林久治郎的印象本来就有别于河野,他态度温和,不像河野那样咄咄逼人,加上最近又听说林久治郎的祖先曾为中国血统,所以张学良对他渐渐地产生了好感。

张学良疾步走出大厅时,林久治郎已经到了后花园,他正站在花山前饶有兴味地欣赏一盆墨菊。一见张学良到来,他赶紧笑容可掬地迎上去,老远就高喊着:“张总司令,恭喜、恭喜!”林久治郎的中国话讲得非常地道、流利。

“谢谢!”张学良也连忙微笑着表示感谢。

所谓人逢喜事精神爽。本来就年轻潇洒的张少帅,今天装扮得更是气宇不凡、春风得意。他上身穿一件浅灰色短大衣式的总司令军礼服,下身是笔挺的戎装马裤,脚上蹬一双锃亮的高统皮靴。加上金光闪闪的肩章,绕身披挂的徽章绶带,真是雄姿英发,仪表堂堂。林久治郎眯起眼睛,看上去像是欣赏张学良的这身装束,其实他目光却久久地停留在张学良胸前佩戴的那枚一级旭日勋章上。

“张总司令,看到阁下在这样的场合佩戴着一级旭日勋章,我很感动。天皇陛下接见我时曾说,东三省地大物博,面积超过整个日本,而张将军年仅二十八岁就治理如此广大的国土,总司令实是年轻干练的旷世之才。”

“天皇陛下过奖了!”

林久治郎见张学良面有得意之色,便更加神采飞扬地说:

“总司令,还有一个好消息。田中首相电示我说,关于‘满蒙悬案’,可以缓一缓再商量。”

“噢?”

“考虑到你们奉天政府目前财政拮据,首相决定提供六千万的巨额贷款,以帮助你们整顿财政!”

一直感到棘手的“满蒙悬案”,现由日本方面主动提出缓一缓,还要再商量,这本来就使张学良有如释重负之感;日本又主动提供巨额贷款,这对正在为财政困难而发愁的张学良来说,怎能不让他喜出望外呢!张学良连忙鞠躬致意,感谢日本政府的这种友善行动。接着,他兴致勃勃地挽起总领事的手臂,一路谈笑着跨入舞厅,他大声地对林久治郎说:“今晚咱一定跳他个尽兴而散,喝他个一醉方休!”

在签到处,正忙于接待来宾的方世靖,很有点奇怪,张学良今天怎么对林久治郎这样亲昵呢?忽然,崔副官急匆匆地跑来找薛医官,方世靖本想问问林久治郎的事,可是见他神情有点紧张,便追问他出了什么事?崔副官也说不太清楚,他只看见林久治郎递给少帅一张报纸,张学良看过之后脸色变得非常难看,就让他马上来找薛医官。

薛秉谦到底上哪儿去了?这报纸和他会有什么关系呢?方世靖心里又蒙上了一层疑云。

薛秉谦刚才是和黄蕙一起,探望了一位名叫黑姑娘的女艺人。此刻,他已告别了黄蕙,正在返回帅府的路上。

张学良在小书房里等候着薛秉谦，这里僻静幽雅，平时很少有人涉足，张学良的很多机密谈话，都是在这儿进行的。一见薛秉谦进来，从写字台上抓起报纸便甩给了薛秉谦，并用一种挖苦的腔调说：

“请欣赏一下您那位黄大小姐的大作吧！”

薛秉谦不用看，就明白是怎么回事了。刚才黄蕙已经告诉他，她写的那篇《皇姑屯疑案》今天见报，少帅看了肯定会不高兴的。当时薛秉谦还不理解，这不正是张学良郁积在心头，想说而又不便说的话吗？可黄蕙认为，这些话，张学良现在大概不想说了。她告诉薛秉谦，日本人近来改变了策略，把过去的压服就范，改为引诱拉拢，许给了张学良不少好处，这位少帅是不是有点飘飘忽忽不知所以了？并举出张学良近来常常把旭日勋章挂在胸前，作为佐证。薛秉谦对此并不同意，认为张学良是出于策略，逢场作戏，麻痹日本人。国难家仇，他怎么会忘记呢？

情人之间的争辩，往往都是没有结局的。临分手的时候，黄蕙告诫薛秉谦，不管出于什么原因，希望他都应注意提醒少帅，亲善的面纱下可能掩藏着赤裸裸的侵略，千万不能让友善的言辞冲昏了头脑，把民族的灾难置于脑后！

难道真被黄蕙说中了？由于已有了思想准备，薛秉谦对张学良的发怒并未感到惊讶，只是冷冷地还了他一句：

“怎么，你不同意她的观点？难道她说的不是事实？”

“可她发表的太不是时候了！”张学良使劲摇了下屁股底下的转椅，面对着薛秉谦高声地说，“现在正当我们和日本缓和关系的时候，她从横里捅了这么一家伙，简直是存心捣乱！”

“给你泼点冷水，也许不无好处吧？！”

“你少替她辩护！当初她劝我冷静、忍耐，我以为她是一位有韬略的女中豪杰，可谁知她也干出这种出马一条枪的蠢事来！”张学良因和薛秉谦的关系非同一般，所以彼此争吵起来都毫无顾忌，“你说怎么办吧？日本人提抗议了！”

“你是保安总司令，要抓要砍，自然由你！”

张学良被薛秉谦这冷腔冷调激火了：

“怎么，你以为她是你的未婚妻，我就不能对她下手吗？告诉你，我张学良是个顶天立地的男子汉大丈夫，决不受人左右。”

“这我相信。不过，黄蕙这个人似乎并不怕死。‘民不畏死，奈何以死惧之？’”薛秉谦的神态变得十分严肃。

“算了，我不是跟你开玩笑。”张学良首先把口气缓和下来，他站起身，走到薛秉谦的跟前，“明天你就动身，带黄蕙到北京玩些日子，避避风头。让她吸取教训吧，别再给我惹麻烦了！”

“我向她转达总司令的美意！”

薛秉谦也就坡下驴，结束了这场不愉快的争辩。但通过这场争辩，却使薛秉谦对黄蕙更加钦佩起来。多年的记者生涯，使她练就了一副锐利的政治眼力，她能从纷纭复杂的表象中一下子就抓住要害、灵魂。几件事情都证明，她的看法是正确的，她的办法是可行的。今晚，她非坚持让黑姑娘来献唱不可，这步棋会怎么样呢？也会产生预期的效果吗？

他一看表，已到了和黑姑娘相约的时间，他赶紧朝门外走去。

黑姑娘是一位唱大鼓的艺人，她粗衣布履，一身缟素，加上两颗黑大的眸子中飘浮着一缕愁云，和这喜庆的气氛甚不相称。张占魁把她带到后花园后，张学良一见，就蹙起了眉头。没等张占魁介绍完，他就沉下脸来训斥说：

“胡闹！这是什么场合，搞这种不伦不类的名堂！谁让你请的？”

“我。”薛秉谦应声走了过来。

“又是你！我什么时候说过要听大鼓了？”

“少帅，您太健忘了吧？”薛秉谦的语气里，同样还留有刚才争辩的余音，“不是你告诉我小时候常随大帅听辽海家乡的大鼓吗？还说一听见这个，你就想起家乡的一草一木，想起西辽河，想起父老乡亲们……”

“可今天，我没有这种雅兴！”张学良打断了他，接着把右手一挥，意思是让黑姑娘立刻走开。

“不，依我看，在少帅荣升总司令的时候，更应该听听乡音。”

“你？！”张学良对薛秉谦的一再顶撞，又有点恼火。

张占魁一见，连忙出来打圆场。他用手抚摸着连鬓胡子，拉着长声说：“唉——这也是薛医官的一番好意嘛！再说，人家大老远地从辽海来，够难为的……”他拿眼斜看了一下张学良，见他没再吭声，就赶紧催促黑姑娘：“别愣着，还不快给少帅唱一段？”

“是。”黑姑娘深深地鞠了一躬，就在凉亭下架起了大鼓。

张占魁见一切停当了，便递给了薛秉谦一个眼神，悄悄地走了出去。薛秉谦会意地点点头，他知道这位粗中有细的人物是去布置哨卡去了。

“少帅，请点个曲子吧？”黑姑娘拿出帖子来送了过去。

薛秉谦从中接过来，看了一眼：

“少帅不喜欢听古，来个时令小曲吧！有新编的吗？”

“有。”黑姑娘应道。

“行了，随便唱一个吧，我还有事。”张学良很不耐烦地说了这么一句。

黑姑娘的“是”字一出口，琴师便拨响了琴弦。黑姑娘抖了抖精神，操起鼓棒，咚咚地敲了起来。霎时间，后花园里琴音袅袅，鼓声嘈嘈，围观的人们都神情为之一振。

黑姑娘一进入角色，也仿佛变了个人似的，她阴沉的脸上，浮现了一抹光辉。她用乌黑的大眼睛看了一下观众，便亮开歌喉，舒缓地唱了起来：

辽河滚滚挟珠带玉翻波浪，
千山叠翠藏金埋银好地方。
巍巍群山围着一个聚宝盆，
涟涟碧水绕着一个鱼米乡……

优美动听的曲调，圆润清甜的歌喉，使本来心不在焉的张学良，也渐渐地被感染了。至于像张占魁、崔副官这样一些辽海将士，一听这家乡的曲调，更是神魂飘荡，仿佛又回到了那滚滚的西辽河，看到了那活蹦乱跳的肥鲤鱼……

一阵琴鼓敲过，黑姑娘又接着唱起来，只是曲调变得低回婉转了：

话说这鱼米乡中一村庄，
村头住着一位大爷和一位大娘。
老两口独生儿子当兵在队伍上，
新婚的儿媳卖艺为生在书场。
儿子为公远去他乡无音讯，
老两口日思夜想添愁肠。
这一日，大娘站在村头上，
见远处烟尘蔽日马蹄忙。
大娘叫老头子快来看，
是不是咱儿子回了家乡？
大爷眯着眼看了半天摇头说不像，
这时节那马队已来到了房前勒住了缰。
骑马人个子都不大，
可腰上挎的战刀特别长。
头上戴着战斗帽，
脚上马靴溜溜光，
满脸横肉恶狠狠，
大嘴一张开了腔：
“限你们三日之内快搬走，
这地方划给我们要驻防！”
大爷说：“我们祖祖辈辈这里生，这里长，
凭什么撵我们离家乡！”
小鼻子闻听哈哈一笑：
“老东西，开路的有，没商量！”

张学良开始还很悠闲自在，待听到这里，不由得又皱起了眉头，现出一种不耐烦的样子。

黑姑娘仿佛没有发现似的，仍接着唱：

大爷指着他们“呸”了一口：
“你们欺人太甚赛虎狼！
中国不是你们的演兵场，
不许铁蹄践踏我家乡！”
小鼻子一听急了眼，
二话不说，对准大爷就开枪。
啪！啪！啪！
大爷他含恨倒在血泊中，
怒睁着双眼不肯合上……

张占魁和一些将士听到这里，不禁都握紧了拳头，满腔悲愤……

张学良却脸色一沉地喝止道：“停！”

薛秉谦走过来说：“汉卿，曲子还没唱完呢？”

“这让日本人撞见，如何解释？”

“放心吧，四周我都警戒好了，外人一个也进不来。”张占魁说着，拔出叼在嘴上的长烟袋，冲黑姑娘一努：“黑姑娘，接着唱！”

黑姑娘这时猛敲了几下琴鼓，音调顿时转为激愤苍凉：

大娘一见心如刀绞老泪淌：
“老伴啊，你死得惨啊死得冤枉！”
大娘她一边哭着一边骂，
骂他们日本鬼丧尽天良！
小鼻子恼羞成怒举起了刀，
大娘的鲜血洒在了热土上……
这就是关东军又一笔血泪账，
我唱给同胞……

曲调委婉动听，故事悲怆感人，以致一曲还未终了，很多将士均已涕泪成行……

“住口！这是什么地方，唱这种曲子？”

刚才仅仅是说“小鼻子”，这时竟直接点出“日本鬼”、“关东军”来，张学良一想，不能不加以制止了。本来他就一直担心，这要让日本人撞见，那还得了吗？刚刚缓和下来的日中关系，即将到手的六千万贷款，岂不都要化为泡影……越想越严重，所以他不等唱完，就眉头一竖，使劲一拍桌子："把她轰出去！"

"慢！"杨宇霆不知何时走了进来，他那肥胖的脸上阴沉沉的，看了就让人打寒噤。他倒背着手，慢慢地踱到了张学良的跟前："这个女人居然敢在总司令官邸咒骂友邦，宣扬反日，分明是有人纵容唆使。汉卿，得把这个女人抓起来！"

在场的人听张学良的口气，本来是想让黑姑娘别惹事，轰她一走了事，可听了总参议这番话后，觉得事情严重了，大家都有点毛骨悚然。

张学良并没有想那么多，他随口吩咐说："侍卫长，把她送警察局！"

"这，少帅，她……"张占魁吞吞吐吐地，迟迟不肯移走。

"执行总司令的命令！"杨宇霆的声调里，带着一种不容抗拒的威严。

"是。"张占魁无可奈何地答应着，并懒洋洋地叫了一声，"来人！"

"且慢！"薛秉谦用手托了托金丝眼镜，转身对着张学良和杨宇霆，"总司令，总参议，艺人黑姑娘为庆贺少帅荣升前来献艺，忠诚之志可嘉，精妙之艺应奖，袅袅乡音动人心魄，所唱时事发人深省，我们怎能逮捕这样忠贞爱国的艺人呢？"

杨宇霆上下打量着薛秉谦，微微冷笑了一下：

"薛医官，她一个民间艺妇，竟胆敢在这里妖言惑众，分明是欺负汉卿年少轻信……"

杨宇霆话锋一转，拐到了张学良的身上。"年少轻信"这四个字就像钢针一样，直戳张学良的心窝。张学良年少受事，最怕人们看轻他。而杨宇霆又偏偏以此戳他的痛处，这使张学良十分恼火："带下去！"

张学良的这三个字是咬着牙说出来的，谁都听得出，已没有任何回旋的余地。

杨宇霆微笑了一下，他把张学良细微的心理都看在了眼里。待张占魁等把女艺人带下去之后，他缓缓地走过去，望着张学良那气得刷白的脸色，拍了拍他的肩膀。

"汉卿，我早就说过，中日关系就像走钢丝一样，非常敏感。可你……如今在堂堂帅府之内，竟然发生这种公然反日的事件，这让日本人知道了，可怎么得了？"

"我并不知道她……"

张学良翻了他一眼，喃喃地辩白说。

"就算此事你不知情。可搞南北统一易帜的事，总是你一手经办的吧！日本人对此极为恼火…"

杨宇霆的这段话，又勾出了一桩新的公

1931 年的张学良

案。所谓易帜，就是更换旗帜，即将东三省悬挂的五色旗，改为青天白日旗，以示服从南京国民政府，实现全国统一。近些年来，全国人民由于连年军阀混战，民众已受够了战乱之苦，盼望和平息战。加之，张作霖被炸后，日本军国主义分子一直虎视眈眈，觊觎东三省，而仅以东三省的财力物力，是很难单独遏止日本的侵略野心的。所以，张学良近来一直秘密派人与南京政府往来磋商，以易帜来抵御日本的侵略。但是，这一行为，却遭到了杨宇霆等人的激烈反对，他们主张东北独立，反对向南京政府称臣纳贡。

日本得知这些情报后，他们一方面在暗中支持杨宇霆，掀起了一股拥立杨宇霆的运动；另一方面，对易帜则公开站出来加以阻挠干涉。对张学良软硬兼施，恩威并用。这次，斋藤特使来参加吊唁，其中一个重要使命就是千方百计地阻止张学良易帜，鼓动张学良独立，以便把满蒙从中国本土中分割出去，安全置于他们的控制之下。对于这一点，张学良是深为警惕，绝不肯让步的。所以，当杨宇霆又抛出这桩争论时，张学良便厉声反问：

"我不跟南京易帜统一，怎么办？难道让我去给日本人当傀儡、儿皇帝吗？"

张学良的反问，使杨宇霆很下不来台，他"刷"的变了脸色，脸涨得紫红，宽大的额头上青筋暴露出来。他指着张学良，牙齿磨得嘎嘎作响："你？！我真没想到，你竟如此不听劝告！"

杨宇霆说着，用那气得发抖的手，掏出一张纸来，拍在了桌子上。

这是一张写好的辞呈，杨宇霆要辞去东三省保安委员的职务！

望着这张纸，张学良悸动的心，一下子缩紧了！在庆祝他就任保安总司令的晚会上，作为父亲时代的元老重臣、东三省炙手可热的第二号人物就递交辞呈，这事传扬开去，人们该作如何猜想啊？！

……

"邻葛，我年少受事，内忧外患，正需要您多加辅佐指教……"张学良压住火气，把口气缓和下来。

"我杨宇霆才疏学浅，难当此任！"杨宇霆不阴不阳地回绝了。

"邻葛，我一向把您视为前辈，您有什么意见，尽可以……"

杨宇霆打断了他："我只有一言相劝，希望你在对日关系上，不要玩火自焚！"

杨宇霆转身走了，张学良呆呆地立在那里。手中捏着那张辞呈，就像攥着一颗火球一样，使他忧心如焚：正式就任总司令的第一天，就遭到了这样的难堪和挑战，今后可怎么办呢？

忧虑和苦恼纠缠着张学良，他烦躁地围着凉亭走来走去……一抬头，看见薛秉谦和张占魁带着那个女艺人又走了回来。事情都是这个女人惹起来的，一天的喜庆，都让她给冲了……想到这，张学良心中的烦恼全化作火气喷了出来：

"这个女人怎么还不带走严查？！"

“汉卿，你知道她是谁吗？”薛秉谦问。

“我不管她是谁！”张学良绷着脸，厉声地说，“谁破坏我的大事，我就惩处谁！”

薛秉谦一听张学良这样不容分说，不由得也生起气来：

“当然，你身为保安总司令，对谁都可以逮捕，甚至枪毙。可是独独对她，我以为，你不能！”

“笑话！别说她一民间艺妇，就是将军、省长，只要犯在我的手上，我都可以惩治他！”张学良说着从腰间解下手枪，往桌子上一拍，大声喝道：“来人！”

“汉卿！”薛秉谦一见他这样，激动得连声调都变了。

一直在旁边察看动静的黑姑娘，这时脸色变得惨白，本来就抑郁不欢的眼睛，又罩上了一层暗淡的悲伤。她轻轻地拨开挡在前面的薛秉谦，又像是对薛医官，又像对张学良似的说：

“薛医官，就让少帅赏给民妇一颗子弹吧！这是成全我，让我们夫妻一起死在少帅的枪下……”

“你们夫妻？”张学良听了女艺人的话不禁为之一怔，他迷惑地望着薛秉谦，“这是怎么回事？秉谦，她到底是谁？”

“她，她就是化装到前线，舍身救你出虎口的姜树礼壮士的妻子！”

“啊，她是姜夫人！”张学良没等薛秉谦话音落地，便扑地一记长跪，“恩人，请恕学良不识之罪！”

堂堂的东三省领袖，竟给一个普通的民女下跪，黑姑娘吓得连忙跪下，惊慌地说：“少帅，快，快请起来！”

“姜夫人，树礼兄为了我献出了生命，他的一腔忠义，学良是永不会忘记的。”张学良站起身来，非常诚恳地说，“这些日子忙于家丧国事，没能前去探望伯父伯母，过些时日我一定把二老接来，姜兄的父母就是我的父母……”

听到这儿，黑姑娘一直强忍着的眼泪，再也控制不住了，一颗颗大滴的泪珠，顺着眼角簌簌地滚落下来。

“姜夫人你？”张学良一见这情景，又诧异起来，“二位老人家？”

薛秉谦含着眼泪告诉他，刚才黑姑娘演唱的就是她家的亲身遭遇。

“啊，这是真的？！”张学良惊讶得连退几步，他的心仿佛被锤子重重地击了一下似的，痛楚而又愤懑，“我恩人的父母被日本人杀害了？！”

黑姑娘擦了擦眼泪，忍住了啜泣，她告诉张学良：

“树礼到前线给少帅送信，临行前曾回去与二老告别。他拉着两位老人的手说，孩儿这一去很可能回不来了，二老不要难过，孩儿为救少帅即便死了，是为国捐躯。为使二老免遭亡国之苦，儿死了也会含笑九泉的……谁知道，树礼的尸骨未寒，双亲便惨遭日本人的毒手！”

“砰”的一声！张学良一拳砸在凉亭朱红的柱子上，直震得垂挂的拉花簌簌地一阵颤响……张学良伏在亭柱上，他心如潮水一样起伏翻涌。黑姑娘的声声抽泣，犹如皮鞭一样抽打着他的心田……

“汉卿，姜烈士的一家遭遇，值得深思啊！我们不能再让日本人在咱们国土上横行霸道了！”

随着薛秉谦的话音，黑姑娘扑通一下子跪在张学良的跟前：

“少帅，东三省民众宁为救国而死，决不亡国而生！”

铿锵有力的话语，道出了东三省民众的心声。张学良慌忙扶起黑姑娘，激动地说：

“放心吧，恩人！我张学良身躯里面流的也是中华民族的血，我对着姜壮士和屈死的伯父母亡灵发誓：我张学良决不做有负于东北父老之事，我张学良决不做亡国之君！”

张学良这誓言，宛如洪钟一样在后花园里回荡。它震撼着周围每个人的心灵，因为这誓言是用鲜血换来的，是用血和泪凝成的。

送走了黑姑娘，张学良的心情就像坠上一块铅一样的沉重。他想冷静下来，找个地方好好反省一下近一个时期跟日本人的交往……可就在这时，林久治郎手托着一纸公文，笑吟吟地迎了过来：

“总司令，只要阁下签个字，六千万元即可生效了！”

张学良慢慢拔出笔来，正欲在摊开的公文上签字时，他的手突然停住了。他猛地抬起头来，用一双冷峻的目光逼视着林久治郎：

“怎么？得答应你们在东三省的商租权？这不又是‘满蒙悬案’的内容吗？！”

“为此巨额贷款，您总得有所表示吧？”林久治郎笑嘻嘻地，顺手从树杈上折下一根柳条，漫不经心地在手中摆弄着。

“不！”张学良把公文甩给他，“我不能因六千万元出卖一项国家主权！”

林久治郎托着这纸公文呆立在那里，他脸上的笑容顷刻间消失了，一时变得极为尴尬，本来修剪得很美观的仁丹胡也扭曲得很难看了。僵了一会儿，他把手中的柳枝使劲一折，也倏然变色说：“既然这样，我也有一事相告：对于您正在准备进行的南北易帜谈判，我国政府坚决反对！”

林久治郎说完，把折断的柳枝一扔，怒冲冲地离去了。

南北易帜统一，这本是我们中国人自己的事，你日本政府如此地威胁恫吓，这不是明目张胆地干涉内政吗！张学良和薛秉谦等人正在为此事而愤愤不平的时候，方世靖又带来了一声晴天霹雳：黄蕙小姐被日本宪兵队逮捕了！

风云突变，人们都惊呆了。接二连三的霹雷闪电告诉人们：且慢高兴，皇姑屯上的阴云并没有消散啊！

……

第七章　惊心动魄杨公馆

不管人们多么喜爱秋天,可它还是悄然离去了。奉天不知不觉地进入了冰封雪冻的时月。一场大雪过后,全城就像披上了一个白色的大斗篷一样,变成了银色的世界。树挂霜天,北风凛冽。对于贫苦人家来说,饥寒交迫的关卡到了;可对富豪门第来讲,却觉得别有一番情趣。

谢倩怡穿着貂皮大衣,兴致勃勃地从北陵溜冰回来,又在别墅的院子里玩了一阵雪人儿。说别墅小巧玲珑,是杨宇霆从一富商手中专门为她买下来的。别墅是仿欧建筑,里面应有尽有,可谓幽雅、舒适。当然,这所别墅名义上还是杨督办的办公处所。杨宇霆这个人,既不吸食鸦片,也很少沉溺于女色。平时不苟言笑,一本正经,在家里是位严父、孝子,在外面亦是正人君子。他与谢倩怡的关系,除了身边的几位亲信如丁副官等知情外,甚至对家里人也都严格地保守秘密。表面上,他们是以上下级关系相处的。其实,当时像他那样的高官显贵娶几房姨太太都是名正言顺的,在外面养几个外室似乎也无伤大雅。可杨宇霆要的是克己奉公的形象,励精图治的风范,也是想在这一点上,把自己和张作霖、张宗昌等人区别开来。

且说,谢倩怡正在别墅天井花园里玩雪,消磨寂寞的时光,一辆黑色轿车驶了进来。丁副官走下车,上前恭恭敬敬地行了一个礼,告诉她杨督办请她立刻去杨公馆。谢倩怡拍落手中的雪,轻快地跳上汽车,随着丁副官,向杨公馆飞去了。

丁副官把谢倩怡送到杨宇霆的卧室,就转身离去了。谢倩怡见杨宇霆没有在屋,便脱去大衣,走到精巧别致的穿衣镜前,开始梳理她刚才弄乱了秀发。然后系好项链,掏出粉盒来,在红润润的脸蛋上扑了点香粉,又用伊莉莎白牌的唇膏涂了涂嘴唇,当她正拿起眉笔要描画眉毛的时候,突然一双男人的手搭在了她的肩上,她愣了一下,但并没有惊叫,也没有立刻回过头去,因为她已从镜子里看到了张笑容可掬的胖脸,那双火辣辣的眼睛,她的心不禁突突地猛跳起来。

杨宇霆已经好久没有这样过了,近些天来,他一直阴沉着脸,见面没几句话,更很少跟她亲热。她知道,选举总司令的时候,杨宇霆吃了张作相的一闷棍,得以让张学良夺得了东三省的统治大权。后来他本想通过辞去保安委员职务,拆张学良的台,引起骚动或连锁反应,可哪知不仅没有打乱张学良的阵脚,反倒使自己白白丢掉了一个权位,只落得个东三省兵工厂督办的职务。这虽是个发财的银库,可毕竟在政治上少了一些实权。自此以后,杨宇霆总是脸罩秋霜,忧心忡忡。

聪明的谢倩怡虽说不能完全猜透这位城府很深的大人物内心的一切隐秘,不过却能从他那阴晴变幻的神态中,窥探到他此刻心绪好转的缘由。显然,政治的风向标又朝着对杨宇霆有利的方向摆动了。

这自然和易帜有关。张作霖被炸身死，东三省危在旦夕，那时节，大敌当前，张学良临危受命主持东北大计是大势所趋。况且，张学良国难家仇系于一身，能够不为感情左右，居然从容不迫地稳定了局势，使日本人也无法对东三省出兵干涉，这自然赢得了上上下下的敬佩。看来，东北王的宝座张学良是要长久地坐下去了。这使得杨宇霆十分气馁，他甚至扬言，要解甲归田，告老还乡了。可就在这时，年轻气盛的张学良不待东北王宝座坐热，就不安分了，竟然要和南京政府分治合作，统一易帜。于是，朝野上下引起了一片混乱。虽然一批年轻人支持张学良这一举动，吹嘘是符合国家民族根本利益的壮举，而那些豪强老臣们却多不以为然，特别是张作霖的那些把兄弟们，觉得大元帅辛辛苦苦闯荡出来的天下，这样白白让给南蛮子太吃亏了。于是，这些人便对张学良极力劝阻，而张学良偏偏不听，执意要一意孤行，这样就得罪了不少人。当然，要说得罪，主要还是得罪了日本政府。

东三省的一切风云变幻，都是以日本政府的喜怒哀乐而转移的。由于日本政府对易帜问题的极力反对和公开干涉，使得东三省的政治形势发生了急剧的变化。日本内部，主张用“外科手术”解决满蒙问题的一派，由于易帜问题再度活跃起来，他们呼风唤雨，一个“拥立杨宇霆，干掉张学良”的风潮，也随之骤然而起。风声传出，前一时期已倒向张学良的人，近来又纷纷以各种方式向杨宇霆暗送秋波，冷清了一阵子的杨公馆，如今又开始门庭若市了。杨宇霆的脸，也渐渐地由阴放晴，并常常面带微笑了。可像今天这样喜气盈面，态动神流，倒还是第一次。这准是事情又有了更进一步的发展……

谢倩怡原想乘兴探问一下，可杨宇霆却先她开口了：“倩怡，你去把棋盘拿来。”

杨公馆主楼

“下棋？跟谁？”谢倩怡一边剪着修长的指甲，一边漫不经心地问。

“河野大作。”

“他没说今天来呀？”谢倩怡把斜搭在沙发椅背上的两条腿放下来，略带惊讶地问。

“放心吧，他肯定会来。”

杨宇霆那自信的口气，使人不容置疑。谢倩怡收起指甲刀，在细嫩的手指上略略松动了一下宝石戒指，就起身奔书房了。

杨宇霆有个习惯，他历来喜欢在书房里接待客人。这固然有他想区别于那批不学无术的绿林之流，要给人留下个有文化、有教养、有学问的印象。而另一方面，他的书房也的确布置得气魄不凡，趣味典雅。宽敞的房间里，四周全是矗立的书架，线装的、精装烫金的书籍一排排的，琳琅满目，中间那张大理石桌面的写字台上，置放着一盏圆柱形高座的水晶石台灯，浅紫色的灯罩和这房间的颜色搭配得非常协调，一方雕有二龙戏珠的端砚旁，养着一盆水仙，葱茏翠绿的枝叶给这冬季的书房带进了一片春意……东西两侧的墙壁上，对称地垂挂着两副对联。一副是：“风声、雨声、读书声，声声入耳；家事、国事、天下事，事事关心。”另一副是：“读书好，耕田好，学好便好；创业难，守业难，知难不难。”典雅的书房有这两副对联一衬，越发显得情趣高尚了。

果然不出所料，谢倩怡刚在书房摆好棋盘，河野大作便哈哈大笑着走进来了。

“您看，我棋盘都摆好了，我算计着您今天肯定会来。”杨宇霆话里充满了得意。

河野看见棋盘，初时一怔，但旋即又笑起来：“哈哈，我正是专门来领教您的棋艺的，不知杨将军怎样赢这盘棋呀？”

“不，河野先生是高手，我是诚心诚意恭候请教的。”

谢倩怡为他们点起了香烟，又沏上了一壶碧螺春。她清楚，两个人谁的心思都没在这棋盘上。河野大作的踏雪而来，绝不可能仅仅是为了到这里来领教棋艺，而杨宇霆呢，当然也不是专候他来下棋。既然他能猜到河野肯定要来，那就说明他已明了了河野来的真实目的。

这目的是什么呢？谢倩怡不知道，而杨宇霆心里十分清楚。前后纠缠反复了几个月的易帜问题，张学良昨晚作出了最后决定，他决心不顾日本人的强烈反对，毅然易帜。这无疑是给日本人的当头一棒，他们怎么肯就这样拱手轻抛，善罢甘休呢？杨宇霆料定，河野得此消息肯定要来摸底寻风，但狡猾的杨宇霆打定主意，绝不轻易上钩……

“噢，杨将军今天的棋路是不是过于谨慎了？这可不是杨将军的风格。”

河野望着举棋沉思的杨宇霆，首先打破了沉默。

杨宇霆胖胖的脸上笑了一下，他手捏着棋子，语意双关地说：

“情况不明啊，只能如此。”

“不，你可以利用优势，出奇制胜嘛！”

杨宇霆放下棋子，把身子向后一仰，斜倚在沙发上。

“你那里按兵不动，我有天大的本事也是枉费心机呀……”

“啊，我也有我的难处啊。”河野打开茶杯盖，毛茸茸的碧螺春，此时已变得明澈碧绿，一股清幽的茶香随着热气飘散了出来。河野轻轻呷了一口，说：

“老朋友，一切都以时间、地点、对象、条件为转移，我的棋路也得有所变化。”

“河野先生是情报专家，想必早已知道了，张学良不顾你们再三劝告，他昨晚已悍然决定易帜。”

杨宇霆决心单刀直入了，他要将河野一军：你不是说一切都要以时间、地点、对象、条件为转移吗？如今张学良这么一来，一切都变化了，看你河野的“棋路”如何变化。

河野被将了这么一军之后，果然激动起来，他推开棋盘，激愤地操起了茶杯，杨宇霆猜得很对，此步棋果然击中了他的要害。

“对此，今天一早，林总领事已奉命去对张学良进行最后警告！如果他还置若罔闻，一意孤行的话……”

杨宇霆侧着耳朵，正在等着他的下文：

“那么，贵国政府将采取何种对策呢？”

“对策？”河野眼珠一转，举着的茶杯又慢慢地放了下来，脸上激愤的情绪也被诡谲的笑意所取代，他眯起眼睛望着杨宇霆：“啊……我们把希望寄托在杨将军身上！”

真是狡猾的狐狸！杨宇霆这时将向前探着的身子，往沙发靠背上一仰，冷笑了一声：“我，恐怕是爱莫能助啊！”

作为日本留学生的杨宇霆，一是深知河野大作的奸诈刁滑，二是他清楚日本人的性格：他们想收买软骨头，但绝不欣赏软骨头。所以，杨宇霆总是引而不发，绝不首先披露自己的内心。

“杨将军，你太谦虚了！”河野笑着说，“世上何人不知你是东三省行星式的人物啊？但不知，杨将军准备如何使用自己的威望和实力呢？”

“这……还望河野先生指点。”杨宇霆依旧是含而不露。

河野看出杨宇霆在同他玩弄心术，于是他微笑着站起来，装作漫不经心的样子走到书柜前，顺手拿起一本横放着的日文书。其实，这本书，河野在他一进屋时就窥见了。这是河野前些时送给他的，是赖山阳氏写的，名叫《日本外史》。河野信手翻开，看到红铅笔正夹在德川家康那一章上，河野的脸上顿时露出了一丝嘲讽的微笑。这章讲的是这样一个故事：德川家康年轻的时候曾追随丰臣秀吉，灭掉了北条氏，实现了称霸大业。在丰臣秀吉后，德川作为重臣辅佐秀吉的继承人——年轻的秀赖。1615 年，德川家康毫不留情地逼迫秀赖自杀，夺取了政权，开创了德川幕府统治的新时代，德川由此成了历史上有名的人物。

“杨将军，您怎样看待德川这个人哪？”

“以中国人的传统观念来看，德川恐怕难以称为仁义之君。”

杨宇霆一本正经地回答，他腰板挺得直直的，正襟危坐，脸色严峻得像一块青石，神态中保持着他那惯有的傲慢和尊严。

河野望着他那副骄矜的神态，差一点笑起来。当然他还是忍住了，他抽出书中的红铅笔，轻轻敲打着：

“杨将军不是正准备效法德川氏，以推进自己的事业吗？”

这一针，捅得杨宇霆顿时跳了起来，傲慢骄矜的神态消失了，直急得他脸涨得红红的：“这是掉脑袋的事，怎么能开这种玩笑呢！”

这样一来，河野反倒平静了，他回到那贴地无腿的沙发上，跷起二郎腿，眯着眼睛，静静地听着杨宇霆的极力剖白。杨宇霆一反刚才的含而不露，唾沫横飞，滔滔不绝地讲起他与张家父子的关系，讲他与张学良的肝胆相照之情，讲他们患难与共的戎马生涯……

河野一边听着，一边一口一口地吞吐着烟雾。他的烟瘾很凶，他不喜欢抽香烟，觉得那不够劲、不过瘾，他从腰里掏出一只大烟斗来，叼在嘴上了。看上去，他似乎在听取杨宇霆的讲述，实质上他在欣赏自己吐出的烟圈儿。那白色的烟圈儿一个个地升腾开去，渐渐地升成了浮荡的云雾……过了一会儿，他见杨宇霆讲得差不多了，他放下烟斗，慢慢地从西装怀里掏出一份材料来，递给了杨宇霆。

杨宇霆一见，他的脸霎时间变成了灰色，双手就像被烫了一样，立时像发疟疾一样地哆嗦起来。

这是10月7日杨宇霆在河北滦州与白崇禧秘密谈判的记录。上面写有他们达成的里应外合，推翻张学良，由杨宇霆取而代之的秘密协议。

“这大概不是无中生有吧？”

“啊，这……您是从哪里……”

杨宇霆大惊失色，肥胖得打折的下颌惶骇地颤抖着，以至说话都语无伦次了。

河野望着杨宇霆这惊恐的神色，突然放声大笑起来。他笑得那样开心，那样放肆，连脸上那道刀疤都涨得锃锃发亮了……

杨宇霆迷惑地望着河野，越发不明所以，手足无措了！

“杨将军，不要紧张，你的这个机密张学良是不会得到的。”河野用手抚弄着烟斗，宽容地说，“今天，我到这里来，是想表明我们的态度，对于你们秘密协议的实施，我们日本军部愿助将军一臂之力！”

正在窘迫的时候，突然峰回路转，变得柳暗花明了！杨宇霆此时的心情是可想而知了。他激动地望着河野大作，脸上的表情戏剧性地变化着，正想说几句感激话的时候，丁副官急匆匆地跑来报告：张总司令来了！

他来干什么？杨宇霆和河野都有点慌乱。杨宇霆连忙叫出谢倩怡，让她收起日文书和谈话记录，并解下贴身的一串钥匙让她收进密室的保险柜。而他自己，则慌忙地送河野到另外的房间去休息。

张学良和赵媞，是陪薛秉谦一起来的。早上，杨宇霆曾给薛秉谦打去电话，请他来给他的父亲看病。张学良早就想来探望杨父，这次趁便就一起来了。

张学良等在杨宇霆、谢倩怡的陪同下，到了老宅杨老太爷的病室，并将带来的几包进口高级补品和十棵老山参，送给了老太爷。旋即留下薛医官和赵媞，跟杨宇霆返回了新楼书房。

他们在书房刚一落座，张学良便向他问起了黄蕙女士的事，因为前些天，张学良曾委托他去和日本关东厅交涉，并让他以张学良的名义出面保释。

“我劝你还是少把她和你扯在一起。”杨宇霆并没有急着正面回答张学良，而是喝了一口日本清酒之后，劝告张学良，“黄蕙不仅是反日青年会的骨干，而且她还和北满的共产党有联系，很可能是个赤色分子。”

“有何证据？”

“逮捕她时，她手中正拿着共产党出版的刊物。”

“这算什么？她是记者！”张学良冷笑了一声，“难道你我没有看过？”

“可她是在进行赤化宣传，煽动反日。人家日本人已经掌握了确凿的证据。”

张学良本想发作：什么证据？！多年的宦海生涯告诉他，政治上的事从来都是指鹿为马的，欲加之罪，何患无辞呀！可继而他又冷静了下来，自大帅死后，他变得很能控制感情了。他为自己剥了一个蜜橘，平息了一下情绪，然后诚挚地面向杨宇霆，他想以感情来唤起杨的支持：

“邻葛，黄蕙不放出来，我没法向薛医官交代呀！”

“汉卿，我正要告诉你，你的这位薛医官和黄蕙是同党嫌疑犯。日本人要求我们秘密逮捕他，否则，他们要亲自动手！”

杨宇霆非常清楚张学良和薛秉谦的亲密关系，张学良本想以自己的朋友之情唤起杨宇霆的理解和同情，以便更积极地去营救黄蕙。可哪里想到，不仅黄蕙不能放出，还要进而逮捕薛医官！张学良好容易抑制的情绪再也控制不住了，他把刚刚送进口的一瓣蜜橘，“噗”地一下吐了出来，用一双锐利的目光逼视着杨宇霆：“你是怎么回答的？”

杨宇霆避开了张学良的目光，他点起了一支香烟，猛吸了一口，然后慢慢地让两缕青烟从鼻孔里飘荡开去：

“我看，不能因小失大。为了不致恶化双方的关系，破坏两国和睦亲善，我们应当把薛秉谦交出去，免得落个包庇纵容反日的罪名！”

窗外，风已经刮起来了。房顶、树上的雪，被寒风吹得呜呜直转……张学良眼望着窗外，想借以缓冲一下自己的感情。他一切都明白了，杨宇霆今天请薛秉谦来看病，只是个借口，目的是想就地秘密逮捕他。这使张学良极为愤慨，他努力控制着自己，压着火气，但态度却十分坚决：

“不，我不干。我不能靠出卖朋友，去讨日本人的欢心！”

杨宇霆一听这带有讥讽的话，脸也沉了下来：

“话不能这么说，你现在是东三省军政首脑，一举一动，身系全局。”

话一出口，杨宇霆自己也感觉到了这盛气凌人，带有训斥的口吻。于是，从漆木烟筒里抽出一支烟来，递给张学良，口气也随着和缓了下来：

“汉卿，不要感情用事。一个朋友和整个民族社稷相比，孰轻孰重？”

张学良接过香烟，并没有点燃，而是往桌上使劲一撂：“不管怎么说，我张学良绝不干对不起朋友的事！”

“那好吧，这得罪人的事，我来干！”

杨宇霆吐出一口烟雾，带着自我嘲弄的口吻说着。然后，他转身叫出丁副官，吩咐他，薛医官从老宅院回来后立即扣押，送日本宪兵队。

丁副官答应的“是”字还未及出口，就听得“砰”的一声，张学良将一个橘子狠狠地摔在了地上：“放肆！”

丁副官见张学良如此盛怒，只得惶恐地退下了。

丁副官一走，杨宇霆便和张学良你来我往地争辩起来。

“汉卿，意气用事要贻误大事的……”

“什么贻误大事？！薛医官爱国爱民何罪之有？我东三省还不是殖民地，我张学良也绝不是儿皇帝！在我的土地上，还用不着他们发号施令！”

“汉卿，人家本来就认为你有反日情绪，你再这样一闹，岂不是授人以柄嘛。万一激恼日本人，动起干戈来，你我都清楚，咱们不是对手。东三省就这么个现状：顺日者昌，逆日者亡！”

“我看未必。过去顺他也没昌，现在逆他也不见得亡！邻葛，还是多长长中国人的志气吧！”

“先大帅的遭遇，难道你不吸取教训？先大帅不就是因为违逆日本人的意愿，才遭此下场吗？”

“正是吸取这个教训，我才决定走奋发自强的道路。对于外国人的友善援助，当然不应拒绝，但也不能一头扎进外国人的怀里，仰人鼻息！你越是屈辱妥协，他越是得寸进尺；一旦成了他们的附庸，他们就会把你当成掌上玩偶，需要时利用你，不需要就一脚踢开，甚至杀戮清除。这才是血的教训啊！”

……两人争来辩去，南辕北辙。

“好了，我不和你辩论！”杨宇霆最后掐灭了香烟，站起来严厉地说：“我是先大帅的老部下、老朋友，我有责任保护你。我不能眼看先大帅戎马一生创下的事业，由于你的任性而毁掉。薛医官一定要交出去！”

“如果你一定要交，那就加我一起交出去吧，因为他的一切，我都清楚！”张学良挺身站起，真可谓义气千秋！

“你呀！”杨宇霆笑着走过去，把他按坐在沙发上，拍着张学良的肩膀，就像哄一个爱发脾气的小孩一样。然后，他回过身来，转对丁副官命令说：

“以总司令的名义逮捕薛医官，送交日本宪兵队。”

张学良再也无法忍受，“啪”地一拳击在桌子上，直震得酒杯、茶碗、烟碟都跳了起来，哗啦啦地一阵乱响。

“不，我绝不允许！”

茶和酒洒了一地，谁也没顾得上去管它。丁副官这次并没有因为张学良的怒吼而退走，他用眼睛一会儿看看杨宇霆，一会儿又看看张学良。空气如此紧张，以致只听到外面寒风在呼号、嘶鸣……

正僵持尴尬的时候，薛秉谦推门进来了。他走到张学良面前，从容地说：“汉卿，让我跟他们去吧！”

薛秉谦没有激动，也没有惊慌，他的神态很冷静，显然刚才的争辩，他都听到看到了。他没等张学良回话，就径直走向杨宇霆。

“杨总参议，如果把我交给日本人就能够避免战乱，能够停止日本吞食东三省的野心，能够使东三省黎民百姓免遭亡国之苦，别说逮捕我，就是要我薛某人一颗头颅、满腔热血，我也心甘情愿！”

薛秉谦说到这，停顿了一下，然后猛地把头发一甩，用目光盯向杨宇霆。这犀利的异样的目光，简直就像他惯用的手术刀一样，剖开了杨宇霆的皮肉，直伸向了他的心底。

“可我怕只怕你杨将军这一举动，别是项庄舞剑，意在沛公啊！”

在场的人谁都听出来了，薛秉谦的话是直戳了杨宇霆的心窝，大家本以为杨宇霆会暴跳如雷的，可出乎意料，杨宇霆表现得却是十分宽宏大度，他面皮一挤，胖脸上堆出了一抹笑容：

“薛医官，不管你怎么想，我对你的举动还是佩服的。你不愧是少帅的同窗好友，没有让他为难。来人，送薛医官！”

丁副官带着两名卫士冲进来，掏出绳索，就要捆绑薛秉谦……

薛秉谦从容地用手拢了拢头发，扶了扶眼镜，正准备随他们去的时候，张学良“刷”的拔出手枪来，虎眼圆睁，怒骂道：“混蛋！放手！”

两名卫士一见总司令拔出手枪来，顿时双腿抖颤，两手也僵硬了。他俩瞅瞅丁副官，丁副官哪敢做主，他又回头瞅瞅杨宇霆。杨宇霆收起了笑意，沉着脸对丁副官使了个眼色，丁副官明白了，他立即拔出枪来，拉开了枪栓，两个卫士也随之举起了枪。

双方举枪对峙，局面太紧张了，真有一触即发之势。这时，突然一个女人喊着跑了进来。薛秉谦回头一看：啊，原来竟是黄蕙！

薛秉谦惊愕了，张学良惊愕了，连杨宇霆也惊愕了！

客厅里所有的人都瞠目结舌，莫名其妙……

这时，林久治郎笑容可掬地走了进来。他谦恭有礼地向张学良鞠了一躬，又向在场的所有人分别施了一礼，最后才转身对向张学良：

“张总司令，是天大的误会！我亲自把黄小姐送来，当面向您表示歉意！”

这又是什么名堂呢？张学良虽然知道这绝不仅仅是个“误会”的问题，但转而一想，不管怎样，能把黄蕙放出来，总算是去了一块心病，所以他也随口向林久治郎表示了感谢。说完，他便欲带领薛秉谦、黄蕙和赵媞，起身告辞。

“总司令阁下，请您慢走一步，有件小事还要请教。”

一见林久治郎单独挽留张学良，薛、黄、赵只好先回去了，可他们一边走，还一边回头望着，显然他们对张学良的单独留在这里，都存有不同程度的忧虑和疑惑。

杨宇霆也同样被抛入了迷惑之中，他对日本人这种朝秦暮楚，捉了又放的做法甚为不满，以致林久治郎进屋半天他作为主人都未理睬他。

林久治郎似乎没有看出杨宇霆的冷淡，他依旧用那娓娓动听的声调，热情地招呼着：

“张总司令，杨将军，按照黄女士的所作所为，理应受到我警宪的严惩！可当我得知黄小姐和薛医官是张总司令的密友后，我就不能不考虑总司令的感情，即便这里面涉及治安法规，我也要尽力斡旋。不知张总司令、杨将军能否理解我的一片诚意。”

林久治郎说完，又是深深一躬。总领事的话语总是那么委婉动听，行动总是那么礼仪周全。

可张学良经过几次交道之后，已经认识了林久治郎的为人，所以他没有急于答话，而是静静地等待着他揭开谜底——那个所谓的“小事”究竟是什么？

林久治郎也不肯立刻揭穿，而是一边捋着他那漂亮的小胡子，一边滔滔不绝地诉说起他的苦衷，他的辛劳，他的情义来。从释放黄蕙，讲到张学良的授勋，历数他跑了多少路，遇了多少难，拜了多少佛……绕了一大圈之后，最后才提到要求张总司令办件小事。林久治郎的意思很明白，即我对你这么仁至义尽，你张学良还好意思不答应我吗？

“是你个人的事吗？”

“事关我的命运和前程。”

“只要我能办到的，一定尽力。”张学良很有礼貌，也很有分寸地答应着。

“只需要您动一下笔，签个字就行。”

林久治郎说着，拉开公文夹，递给了张学良一份材料。

张学良展开一看，原来是一份《关于缓行易帜的协议书》。这哪里是什么小事？！

今天上午就这个问题两个人已经吵了一场，张学良断然回绝了日方的“劝告”，严正地表明了自己的坚定态度。这似乎已经没什么可谈的了，谁知林久治郎借释放黄蕙，卖了个人情，弄了这份文件，让张学良让步。在文件中还提出，日本准备让出两个南满铁路株式会社理事的名额给奉天省政府，以及给张学良一些经济上的利益，作为缓行易帜的代价。

“望总司令玉成此事，我好在首相面前交差。”

张学良见林久治郎换成了一副为难的腔调，于是他也为难地表示：

“可这字一签，我在全国同胞面前却是难以交差呀！”

“具体条件，还可以进一步商议。”林久治郎紧盯了一句。他相信，只要多许给些好处，张学良总会动心的。

张学良上下打量着林久治郎，发觉那个温文尔雅、笑容可掬、举止高贵的绅士派头的林久治郎已经不见了。尽管他还是西装革履，还是蓄着那漂亮的小胡子，可完全变成了另外的形象：一会儿可怜巴巴的，像个摇尾乞怜的哈巴狗；一会儿又死皮赖脸，像条紧缠着不放的蛇……本来对林久治郎有着好感的张学良，此时心中充满了厌恶；他不像政治家，而是个地道的商人。

“对不起，这不是做买卖，没什么可商议的！”

张学良硬邦邦的话语，比外面的天气还要冰冷。这说明，没有任何回旋的余地。林久治郎尽管有如簧之舌，此刻也只能耸耸肩，摊开双手……谈判的路，眼看就这样被张学良封死了。

“汉卿，易帜还没有正式对外宣布，你不要说得这么绝对嘛！”杨宇霆这时，好像漫不经心似的插了这么一句。

张学良对杨宇霆的这番话，大为恼火，他将愤怒的目光射向杨宇霆：

“保安会做出的决定，我无权更改！”

“保安会好办，只要你下决心，我负责说服他们。”

这话，实际上等于给进退维谷的林久治郎搭起了一个阶梯。

聪明的总领事，立刻攀阶而上：

“杨将军说得明白，现在一切都取决于总司令的决断。”

这是反过来，将张学良的军了。

“不，我没有权利拿民族的利益换取个人的好处。”恼火的张学良，话硬得简直能迸出火星儿，不留一点余地。

林久治郎也恼了，他收起了惯常的笑脸，罩上了一层阴冷的秋霜：

“总司令口口声声谈民族的利益，可您是否也应该考虑我们日本民族的利益？满洲是我们的生命线，大日本帝国在满洲具有特殊的权益。假如它受到否认或损害时，我们将竭尽全力予以保护！”

“阁下准备怎样保护呢？”张学良没有被他的威胁所吓倒，他镇定地反问，“就国际关系而论，我想贵国政府断不会以武力加以干涉吧？”

“不，满蒙有我们用鲜血换来的特殊权益。如万不得已，即使诉诸武力亦将在所不惜！”

说完，林久治郎从沙发上激动地站起来，在书房里踱来踱去，态度变得极为强硬：“当然，这一切的结局，全部取决于总司令的最后决断！”

张学良毫不示弱，紧跟着也霍地站起来，直视着林久治郎：“全国同胞的决断，便是我的决断！学良一言一行，一举一动都将视国民的意愿而决定弃取！”

真是声如洪钟，一言九鼎！张学良说完，转过身去，对杨宇霆说：“邻葛，给我备车！”

“事情还没有结果，你不能就这样走！”林久治郎抬手拦阻他。

张学良眉锋一扬，舌如利剑：“怎么，难道还要搞城下之盟吗？”他大声地对杨宇霆：“备车！”

“汉卿，你这种态度，我也不好让你走。”

杨宇霆远远地站在窗前，脚步不肯移动。

“你？！”张学良气得真想冲到窗前，抓住杨宇霆的衣襟，厉声质问他，“你这是什么意思？！”

“没什么，你应该冷静一下。”

杨宇霆淡淡地说了这么一句，也没有抬眼望一下张学良，他漫不经心地从写字台上拿起一把镇尺玩弄着，依旧没有挪动一步。

张学良站在窗前，半天说不出话来，气得他两只手不停地颤抖。依他的脾气，真想操起椅子来，向杨宇霆砸去……他过去虽说对杨宇霆早有看法，但是没有想到他居然会当着日本人的面，不仅拆他的台，给他难堪，而且简直是把他拱手交给了日本人一样！此刻，一切遮饰的面纱都撩开了，出卖，可耻的出卖……

张学良把脸朝向窗外，他在思考对策……教堂的钟声敲响了，窗外已经开始亮起了灯火。寒风刮得更紧了，风卷着雪花，好像有人使足了劲似的，把大团大团的干雪抛打到窗户上。窗户上结着一层厚厚的霜花，霜花乱七八糟的，凝成不规则的花纹——这也使张学良心情烦躁！他伸出手去，在霜花上使劲焐了一下，手掌的热气把霜花融化了，窗玻璃露出了透明的一小块地方。他顺眼望出去，他的心不由得打了个寒噤，立时收紧了：稀疏的灯光下，他看到杨宇霆全副武装的卫队正在来回巡弋！外面已是戒备森严了，怎么办？

杨宇霆依旧翻来覆去地摆弄着那根长长的铜镇尺，他时不时地瞟一眼张学良，做出一副悠闲的局外人的样子。

林久治郎此刻倒有了几分得意，他站在菲律宾木的书柜前，一边捋着小胡子，一边观看钉在书柜上的一只蝴蝶标本。他望着望着，眼角上漾出了一丝微笑，心想，此刻的张学良就正如这蝴蝶一样，看你怎么飞出这黑漆的大门……

突然，一声喝叫，打断了林久治郎的沉思。门，忽地被一脚踢开了！

“杂种！看谁敢拦阻我？！”

人随声入！林久治郎睁眼一看，只见张占魁手提双枪，杀气腾腾地闯了进来。

“少帅，赵四小姐让我传夫人话，有要紧事，请你马上回府！”张学良一见张占魁进来，悬着的一颗心立时落了下来。他转过身来，讥讽地望着林久治郎和杨宇霆，被动转化为主动了！

“怎么样，二位能不能放行啊？”

张占魁那黑亮的枪口直对着林久治郎，林久治郎吓得倒退了几步，他惊骇地望着张占魁。林久治郎早就听说张占魁是个天不怕地不怕，杀人视同草芥的鲁莽汉子。他浓浓的眉毛，厚厚的胡须，黝黑的皮肤，粗壮的手臂，浑身上下仿佛都是铁打钢铸的一般。林久治郎觉得他又凶又壮，他可以像抓小鸡似的把你提起来，稍一使劲就会把你劈成两半。此刻，他瞪着两只火眼望着林久治郎，络腮胡子下呼呼地喷着酒气，眼睛里射出两道摄人心魄的凶光。

面对着这样一位凶汉，眼望着他手中黑洞洞的枪口，林久治郎哪还敢说半个不字，他只得连连说：“啊，那当然，当然！”

“那就恕我告辞了！”

“总司令阁下！”一见张学良真的要走，林久治郎又连忙叫住了他。他回头望了望张占魁，口气极为友好地，“我们都是老朋友，但愿不要因为今天的争议伤了和气，更不要因为我使你们这两根东三省的擎天大柱之间……”

没等他说完，张学良已明白了他的意思。张学良走到写字台前，打开墨盒，在摊开的白纸上，先写了一行小字“书赠邻葛”，然后又饱蘸浓墨，挥毫泼墨写了四个大字：“同舟共游”。

林久治郎一边看着，一边满意地连连点头。

而杨宇霆却气得牙齿咬得咯咯直响，胖胖的脸扭得皱皱巴巴的，眼里燃烧着不可遏止的怒火。他待张学良一走，立即冲到写字台前，用几至痉挛的双手抓起那张字画来就欲撕扯……

林久治郎赶过去，连忙按住他的手：

“宇霆君，凡事要从长计议，我送给你一句中国古话：小不忍，则乱大谋！”

河野不知什么时候，也悄悄地走了进来，他拍了拍杨宇霆的肩膀，意味深长地说：“杨将军，不要忘了你的滦州协议。”

杨宇霆扭头望着他，只见河野那带着刀疤的脸上，闪露着一道恶狠狠的凶光……

第八章　老虎厅易帜斩枭雄

飘飘扬扬的大雪送走了多事的1928年，迎来了难以逆料的1929年。

新年后，发下了舞会的请柬，一切也都准备好了。转眼间，举行舞会的一天来到了。这天上午，于凤至突然跑来找方世靖说，今晚的舞会能不能取消，不开了？

这怎么行呢！1月10日晚7时，在老虎厅举行盛大舞会，这是张学良在易帜那天亲自当众宣布的呀！

易帜问题，由于日本政府的干涉阻挠，一拖再拖，一再改期，最后张学良下了狠心，总算在1928年12月29日正式宣布易帜了！

那天，奉天的大街小巷都摘下了五色旗，换上了青天白日满地红。小旗一换，象征着南北协洽，战乱停歇。饱经忧患、早就厌倦战乱的奉天民众，着实热闹了一番。鞭炮、锣鼓、秧歌、高跷，还有晚上五颜六色、火树银花的焰火……人们以传统的方式庆贺着北洋军阀割据时代的结束。

民众很高兴，可奉天的军政首脑们，这一天却一个个都提心吊胆、忐忑不安，谁也未能玩得开心尽兴。因为这次行动事先没有给日本政府任何通知，生怕他们会寻衅挑起事端。

张学良很理解大家的这种心绪，于是他当晚宣布，1月10日，在召开东三省保安会议的时候，他在老虎厅举行一次盛大舞会，以弥补这次的不足。

所谓老虎厅，就是大帅府里的一楼大厅。前些时有人在长白山上打了两只老虎，献给了张学良，他命人制成了两只老虎标本，放置在帅府大厅中。由于标本做得栩栩如生，一进大厅就让人感到虎虎有生气，于是这大青楼的客厅，便从此被称作了老虎厅。

舞会虽定在1月10举行，可方世靖一过了新年就开始忙乎起来了，调兵遣将，到处采买选购，并专门请来了两名清朝宫廷里的御厨，烹制各种山珍海味、美馔佳肴。到今天一早，可以说已是万事齐备了。方世靖得意地派人把中央大厅和东西两个侧厅全都打开，围着四周交叉摆起了紫檀木的条案、螺钿的茶几、花梨石心的半圆桌，他准备仿照西方样式，来一次鸡尾冷餐会。桌上除设有糕点糖果、各种名酒外，每隔不远处还间插些鲜花盆景。特别是几个显眼处都摆上了名贵的兰花，因为少帅最喜欢这种花。经过花匠催育的兰花，此时正一盆盆的竞相开放，真可谓秀色夺人，堆云积翠了！加上棚顶倒悬的各式枝灯、吊灯、宫灯和别具风采的一簇簇大蜡烛，交相辉映，处处流芳溢彩，炫人眼目。

可以想象，这一切好不容易才准备停当就绪，忽然又要取消，人们怎能不迷惑呢？细一打问，原来是张学良今天心绪不宁，身体欠佳，一天没有下楼。早饭没有吃，中饭又没有吃，他本来就患有胃病，这样下去，怎么好主持舞会呢？

方世靖清楚，张学良的病是由杨宇霆和常荫槐引起的。近些天来，他们处处作梗，张学良每提一个方案，他们总是百般责难，有的即使作出决定了，他们也拒不执行。比如张学良早就答应过的交还滦东五县、放还京奉车辆、从滦州撤军等问题，直到南北已经易帜妥协了，他们仍然迟迟不予实施。在昨晚的保安会上，他俩更是一唱一和，又吵又闹。前些日子，张学良曾决定，提升常荫槐为黑龙江省省长，撤销其北宁路局长的职务。但这位吴大舌头的表弟，因北宁路局是块肥肉，他不仅一直拒不交差，杨宇霆反倒硬逼着张学良再提升他为铁路总局督办。就这样，昨晚整整吵了半宿，气得张学良一夜未能合眼。今天一早，杨宇霆又追到帅府卧室来，继续吵，非逼着张学良任命不可。他表示，不这样，就拒不合作！真是欺人太甚哪！

在这种情势下，张学良哪还有心思主持舞会呢？可这舞会，他若不参加，不要说各种猜测流言将随之而起，就单说杨、常二人的责难，也将是不消生受的！但现在，请柬早已发出去了，时辰也快到了，人们也都快来了……怎么办才好呢？

常荫槐

方世靖广阔的额头紧蹙了起来，他机敏的思绪在迅速地旋转。俗话说，两雄不能并立。少帅要刷新政治，维护国家主权，改变对日姿态，而杨宇霆自恃功高权重，与少帅分庭抗礼，步步设坎，怕只怕……祸起萧墙啊！想到这，方世靖像被人狠击了一掌似的，猛地一震。他把额头上的右手拿下来，使劲向下一按，仿佛作出一项重大决定似的，回到办公室，取出一份公文，就直奔楼上去了。

"哎，汉卿说，他不处理公事。"于凤至想要拦住他。

方世靖晃了下公文，神秘地冲她挤了挤眼睛："不，这是药方！"

这份公文是今天早晨收到的，因为事关重大，少帅又心绪不宁，他本来正在思忖，何时交去合适？可听了于凤至的讲述后，他决定了，立刻就送！

一小时后，方世靖再从楼上走下来时，他那紧蹙的额头已经舒展开了，他精神抖擞地向大家宣布：舞会照常进行。

舞会 7 点钟开始，可 6 点还不到，谢倩怡就匆匆忙忙地赶来了。一进门，二话没说，她就急着要上楼找张学良，却被张占魁把她挡住了：

"谢小姐，你来得太早了，还不到跳舞的时候呢！"

“不是……我有急事！快告诉我，六哥在上边吗？”

“对不起，总司令身体不适，不接待任何客人。”

“我是急事，必须马上见他！”谢倩怡说这话时，已急得直跺脚。

可张占魁却越发拉着长声，慢慢地说：“是公事吗？那就对方秘书长讲好啦！”

“不，我只能向总司令本人报告！”谢倩怡说着，就要冲上二楼。

张占魁身体一横：“那不行！”

“你？！”谢倩怡气得高声叫了起来。

粗心的张占魁没有注意到，谢倩怡的心情的确不同于往常。单拿着装来说，过去每逢这种盛大的舞会，谢倩怡总是要打扮得雍容华贵，或花枝招展，可这次，她只是随随便便地穿了一件平常的衣服，既没有描眉、染指甲，也没有涂胭脂、口红，甚至连条项链都没有戴……若是换上一个细心人，他从谢倩怡的神态和着装上，是会发现一些异常的。可偏偏遇上的是这么一位横竖不通、油盐不进的张占魁，道理没法讲，所以气得谢倩怡只好叫了起来。

张学良听见喊声，从楼上走了下来。他拖着沉重的脚步，眼里网着血丝，一看就知道他是非常的疲惫和辛劳。

“噢，倩怡，是你呀，找我有事？”

“六哥，我有紧急的事，向你报告！”谢倩怡迎过去，急切地说。

“就在这儿说吧，都不是外人。”

谢倩怡一看，客厅里除了张占魁，只有刚进来的方世靖，她知道这都是张学良的心腹，于是眼圈一红，激动地说：

“六哥，杨宇霆他，他……”

“邻葛他怎么了？”

“他，他图谋不轨，包藏祸心！他要对你下毒手，取而代之！”

谢倩怡的话，无异于一枚炸弹，使在场的人全都震惊了！张学良迅速地望了一眼方世靖，方世靖摇了摇头，用眼色暗示张学良：要警惕！

张学良冷静下来之后，忽地仰面大笑：

“哈哈哈，倩怡，你可真会开玩笑！是不是又看外国电影了？要给我编个天方夜谭式的故事？”

“不，我说的是真的，没有半点玩笑。”

“胡扯！”张学良变得正颜厉色，“我和邻葛情同手足，相濡以沫，我们之间可以争吵，可以使气，但他绝不会对我怀有二心！你就别给我演戏了，到里面去找你嫂子，一会儿陪我跳舞。”

“六哥，你怎么这样糊涂！”谢倩怡焦急地说，“现在已经是燃眉之急了，你怎么就那样相信他，而不相信我呢？”

“相信你？”张学良狡黠地一笑，“六哥哪敢不相信你哟！”

“不，六哥，我有证据！”谢倩怡说着，从拎兜里掏出了河野送给杨宇霆的那本《日本外史》，翻到了德川家康那章，上面有杨宇霆的眉批。

张学良溜了一眼，不动声色地把它放到了一边，淡淡地说：“对历史发一点感慨算什么，这书大川周明先生还送给我一本呢！”

“不，不止这些。”谢倩怡一听，着起急来，“六哥，杨宇霆他毒如蛇蝎，你不能不防啊！这些天，他和日本人频繁往来，密谋策划……”

“够了！”张学良打断了她，生气地站了起来，“我和邻葛多年共事，彼此相知，我们在戎马生涯中结下的情谊是任何人也挑拨不了的！”说完，扭头奔楼梯走去……

谢倩怡怔怔地站在那里，她的两眼模糊了，眼角滚动着泪花。起初她觉得冤枉、委屈，可细一想，她又觉得张学良嫌弃自己，不信任自己，是可以理解的。回想自己这几年，跟着杨宇霆鞍前马后，出谋划策，到处奔波，干了不少见不得人的事……扪心自问，自己的确称不上是一个好女人！可是，六哥啊六哥，你应该知道，一个年轻女人有走错路的时候，也有醒悟的时候哇！

赵四小姐玉照

张学良看见谢倩怡滚动的泪花，心里动了一下，他在楼梯拐弯处略略一停，但随即又向楼上走去了。

谢倩怡想了想，抹去眼泪，也跟着上了楼。

张占魁刚欲追过去，方世靖拦住了他，意思是让谢倩怡去吧。这样一来，张占魁迷惑了，这位谢小姐到底是怎么回事？

方世靖拍了拍张占魁的肩膀，幽默地告诉这位发愣的壮汉：“女人，她是女人！不足为虑。”

张占魁越发糊涂了，他本想再细问问，探个明白，可这时外面一片喧闹声传了进来：参加舞会的人们已经陆续到了。张占魁只得随着方世靖，迎出门去。

来的虽说都是东三省的“高等华人”，可穿着打扮却是各式各样、五花八门：有长袍马褂的；也有西服革履的；有武装整肃的，也有袒胸露背的……

张占魁曾听人说，舞会是女人的世界，此话一点不假。不要说那些年轻的小姐、少妇，就是那些半老的徐娘们，也都把舞会当作显示美貌富贵的场所，她们穿红戴绿，涂脂抹粉，个个盛妆艳服，都打扮得珠光宝气。

一会儿，于凤至和赵媞从楼上下来了。于凤至并没有着意修饰，她只是换了一件橘红镶有金边的旗袍，雪白的脖颈上垂挂着一串名贵的项链，整个看来是既大方又高雅，突出的是女主人的庄重。而年轻的赵媞小姐，则完全是另外一种风采。她在楼梯上一露面，喧嚣的大厅立刻雅静下来，女人们啧啧地赞叹着，男人们则一个个睁大了吃惊的眼睛……赵媞真是太美了！她，说来也没有过多的装饰，只是在紧身衣外，罩了一件梦幻般的粉纱长裙，百褶翩翩，轻云拂地。本来就身材窈窕的赵媞小姐，经这一打扮，越发是光彩照人了！就连从不近女色的张占魁也不能不承认，今晚舞会的皇后，定是非赵媞莫属了。

乐队奏起了迎宾曲，名流仕媛们纷纷相携着涌进了西侧的舞厅。由于舞会还没正式开始，人们便像抖落的珠粒一样，散坐在舞厅的四周。方世靖陪名士贵胄谈论着国内外的大事；于凤至和夫人们议论着家长里短；而年轻的小姐们则簇拥着赵媞，艳羡地品评着她的装饰和美貌……但不管哪个圈圈，或迟或早地都涉及了这样一个话题："少帅呢？""怎么没见少帅？"

7点整，舞会正式开始。迷人的华尔兹舞曲一奏起来，那优美的曲调，销魂的旋律，虽然使一对对的舞侣们神魄飘荡，陶醉忘情，但作为赵媞和于凤至，她们虽然也踏着节拍，虽然也翩翩移动着舞步，可却怎么也无法沉浸其中，一个共同的思绪萦绕在她俩的心头：汉卿怎么还不下来？

谁能不奇怪呢！张学良喜欢跳舞是遐迩皆知的。当时在上流社会中，曾传说过几个大人物有癖，其中提到张宗昌是续妾癖，张学良有舞癖。张宗昌是直鲁系军阀头子，他是以"多妻主义"闻名于世的。据说，他有句名言："咱是绿林大学出身的，生平有三不知，不知手下有多少兵，口袋里有多少钱，家里有多少小老婆。"以至发生这样的笑话：一次他到一个住宅区去看望一位朋友，从胡同里跑出一个小孩来，他很喜欢，于是下了汽车问这孩子："你是哪家的？你姓啥？叫啥名字啊？"正问着，旁边的保姆赶紧迎过来，对小孩说："快叫爸爸，这是爸爸呀！"原来他已经忘记了，这胡同里还住着他一位太太。他的小老婆之多，可见一斑了。所以，人们称他有续妾癖。

张学良则是以有舞癖闻名的。上流社会里，只要有舞会，就有他的身影。无论是正式庆贺，还是家庭欢娱，凡舞会几乎没有他不到场的。舞曲的旋律，仿佛对他有一种特殊的引力，每每一听到演奏，他就情不自禁地扭动起来。可今天，尽管那激情的旋律不断地在楼上回荡，尽管演奏的是张学良最喜欢的圆舞曲之王——施特劳斯的杰作，可张学良仍好像充耳不闻——谢倩怡带来的消息太可怕了！它像一块千斤巨石，重重地压在了他的头顶，堵在了他的心口！

谢倩怡送来的，是她偷偷抄写的杨宇霆和白崇禧在滦州前线的那份谈话记录。其实，方世靖送给他的那份"药方"，即是这个内容，不过那是蒋介石派人送来的。张学良对蒋介石的情报，本来还有点将信将疑，现在经谢倩怡这一证实，事情等于铁板钉钉了！事态的危急性，也随之变得刻不容缓了！

现在，时间就是生命。因为官场上的争权夺势，历来都是你死我活，以鲜血和头颅作为代价的。可是，难道谢倩怡不知道这严酷性吗？那她为什么还要把这个机密送给我呢？杨宇霆对她不是恩深如海吗……

张学良清楚，谢倩怡自她父亲死后，三年来，全家一直依靠杨宇霆的照料，所以谢倩怡把杨宇霆视为恩人，抛头露面地为他奔波忙碌，甚至不惜委身于他以为知恩图报。杨宇霆的进退荣辱与谢倩怡都是有切身关系的，可她……想到这儿，张学良不禁脱口问道：

"倩怡，你为什么把这种东西拿来给我，告他的密呢？"

"我要报仇！"

"报仇？"张学良吃惊地睁大了眼睛，大惑不解，"你们何仇之有？"

"他是杀害我父亲的凶手！"

张学良震惊了！这到底是怎么回事呀？

原来，三年前，杨宇霆为满蒙铁路事宜曾与日本人进行过一次谈判。那次，杨宇霆在日本人的威胁利诱下，要把一处筑路权给日本。当时，谢倩怡的父亲给杨当秘书，知道消息后坚决反对，并警告他说如不改弦更张就要向大帅报告。他怕机密泄露，就在返回奉天的途中秘密地将他杀害了。回来后，他谎称是赤党所为。不久，日本人掌握了杨宇霆谋杀谢父的证据，他们就抓住把柄对杨威胁，多次让他答应一些秘密条件。这些往来信件，都锁在杨宇霆的秘密保险柜里，平时，他总是把钥匙带在身上，时刻不离。那天，也是他一时大意，让谢倩怡打开了保险柜，看到了这些材料，了解了事情的真相。

"伪君子，恶棍！"听完讲述，张学良忽地站起来，恨不得立即冲下楼去……但当他的手触到门上冰冷的铜环时，他清醒了。且慢，此事得慎重考虑！于是他缓缓地踱到窗前，痴痴地凝视着窗外朦胧的景物，久久没再言语。半晌，他才转过身来，对谢倩怡说：

"你先去跳舞吧！要和平时一样，能做到吗？"

"我听六哥的。"

谢倩怡走了，张学良本想借机平息一下自己的心绪，可激愤的情怀，却有如翻腾的潮水一样，激荡着他的心田，使他怎么也无法平静。往事像走马灯一样，一幅幅画面涌现在他的脑际：滦州的傲慢和要挟，总司令选举上的把戏，庆祝会上的辞职，杨公馆的"鸿门宴"，以及谢倩怡父亲的秘密惨死……想起这些，张学良只觉得心头在燃烧，血液在沸腾……他更无法平静了！他端起咖啡壶，为自己倒了一杯咖啡，可还没等喝上一口，倒先洒了一身。他放下茶杯，把手伸进衣兜，想掏块手帕擦一擦。可摸到的不是手帕，而是姜树礼留给他的那枚银元。他拿出来，默默地抚摸着，突然一个念头闯进了他的脑海……

他赶紧按响电铃，让侍从立即去把于凤至和赵媞请来。

于凤至和赵媞汗涔涔地跑上来，不知道出了什么事，两人惊慌地望着张学良。

张学良看着她们那惊愕的神情，微笑了一下："哦，我想算一卦，占卜一下运气。"

这是啥时候呀，还搞这套名堂？！于凤至心里很不解，心想你这么心急火燎地把我们叫上来，原来是为了这个！但于凤至毕竟是位贤妻良母，她虽心里这么想，可待到嘴上说出来时，却变得柔和得多：

"这，我们俩谁会算卦呀？那得请……"

"不，我自己算。只求你俩做个证人。"

"那，也得有卦帖什么的呀！"赵媞虽然对张学良的行为也大为不解，可她为了不使张学良扫兴，便凑趣地说，"上哪找卦帖去呀？"

"就用它。"张学良把银元拿出来，"请你俩帮我看着，我扔三次，看这袁大头是朝上还是朝下？朝上主凶，朝下主吉。"

"人家都是朝上主吉，朝下主凶！"

"我是反其道，张氏占卜。好，我扔了！"

张学良对着这银元默默地念叨了几句什么，然后往上一抛，落了下来，三个人急凑过去一起看。

赵媞首先高兴地喊了出来："朝下！"

张学良说了句"再来"，便又抛起落下。于凤至一看，又是朝下。

张学良一鼓作气地再度抛起！于凤至和赵媞几乎是同时欢呼了起来："还是朝下！"

朝下主吉呀，赵媞和于凤至怎能不同声欢呼呢！可是，张学良三次占卜完了，却一声不吭了，他脸色阴沉着，心情反倒变得沉重了起来。半天，他才吐出了一句话："看来，这也是天意呀！"于凤至和赵媞两个，谁都没明白他这话是什么意思。赵媞忽闪着那两只大眼睛，定定地望着他。只见他拿着那块银元，庄重地走到张作霖的画像前，深深地行了三个大礼，然后转过身来招呼侍者，送上酒来。他亲自倒了三杯酒，分递给于凤至和赵媞："来，今天陪我干一杯。干！"

赵媞和于凤至默默地看着他，在猜测中喝掉了这杯酒。

舞曲又隐隐轻飘上来，张学良这时兴致大发。他甩掉酒杯，快步走下楼去，鞠躬邀请于凤至跳舞。

于凤至心绪不安，推辞了，她让赵媞陪他跳。

赵媞望着有些反常的张学良，摸不清他心里在想什么，她带着迷惑随他旋转……

一曲未终，大门外便响起了一迭声的长喝："杨总参议到！杨总参议到——"

随着这由远而近的喊声，脚步声也越来越近了。于凤至赶紧提醒张学良："汉卿，总参议来了！"

张学良仿佛没听见似的，仍然带着赵媞在光滑的地板上继续飞舞。

赵媞担心地叫了声:"汉卿!"意思是该停下来,接待杨宇霆了。

"跳我们的!"张学良胳膊一使劲,两人又随着乐曲飞旋起来。

大人物的登场,就是不同凡响。杨宇霆是带着副官和卫士一起来的,一进来就威风凛凛、盛气凌人。丁副官从他身上接过摘掉的斗篷,只见他那一身笔挺的将军礼服,金光耀眼,使他更显得气宇轩昂了。

于凤至和方世靖都赶紧迎上前去。

杨宇霆见张学良依旧在跳舞,他的脸立时沉了下来,他定定地看着张学良,脸色变得非常难看。于凤至一见这情景,颇有些紧张,她连忙用一种亲昵的语调,跟杨宇霆开起了玩笑:

"总参议,你得挨罚呀,怎么才到?"

"罚你先陪凤至跳两圈!"张学良一边跳着舞,一边大声地开口了。

"那好吧,总参议,请!"

于凤至理解张学良此时的心情,她虽然并不喜欢跳舞,但生怕杨宇霆对张学良的冷淡不满,于是她便热情邀请他跳舞,以此来弥补丈夫的失礼。

果然,杨宇霆一见少夫人如此亲热,他那紧绷着的脸也就开始松弛下来了:

"少夫人,谢谢。你知道,我不会……"

"什么不会?倩怡不是教过你吗?"张学良仍然跳着舞说。于凤至宽厚地笑了笑:"大概没学会,就免了他吧!"

"好,改为罚酒三杯!"张学良这时停下舞步,走了过去,"来酒!"

侍者送上酒来,赵媞为他们一一斟好,并亲自递给了杨宇霆。

杨宇霆把酒杯往桌上一放:"汉卿,我不是扫你的兴。今晚我来,还想听听你对常荫槐的任命,不知你考虑怎么样了?"

张学良没有急于回答,而是一举酒杯:"来,先干了它再说。"

"不!"杨宇霆冷下脸来,用手压住了酒杯,"此事不谈妥,我喝酒也没兴致!"

"你呀!"张学良笑笑,放下酒杯,从西装里摸出一张纸来,递给他。

杨宇霆一看,是任命常荫槐为铁路总局督办的委任状。

"舞会一完,我就当众宣布。怎么样?"

杨宇霆一听,阴沉的胖脸上绽出了笑容,他抓起酒杯:"来,干了它!"

"不,三杯!"

"好,三杯就三杯!"

三杯酒下肚,杨宇霆的兴致也上来了。他喜欢打牌,不喜欢跳舞。当他得知常荫槐已经来了,正在东厅等候他去打牌时,他站起身来就直奔东厅去了。

张学良让方世靖先去陪陪他们,他再跳一会,再到东厅去。并和杨宇霆相约,今晚一定要大战一场,决一胜负!

有点酒酣耳热的杨宇霆,大声地回答他:"好,我等着你!"

张学良目送杨宇霆进了东厅之后，立即让于凤至去照料好舞场，叫乐班卖点力气，舞会一定要搞得红火、尽兴。而后，又叫过赵媞来，让她马上去把张占魁找来，就说十万火急！

一支烟的工夫，张占魁就腰插双枪，气喘吁吁地跑来了。

张学良倒了杯酒，递给他："魁叔，来，我先敬你一杯！"

张占魁用手推开酒杯："不，你先说有什么吩咐吧！"

张学良用他那发红的眼睛，盯着张占魁说："我决定照你的主意办。"

张占魁一听就明白了，因为这些天他一直在张学良的耳边吹风：得搬掉压在头上的石头，让那疖子早点出头！现在，一听张学良当真要照自己的主意办，他就像扎了一针吗啡似的，顿时兴奋起来。他一边搓着那粗壮的大手，一边问：

"什么时候动手？"

"马上就干！"

"他们在哪儿？"

"就在东厅。"

"好，给我酒！"

张学良递过去酒杯，可张占魁嫌不过瘾，把它扔到一边，他抓起酒瓶来，"咕嘟咕嘟"地连灌了几大口，然后用袖子一抹嘴巴，就朝东大厅冲去了。

西大厅这时正在演奏一首优美的圆舞曲，轻柔的旋律，初听好像是小河流水，涓涓细细，欢快而又活泼；接着，突然变得激奋起来，宛如长江大河一样汹涌澎湃，节奏强烈，情绪激越，像是大海在扬波；转而又舒缓下来，湍急的河流仿佛散成了千百条小瀑布，细细地飞泻下来，清幽幽，甜蜜蜜的，又像是幽会的情人在倾吐爱慕，诉说衷曲……

张学良静静地站在老虎大厅里，他衔着根烟，烟灰已经积得老长老长，他还没有掸掉。他似乎是侧着耳朵，在专注地倾听这动人的音乐……

"啪！啪！"东大厅突然两声枪响，张学良颤抖了一下。他虽然在盼望这枪声，可因为他神经太紧张了，以致这枪声突起时，他还是跌坐在太师椅上了。

随着一片杯盘打碎的声音，方世靖和侍者相继跑了出来，他们都面色苍白，惊魂未定。

这时，张学良反倒镇定了下来，他从他们的表情中看出，事情已经遂愿了。他镇静地拉开公文夹，取出他早已写好的一纸文告，交给方世靖。

"这是处决杨、常二逆，发向全国的通电。你要立即发出。"

方世靖刚欲走下，张学良又叫住了他，递给他一个信封和一个厚厚的钱袋：

"这是我写给杨宇霆夫人的信和一万元的抚恤金。杨宇霆的夫人及其子女由我抚养。杨、常二人的后事交给你负责，一定要厚葬！"

一切部署完毕，张学良一下子瘫倒在沙发上。几天来，他的神经就像上紧的发

杨宇霆、常荫槐就是在这里被张学良处决的

条一样，绷得紧紧的。如今随着枪声一响，发条崩断了，他紧张的神经也一下子松弛了下来。

西大厅的风门洞开，男宾女眷们惊叫着跑了过来，一个个本来涂抹得漂亮的脸上都挂着惊恐、惶乱和迷惑。唯有张占魁像无事人似的从东厅里慢悠悠地踱出来，一边走，还一边悠闲地吹着两支枪的枪筒。

于凤至、赵媞、薛秉谦和谢倩怡等，也都飞快地跑了过来。人们像旋涡一样，团团围住了倚靠在沙发上的张学良，大家以各种心情、各种称号招呼着张学良：

“总司令！”“少帅！”“汉卿！”“六哥！”……

疲惫的张学良，手中捏着那枚银元，慢慢地抬起眼皮，环视了一周，目光里充满了迷茫和寻觅。人们面面相觑，谁也不知道他在寻觅什么。最后，他把目光停留在薛秉谦身上。

“秉谦，黄蕙现在在哪儿？”

“你不是让她到北京去了吗？”

张学良听后，“噢”了一声，接着吸了口气，吐出了长长的一声叹息：“咳——”

他这是什么意思？他究竟在想什么？他为什么要叹息？……不同的人有不同的猜测。

薛秉谦从他这带有悔恨的语气里猜想：他是不是又想听黄蕙的逆耳之言了？因为人在危难关头，往往更能领悟逆耳忠言的可贵……

于凤至对他那叹息的猜测是：他这是在向人们征询。仿佛是说：诸位，下一步该怎么办？你们倒是说呀，下一步怎么办？历史的脚步总不能停止啊……

当然，也有的人对他那叹息的理解是：张学良杀了杨、常之后，有些后怕，他这是在后悔吧……

究竟谁猜测得对呢？这只有留待后来的历史，作出回答了。

五、刺杀汪精卫

五、刺杀汪精卫

引子 “仇敌”相见

人类创造了历史，而历史也常常给人以意想不到的机缘。

1983年10月，一辆疾驰的上海牌轿车“嘎”的一声停止在北京华侨饭店的门前。车门打开，走出一位衣着整肃的老人。他中等身材，戴着一副玳瑁眼镜，虽年逾古稀，但两目仍是炯炯有神。特别是他那挺直的腰身，矫健的步履，使人一看便知道这是位训练有素、练过武功之人，他是谁呢？他就是近年来蜚声中外的沈醉先生。

今天，他怀着一种异样的心情，跳下汽车后快步向饭店大厅走去。

那里，在捷克式黑沙发上坐着的是一位年约八旬的老者，他身材不高，面容清癯。当引导他的中年人以目示意之后，沈醉便疾步上前，对着这位老者深深地鞠了一躬，然后伸出双手问候道：“华老，您好！”

那位被称作“华老”的老人，赶忙站起身来，微笑着说：“久仰大名已数十年耳，今日才得以相见……”

沈醉脸一红，面带歉疚地回答：“想起几十年前的事，实在对不住您……”

“历尽劫波兄弟在，相逢一笑泯恩仇。”华老打断了对方的话，亲切地拉着沈醉的手，共同坐在沙发上。

这位被称作“华老”的人是何许人？为何沈醉对他如此歉疚呢？

原来这位华老，即是当年风靡南京、上海的神秘人物华克之。他早年毕业于金陵大学，曾任南京学联理事，第一次国共合作时期任国民党南京市党部青年部长，为孙中山先生三大政策的执行者，亦是震惊寰宇的1935年刺杀汪精卫案的主持人。当年，在国民党军统局任上海特别行动组组长的沈醉，曾奉戴笠之命，四处跟踪追捕，但华克之神出鬼没，使沈醉处处扑空。后来，蒋介石、汪精卫等人大为震怒，责令军、警、宪、特一齐出动。在海内外悬赏通缉，可几十年过去，不仅始终未见到本人，最后竟连“华克之”这名字也消失得无影无踪……所以沈醉今天坐在华克之的身旁，除了好奇和悔罪之外，他还油然升起一种崇敬之情。据朋友介绍，华克之1937年躲过军统的追捕之后，秘密地进入延安，投入了人民革命的洪流，次年经廖承志同志介绍参加了中国共产党。从此，他多次变换姓名。驰骋在无形的战场上，为抗日战争和中国人民的解放战争提供了大量情报，建立了传奇性的功勋。他曾经神出鬼没地从上海日军仓库中转运出五大卡车的军火；从蒋介石手里窃走了岗村宁茨大将移交的特别军用地图；在国民党警特的重重包围中向刘善本夫人通报，刘善本驾驶飞机起义平安到达延安的消息；成功地在上海设置了联系中国人民解放军前线指挥部的电台。

而这一切惊天地、泣鬼神的业绩，竟都发生在国民党军警宪特密集的首府南京，也发生在蒋介石、戴笠的眼皮底下，作为军统头目的沈醉，至今听来仍不能不大为惊讶。

“我们今天既已成了朋友，就不必客气了。”华克之笑着说：“您这些年出版的书籍，我拜读过一部分，这对我颇有启发。目前，我也正在撰写回忆录，我们这些上了年纪的人，一生经历可谓不少，把许多重要的事情真实地写下来，无论从哪个方面来讲都会有用处的。”

“是的，”沈醉从书包里取出两本书呈递到华老的面前，“送上两本拙著，请赐教。在书里，我谈到了1935年的刺汪一案，但因孤陋寡闻，多有谬误，而此事只有您才最有发言权……”

笔者得知上述消息后，怀着浓厚的兴趣分别走访了华克之、沈醉和另一当事人卢庆麒，并根据他们提供的线索，查阅了有关报刊档案资料，然后依照小说的结构略事加工，演绎成了这篇纪实体的小说，现将它呈现于读者面前。

第一章　五步流血

1935年11月11日凌晨的南京，依旧和往日一样，沉浸在一片寂静之中。秦淮河畔稀稀拉拉的几盏路灯，在蒙蒙的晨雾中等待着黑夜和白昼的交接……

突然，一幢别墅式的小楼上亮起了灯光。国民政府行政院院长汪精卫这时悄悄地走下床铺，进了盥洗间。

汪精卫的夫人陈璧君在床上伸了个懒腰，使劲睁了睁惺忪的睡眼。昨晚因系蒋介石49岁生日，从各地赶来南京开会的各位中央委员，都闻风而动，前往祝贺，陈璧君也就凑趣似的陪宋美龄等玩了几圈麻将，待她从蒋府返回时已是下半夜了，她现在只觉得仿佛刚刚睡下似的。她看了看手表，将近5点半，她本想再睡一会儿，忽听盥洗间里传出哗哗的流水声。她循声望去，透过门缝的灯光，只见汪精卫正对着镜子在试穿那套白色的西服……

“别穿那件！”

汪精卫被陈璧君这突然一喊，吓了一跳，他连忙从盥洗间里走出来，扭亮了寝室

陈璧君汪精卫夫妻

的顶灯，笑着道：“你也醒了！何不多睡一会儿？”

陈璧君没有答话，走到大衣柜前取出了一套笔挺的黑色中山装：“喏，今天你应该穿这身！这是我前些日子专门为你定做的……”

汪精卫望着这黑色的中山服，有些迟疑，因为汪精卫平时最喜欢穿白色西服。他虽已经52岁了，但由于他人长得白净漂亮，穿上这身白色的西服后显得格外的风度翩翩，俊逸潇洒。所以，今天当夫人执意让他穿黑色中山装时，他颇有些大惑不解，但出于他一向惧内，直呆呆地站在那里半天没有言语。

陈璧君看出了他的疑惑，便缓步走过去，一边帮他穿着上衣，一边说：“今天不同往日，你是国民党四届六中全会的主持者，你要带领全体中委去中山陵谒陵的，所以你一定要穿中山装，而且必须是黑色的。”她帮汪精卫系好了纽扣又接着说：“我猜想蒋介石准还是那两套衣服，不是长袍大褂就是那身戎装，到时候，在中山陵前一站，让中委们瞧瞧你这‘总理遗嘱’的起草人就是胜他蒋介石一筹！”

衣服穿好了，陈璧君又拉他到穿衣镜前。上上下下，前前后后地照了一遍，就如同在欣赏自己亲手制作的艺术珍品一样。然后，她冲汪精卫一笑：“四哥，怎么样？”

陈璧君在家里，历来不称呼汪精卫的字号“兆铭”，而是一向以“四哥”相称，这大约是为了表示亲昵吧！汪精卫望着她，轻轻地点了点头，脸上渐渐地露出了笑意，心想朋友们常常讥笑我惧内，其实他们哪里知道陈璧君的确有过人的才智呀！

“当当当”，钟敲六下，汪精卫看了看手表，从写字台上拿起了皮包……

待汪精卫驱车来到湖南路的中央党部时，天已大亮。

他走下汽车，朝两旁全副武装的卫士点了点头，信步朝院中走去。今天，由于国民党的四届六中全会将在这里召开，所以礼堂内外全都整饰一新。

大礼堂上横眉悬挂的是“自强不息”四个大字，旁边上联是“集思广益”，下联是

"坐言起行";二门的横额是"团结奋斗",两边对联则分别为"贡献能力"和"牺牲自由"。看到这里,汪精卫轻轻地摇了摇头。

原来这次大会的对外宣传,都是以"团结"作为旗帜。自从1930年蒋阎冯中原大战之后,这回是各路诸侯的首次聚会,阎锡山、张学良、孙科、林森等均已到南京,久居泰山的冯玉祥也已答应下山赴会。而广西的李宗仁、白崇禧,中央也已派人前去说服。对外真可谓是冠盖云集,济济一堂!但汪精卫自己心中明白,国民党上层统治阶层内的钩心斗角、尔虞我诈,绝不可能由此而停歇的,不要说那些手握重兵的封疆大吏,就是我和蒋介石这两个中央主持人之间……

"咳!"一声咳嗽,打断了汪精卫的思绪。他转过身去,只见蒋介石正朝他这边走来,他连忙迎了过去,抢先打了招呼:"蒋先生早!"

"兆铭兄早来一步了?"蒋介石不待对方答话,径自接言道,"昨天小弟生日,蒙兄嫂前来庆贺,介石感念不已。"

"蒋先生何必如此客气!"汪精卫知道蒋介石到这里来找他,其中必有缘故,便这样不露声色地应了一句。这时,他抬眼望了一下蒋介石的装束,不出陈璧君所料,蒋介石果然依旧是那套灰色的长袍马褂,头上戴顶礼帽,手里拿着他那根惯常在握的文明棍。

"兆铭兄你看冯玉祥还没到南京……"蒋介石讲了半句,便打住了。他拿眼睛怔怔地盯视着汪精卫。汪精卫忍不住了,只好补充一句:"是不是以我的名义,再电催冯玉祥一下?"

"嗯,也好,也好,嗯。"蒋介石点了点头,他终于开口了,"阎锡山、龙云,也祈望你一并代转介石诚意,以期这次会议圆满成功。"

"蒋先生尽管放心!不过'五全'大会的'中委'名单……"国民党第五次代表大会不日就将召开;此次四届六中全会即是为"五全"做的准备,到时候争夺的焦点当是中央委员的分配问题,所以这时汪精卫不失时机地提出了交换的代价。

蒋介石

蒋介石没等汪精卫说完，就拉着他的手，痛快地表示："兆铭兄，你提名单好了，到时兄弟敢不照办！"

汪兆铭吃了这颗定心丸，便兴冲冲地走进会议厅，抓起电话指示他的心腹曾仲鸣，立即以他的名义给冯玉祥拍发电报。

这时，中央党部秘书长兼中央宣传部长叶楚伧踉踉跄跄地跑了过来，气喘吁吁地说："去紫金山的时间已经到了，中委们都在礼堂前等候委员长和汪院长……"

蒋介石用鼻子"嗯"了一下，便转身走了出来。叶楚伧三步两脚地正要跟着去时，蒋介石忽然停住了脚步："你就留在中央党部好了，仔细检查一下，嗯……绝不许会议期间发生意外。嗯？"

叶楚伧连忙点头称是，目送着蒋介石和汪精卫渐渐远去。

且说蒋介石、汪精卫他们从紫金山谒陵回来之后，9点正准时在中央党部举行了六中全会的开幕式。一向以善于演讲而著称的汪精卫，得意地作了二十分钟的报告后，便率领人们来到大礼堂前，准备进行仪式的下一个项目——摄影留念。

大礼堂外，阳光明媚，国民党的中央委员们面对着高大塔松前面的摄影机，迅速地站成了一个半圆形。大家已经站好半天了，可迟迟还不见蒋介石下来。开头，人们还交头接耳的谈谈，渐渐地人们便有些不耐烦了。汪精卫望了望中间的空座，示意曾仲鸣上去请一下。少顷，曾仲鸣跑回来说："蒋委员长不来了！"站在前排的阎锡山一听这话，用鼻子"哼"了一声，他转脸望着汪精卫，意思是说："这卖的是什么狗皮膏药？"

各中委们都面面相觑，汪精卫一见这情景，只好从队中走出来亲自去请。到了楼上，只见蒋介石正斜靠在走廊沙发上闭目养神。汪精卫压着火气，趋身向前："蒋先生，该去摄影了。"

"怎么，还没照哇？"蒋介石慢慢睁开眼皮，沉吟了片刻，"嗯，兆铭兄，我今天身体有些不舒服。"

汪精卫心想，刚刚去中山陵时还好好的，怎么突然间便不舒服起来？汪精卫面有难色地说："各位中委已站立许久了，大家都在专候蒋先生。"

"不要等我了！这次摄影就由你全权……嗯？"蒋介石手一挥，虽然话未说完，但汪精卫也已明了了。汪精卫本欲发泄几句，但在几次蒋汪较量中，已经被蒋介石慑服了的汪精卫终于把嘴边的话忍了下去。他一边下楼，一边暗暗地想，这种历史性的纪念，蒋介石他不去更好，这反倒让我汪精卫独占鳌头！

汪精卫在当时，素有美男子之称，是很会照相的。他走到第一排正中站好后，下意识地用手拢了拢头发，摆出了个又自然又潇洒的姿态。老式的镁光灯一闪，就算留下了这"历史性的纪念"。

汪精卫对此颇为满意。照完相，议程是接着开全体中委会。大家纷纷散去，有的走到水池旁去吸烟，有的则三三两两地凑在一起交谈。汪精卫此刻心绪极佳，他神采奕奕地频频向人们点头招呼。当他渐渐地落在后面，正欲迈步向礼堂台阶走去时，突然从塔松后面摄影的记者群中闪出一个人来，这人急忙跨了几步，冲到汪精卫面前，大喝了一声："打倒卖国贼！"待汪精卫刚刚转过身来，他便对准汪精卫的面部"啪啪"两枪！接着又朝踉跄的汪精卫的背部追射一枪。汪精卫应声倒地，血流满面。此刻站在汪精卫身边的张继，一看大事不好，迅速奔到这位刺客的背后，双手将他拦腰抱住，刺客这时又陆续发射了两枪。张学良闻声跑过来朝刺客猛踢了一脚，刺客手腕一震，手枪被打落在地……卫士冲过来，一阵乱枪，将刺客也打倒了……

正在会议厅里悠闲踱步，等待好消息的中央监察委员陈璧君，听到院中枪声后，一看竟是汪精卫被刺，大吃一惊，三步并作两步地从楼上冲下来，扑到了汪精卫的面前。只见汪精卫仰卧地上，满面鲜血，一向以跋扈著称的陈璧君这时竟难过得涕泪纵横。汪精卫听着哭喊，慢慢地睁开眼睛，望望陈璧君和周围的同事，有气无力地说："我身中数弹，想必死矣……"

陈璧君用衣袖抹去了眼泪，将身体伏了下去，哑声地，问："四哥，还有什么要嘱托的吗？"

汪精卫艰难地摇了摇头："我无遗嘱。"

陈璧君刚想再问点什么，却回头见蒋介石立在了身边，连声呼唤："兆铭兄！兆铭兄……"

汪精卫抬了抬眼皮，用眼睛盯视着蒋介石。蒋连忙俯身下去，正欲呼唤，却听陈璧君没好气地喊了起来："陈公博你还站着干什么，还不快去请医生！再耽误下去，人更没救了！"

蒋介石闻声，只好站开来。他虽然听出来陈璧君这话是讲给他听的，但他却佯作不知地顺应说："对对，还是送医院要紧。"

一会儿，中央医院救护车开来了，中委们簇拥着把汪精卫抬上了救护车。车开走了，可这场惊吓还像阴云一样笼罩着中央党部的大厅，中委们个个惊恐万状。素与蒋介石有隙的阎锡山，更是面色阴郁。他这是自蒋阎冯大战后第一次到南京，一来就遇上这场奇变，不能不使他满腹狐疑……

且说阎锡山等正在惊魂未定、胡思乱想的时候，救护车又响着刺耳的闹声返回来了。陈璧君站在车头上，歇斯底里地怪叫着："凶手！凶手！快把凶手一起送到医院，死了就问不出口供啦！"

卫士们又一拥而上，将几乎被中委们遗忘了的刺客抬上了救护车，然后风驰电掣地驶向了中央医院。

"哎——这儿有件东西掉了！"一个卫士手举着从刺客身上掉下来的一张卡片，边喊边追着远去的汽车。

中央宣传部新闻处的彭处长闻声走了过来:“什么东西?”

“凶手身上掉下来的。”

彭处长接过来一看,大吃一惊,这是一张记者证,编号为63号,是由新闻处签发的。他颤抖地捏着这张记者证,只觉得眼前一黑,一下子瘫坐在冰冷的台阶上……

第二章　酷刑逼供

新闻处长彭革陈匆匆忙忙返回办公室,向登记科要来核发出入证的签名簿,只见63号的登记是:请发人晨光通讯社编辑主任贺坡光,具领人为记者孙凤鸣。领取日期11月1日上午7时,再往下看签发人时,他的头又像被击了一闷棍似的——那签发人正是他自己。真像魔鬼缠身一样,越怕什么越摊上什么!

彭革陈木然地坐在藤椅上,他一遍遍地回想着有关发放出入证时的情景。本来这次六中全会非常重要,签发记者出入证上面控制得很严。晨光通讯社成立的时间并不长,他们只是去年10月才刚刚成立,社长胡云卿,编辑主任贺坡光。记得是个灰色调子的华侨通讯社,平时很少见他们来开会,可在会议开幕的前几天,贺坡光却几乎天天来找他,请发签证。今天早晨7时,都临近开幕了,他们又匆匆找来,并请了中央宣传部的两位同志来说情,自己才勉强给他们办发签证。可哪里料到,竟偏偏在他们身上捅出这天大的娄子来!

彭革陈一边回想着,一边查看着有关晨光社的所有档案。这时,中央党部的一名秘书走了进来,告诉他陈立夫、陈果夫和叶秘书长让他立刻前去。

彭革陈一面收拾着有关晨光社的档案资料,一边迅速地思虑:这陈立夫、陈果夫乃是蓝衣社的魁首,都是杀人不眨眼的家伙,他们传讯,其后果将会怎样呢?

彭革陈硬着头皮来到小会议室时, 二陈一叶正沉着脸闷坐在那里。彭革陈进来,他们好像都没发现似的,谁也没有答理他。彭革陈直直地呆立在门口,只见他们脸都拉得长长的,个个都像笼罩着一层秋霜。这种严肃的气氛,使得彭革陈的心又怦怦地跳了起来。

“你就是新闻处彭处长吗?”陈立夫虽然头还没抬,可他终于开腔了。但他这种像审讯犯人一样的腔调,却让彭革陈有些怨怒,再说本来是常常见面的,干吗今天竟装出一副不认识的样子?!彭革陈虽然心中窝火,可对于陈立夫的讯问依然卑恭地回答:“是,是。”

陈立夫将头仰起来,身子往沙发上靠了靠,然后慢吞吞地说:“今天汪院长被刺,又出在会议期间，事关重大，不得不把你找来查询一下……”

“是！”彭革陈把卷宗打开，放在二陈面前的茶几上，“我把有关的材料全部带来了，请过目。”

叶楚伧一边翻弄着卷宗，一边随意地问道：“这晨光社是何时成立的？”

“晨光社成立于民国二十三年十月。”彭革陈屈身回答。

“何人主办？”

“华侨商人胡云卿，他是社长。”

“胡云卿？”陈果夫似乎像自我思考似的问，“这个人有什么背景？我问的是政治背景？”

彭革陈摇了摇头：“不知道。”

“他是哪国华侨？”

“不知道。”

“他过去是干什么的？”

“不，不知道。”彭革陈被问得有点冒汗了。

“你见过这个人吗？”

彭革陈一边擦汗，一边摇头：“不……不知道。”

“砰”的一声，陈立夫一拳击在茶几上！他涨红着脸，愤怒地站起来走到彭革陈的面前，怒斥道：“你是饭桶吗？身为新闻处长，怎么连属下的通讯社长都不认识？简直是混账！”

叶楚伧见自己的部下如此狼狈，觉得自己也不光彩，于是赶紧给彭革陈递过去一个台阶：“他们的保证人是谁？”

彭革陈连忙应答道：“申办时，具保人是徐忍如和肖同兹二位老先生。”

“徐忍如是中山先生部下，又是中央军校蒋委员长的部属，他怎么会跟此事有关？”刚才还气势汹汹的陈立夫，这时口气变得软了下来，他扭头看了看陈果夫。

陈果夫也是满腹狐疑：“肖同兹先生是委员长的老师；又是中央社的社长，难道会涉嫌此事？”

“难道蒋先生……”叶楚伧嘴唇张了张，赶紧又把话吞了回去。他掩饰地掏出一支烟来，借着火光观察二陈的表情。

陈果夫和陈立夫此时心里也在嘀咕翻腾。他们怔怔地坐着，不知再问什么好了。突然，传来轻轻的敲门声。来人是位副官，他悄悄走到陈立夫面前，告诉他宪兵司令部和警察厅的人都已在楼下等候了。

陈立夫站起来，口气也客气了很多：“彭处长，有劳你了，带我们一起去搜查晨光社。”

“不敢，不敢，我当随从。”彭革陈走出小会议室，这才感到浑身湿漉漉的，原来衣服早已被冷汗浸透了。

他们乘吉普车来到了陆家巷23号，这是晨光通讯社的社址。只见前面的大门钉得死死的，他们由后院进去后，警察和宪兵早戒严守候在那里。遍查院内房屋，不但空无一人，就连衣物也都荡然无存。唯在办公桌上压着一封信，上写“留交来人们”五个大字。陈立夫打开一看，内写道：“本社之事与郭智谋、吴璜、周希龄毫无关系，特此声明。”陈立夫讯问彭革陈，知道这三人都是为晨光社帮过忙的，实属不知内幕，晨光社怕他们无辜受牵连，特为他们剖白解脱。

陈立夫又细看了一遍字条，只见下面落款处，堂堂正正写着三个大字：胡云卿。

陈立夫像被针扎了一下似的，怒气冲冲地吼起来：“我就是移山填海，也一定要抓住这可恶的胡云卿！”

自从刺杀汪精卫事发之后，南京已经全城戒严，水陆交通一概断绝，并在码头、车站、飞机场等处逮捕了一批嫌疑犯。全部关押在清凉山上。陈立夫等离开陆家巷之后，立即飞车赶到了清凉山，由彭革陈对被关押的老老少少进行辨认，看有无晨光社的记者。

彭革陈逐个辨认，逮捕的上百人中竟没有一个是与此案有关的。当彭革陈拖着疲惫的身体返回新闻处时，已是下午4点多钟了，可他腹内还一直水米未进呢。当他刚端起水杯，电话铃就响了。叶楚伧在电话中告知他，因案情重大，又与新闻处有关，需要随时联系，嘱他暂时住在办公室，不必回家去了。彭革陈看着电话，两眼一个劲儿地发直，他清楚，这实际上是将他软禁了！

且说警察厅厅长陈焯和宪兵司令谷正伦此刻的滋味也并不好受。此案发生后，中央党部已无法继续开会，他们决定成立一个组专门处理此事。由陈公博等人负责。此时，陈公博将陈焯和谷正伦叫到了办公室，询问搜捕情况，陈焯将手一摊，告知陈公博，虽军警宪特一齐出动，但至今仍是毫无所获。

“哦？”陈公博听完，微微一声冷笑，“那各位中委们问起，将如何回答？蒋先生问起，该怎么个交代？！”

陈公博十分清楚，蒋介石之所以让他参与此案，目的是为了表明他的心迹，即刺杀汪精卫不是我蒋某人干的。但谁人不知中央党部那是个什么地方？那天开六中全会又是什么日子？在军警森严的地方行刺，除了蒋先生的特务队，何人能在那里出进？为什么只抓来一些无事的百姓让我审讯？晨光通讯社的人呢？胡云卿在哪里呢？怎么连新闻处都不知道这社长的踪影，甚至连见都没见过？你中央宣传部是喝稀饭的？你警察厅长和宪兵司令部都是喝稀饭的？

陈焯和谷正伦早已把陈公博的冷脸子看在眼里，他们虽十分恼怒，但又不能发作，只好在心中暗暗骂道：“你们这些改组派都是追随汪精卫的，当然为此恼火，而干我屁事？若不是蒋老头子下令追查，我才不会这样大动干戈四处追捕呢！”

“铃铃铃……”中央医院打来电话，告知一直昏睡的刺客孙凤鸣醒过来了！他们忘却了刚才的明争暗斗，一齐驱车驶往中央医院。

这是警卫森严的特殊病房，孙凤鸣由于胸膛中了两弹，生命垂危。他静静地躺在单间病床上双目紧闭，几位大人物进来，他连眼皮也没有动一下。

“他现在能讲话吗？”陈公博回头望着主治医师。

医师摇了摇头：“刚刚又昏迷了过去。”

“有没有办法让他醒过来？”陈公博用一双威严犀利的目光盯着医师。

“那只有打强心针了。”医师喃喃地回答，“不过，这也只能使他坚持十几分钟……”

“十几分钟也好！打强心针吧！”陈公博咬牙切齿地：“只要他还有一口气，我就得审问！”

孙凤鸣被打了强心针之后，果然呻吟了一声，然后慢慢地睁开了眼睛。

陈公博、陈焯等一见，立刻扑了过去，像饿狼扑食一样把病床围了起来。

“你是什么人！”“家住哪里？”“胡云卿到哪儿去了？”“你为何要刺杀汪院长？受谁指使？说！说！”

孙凤鸣用眼睛扫视了他们一下，对于这批如同虎狼的大员的围攻逼问，他轻轻地一笑，摇了摇头，然后便合上了眼睛。

“把他扶起来！打强心针！”陈焯大声地命令着医生，“一定得让他开口！”

孙凤鸣由于剧烈的疼痛，脸色变得更加苍白，艰难地喘着粗气。

“讲，谁派你来的？是不是共产党？”陈焯见孙凤鸣紧咬牙关，任什么也不想开口，他火了！凑过身子，用两个手指使劲捅了一下孙凤鸣的胸口。孙凤鸣此时强忍着疼痛，将下唇已咬出了一缕血印。

“谁是你的主使人？你属于什么主义？”

孙凤鸣望了望这群声嘶力竭的家伙，冷笑了一下，嘴唇张了张……看来这次他要说话了！但就在这几个大员都俯身向前静听时，孙凤鸣头一歪又昏迷过去了！

“强心针！强心针！？”

陈公博等就是依靠着这每隔十分钟一次的强心针，残酷地坚持着对孙凤鸣的威逼审讯。

待到第二天清晨，叶楚伧来到陈焯的办公室时，只见这位警察厅长正与宪兵司令谷正伦对坐着，在默默地喝着闷酒。

“听说你们几员大将把孙凤鸣审了一宿，收获大吗？”叶楚伧和他俩都是朋友，平时随便惯了，所以他走进屋来也没怎么打招呼，便单刀直入地询问。

陈焯抬了抬眼皮望着他，没有吱声。谷正伦则猛地灌了一口酒，然后将一叠纸推给了他。

叶楚伧接过一看，只见卷宗的封皮上写的是“审讯孙凤鸣记录”。叶楚伧将这卷宗一夹，站起来就要告辞：“我拿回去看看，中委们都在等候着汇报……”

“别别！”陈焯霍地一下跳起来，拦住叶楚伧，“可不能拿这个去汇报！”

叶楚伧望着陈焯那副着急的样子，颇有些困惑。

“你先坐下看看。这东西能拿给他们看吗？”谷正伦不紧不慢地说着，随即将叶楚伧按在一张太师椅上。

叶楚伧打开一看，只见上面写道：

问：“你为什么要对汪院长行刺？”

答：“请你看看地图，整个东北与华北，那半个中国还是我们的吗？”

叶楚伧看到这儿一怔，但往细一想，这里孙凤鸣可能指的是“九一八”之后，东北沦丧；近两年，政府又相继同日本签订了《塘沽协定》和《何梅协定》，现今很多爱国人士指责政府，这是出卖华北、引狼入室。孙凤鸣指的大约是这个。

他接着往下看——

问：“你为什么要现在行刺？”

答：“六中全会开完，就要签字。再不打，要亡国，要做亡国奴了。”

看到这，叶楚伧又停了下来，谷正伦凑过去，解释说：

“他那签字，指的是华北方面的《何梅协定》，他说这协定一签就等于割让华北……”

叶楚伧再往下翻——

问：“你行刺的目标，是哪几个中央要人？”

答：“我是专为刺杀汪精卫的。因为他是行政院长兼外交部长……”

问：“你的行动是什么立场？”

答：“我是完全站在老百姓的地位。”

问：“汪院长对国家有什么不对？”

答：“现在的华北，还有吗？！”

叶楚伧翻看下一页，只见审讯员多处追问：“你是什么党派？受什么人指使？”

“我是个老粗，不懂什么党派和主义。要问刺汪的主使人，就是我的良心！……‘九一八’事变之后，东北沦丧，国破家亡，我的良心驱使我立誓，不杀汪精卫这个亲日的头子，我决不生还！”

叶楚伧看到这儿，他的心仿佛被捅了一刀一样，猛地一颤！连拿卷宗的手都在微微抖动……

坐在旁边，一直在观察叶楚伧的谷正伦，这时又用那不紧不慢的声调说：“叶秘书长，你看这记录，能向中委们汇报吗？”

叶楚伧放下卷宗，慢慢地在室内踱起步来。他沉默不语地走向窗前。这时他明白了陈焯和谷正伦刚才沉默喝闷酒的缘由。

“可这事怎么向委员长交代呢？”叶楚伧转过身来，忧虑重重地，“刚才老头子还催问过我……”

“哎呀，这可不能向委员长汇报！”陈焯又跳了起来，“委员长要是看了这审讯记录,非气炸肺不可!”

“那该怎么办?总得有个交代呀!”叶楚伧因经常和洋人交往,这时下意识地做了个摊手耸肩的姿势。

“这样好了!”谷正伦也站了起来,“咱们一会儿,再去审讯孙凤鸣一次,另搞出一份审讯记录来向委员长和中委们交账……”

“好主意!”陈焯一拍大腿首先赞同,“说干就干,咱这就走!”

陈悼穿好制服,刚一拉门,一个人便跌跌撞撞地摔了进来,大家一愣,谷正伦拉起这人一看,原来是中央医院院长刘瑞恒,只见他满头大汗,跑得上气不接下气……

“刘院长,怎么了?”

“刺客……孙……孙凤鸣他……他……”

陈焯上前一把揪住他:“孙凤鸣怎么了?”

“他,他……他死了!”

孙凤鸣死了,他们这些大员们,仿佛成了被提审的囚犯!

第三章　陈璧君怒斥蒋介石

晚饭后,夕阳的余晖还没有落尽,军统局的女特务叶阿娣沿着鸡鹅巷的石板路急匆匆地朝院中一所高大的房子走去。叶阿娣年约三十岁,是一个体态丰腴、容貌俏丽的女人。

快到这宽敞的房前时,她突然收住了脚步,略略思索了一下,顺手摘了一朵由盛而衰的美人蕉,然后悄悄地走近了房前……

这是军统局头子戴笠的办公室。戴笠正从卫生间走出来,整理着自己的装束。

门“吱”地一下开了,一个娇滴滴、酸溜溜的声音传进来:“到哪儿去呀?”

叶阿娣走进来,用一双含有情恨的目光直直地盯着办公桌上的报纸。戴笠一见,心突突地跳了起来,脸也随之涨得

戴　笠

绯红。

报纸上醒目的标题登的是:“胡蝶女士欧游返国,初次登台,在福利大戏院主演风流喜剧《爱情的试验》”。消息旁边是一幅胡蝶袒胸露背的全身生活照。

叶阿娣望着胡蝶这张照片,回头朝戴笠冷冷地一笑,戴笠连忙佯作没看见似的扭过脸去。

戴笠一生有三个爱好——汽车、手枪、学生。叶阿娣最早是他的学生,自从戴笠升任军统局副局长,主持军统局工作之后,他便将这个年轻貌美的女子调到了身边,充任了他的贴身秘书。从此,他们两人形影不离,军统局的人们虽然都看在眼里,私下也窃窃议论,但由于惧怕戴笠的淫威,人们便都佯装不知。这样一来,两人的关系就越染越浓,无所顾忌。戴笠曾暗暗向叶阿娣许愿,一旦他和毛氏夫人离婚,便正式娶她为妻,这样,叶阿娣便痴情地等待着……谁知前些时,自从戴笠看了话剧《月儿弯弯》之后,戴笠对胡蝶一见倾心、心猿意马。哪怕是走在大街上,只要戴笠一看到胡蝶的剧照,就禁不住心跳耳热,神魂飘荡。

女人本来对于情敌就有一种特殊的敏感,何况叶阿娣又是从事这种职业的人。戴笠虽将这些都看在眼里,但他却佯作不知地赔着笑脸:“阿娣,别闹了,我有急事得出去一趟。”

“急事?主任大人,您的急事是不是就为这个!”叶阿娣用手往他眼前一晃,戴笠看清了,只见她手指间夹着两张戏票。

戴笠下意识地摸了摸西服上的口袋:咦,戏票怎么跑到她手里去了?

“你管得太多了吧?叶秘书!”戴笠拉着长声将叶阿娣往旁边一推,起步向门外走去……

“今晚怕你是去不成了!”叶阿娣不冷不热地追了一句。

戴笠望了她一眼,没搭言,便走下台阶……

“蒋委员长来了电话,让你到他那里去一趟。”

叶阿娣这句话虽然声音不大,但在戴笠听来却如轰天的惊雷。

叶阿娣从兜中掏出电话记录本,交给戴笠。只见上面记着:“令,戴科长速到我这里来,蒋中正。”

戴笠看着记录本上的字,知道此事有些严重。原来戴笠早年是黄埔军校第六期的学生,没等毕业便给蒋介石当了副官和参谋,后来又兼任过南昌行营调查科的科长,所以蒋介石还一直用这个职称招呼他。戴笠深深了解蒋介石的习惯,他知道没有紧急的事情,是不会在晚上召见部下的。因此,戴笠一丝也不敢怠慢,赶紧脱下西装,换上了深灰色的中山服,驱车出了鸡鹅巷……

汽车拐弯时,戴笠回首望了一下,只见叶阿娣正斜倚在戴笠办公室的门口,将那两张戏票一片片地撕得粉碎……

戴笠急匆匆赶到蒋介石的西花园官邸,刚进会客厅,戴笠一眼就看见蒋介石像一头关在笼子里的野牛一样，在烦躁地来回踱步。戴笠知道，老头子此刻正在气头上，这时进去，准要倒霉的。但已经到了门口，戴笠也只好硬着头皮朝里面喊了声："报告！"

蒋介石闻声停住了脚步，转过身来，没好气地说："进来！"

戴笠走进客厅，恭恭敬敬地行了个军礼，尊了一声："校长！"

蒋介石也没有让坐，便气冲冲地走到戴笠的面前，开始了劈头盖脸的臭骂：

"嗯？你们干的好事，娘希匹的，人家都打到中央党部来了。你们还不知道？每月花几十万元，我养你们干吗吃的？！"

"为这桩刺汪案，有的人都闹翻了天！"蒋介石望了一眼戴笠，边说边喘着粗气，"嗯，你们也不争气，到现在连个晨光社的人影也没抓到，好容易逮住了刺客还让他死了！"

听到这，戴笠清楚了，他趋前一步，刚欲搭话，只见蒋介石又转过身来说："你知道吗，此事非同小可！不查清，我蒋某人得背黑锅的！娘希匹，我这堂堂的领袖得听人家指着鼻子责骂！"

戴笠知道，昨天李宗仁、白崇禧发来了电报质问蒋介石，电文已登载在南京几家报纸上，全国各地报纸也予以转载，大意暗指此次刺汪，系蒋介石为排除异己，指使手下人干的，蒋介石对此事大为恼火，因为搞不好，反蒋派就会在"五全"大会上借机发难，也许会酿成蒋介石在"五全"大会上塌台的局面……后果如此严重，戴笠不能不有所剖白：

"校长，大会是将此案交给谷司令和陈厅长承办的保……"

"娘希匹，谷正伦和陈焯都是酒囊饭袋！"蒋介石火冒三丈地骂道，他猛地一转身，厉声地，"嗯，你！你把这个案子接过来。"

"是！校长！"

"我限你三天破案，否则要你的脑袋！"

戴笠从会客厅走出来之后，心情极为沉重。他沿着西花园的水榭，一边漫步一边思索：委员长说的那"我这堂堂的领袖也得听人家责骂"，这个"人家"是谁呢？戴笠满腹狐疑绕过了漪兰阁，沿着石桥甬路到了侍从室的宿舍。

戴笠因做过蒋介石的副官，可称之为侍从室里的老字辈。加上戴笠自当了军统局局长之后，更是加意收买笼络这批侍从官，每逢年节，总要秘密地给他们每人送上一份厚礼，所以这些侍从官乃至蒋府的勤杂人员，都成了他的耳目，戴笠一有疑难，也都是找他们来溯本探源。

正在闲聊的侍从官们一见戴老板来到，连忙站起来为他让座，并沏上了一杯上好的云雾茶。戴笠微笑了一下，算作感谢。

搞侍从的人，最善于察言观色，他们一见戴笠满脸疑云，就说道："都是自家弟兄，戴局长有话尽管说好了。"

“好茶，好茶！”戴笠端起茶杯，呷了一口，微笑着问，“今天谁来晋谒委员长，惹老头子生那么大气呀？”

“噢，汪夫人下午来过。”

“陈璧君？”戴笠停住了手中的茶杯，脑子在急速地转着，自言自语似的，“我说呢，别人谁会有这么大的胆子……”

戴笠非常清楚陈璧君和蒋介石的关系。陈璧君平时最讨厌蒋介石，瞧不起他的出身，并常常在一些人面前流露出对蒋介石的不满和轻蔑。特别是近年来，蒋汪之间三度分裂，但三次较量的结果，在国民党内资格比蒋介石老得多的汪精卫都以败北而告终。最后在 1932 年，当蒋介石确立了第一领袖的地位之后，才把汪精卫推坐了行政院院长，充任了副手。陈璧君对此耿耿于怀，所以当蒋介石跟汪精卫结为把兄弟时，她大为反对。有一次，汪精卫给蒋介石写信，抬头写了句“介弟”让陈璧君看见了，她便大为发火，斥责汪精卫：“你愿做他的把兄，我可不愿当他的把嫂！”从此，汪精卫再不敢当着陈璧君称蒋介石为“介弟”。此事，后来传到了蒋介石的耳中，蒋介石虽心中恼恨，但因有汪精卫的关系，他也无可奈何。

“汪夫人可真是厉害呀！”一位年轻的侍从悄悄地对戴笠说，“今天下午我值勤，汪夫人一进蒋委员长的客厅，就连珠炮似的开起火来，老头子平时那么凶，可在汪夫人面前，他竟连大气也没敢……”

年轻的侍从见戴笠很愿意听，于是便凑近他的耳边，告知了事情的原委……

这是今天下午 4 点钟的事，蒋介石正坐在写字台前看《中央日报》登载的赛马新闻，陈璧君闯进来了！她一进来，就像一头母狮子，圆睁双眼，摔摔打打。蒋介石连忙站起来，搭讪地：“嗯嗯，嫂夫人……” 拙于辞令的蒋介石一时找不出合适的话来，他望了一眼报纸，便随口问道，“没去看赛马吗？杨杰的千里驹当场表演了磕头、礼拜，真是妙极了！”

蒋中正

蒋介石不开腔还好，陈璧君一听这些，越发是火上浇油。心想，汪精卫被刺，如今生死未卜躺在医院，而你竟有闲心去看赛马！她往桌上一瞧，只见报纸上大幅标题写着：“中山门风驰电掣，第一届赛马会昨日举行。蒋委员长亦前往参观，兴趣至为浓厚，为大会生色。”这“兴趣至为浓厚”六个字，犹如六根针一样，刺得陈璧君霍地一下从沙发上站了起来，挖苦地看着蒋介石："蒋先生，你可倒真有雅兴啊？你的身体可全好了？"

"我的身体？"蒋介石大惑不解。

"中央党部照相那天，你不是说你身体不适吗？"

蒋介石听出了陈璧君的弦外之音，他想解释，但又无从回答，于是连忙将话头一转："夫人，别误会，介石已派专人破案……"

"破案？"陈璧君冷笑了一声，"结果呢？抓到人犯了吗？主犯？从犯？……晨光社的人都在哪儿？社长胡云卿长得什么样？这些都不清楚，还叫什么破案！好容易抓住个刺客，可不到一天就被整死了……蒋先生，你就不必做戏给我看了！"

"夫人，请相信我。嗯，天地良心，介石可以发誓……"蒋介石脸涨得通红，急忙分辩。

"天地良心，算了吧！"伶牙俐齿的陈璧君打断了他，"三岁小孩都知道，中央党部那是什么地方？别人谁能随便进去？蒋先生，你和兆铭几度合作，几度分手，这倒没什么，你若不想让兆铭干，兆铭可以不干，为什么要派人下此毒手？！"

蒋介石一见陈璧君挑破了，更加坐立不安了："汪夫人，此事绝非我手下人所为！请不要上李宗仁的当，我怀疑此事十有八九是共产党……"

"别什么都往共产党身上推！我问你，吉鸿昌被刺于天津国民饭店，谁干的？张敬尧被打死于北平六国饭店，谁干的？杨杏佛被害于上海亚尔培路，史量才被杀于海宁的沪杭公路上，这又都是谁干的？是共产党，还是蒋先生手下的人？"陈璧君两只眼睛一瞪，用刀子似的目光威视着张口结舌的蒋介石，"我再问你，这次六中全会摄影，你为什么不去参加，明明没病，而假托身体不适，单单让兆铭去引颈喋血？！"

陈璧君这排炮似的发问，犹如鞭子一样，一下下地抽打在蒋介石的心上，他脸一阵阵地发热，他想解释，那天没参加照相的真实原因是因为自己的多疑。因为那天从中山陵谒陵回来后，叶楚伧向他悄悄地说，今天秩序有点乱，阎锡山、冯玉祥、张学良等人都带着护兵、马弁，劝他小心点，不必场场都去摄影照相……可这个原因，能说吗，如说出去，本来就存有芥蒂的阎锡山、冯玉祥等岂不更要炸锅！？

陈璧君望着蒋介石那狼狈相，越发来气："蒋先生，你作为国家的领袖，这样做，不怕天下人笑话吗？别忘了，兆铭可是你的结拜兄长，出此横祸，我不知将何以昭示天下？！"

陈璧君说完，"砰"地将门一摔，甩身就走了！

"汪夫人！嫂夫人……"蒋介石追着喊了几声。可陈璧君连头也没回。

蒋介石返回客厅，暴跳如雷，"咚咚咚"地拍着桌案大叫："把戴笠给我找来！立刻找来！"

……

"戴局长在委员长那里，也受了委屈吧？"年轻侍从在讲完之后，开了个玩笑。

戴笠笑了笑，也凑趣地："我是他的学生嘛，校长骂学生，理所当然。"

戴笠中等身材，长得并不难看，只是脸长得过长了些，人称马相。戴笠对这一点，并不恼火，他常常自我解嘲地说：我就是委员长的犬马。

这位犬马回到鸡鹅巷之后，却是一派杀气腾腾！他连夜召开紧急会议，派特务全体出动，明察暗访，无孔不入，布下了一张天罗地网。

两天过去了，喽啰们用偷鸡摸狗的手段，弄来了张玉华、贺坡光等人的地址、照片，他立刻派特务去寻踪追缉。但对社长胡云卿却摸不到一点踪迹，他究竟多大年纪？长得什么样？家住哪里？都一无所知。

"难道他连张照片都没有吗？"戴笠恼怒地望着他的部下，厉声训问。

"有人告密说：新街口照相馆，曾给这位胡云卿和孙凤鸣他们照过一次相……"

"快把那底片找来！"戴笠没等那小特务报告完，急不可待地下着命令。

"可那照相馆老板说，根本不记得此事。"

"什么？"戴笠气得一拍桌子，"把那老板给我抓起来！"

"已经带来了。"

"给我严刑拷问！"

戴笠又向其他行动组布置了一番任务之后，他觉得很疲倦，刚想在床上躺一躺，叶阿娣扭着腰肢走了进来。戴笠翻了她一眼，又将眼皮合上了。

"有事吗？"戴笠依旧合着眼皮。

"你看看这个！"

叶阿娣将一张纸递给戴笠，戴笠缓缓地睁开眼，见上面只有短短的一行字："胡云卿者，即华克之也。"

戴笠像被烫了一下似的，从床上蹦下来："怎么？又是他？！"

戴笠走到办公桌前，"刷刷"地写了一行字，递给叶阿娣："马上发电，令沈醉在上海不惜一切代价全力追捕主犯华克之！"

第四章　危楼起事

戴笠一伙将照相馆老板抓起来，严刑拷打，这的确是错杀无辜，因为这位老板委实记不清那许多照相的人来，更何况像华克之等，这种来无踪去无影的神秘人物。华克之和孙凤鸣等一起照相的事，发生在刺汪精卫事发之前两天，当汪精卫和蒋介石经过一番角逐，终于在六中全会的席位和权益分配上达成妥协，以致汪精卫笑眯眯地在蒋介石府邸，为蒋氏庆贺生日的时候，华克之等同时也拟就了借六中全会刺杀罪魁的计划。那一天，天晴气朗，万里无云，华克之伴着孙凤鸣在玄武湖畔漫步，两人默默地沿着湖边小路走着，显然两人的心情都很不平静，华克之比孙凤鸣年长几岁，他一边走着一边望着这位身材修伟的青年，又是敬佩，又有点惋惜，敬佩的是，这位青年已下定了最后的决心，欲以自己的鲜血来铲除民族的罪魁，他怀着崇敬望着这视死如归的高大身影，同时又隐隐涌起一阵阵的惋惜，因为孙凤鸣毕竟太年轻了！今年他才二十四岁，又是刚刚结婚……华克之真不忍心让他去赴汤蹈火，但不让他去又怎么办呢？一是他执意坚持，决心以身殉国；二是除他之外，全是些没有拿过刀枪的文人，刺杀不成岂不更弄巧成拙？

理，是这个理，可作为兄长的华克之眼看着自己的年轻好友就将不久于人世，虽属义举，仍不免在感情上有点悲凉……

浩渺的湖面，将一缕缕折光反射到孙凤鸣的脸上，更陪衬得他神采奕奕，容光焕发，华克之望着他，不由自主地停下脚步。

“华兄，您……”孙凤鸣也停止了脚步，以探寻的目光回视着华克之。

“四弟，我看你好像还有什么心事，若是有，你就直说吧！”

“不不，大丈夫一言既出，驷马难追，我孙凤鸣义无反顾！”孙凤鸣言语不多，但他每句话都掷地有声！

“那……是不是你还担心弟妹？”

“不，将正瑶托付给大哥，我绝对放心。”

“那，是不是四弟的老家，还有悬心之事？”华克之仰望着孙凤鸣。

“家乡已经没有亲人了！”孙凤鸣的音调里略含悲愤地说，“自‘九一八’父母惨死之后，老家已再无牵挂！”

“可你？”

孙凤鸣望了望华克之疑惑的目光，说：“我不是反悔，而是有个要求……”

“什么要求？你说吧！我华克之一定满足你。”华克之颇有点义气千秋。

“我是想……”孙凤鸣这个连死都不怕的硬汉，此时说话却有点吞吞吐吐。

“说吧，四弟！”

“我是想，咱们弟兄四个，能不能一起照张相。”

华克之一听这要求，他哑言了，因为出于秘密工作的要求，华克之是发誓绝不照相的，他几年来不断更换姓名，职业，都为的是在敌人眼皮底下工作，而不留下任何痕迹，让敌人看不见、摸不着。若是照相……特别是在就要行动的这样一个危难关头，岂不是等于送给敌人线索、把柄吗？

孙凤鸣望着沉思的华克之，脸忽地一下红了。他知道华克之的习惯，也知道这样做可能带来的后果，连忙解释说：

“咱们弟兄在危楼聚义一回，今后就要人间地下，永难聚会了。若是能照张相留下，你们三位兄长日子久了，还可记住我的容颜，我即使在九泉之下知道人世间还有兄长记念着我，也会感到快慰的。但这将会给你们带来危难的，那还是算了吧……”

“不不！”华克之连忙打断他，“危险是有，但我们可以想办法。走，咱们找坡光、玉华去。要照，今天就得赶紧照！”

华克之明明知道这是件极其冒险的事，但他却无法拒绝。他怎么能拒绝孙凤鸣这赴义之人唯一的要求呢？

孙凤鸣是位血气方刚的青年。自从1931年“九一八”事变，他在东北的故乡沦丧，父母双双惨死在日本屠刀之下以后，复仇报国的烈焰时时鼓荡在他的心胸。为了抗日他曾投身十九路军，充任连长，他想效命疆场，收复东北家园。但因蒋介石、汪精卫的“攘外必先安内”的卖国政策，使孤立无援的十九路军不得不以失败而告终。返回上海之后，孙凤鸣目睹蒋介石、汪精卫专心反共，而对日寇的步步紧逼、鲸吞蚕食，一味地妥协退让，这使他极为愤怒和恼火。

1935年，蒋介石和汪精卫的卖国投降，越发变本加厉。继《塘沽协定》之后，6月南京政府又与日寇签订了出卖华北的《何梅协定》，至此，不仅东北沦丧，眼看整个华北也拱手让给了日寇！炎黄子孙，热血之士，谁能不为此而义愤填膺！但身居国民政府要职的蒋介石、汪精卫，不仅继续卖国投降，而且还用绑架暗杀等残酷手段镇压抗日爱国志士，著名抗日将领吉鸿昌被暗杀了，有正义感的爱国人士杨杏佛、史量才等也被暗杀了！

5月初，上海《新生周刊》因登载了《闲话皇帝》一文，涉及日本天皇。日本驻沪总领事便以此为借口，指斥南京政府，说“妨害邦交”。南京政府竟屈从这种威胁，立即查封《新生周刊》，主编杜重远也被逮捕……

这一天，上海新南里一座普普通通的小楼上，华克之正与张玉华、贺坡光小酌交谈，突然楼下传来“咚咚咚”的一阵沉重的脚步声。华克之放下酒杯，站起来走向门口。此时门已被推开，身材修伟的孙凤鸣面容严峻地站在门口，身后是一位长髯老者。

老人叫李怀诚，曾任南京钟美中学的校长。他今年虽已年逾古稀，但因他谙熟气功，所以看上去仍是威仪轩昂，白首童颜。他是华克之的师长、老朋友，也是这里的常客。因他性情开朗，待人平易，过去每次来，他都给大家带来无限的欢愉。可是今天，华克之见李怀诚手持一柄宝剑，颜面有如生铁，华克之不觉心中一怔：“怀老，出什么事啦？”

“重远被判了一年又四个月的徒刑，并且不准上诉，真是岂有此理！”李怀诚愤怒的声音，宛如战鼓，敲击着每一个人的心胸。

张玉华放下酒杯：“难道各界人士的抗议，他们竟睬也不睬？”

“若是理睬，那蒋介石就不叫蒋介石，汪精卫也不称其汪精卫了！”孙凤鸣站在窗外，他本一直凝视着窗外，这时扭过身来，冷冷地插了一句。

“中国这样下去，看来亡国无日了！”贺坡光猛地抓起酒杯，将一杯酒倒进了嘴里。

“现今红军正被蒋介石‘围剿’追击，我本寄希望于李济深等人的福建人民政府，盼望他能打倒蒋介石这个独夫民贼。可谁知他们又以失败而告终……”张玉华语调悲凉，使这座危楼抹上了一层重重的愁雾。

室内沉默了。只听见孙凤鸣的一双脚在来回地走动……突然，他停住了脚步，激动地说：

“中国要想有救，除非有人一枪打死蒋介石！”

犹如一块巨石，投入湖中，立刻激起了翻腾的浪花。危楼的朋友们，听到孙凤鸣这爆炸性的言辞，心情都顿时为之一震。

华克之是早有此意的。1931 年，他组织刺杀宋子文便是一次演习；后在 1934 年，他又以胡云卿为名筹组了晨光通讯社，也是意在寻求时机，刺杀出卖民族的元凶。

但因一直没有寻找到有利时机，也没有物色到合适的敢死之士，所以虽是亲朋近友，他也从未轻易讲出。可是今天，孙凤鸣竟将此事挑开了。华克之一面用赞赏的目光看着孙凤鸣，一面也暗暗地观察着朋友们的反应。

“好！”李怀诚一拍桌子，忽地站了起来，叫道，“凤鸣老弟此言极是，蒋介石是中国最大的反革命，是出卖东北华北的元凶罪魁，元凶不除，国无宁日！”

李怀诚早年追随孙中山革命，系国民党元老，所以他的言论，在大伙心中都是一字千钧！

张玉华仰起头来，目光炯炯地注视着坐在他对面的贺坡光。贺坡光此时双手微抖，在下意识地抚弄酒杯，显然孙凤鸣和李怀诚的话也在震荡着他的心胸。一向沉稳的贺坡光，举目迎向张玉华，缓缓地说：

“如能除掉蒋介石这个中国首恶，当然极好，只是采取暗杀的手段……”

孙凤鸣霍地站起来，打断了他的话：

“二哥，我们不是暗杀，是明杀！”

华克之也随之站起来：“对，蒋介石有数百万海陆空军保护。我们要杀他，就得抱定一死，五步流血，在光天化日之下，给他来个鱼死网破！”

张玉华望望华克之，不无忧虑地：“可我们几个都是文弱书生，连枪都不会打，怎么……”

“怀诚虽老，可雄风尚在！”李怀诚“嗖”地一下抽出宝剑来，“我愿以这老朽之身，去与那独夫民贼同归于尽！”

“不！”孙凤鸣大吼一声，冲了过去，“此事自有我孙凤鸣在，怎能让你老人家献身！怀老，大哥，此事我早已想好，要干，只有我孙凤鸣来承当。我当过兵，练过枪法，加之我与日寇有不共戴天之仇，诛杀卖国元凶，我是责无旁贷！”

华克之迎上一步：“四弟，只是你年纪轻轻，又有家室……”

“大哥，这你不必多虑！我原系军人，假使当年我死于内战，岂不如同死了一条狗一样，而这次，我如能刺杀了蒋介石，为民除害，这方是丈夫所为，死得其所！”

华克之紧握着孙凤鸣的双手，恳诚地："此事非同小可，四弟可要三思再三思啊！"

孙凤鸣双目圆睁，满面通红地抱起双拳："诸位兄长，你们是知道凤鸣性格的，办不到的事，我绝不开口！"

这时，只见他从怀老手中接过宝剑，猛地一剑砍去了桌子的一角，高声念道："一言既出，驷马难追，黄金粪土，视死如归！"

华克之两眼含着热泪，为孙凤鸣倒了一杯酒，递给了他："四弟为人，克之钦佩不已。咱们都是'季布无二诺，侯嬴重一言'之人。来，大哥敬你一杯！"

孙凤鸣这时拿过酒瓶，将桌上的杯子一一斟满，分递给众人："来，怀老，诸位兄长，咱共饮此杯！"

就这样，大家激愤满怀地连饮三杯，李怀诚感愤兴起，拔剑起舞。随着一道道寒光凌空飞旋，李怀诚朗声念道："至宝有本性，钢精无与俦，可使寸心断，不能绕指柔。"

孙凤鸣拍手喝彩："好一个'可使寸心断，不能绕指柔'！"

李怀诚此时也不搭言，他满怀着内心的激动，径自走到书桌前，饱蘸浓墨，挥毫写下了这首苍劲的《古剑诗》。写好后，只见他手托着这幅墨迹，"扑通"一声跪到了孙凤鸣的面前！

众人为之一愣。孙凤鸣也惶恐地说："怀老，您这是干什么？"

李怀诚长髯抖动，老泪纵横："国民革命寄希望于老弟之身，如搏击成功，为国除害，将是万民之幸，老夫今代国人向义士致谢！"

孙凤鸣连忙扶住李怀诚，发誓道："怀老放心，此次搏击，如不成功，凤鸣决不生还！"

李怀诚信誓旦旦："如需老朽效力，虽死不辞！"

这时，华克之和张玉华、贺坡光一齐跪了下去，大家歃血盟誓，为抗日救国，就是刀山火海，也在所不辞！

从这以后，华克之等便以晨光通讯社为据点，四处探听筹划，终于在前天得到了国民党召开六中全会，并将在中央党部院内拍照摄影的确切消息。两天来，大家的情绪都处在高度兴奋之中，尤其是孙凤鸣。随着六中全会会议的临近，他在人世上的时间已不是再用月日计算，而只能用小时，乃至分秒来计算了。

对于这样一位决心以身报国的志士，他的要求不管如何困难，如何有风险，华克之也无法拒绝。他俩一边走着，华克之一边想着善后的措施。

当天傍晚照了个快相，第二天上午华克之一早便借口修版将所有的照片连同底版一起要回。当时的底版都是玻璃做的，华克之一出照相馆的房门，就将它摔了个粉碎，所以，当戴笠军统局的特务们去搜索时，自然是毫无所获了！

又经过一个夜晚，就是 11 月 1 日了。正当汪精卫按捺不住自己的喜悦，早早就起床的时候，华克之也依照约定，在天刚拂晓时来到孙凤鸣家。华克之这一夜也是未得安睡，他辗转反侧，反复思忖着计划的每一个步骤、每一个细节，唯恐有万一的疏忽和失误。

一进胡同，他远远就望见孙家亮着灯火，这是一所他们精心选择的独门独院。

走到门前了，他隐隐听到正房里传来阵阵的啜泣声。华克之停住脚步，借着黄昏的灯光，看到窗里闪现一个女人抽搐的身影。华克之从身影判断出，这是孙凤鸣年轻的妻子崔正瑶。这阵阵的啜泣声，使华克之心头猛地一紧，是孙凤鸣没有跟妻子说好，还是临时变卦了？华克之知道，孙凤鸣和崔正瑶结婚刚刚两年多，二人举案齐眉、感情甚笃，而今孙凤鸣一走，年少的夫妻就将从此永别！想到这，华克之心头一酸，眼眶里涌出了一行热泪……

"你为啥不早告诉我呢？"只见孙凤鸣从里屋追了出来，声调里带有愠怒。

"前天，医院大夫才确诊，还不到两个月，也不知是男是女……"崔正瑶一边抽泣，一边断断续续地说，"再说，你那脾气我还不知道，已经决定了的事，你能改变吗！"

"是的，大丈夫出言，如同泼出的水，怎能收回呢？"孙凤鸣走到崔正瑶的跟前，双手抚摸着她的双肩，温情地，"正瑶，我们结婚快三年了，你对我的情感，凤鸣只有来生给你做牛做马，进行报答了！"

崔正瑶"哇"的一声，哭得更厉害了！华克之在窗外听着，自觉得撕心裂肺。

"正瑶如今你有了身孕，就更要好好照顾自己，我孙凤鸣是个粗人，结婚三年，对你不要说照料，就是连点温存都没给你，真对不……"

"别，你别说这些了！"崔正瑶抽搐着打断了他的话，扑进了他的胸怀，"你是我的好丈夫，人世间最好最好的丈夫！"

窗外的华克之再也忍不住了，他一下子推门进去，大叫了一声："凤鸣！"

正瑶怔了一下，但她并没有忙着去擦脸上的泪痕，只是搬了条板凳，让华克之坐下，自己就进后屋去了。

华克之望着感情奔涌的孙凤鸣，想了想说："四弟，你们的话我都听见了。这次行动……是不是就算了？"

孙凤鸣立时虎目圆睁，气愤地："大哥，你这是什么话！大丈夫做事，怎能出尔反尔！再说，此次行事，也是老天赐予我们的千载良机，今天我如能手刃蒋介石，为民除霸，我孙凤鸣也就没枉活一世！此次行事之后，恐怕也就不会再有这等时机了。"

华克之望着激昂慷慨的孙凤鸣，情绪上受到他的强烈感染，可当他一想到崔正瑶那悲怆的哭泣，想到今后正瑶作为一个年轻的寡妇，将被追捕、承受灾难时，华克之又不无忧虑地说："你跟弟妹讲好了吗？弟妹她是不是……"

还未及孙凤鸣回答，崔正瑶从厨房里转了出来，端出了一碗红烧肉，一碗红小豆高粱米饭，另外还热了一壶酒。她默默地摆好了酒盅，一一斟满了。

孙凤鸣和华克之对望了一眼，他们都清楚，崔正瑶这是在为孙凤鸣送行，这是送行酒，也是诀别酒。华克之注视着崔正瑶，这是位二十二三岁的青年妇女，她体态苗条，脸庞艳美，是一位典型的东方妇女。华克之渐渐地在同情之外，又油然升起一股崇敬。这位年轻的妻子，她今天是在忍受着多么大的痛苦啊！

"大哥、凤鸣，喝了这杯酒吧！"崔正瑶没敢抬头，只是用那哽咽的声音轻轻地劝着。

孙凤鸣站了起来，他用微微颤抖的手，高擎起酒杯，激动地说："大哥，正瑶，这第一杯酒，让我们敬献给我惨遭日寇杀害的父母和那些依旧在日本铁蹄下挣扎的东北父老乡亲！"说完，将杯中的酒往地上一洒，接着他朝向东北方向扑地跪倒："爹，妈！孩儿不孝，作为军人没能向仇敌放过一枪一弹为二老报仇，这都是那蒋贼、汪贼卖国所致。孩儿今天就要亲手去铲除他们，为国除害。爹，妈！如您二老在天有灵，就保佑孩子成功吧！"说着，他又朝着东北方向，连磕了三个头。

崔正瑶接过酒杯，又将它斟满递了过去。孙凤鸣接过来，握在手中，用一双火辣辣的目光盯着崔正瑶说："正瑶，我感谢你今天告诉我的消息，如今孙家有后，我死也无憾了。假如这次刺蒋不死，那二十年后又将有一个孙凤鸣来继承父志！正瑶，来，为咱那没出生的孩子，干此一杯！"

崔正瑶接过酒杯，强忍住悲痛，将这混有泪珠的一杯酒喝了下去。

孙凤鸣又举起第三杯酒，走近华克之："大哥，请举起杯子来，为咱们今天起事的成功……"

华克之望着孙凤鸣，心中有一种说不出来的滋味，他慢慢站起来说："凤鸣，今天若是时机不利，或是蒋介石不在，就不要出击……"

孙凤鸣这时挽起大衣，将手枪往口袋里一塞，便快步冲出了房门……

"凤鸣！凤鸣！"崔正瑶追出院落，低声呼叫着。

东方已经拂晓，孙凤鸣没有回头，华克之望了望孙凤鸣远去的身影，转身对正瑶说：

"快回屋吧，咱也该走了。"

他们返回屋内，拿起了早已收拾好了的包袱，华克之刚欲步出院落时，崔正瑶又喊了起来："大哥，请再等一下！"

华克之怔了一下，因为上船的时间快到了，如此时不出城，将来事发之后就走不成了。华克之望着崔正瑶，只得又随她走回屋中。崔正瑶踩在桌子上，取下了墙上的一幅字画，华克之凑过去，只见上面是李怀诚的手笔，他挥挥洒洒，用雄健的笔锋，写着两行大字：

"风萧萧兮易水寒，壮士一去兮不复还！"

崔正瑶小心翼翼地将它卷起来，放进了提包。此时，远处码头上的汽笛已经鸣叫起来。

第五章 怡和轮上

且说戴笠，为什么他一听说“华克之”这个名字，便如芒在背，大惊失色？原来这里还有一桩未了的公案，四年来它一直像块隐瘤一样潜伏在戴笠的心底，可这次“华克之”名字的出现，犹如重锤，狠狠地击在戴笠这块病瘤上……

那是1931年7月23日的事。早晨7点钟，贪睡的人们有的还没起床，但上海火车站上却是一派喧嚣了。南京政府财政部长宋子文缓步走下火车，当他告别了欢迎的人群，随秘书、司机等人刚刚走近东大门楼下时，突然几名刺客同时闪出，一齐开枪射击，然后投掷了烟幕弹，刺客们便乘着烟雾逃离了车站。这就是当时轰动中外的上海火车站刺杀宋子文案，当时因宋子文和他的秘书唐腴庐均穿白色哔叽西服，同戴白色拿破仑帽，而且相貌高矮均极相似，刺客们误将唐腴庐击毙，以为命中了宋子文，便施放烟雾，飞奔逃遁。这次，宋子文虽躲在大楼的门柱后，得以脱险，但刺客却一个也没有抓到。

事过许久，因另一案件，抓到了其中的两个人，经过严刑拷打，得知这桩刺杀宋子文的主使人之一便是华克之。当然，还有另外一个让戴笠头疼的人物王亚樵，他也是此次刺杀的主使人。说起王亚樵，戴笠是又恨又怕，王亚樵是安徽合肥人，他秉性倔强，疾恶如仇。早年曾追随孙中山响应辛亥革命，在合肥宣布独立；后来加入了社会党，被军阀通缉。自此后，他致力于克鲁泡特金的无政府主义，专事暗杀大军阀、大官僚，意在打倒社会上一切强权。1927年，蒋介石倒行逆施，发动“四一二”大屠杀，无数革命志士惨遭无辜杀害，国共合作、三大政策一扫殆尽，北伐也中道而废。王亚樵大为伤感，决心与蒋介石势不两立，一再挑起事端与蒋介石相抗衡。“九一八”事变之后，王亚樵对蒋介石视国土沦亡而不顾的态度更为不满，决意组织暗杀来灭此枭雄。

王亚樵

对于这些，戴笠虽知道得一清二楚，但却束手无策。开初，他想通过商谈，将王亚樵收编过来，可王亚礁看不起戴笠，改投了蒋介石的反对派桂系。之后，戴笠又在上海法租界，逮捕了他的弟弟王述樵，并以此威胁王亚樵。但桀骜不驯的王亚樵依然不肯就范。最后，戴笠决心以暗杀、绑票来清除这心腹大患。可是一次次的缉拿、追捕，均被他逃脱。单是上海，他就是两次脱险，轰动全城，而这次上海北站刺杀案，又明知他和华克之是主谋，可四年来却没有得到他的一点消息，而神秘的华克之更是踪迹皆无……

这就是戴笠为什么当得知胡云卿即是华克之以后大惊失色的原因。戴笠看着叶阿娣写有“华克之”名字的字条，薄薄的纸张，仿佛重若千斤。他知道，这是一个极为棘手的案子，绝不能掉以轻心，视若等闲。对手的老谋深算，神出鬼没，再加上蒋介石极力想洗清自己的死命催逼，使戴笠大为苦恼。

本来斜靠在沙发上撒娇献媚的叶阿娣，待她听完戴笠关于华克之这段历史的讲述之后，也不由地变得严肃起来，她从沙发上站起后，一边抚摸着自己丹红的指甲，一边蹙眉沉思起华克之这个神秘莫测的关键人物来——

“这回得有劳你了！”

“我？”叶阿娣从沉思中醒来，她莞尔一笑，又恢复了惯常挑逗的媚态，“这么重的担子，交给我你放心吗？”

戴笠望着她那装腔作势中隐藏着得意的样子，只是微微地笑了一下。他是深知叶阿娣的功力的，每当他遇到棘手难办的案子时，他总是派心腹女特务出马，而且几乎每次都能收到男特务所无法企及的功效。就拿叶阿娣来说吧，她除了在特务业务上聪敏过人之外，还有一个特殊的资本，就是她的年轻、漂亮。这点，常常能使很多男人解除戒备，加上她善于温存妩媚，所以她执行起任务来，往往是事半功倍，得到男特务无法得到的情报，就是抓人绑票，别看她力气小可有时也比男人顶用。比如，有一次在上海大街上，车来人往，熙熙攘攘，两个男特务跟踪了很久也不敢动手，生怕街上人多，光天化日之下逮捕进步人士会遭到众人谴责，但再跟踪下去，又怕被他走脱，正为难时，叶阿娣和另一女特务到了，她像演员一样装成被绑架人的妻子，走过去不由分说就给了被绑架人两个嘴巴，随之骂道：“没良心的，扔下我们母子在外胡搞，今天非……”被打人一边揉着脸一边急忙分辩：“你认错人了吧？我……”不等被打人说完，另一个女特务赶紧挤上前去说：“大哥，两口子吵架回家去吵，大街上人多，多难为情啊！”一面说着，一面连拉带扯地架上汽车，在人们一片哄笑声中就把人绑走了……叶阿娣的这种机敏，大得戴笠的赏识，不仅在官阶上一升再升，而且像金屋藏娇一样将她收为心腹、情妇，不到万不得已时不将她撒出去。这次案件，因委实是事关重大，加之对手的不同凡响，于是他决定起用这只娇媚“爱犬”。

叶阿娣对此虽然心中暗自高兴，可近来因戴笠频频和胡蝶眉来眼去，暗送秋波，对她颇为冷落，使她心中对戴笠也大为不满。所以本来是应该痛痛快快答应下来的事，她却故意推托敷衍：

“这件刺汪案，事关党国和领袖的名誉，责任太大，我一柔弱女子，恐怕难以胜任啊！”

戴笠用一双锐敏的目光盯着叶阿娣，他一眼就看出了叶阿娣内心的真谛，但他并没有捅破，也没有顺着叶阿娣的话音往下接，而是将一本厚厚的卷宗扔到了她的面前："这是民国二十年刺宋案的全部材料，王亚樵和华克之的线索都在里面，你拿去看看吧！"

叶阿娣先愣了一下，接着抬起眼来反问："我若是干成了，你给我什么奖赏？"

戴笠望着她，慢慢地走过去，突然伸出胳膊来，猛地将她搂进了怀里："你要什么，我就给你什么！"

叶阿娣身子一软，就势偎在了戴笠的胸前……

坐落在上海英租界繁华街道上的维多利亚大饭店，此刻走进了一男一女两位客人。男的身穿西服，年约四十多岁，从他那彬彬有礼的态度看，显然他是那位女人的总管或是高级随从。他走进圆形的转门后，赶紧将身子一躬，后面的女人气宇轩昂地步了进来，这个女人年岁不大，但行为举止却极为高傲。饭店大厅的几名侍役，一见她的神情打扮，都不约而同地站了起来。她身材修长，着一套黑底雕花细绒旗袍，肩披着西式马甲，雪白的颈项上珠光宝气。这豪华的服饰，雍容华贵的装束，使人一看便知是哪位大亨家的摩登少妇。侍役们紧走了两步，连忙从男人手中接过皮箱，略微寒暄了两句，便直领他们上了四楼包好的两套客房。

戴　笠

侍役打开房门之后，少妇就打发他们下去了。少妇关好房门走进客厅，刚欲坐下时，突然通寝室的门开了，一个头戴礼帽的男人从卧室中走了出来。这位少妇心头一紧，正欲喊叫，这个男人发话了："弟妹！"

待这位男人摘去礼帽，扯去短须，少妇方认出他是华克之。而少妇即是孙凤鸣的妻子崔正瑶。为了避开特务的追捕，一到上海，华克之便送给了崔正瑶一个皮箱，里面全是金银首饰和豪华的衣物。崔正瑶虽来自乡间的城镇，但由于在南京时华克之等人就有意地教习她些上层社会的礼节、装饰，所以她对这种打扮也并不局促陌生。加上她天生一副白皙的面孔，修美的身材，因此打扮起来真是亭亭玉立、楚楚动人。就连华克之见了之后，也不禁赞道："弟妹这么一打扮，若是在大街上，大哥都不敢相认了。"

"可我简直是在受罪！"崔正瑶一边说着，一边坐在沙发上解开了脖子上的衣扣，甩掉了高跟鞋，“憋死人了！”

华克之望了望她，神情变得严肃起来：“弟妹，这可不行。再憋屈，您也得忍忍，别忘了您是华侨贵妇。”

没等崔正瑶回答，那位陪同崔正瑶的男人跑了进来说：

“去香港的船票已经买好了，今晚就得动身。”

华克之从这个男人手中接过船票来，仔细看了看时间。这个男人叫乔仁山，是华克之专门派来服侍和保护崔正瑶的。华克之站了起来，拍了拍乔仁山的肩头说：“走，咱到那个房间去。时间还早，让正瑶好好休息一下吧。”

傍晚，乔仁山陪同崔正瑶坐上了怡和号轮船的头等舱。她将东西安置了一下，便匆匆跑上了三层的甲板，极眼望去，只见一个黑影站在码头上在频频挥动手中的礼帽。她虽看不清此人的面容，但她知道那肯定是华克之。

“呜”的一声长鸣，轮船启动了，崔正瑶连忙扯下纱巾来，朝着黑影挥动。船离码头越来越远，岸上的黑影也由大而小，渐渐变成了一个黑点，最后连岸边也消失了，可崔正瑶依然站在甲板上，下意识地舞动着纱巾。深秋的傍晚，海风吹在人身上已有阵阵寒意，可崔正瑶伫立在那里，仿佛浑然不觉，她默默地望着华克之站立的方向，起伏的心潮久久不能平静。这位兄长，自她在南京初次见到之后，就留下了深刻的印象。那时孙凤鸣与她刚刚结婚，拮据的日子就开始了，华克之总是以各种理由来资助他们。孙凤鸣对他敬如师长，言听计从，当时在南京找房子很困难，花钱也很贵，这些都是华克之和众弟兄们一并支撑。他们常常来家中做客，每次谈及国事时，一个个都激昂慷慨，忧国忧民，他们也常常争论，甚至是拍桌打凳、面红耳赤，这时又总是这位兄长一笑站起，三言五语就平息下来，和好如初。孙凤鸣对此极为敬佩，每当谈起什么，他总好“大哥说……”“大哥讲……”华克之已经成了孙凤鸣心中膜拜的对象，孙凤鸣他……哦，为什么这时候又总想起孙凤鸣？他现在怎么样了？完成了那英雄的使命吗？他能逃脱魔掌吗？

“太太，外面风大，该进舱休息了。”乔仁山不知什么时候已来到甲板上，轻声地招呼着她。

崔正瑶开始不知是在跟她讲话，待回过头去见乔仁山正垂手恭立时，方知是跟自己，她望了望自己的装束，不由得暗自笑了笑，她常常忘记自己这阔太太的身份。

“太太，是先回舱休息，还是先用晚餐，船上已经开始供应夜点了。”乔仁山依然轻声地说着。

崔正瑶已经有好几天不思饮食，如今离开了上海，仿佛脱出了危险的樊篱，精神上一松弛，便感到腹内有些饥肠辘辘了：“还是吃完晚饭，再回舱吧！”

乔仁山前面引路，来到了精巧的小餐厅。这是专门为头等舱客人准备的，它坐落在三层的船头，人们透过落地玻璃窗，举目可望茫茫大海，可望船尾搏击的浪花……但现在，因时已夜晚，除了偶尔闪现的几处灯火外，周围一切均是黑蒙蒙的海面。

餐厅布置得华丽而雅致，雪白的桌布上放着精巧的景德镇茶具，崔正瑶和乔仁山拣一个靠窗的桌子刚刚落座，一位年轻的侍者就迎了过来，为他们每人沏好了一杯茶。

崔正瑶打开杯盖，只见茶色清澄碧绿，呷了一口，是苦后返有甘甜。她知道这是上等的好茶，但却叫不出名字来。

善于察言观色的乔仁山，这时俯身过来，低声说："这是猴魁，黄山上最好的茶叶，这茶叶山顶上还不产，是出在黄山脚下的太平县。扬州有名的富春茶社，就是专门买这种茶叶，再配之以龙井……"

崔正瑶轻轻放下茶杯，斜倚在雕花高背沙发上，不是她不愿聆听乔仁山的茶经，而是她委实是太疲乏了。几天来，精神的高度紧张，使她已疲惫不堪。她斜靠在沙发上，放下了眼帘想借饭菜未到之前，稍稍小憩一会儿，突然，临桌响起了一阵轻轻的骚动。崔正瑶慢慢睁开眼皮，只见前面桌上的一位太太正手指着报纸，神色颇为紧张。身边那位瘦瘦的老头，大约是她的丈夫吧，他接过报纸之后，竟大张着嘴，半天没有合上，什么事使他们这样惊诧？崔正瑶这时困倦已经消失得无影无踪，她周围扫视了一下，只见凡是看报纸的人无不大惊失色，显然，报纸上刊登了爆炸性新闻，莫非是……崔正瑶的心陡地一下提了起来，她控制着激动，低声对乔仁山吩咐道："快去要份报纸来！"

崔正瑶眼光追随着乔仁山进入侍者的房间，待他手拿报纸返回来时，手不住地哆嗦着，脸色由红而白，脚步也变得有些慌乱了。崔正瑶的心突突地跳着，她知道报上肯定登的是有关孙凤鸣的事。

乔仁山走到桌边时，他放慢了脚步，借着递送报纸的机会，小声地对崔正瑶耳语道："你可要冷静点！"

崔正瑶接过报纸，只见头版醒目的大字标题是："汪院长昨晨被狙击"，"中央极度震惊"。崔正瑶急速地往下看，一行小字写着："凶手孙凤鸣当场为张继所执"。崔正瑶看到这儿，她的头"嗡"地一下，几乎晕眩，乔仁山赶紧用倒茶作掩护，扶住了她，低声地警告："太太——"声音很低，可语调颇为严厉。崔正瑶顿时清醒过来，她连忙拿起报纸来，假装用看报纸来掩饰自己的失态，但报纸上已变得字迹模糊一片，她什么也看不清楚。

经过一番沉寂，前后左右桌子上的人们开始嘁嘁喳喳地议论起来，有的人声音很低，可有的人却肆无忌惮，大声喧哗，有的则是故意说给别人听的："这个姓孙的，真是个亡命徒！这是活腻了，自找作死嘛！"旁边一个尖刺的女声接着说："在中央党部搞刺杀，真是以卵击石……"

这些尖刻的话语，像针一样刺伤着崔正瑶的心，她偷眼望去，只见说话的，是个官吏模样的人，穿一身笔挺的中山服，正襟危坐，俨然一副党国大员的派头，坐在他身边的，是一位比他年轻许多的娇艳的女人，口红涂得厚厚的，仿佛哈巴狗一样依偎在那位官吏的身边……这两个人怎么好像在哪儿见过呢？这时，乔仁山用脚在桌下捅了捅她，她抬眼一看，侍者正托着菜肴向这边走来，侍者将碗筷摆好后，乔仁山弦外有音地说："太太，快吃吧！"

崔正瑶明白，乔仁山这是暗示她镇静些，别让外人看出来。崔正瑶很不满意自己的慌乱，她端起茶杯来，吮吸了一口，借以平息一下内心的不宁。忽然，一个低沉的声音从邻座传了过来，"这个孙凤鸣还真够有种的！"这声音虽然很低很小，但崔正瑶却清清楚楚地收进了耳膜里。她侧过脸来，正欲循着声音看看说话者的面容，乔仁山突然咳嗽了一声！崔正瑶赶紧回过头来，只见两个全副武装的宪兵正向他们走来。

崔正瑶镇定了一下，装作若无其事地端起了茶杯。这时，宪兵已来到了他们桌旁："对不起，请看一下证件。"

乔仁山恭敬地站起来，从西服口袋里取出证件递了过去。宪兵们并未忙着看证件，而是上上下下地打量着崔正瑶，乔仁山一见，又连忙掏出高级大炮台香烟，递过去，又燃着了火，并装作不在意似的将这包高级香烟放在了宪兵的皮包上。这时，他才慢慢地拿回证件，点头哈腰地问道："老总，可以走了吗？"

宪兵微微点了点头。崔正瑶站起来，并不搭话，而是态度轩昂地走了出去，只将一串响亮的高跟鞋声留给了宪兵和餐厅。

在通向二层头等舱的走廊上，乔仁山追上了崔正瑶。他掏出手帕来，擦了擦头上的汗珠，然后快走了几步，抢在前面打开了崔正瑶的房门，房门打开，他吓了一跳！只见舱内沙发上端坐着两名彪形大汉，看那气质，既不是书生，也不像商人，横眉立目，一看就知是两个身着西装便衣的赳赳武夫，乔仁山一见，心里暗暗说了声："不好！"正欲把伸出去的腿收回来，告知崔正瑶别再进来，可哪知崔正瑶这时已相随着来到了门前。想躲，已经来不及了。

两位大汉一见崔正瑶，忽地一下站了起来。崔正瑶心里一惊，但事已至此，她也只好硬着头皮进了舱房。

"你们找谁！"崔正瑶一面问话，一面在心里打量着对方，盘算着对策。

"就找你！"对方回答得极为干脆。

"我不认识你们呀！"

"我们可认识你，实话告诉你吧，我俩已经跟了你一天了，从上海码头开始……"

崔正瑶听着，心突突地跳动起来，她看了乔仁山一眼，脑子里在急速地思索：怎么才能逃出这虎口呢？

第六章　奇怪的“少将”

当当当!

头等舱房间的侍者手握着茶壶,在敲崔正瑶的房门。乔仁山迎过来打开房门,侍者一面殷勤地倒水一面用眼睛的余光打量着那两位彪形大汉。他这次续水是假,心存疑窦却是真的。刚才崔正瑶和乔仁山打开舱房时,自己明明看见了他们的惊愕和诧异,显然他们和这两个大汉并不相识,怎么一转眼的工夫竟亲热地交谈起来了?这位老侍者,服务是很认真的。他因害怕这位年轻的太太遭遇不测,才佯装送水进来测个究竟的。今见人家如此亲热,暗暗嘲讽自己是杞人忧天,他将茶壶茶杯里都续满了热水,便悄悄地退了出来。

那么,这两位彪形大汉究竟是什么人呢?原来他们是香港方面专门派来接应崔正瑶的。当然,这一切都是华克之一手安排好了的。华克之在孙凤鸣还没起事时,就同香港的王亚樵进行了联系,所以11月1日中央党部的枪声还没响,香港方面就已经派人来上海等候。他们通过华克之,从旅馆到码头,一直暗暗保护着崔正瑶,如今,华克之又委托他们一直保护送到香港。

华克之送走了崔正瑶,一颗悬着的心,总算落地了。他觉得孙凤鸣为国为民,如此大义凛然。自己若不能将崔正瑶妥善安顿,或因一时疏忽使她酿成意外,那将会使他痛悔终身的。如今,崔正瑶安全地出走了,张玉华和贺坡光也按照计划相继疏散了,华克之的心,如石头落地,踏实了许多。

大家都走了,他却没有走,依然留在上海。这是不是冒险啊,是的,这的确是有点冒险。可是出于事业的需要,人们都四散出走了,总得有个联系的据点。再则因为华克之曾任过南京市国民党市党部的青年部长,又和许多国民党中上层人物多次交往,他对国民党的内幕是一清二楚的。上海国民党的军、警、宪、特虽然多如牛毛,可是上海大得很,又有外国租界可以隐身。艺高人胆大,华克之自信,就是在上海躲他个几年,也不会被特务抓到的。他由于才思敏捷、机智过人,他经常化装、化名,有时神出鬼没,有时大摇大摆地出入国民党军政要地,那些特务们虽到处撒网,可有时就在他们的眼皮底下擦肩而过,甚至是在公开场合同桌吃饭,他们也未能发现他就是自己悬赏捉拿的“钦犯”。

抓不到晨光社社长胡云卿,这使军统上海特区法租界组组长兼淞沪警备司令部侦查大队行动组组长的沈醉,大为苦恼,戴笠来电,一口咬定胡云卿潜藏在上海,连着三天了,虽遍地撒网,可仍是毫无线索。

沈醉,系湖南人,年轻精干。当时年龄虽只有二十一二岁,但却颇得戴笠信任,尤以暗杀、绑票等而著称于军统。所以他虽然是在18岁时才入军统,但由于他的精明和卖力，两三年内便得到一再擢升。这次，当戴笠从蒋介石处得到密令之后，便首先打电报给沈醉，把追捕胡云卿这一刺杀案主谋的任务交给了他。

收到电令的当天，沈醉便闻风而动，立即带人抄了胡云卿在上海的寓所，可是楼在人空，他们虽翻箱倒柜、掘地三尺，也没有找到可供追查的蛛丝马迹。这两天，在胡云卿的住所周围，埋伏暗探，并高价收买贿赂了一批外国籍的捕快帮助侦寻，可是三天过去了，仍是没有发现胡云卿的一丝踪影。

这天，他闷坐在太师椅上，正望着一盆红铁树苦思冥想时，房门忽地被扭开了。怎么不敲门就进来？沈醉很恼怒，他正待发火训斥这种没礼貌的行为时，一侧头，见进来的是一位披着头发的女人，他连忙从太师椅上站了起来，已经收紧了的面部肌肉这时松弛下来，变成了一副盈盈的笑脸。来者是叶阿娣，沈醉很清楚她在军统局里的特殊地位，以及她同戴笠那种隐秘的私情。

沈醉客气地将叶阿娣让到沙发上，亲自沏了一杯咖啡加了几粒方糖，送到了她面前的茶几上。他知道，叶阿娣的秘密到来，一定带有戴笠的重要使命，而且肯定和这桩刺汪案有关。

叶阿娣斜了一眼殷勤的沈醉，没有吭声，而是慢慢地摘去黑网手套，甩在了茶几上，然后才从怀里掏出一张纸来，放在了桌子上："看看吧！"

她一边说着一边掏出"美女牌"香烟来，沈醉迅速地点燃打火机递了过去。叶阿娣深深地吸了一口，吐出了一缕青烟，心想，难怪戴笠这么欣赏他，这个年轻人果然精灵能干。

沈醉拿起字条，一看是戴笠的亲笔手谕。

戴笠的手令并不多，只寥寥数行："胡云卿即华克之务必查明行踪，逮捕归案。特派叶阿娣协助，此令。"

叶阿娣抬眼注视着沈醉，见他对此条并没有像戴笠那样心旌震颤。她开初有些奇怪，但仔细想一想，她竟兀自笑了。原因是1931年发生刺宋案时，沈醉尚是一名学生，还未步入军统，所以虽见"华克之"三个字，也并未像戴笠那样惊骇。但当叶阿娣将当年刺宋案的始末及军统总部掌握的有关华克之的资料，特别是戴笠的态度讲给沈醉之后，这位年少气盛的行动组长，也不由得暗吸了一口冷气，心想这次怎么遇到这样一个对手？难怪三天来，虽撒下天罗地网，竟也是踪影全无？看来，决不可等闲视之……

叶阿娣见一向自负的沈醉，忽地沉默了，很是有些失望。因为她来时得知，陈立夫、陈果夫的"中统"已经抓到了晨光社的编辑主任贺坡光和外围分子李怀诚。可一向与之明争暗斗，并处处压"中统"一头的"军统"此刻竟还是毫无所获，戴笠怎能不为之焦急呢？这次，戴笠亲自派她来沈醉处，就是想以此打破缺口，抓住华克之，逮个大头，捞个头功。可她一看沈醉这番模样，准知三天来是毫无所获，并对下一步也已技穷智短，毫无办法。叶阿娣满怀的希望，仿佛被沈醉兜头浇了一盆冷水，她不禁由喜爱变成了恼怒。她将大半截烟头往烟缸里一摁，站起身来，用一双威慑人心的目光直视着沈醉。

沈醉躲开她的目光，正在思索怎么开口时，急促的电话铃响了。这真是救命的电话啊！沈醉几步跳过去，抓起了电话机。

电话是沈醉的部下打来的，这个暗探报告，说霞飞路的上海银行，刚才有人支取了香港的汇款，数额很大，颇有些来路不明……

"这人现在哪儿？"一直站在沈醉身旁谛听的叶阿娣，忍不住急切地问。

"到了曹家渡附近的一所红楼。"

"立即封锁！"叶阿娣急不可耐，她越俎代庖地下着命令，"街道里弄戒严，不许放走一个可疑的！"

叶阿娣和沈醉跳上了吉普车，直朝曹家渡方向驶去。在车上，他们暗自猜测，认为这个形迹可疑的人很可能就是华克之。

车进里弄，这里已经全部戒严，一大堆行人百姓被堵在了里面。

沈醉和叶阿娣在那个暗探的指引下，直奔那所洋楼。他们见楼前楼后、左邻右舍均已埋伏好了，便一拥进院砸门。敲了半天见无人答应，沈醉上去一脚将门踢开，持枪冲了进去。可进房之后，又是一座空楼，四处搜查，没有一个人影，没有一个物件，甚至连一张纸片都没有。

沈醉和叶阿娣大为光火，把那个暗探叫来，细问缘由。据暗探讲，他清清楚楚地看见一个四十来岁的中等个儿的人，夹着皮包，进到了这所房子里。他是一直从银行跟过来的，为了保险，他找了另一个暗探在此盯梢，才去给沈醉打的电话。

可是，这个人怎么没有了呢？莫非他会飞檐走壁？想到这，沈醉往三楼上一看，果然一扇窗户虚掩着，他们急忙跑过去，只见窗户上有一只清晰的脚印。特务们急忙拿出铁尺来，有的丈量，有的拍照……

"看，有人要出封锁线！"叶阿娣突然尖声叫起来。

沈醉顺着叶阿娣的手指望过去，果见一个身穿军装的人正在跟里弄口的哨兵交涉。沈醉叫了声"不好"，就急速带人飞奔下楼。

待他们气喘吁吁地跑到弄口时，那个穿国民党军装的人已经走出了警戒线。

"刚才放过的是什么人？"叶阿娣大声地喝问。

"一位陆军少将。"

"多高的个儿？"

"中等身材。"

"有副官、卫兵跟随吗？"

"没有。就他一个人夹着个皮包。"

"啪！"叶阿娣给了哨兵一个嘴巴，"混蛋！我不是命令你们不许放走一个人吗？"

“可他是咱陆军少将哇！”哨兵捂着脸，喃喃地分辩着。

“少将怎么了？任何人都要盘查！”

哨兵抬眼望了她一下，心想你说得轻巧，我连个上等兵都不是，我敢盘查少将？

“那人准是华克之！”叶阿娣转过身来，对沈醉说，“华克之这个人最善于化装，过去他既然可以化装成商人、教授、车夫，这次怎么就不可能化装为少将？”

沈醉微微点了点头。当他正想着发表点议论时，突然发现前面十字路口处驶来了一辆黑色汽车，接着只见那位“少将”身子一闪，从隐蔽处钻出来，跳上了汽车。

“看！那就是华克之！”沈醉大声喊起来。

叶阿娣和沈醉飞奔着上了吉普车，特务们也紧跟着跳上了摩托。只听突突一阵启动。这吉普、摩托车队便风驰电掣地向黑色轿车追去，狭窄的曹家渡道上留下了一股令人不安的烟尘……

第七章　崔正瑶被捕

在喧闹、狭窄的上海市区，犹太人哈同建造的花园宛如世外桃源，显得格外的清雅、幽静。平时，这里连外国人都很少问津，而中国人就更是鲜见人迹了。

可是这一天的清晨，因有薄雾，天还迷蒙蒙的，在哈同花园西墙外的西摩路上，有位保姆打扮的青年妇女，便手提菜篮，沿着人行道匆匆地走着。她脚步十分急促，并不时地回头望着。原来距离她约一百米的地方，正有两名便衣在紧紧地跟随着。她快他们也跟着快，她慢他们也随之慢下来，反正前后他们总是保持着一百米的光景。一拐进静安路，这妇女突然快步跑起来，她绕过哈同花园的大门，径直朝南跑着……她一边跑着，一边听着后面急促的脚步声，显然那两个便衣唯恐丢失对象，也在快步奔跑……

跑进小沙渡路口，青年妇女已累得气喘吁吁，可抬头望望前面，长长的街道笔直笔直的，竟没见到一个行人，左右看看，也找不到一个躲避的地方，可这时她已跑得疲惫不堪，速度渐渐地慢下来，腿沉重得像灌了铅一样……回头一看，两个便衣已经赶了上来，距离由九十米、五十米……现在只剩下三十米了……突然，一辆汽车“嘎”的一声从横着的街口插了出来，急停在了她的身边，车门打开，一只手像钳子似的抓住她的手臂，猛地一拉，将她拽进了汽车，旋即向南驶去。

青年妇女挣扎着坐起来，用手使劲去扭动车门，并大声呼叫着：“快放我下去，放我下去！你们凭什么……”

“弟妹！”那个使劲拽着她胳膊的中年人，一边叫着一边摘去了墨镜和口罩。

青年妇女停止了挣扎和喊叫，她诧异地睁着两只大眼睛，当她认出这位不速之客正是她朝思暮想的华克之时，她禁不住簌簌地掉下眼泪来："大哥！"

"你为什么不好好在香港待着，这时候返回上海来？！你不知道特务警察撒下天罗地网，在等待捕捉你吗？！你看今天，这该有多危险！"崔正瑶的眼泪，丝毫没有减弱华克之严厉的责备。华克之靠在汽车后座上，狠狠地批评着崔正瑶。

崔正瑶过去只见过华克之的温和、慈善，从未见过他发脾气，今天她见这位大哥铁青着脸，如此盛怒，心中不由得有些慌乱，也不知该说些什么好了。其实，她哪里知道，这两天华克之的焦急！自从前天收到香港方面的来电后，华克之便派人去码头守候迎接，可是等了一天，也没有接到。昨天，他又撒出人马，四处寻找崔正瑶，可是偌大的上海，到哪儿找去呀？豪华的饭店、简陋的旅馆，华克之都派人去询问了，可还是没见崔正瑶的踪影……孙凤鸣一生忠烈，不能再让他的妻子落入魔网啊！华克之昨天一宿夜不成寝，他苦思冥想，崔正瑶会到哪儿去呢？后来，他得知，崔正瑶这次从香港是携款归来，救济因刺汪案而被捕的家属的。华克之判断，崔正瑶一定会到爱多亚路来，因为李怀诚老人家就住在那里。所以，今天一早，天还没亮，华克之便驱车到这一带来等候。果然一进里弄口，就看见两个便衣在崔正瑶身后死死跟踪……

"李怀诚老人家有三个孩子，他们在危难中，急需接济。可香港其他人，又不认识他的家属，只有我……"崔正瑶低垂着头，缓缓地解释着。

"可你知不知道，这是冒险！"

"我的生命，如能跟随凤鸣而去，也算死得其所！"

崔正瑶声虽不高，但却铿锵有力。华克之望了她一眼，口气缓和了许多："上海有我嘛，我会想办法的！"

"大哥您就不在危险中啦？敌人不是出十万元在悬赏捉拿你吗？"崔正瑶这时抬起了头，直视着华克之。

华克之本来想说："十万元？就是一百万元也休想得到我华克之的头。我华克之还要活着看他蒋介石垮台之日的到来。"但当他一低头，看到崔正瑶穿着一双白鞋，知道她这是按照东北的习惯在为孙凤鸣戴孝时，他心里不由得一酸，话语也变软了许多：

"弟妹，你不能再自己乱走动了。敌人已经在上海四处悬赏通缉……"

"可是，这笔救济款……"

"这个，你交给我办好了！三天之内，我派人去找你。"华克之一谈起工作来，总是斩钉截铁，"你马上换装住进新亚大酒店去，记住，从现在起，你是香港商会的郑太太。三天之内，我派人去，平时你不要外出走动！"

崔正瑶望着华克之，感激地点了点头。

新亚大酒店位于苏州河畔十字路口的一角，是一座刚刚落成的豪华大饭店。

崔正瑶以香港商会郑太太的名义住进豪华的房间后，她遵照华克之的嘱托，连着三天没有出门。上次在哈同花园的遭遇，至今想起来她还心有余悸，若不是华克之及时赶到，其后果真是不堪设想。那天，华克之批评她，她没有分辩，其实若说起来，这事得怪乔仁山。由香港返回上海以后，本来讲好，崔正瑶在外滩一家咖啡店里等候，让乔仁山去设法跟华克之联系。可崔正瑶在那里从上午10点，直等到下午2点。咖啡店里的顾客全都走光了，乔仁山还是不见踪影，老板和侍女都用一种异样的目光来回盯视着她。崔正瑶见不能再等下去了，便起身按照第二方案，到了一家商号去找乔仁山，乔仁山也不在。崔正瑶想通过商号问询一下乔仁山来过没有？他到哪儿去了……可崔正瑶刚一开口，老板便连连摇头，似乎根本不知道天下还有此人！怎么办？华克之的联系地址又只有乔仁山知道。如今，茫茫上海，她已是举目无亲。就这样，她决定直接去李怀诚家，将海外同胞的捐款送给李师母，以不辱使命。她知道，只身去哈同花园是很危险的，于是她早早起身，想趁着浓重的晨雾，以保姆买菜的身份进入李家，可谁知，她还没有敲门，就隐隐看见两个便衣鬼鬼祟祟地跟过来，她一看情形不好，急忙转身想尽速离开时，那两个便衣就像鬼影一样把她跟上了……

“当当当！”一阵轻轻的敲门声，打断了崔正瑶的思绪。开门后，进来的是一位容貌俏丽的女招待，她很有礼貌地向崔正瑶施了一礼，然后才开口道：

“郑太太，舞会已经开始了，就在本楼的西大厅，您不去玩玩吗？”

随着房门的打开，优美的圆舞曲的旋律已经飘了进来。她知道，这里的舞厅是十分华丽讲究的，壮观的葡萄吊灯，舒适的咖啡茶座，变幻迷离的灯光，使很多海外侨商为之销魂荡魄，他们很多人都被这迷人的舞厅吸引到这座饭店里来了。但是，崔正瑶对此却毫无兴趣，她感谢地冲女侍者笑笑，然后摇了摇头。

“谢谢，今晚我有些不舒服。”崔正瑶很委婉地打断了她。

女侍者见崔正瑶没什么兴致，便又施了一礼，退出门去。

崔正瑶关好门，端起侍女临走时给沏好的茶水，静坐在沙发上。

她呷了口茶水，抬起胳膊看了下手表：“咦，都9点了，怎么还不来？”

崔正瑶放下茶杯，不安地在屋中走动着。华克之说三天之内派人来找她，后来又托人带来字条，让她今晚一定在房间等候，8点半有人来联系，取走捐款，然后连夜将她送往广西李宗仁处，那里是蒋介石鞭长莫及之处。

“咚咚！”

崔正瑶一听敲门声，通地一下从沙发上跳起来，想到自己同仁的到来，她兴奋得脚下像踏有弹簧一样，轻快地跑到了门边。

打开门一看，崔正瑶怔住了！门口站立着陌生的两男一女，两个男的，一个是瘦弱矮小、尖嘴猴腮，另一个则虎背熊腰、满脸凶气；那个女的倒是年轻标致，不过她的俊俏之中总是透着几分妖冶。

崔正瑶一边打量着他们，一边用身体挡在了门口：

“先生，你们找谁？”

没容这两个男人搭话，那年轻的女人抢先走了过来：

“你是崔正瑶女士吧？”

“不，我是香港商会的，我姓郑。”崔正瑶说着，从皮夹里取出一张名片递给了那年轻的女人。

这年轻女人接过来，冷冷地一笑，然后向那个瘦男人丢了个眼色，瘦男人上前一把将崔正瑶推开，嘴一歪露出了两颗金牙：“别给我装蒜了！”

崔正瑶踉跄了几步，跌坐在沙发上，但她旋即便站了起来，厉声质问：“你们是干什么的？！怎么这般无礼！”

瘦男人牙又一龇：“我们是干什么的？这你很快就会清楚的。”

崔正瑶此刻什么都明白了，她猛地挣脱开瘦猴，向门口冲去，可是那个女人已经堵在门口，将房门关死了。崔正瑶见冲出无望，就大喊起来，她想以此报警，可她刚张口喊了一声：“特务抓人啦！”她的嘴，就被那个虎背熊腰的家伙堵住了。他一边堵着崔正瑶的嘴，一边将崔正瑶推进了对面的房间里。

崔正瑶此刻并不为自己的遭暗算而惧怕，自从孙凤鸣下定五步流血的决心之后，她已将自己的性命置之度外了，如今她最担心的是华克之派来跟她联系的人，这个人是谁呢？是华大哥，乔仁山，还是其他的人？

崔正瑶正思索着，那个年轻的女人走了过来，她略一示意，瘦猴便不由分说地扒下了崔正瑶的外衣，给那个年轻的女人换上了。不一会儿，这个年轻的女人穿着崔正瑶的服装，走进了崔正瑶原来的住房，只见她站在临街的窗前，不停地走动着……

崔正瑶虽然不知道这个年轻的女人，就是戴笠的情妇叶阿娣，但她从直觉已经断定，此人一定是个阴险狡猾的女特务。她穿着自己的衣服，在窗口晃来荡去，显然是装成诱饵，在引鱼上钩。

9 点 3 刻的时候，崔正瑶担心的事果然发生了！随着一阵轻微的脚步声，一位身着西装的年轻人举手轻叩崔正瑶原住的房门。

“吱”的一声，叶阿娣将门打开了，只听那位青年连声说：“对不起，找错门了！”

那位青年抽身就往回走。可这时只见崔正瑶房中的这两个特务一个箭步冲出去，堵住了他的退路。

这位青年见退路被堵住，便撒腿往前跑，可这时，楼道里，几个房间的房门几乎同时打开，十几名特务一起冲出来，将敲门的青年堵在了走廊当中。特务们一步步地向中间压缩，青年人只好背靠墙进行抵抗……突然，他大喝一声，猛地冲着瘦猴给了一拳，瘦猴“哎哟”一下扑倒在地上，青年人打开了缺口，拔腿朝楼梯跑去。但谁知一到楼梯口，三个便衣正端枪等在那里，青年人一愣，忙收住脚步，待返身时，后面的特务全都拥过来了……

崔正瑶听到楼道里一阵拳打脚踢，准是发生了格斗，声音平息了一阵之后，又响起了踏踏的脚步声。脚步声由远而近，待声音临近崔正瑶的房间时，只见这位青年被铐着双手走了过来，他头发蓬乱着，西服上衣的扣子已经扯掉，脸上青一块紫一块，嘴角流着鲜血……经过门口时，这青年抬头朝崔正瑶的房间望了一眼。

“啊，陈惘子？怎么是他？！”崔正瑶身体一震，惊诧得在心里大喊了起来。

第八章　魔窟里的审讯

陈惘子原是安徽大学的学生，1931 年“九一八”事变发生后，陈惘子作为学生代表，曾直面向蒋介石请愿，蒋介石对他甚为恼怒，亲手下令开除了陈惘子的学籍。为躲避特务追捕，他来到上海，考进法政学院，华克之和孙凤鸣他们到上海时便常常在他的小屋中聚会。陈惘子和华克之系从小就相识。同乡，同学，只是上大学时才开始分开，惘子考入了设在安庆的安徽大学，华克之则到了南京，进了金陵大学，此时，他们虽分手两地，但因自幼同窗，彼此感情融洽，仍不断有书信往还。信中凡论及时事，两人无不激愤慷慨，特别是对东北沦亡更感切肤之痛，常常痛骂蒋介石为当代之罪魁，惘子被学校开除，逃到上海后不久，得知华克之亦因反蒋受到追捕而离校，于是他想方设法找到了华克之，二人在这种境遇下相见，其心情自然感愤良多。

孙凤鸣和陈惘子认识得较晚，他是通过华克之的引见才相识的，孙凤鸣对于陈惘子的为人从一开始就极为崇敬。陈惘子为人平和，但学识却极为渊博，他常常谈古论今、纵横捭阖，讲述民族气节的可贵，讲述蒋介石的昏庸无道，讲述中国革命的前途……陈惘子虽比孙凤鸣大不了多少，但孙凤鸣却将他视为师长，对陈惘子可以说是言听计从，可独独在暗杀蒋介石这件事上，孙凤鸣没有听从陈惘子的意见。

陈惘子认为，欲求革命成功，需按马列主义的原则、耐心做群众工作，俟国内外条件成熟后，一举打倒蒋介石及其卖国政府。陈惘子认为，中国革命是一场阶级斗争，不单单是打倒一个蒋介石或汪精卫的问题。

孙凤鸣虽然觉得陈惘子讲得有道理，但他认为那样太遥远了：“革命成功，那要几十年，可人寿几何啊？”

陈惘子对于采用暗杀手段，也不同意。但孙凤鸣坚持认为，我们是明杀！不是暗杀！蒋介石拥兵数百万，我五步流血是在光天化日之下，怎么是暗杀呢？再说，要讲暗杀，蒋介石暗杀过多少人，吉鸿昌、杨杏佛、史量才……为什么只许他蒋介石暗杀革命之士，而不许革命之士回敬他蒋介石呢？

由于上述见解、认识上的分歧，所以当这次在南京起事时，华克之便有意没有告诉陈惘子,表面的原因是陈惘子身居上海,而实质上是因为陈惘子是在组织之人。华克之知道,陈惘子要参与这样重大的行动,得取得组织上的同意,而共产党是不主张暗杀行刺的。

激烈的争吵,并没有冲淡陈惘子和孙凤鸣、华克之的友谊。陈惘子虽不同意暗杀行刺,但是当他从报纸上得知孙凤鸣义无反顾,在中央党部对汪精卫孤注一击时,他极其敬佩孙凤鸣的胆量和热忱、极其敬佩他的爱国情愫,他见到报纸后,立即请示党组织,积极地开展了营救保护被捕人员及其家属的行动。

今天,他从华克之处得知崔正瑶又来上海,身处险境的消息,立刻赶来探望。华克之因一天没得到乔仁山的消息,他担心会发生意外,也急于想尽快通知崔正瑶转移,可是让陈惘子去,他又觉得有些冒险,要去得他自己去。可陈惘子坚持说,他与此次刺杀无关,不会引人注意,可谁知他竟一进新亚大酒店就掉入了陷阱。

此时最为得意的,莫过于叶阿娣了。由于一个偶然的机会,她在上海北车站抓到了乔仁山,这位商人经受不住严刑拷打的皮肉之苦,第二天便供出了居住新亚大酒店的崔正瑶和其他有关志士的线索,这意外的收获,使叶阿娣如同喝了浓酒一样的扬扬得意。她依照乔仁山的供词,按图索骥,今晚虽未能捉到华克之,但却抓到了孙凤鸣的妻子和那位没抱希望的陈惘子,这使她大喜过望,此次由南京来沪,可谓不辱使命、出师告捷,既可在军统头目中显示自己的身手不凡,更主要的是可以作为向戴老板邀功的筹码,看看你在事业上究竟是需要我叶阿娣,还是那个臭明星胡蝶?

想到这,叶阿娣嫣然一笑,一挥手,将陈惘子推进了崔正瑶的房间。她眯起眼睛,仔细观察着崔正瑶和陈惘子相见时的表情,只见崔正瑶目光惊诧地一闪,但她随即便控制住了,而陈惘子初时不肯抬头,待他后来扬起头颅时,眼睛里竟喷射出如同怒火一样的目光,使叶阿娣不寒而栗。

叶阿娣躲开陈惘子那咄咄逼人的目光,转过身去,走向了崔正瑶:“崔女士,这位先生想必我不用介绍,你早就认识吧?”

崔正瑶望着她,摇了摇头。

叶阿娣狡黠地一笑,然后走近陈惘子:“陈先生,您呢?您也不认识这位崔女士?”

陈惘子猛地将头甩向了叶阿娣,将那双眼睛挑战似的迎向了叶阿娣,却是一言不发。

“好,我就喜欢和硬汉子打交道。”叶阿娣知道此时审讯不会有什么结果,于是自我解嘲地这么说了一句之后,便命令身边的特务,星夜将他们押往南京。

陈惘子和崔正瑶一到南京,被押送进宪兵司令部的地下室。这是国民党军统特务的秘密监狱,蒋介石钦批的一些重要犯人大都关在这里。人们把这里称为魔窟,因为这里没有法律、没有王法,很多人不明不白地就在这里给秘密处决了。

陈惘子被关进这所魔窟的当天,就受到敌人的审讯,由于特务很快就知道了陈惘子的身份，共产党员、华克之和孙凤鸣的挚友，所以对他的审讯便格外的严酷、狠毒，一天一宿，车轮大战，魔窟里的刑具几乎全用上了。可陈惘子不愧是特殊材料制成的，他虽被打得皮开肉绽，几次昏死过去，可始终大义凛然，威武不屈。叶阿娣秉承戴笠的旨意，本想通过陈惘子的口供，把这桩刺杀案嫁祸在共产党的身上，这样既可解脱蒋介石的干系，又可堂而皇之地向舆论界宣布，但谁知偏偏遇上陈惘子这铮铮铁骨，他硬是咬紧牙关，只字不露。

硬汉斗不下来，叶阿娣便把希望寄托在"弱女"身上，对崔正瑶的审讯是从第二天开始的。这次叶阿娣接受了对陈惘子的教训，在审讯崔正瑶时并未棍棒相加。待崔正瑶坐定之后，她并没有急于讯问，当崔正瑶略感疑惑时，特务们突然将暗室打开，推进一个蓬头垢面、满身血污、遍体鳞伤的人来，这人已昏厥过去，躺在冰冷的水泥地上没有一丝声息，特务提着一桶冷水，猛地往他身上一泼，半晌才见他舒出一口气来。他挣扎着爬起来，用他那双失神的眼睛环视着这间牢房，当他的目光转向崔正瑶时，崔正瑶的心突地一抖，这不人不鬼的活尸竟是晨光社的贺坡光，他怎么变成了这般模样？想当初，他是一位多么精明潇洒的小伙子呀！记得贺坡光曾是一个出色的足球运动员，可如今……崔正瑶惊愕地望着贺坡光，她刚欲开口，叶阿娣一个示意，特务们便把贺坡光架走了。

崔正瑶痛苦地闭上了眼睛，她不忍心再看见贺坡光那疼痛难熬的表情。贺坡光那凄惨的形象，犹如一颗铅块堵在了她的心胸，使她郁闷、沉痛……

"咣当"一声，又一个囚犯被推了进来：这人腿折了，拄着双拐——这是孙凤鸣的拜把兄弟张玉华，天哪，他什么时候被捕的？腿怎么折了？

叶阿娣望着面无人色的崔正瑶，冷冷一笑："崔女士，这回该说了吧？你看，法网恢恢，谁也逃脱不了的。逮捕华克之，那只不过是早晚之事，你可要看清……"

"此案与她有什么干系！"张玉华拄着双拐，忽地一下站了起来，由于叛徒乔仁山的出卖，他几乎是与崔正瑶同时被捕的。抓捕他时，他原想跳楼逃走，但不幸因腿摔折而被逮捕，他和陈惘子同时被审讯，但他和陈惘子不同的是，他绝非一言不发，而是滔滔不绝"交代"，可是口供每次都反反复复，扑朔迷离，没有一点可以定罪的东西，也没有一丝新的线索，特务们渐渐发觉自己受了他的捉弄，因此对他也大为恼火，于是不顾他的病伤残疾，竟惨无人道地对他也施之以酷刑。可张玉华也是一条好汉，他竟是软硬不吃！今见敌人将崔正瑶抓来，他不觉怒火中烧："刺汪精卫，乃孙凤鸣义士个人担负的伟大使命，绝与他妻子无关，你们想把一位妇道人家充当罪犯，难道不怕天下人耻笑你等无能吗？不怕舆论指责你等置法律于不顾吗？"

叶阿娣没想到会让张玉华抢白，只气得脸红一阵白一阵的，拿烟的手不住地颤抖着，她真想立刻冲出去，好好惩治惩治这个瘸子……可当她的目光落到崔正瑶身上时，她控制了自己，狠吸了两口烟，借着缭绕烟雾使情绪冷静了下来，然后，轻轻地一挥手，特务们便走过去令张玉华返回牢房。

张玉华拄着双拐，艰难地站了起来，他用坚毅而深情的目光望了一眼崔正瑶，然后就愤然转身，昂首而去。他这一大义凛然的举动，又大大地刺痛了叶阿娣，她给了特务一个暗示，使劲将烟蒂摁灭在烟缸里。一个特务走过去，猛地一脚将拐杖踢掉，张玉华因毫无准备，只见他就像山塌了一样，栽倒在水泥地上！崔正瑶“啊”的一声惊叫起来，她想冲过去，可是身边的特务死死地将她按在椅子上。半晌，张玉华的身体才开始挪动，他强忍着疼痛，扶着门框挣扎着爬起来，头上的汗珠像豆粒一样沁出来，一颗颗地滚落在地面上……张玉华他忍受着多大的痛苦啊！

张玉华将要摸到拐杖时，特务走了过去，将拐杖往旁边一踢，两个人像拖一件物品似的拽着张玉华，向暗室走去。张玉华那伤腿擦到地面上，钻心的疼痛，这条硬汉子忍不住“啊哟，啊哟”地惨叫着……崔正瑶双手捂着脸，真是惨不忍睹。直待如狼似虎的特务将张正华拖走了很久，崔正瑶的心仍像刀绞的一样，那“啊哟”的惨叫声依旧萦回在她的脑际，控制不住的泪水继续涌淌着……

叶阿娣望着已成泪人的崔正瑶，嘴角上露出了一丝得意的微笑，她知道这心理战术，已在崔正瑶的身上产生了作用，于是，她决心继续下去。

当崔正瑶刚刚擦干了眼泪，又一名犯人被踉踉跄跄地推进了审讯室，此人长髯飘拂，衣衫褴褛，白布上衣上粘着斑斑血迹。

“啊！这不是怀诚老人吗？”崔正瑶心头一紧，她虽早就知道老人被捕了，但没有想到这位年逾古稀、曾经跟随孙中山走南闯北的国民党元老竟也遭受了如此酷刑。

老人对这种相会，却全然没有想到，崔正瑶不是早已逃离虎口到了香港吗？怎么竟会在这秘密魔窟里出现呢？他不敢相信自己的眼睛，是自己老眼昏花了吧？他抬起手来，揉了揉眼睛，当老人看清楚面前站立的确实是孙凤鸣的妻子时，他那细眯起来的眼里透出一丝惊诧和痛苦。

崔正瑶望着李怀诚被撕破的衣襟，回想老人本系国民党元老，家境极好，可只因一身正气，竟落得家破人亡！自从他被抓进监狱之后，妻子哭得死去活来，以致疯疯癫癫……想到这，崔正瑶又望了一眼老人那遍体鳞伤，她再也忍不住了，趁身后的特务稍不留意，一个箭步扑了过去，跪倒在老人的面前，呜咽地说：“老师，没想到让您老人家受这么大的苦楚！”

老人一弯腰，用双手将崔正瑶扶起来，脸上现出一种铁打铜铸般的威严：“孩子，在这种地方怎么能哭呢？你不要忘记，你可是堂堂正正的孙义士的妻子！”

李怀诚话虽不多，但一言九鼎、字字千斤。崔正瑶抬起头来，望着这位刚烈老人，只见他虽身穿囚衣，但却像一位威武的将军；他虽面色灰黄，但眉宇间却透着一股浩然正气。崔正瑶收住眼泪，深深向老人鞠了一躬，然后整整衣襟，昂首挺胸地站在了李怀诚的身旁。

叶阿娣完全没想到，她自鸣得意的心理战术竟是这样的结果，她气得霍地一下站起来，大声叫道：“快，把他们给我拉下去！”

这样，接连三天，审讯都毫无进展。陈惘子是位顶天立地的钢铁硬汉，即使打碎了他的满嘴牙齿，他也一字不肯透露。而贺坡光和张玉华呢，他俩是知书达理，每次都用法律条文、抗日道理和你纠缠，常常搞得审讯的人张口结舌，而案情却没有一丝进展。

怎么办？还只有在崔正瑶身上下功夫，女人的骨头总不会那么坚硬吧？第四天，审讯室里多了个穿笔挺中山服的人，他四十多岁，脸长长的。他是在审讯开始一段之后进来的，他坐在那里，静听叶阿娣等审讯，很少说话，但那些大小特务们却恭敬地站在两旁，垂手而立。

崔正瑶看了看这排场阵式，知道这位"马相"的人一定是个什么长官，但因她不认识，所以也并未放在心上。

过了一会儿，这位长脸的长官终于打破了沉默。开腔插言道："孙凤鸣乃一介武夫，他知道什么呢？显然是背后有人指使，只要……"

"不错，凤鸣是一介武夫，但他却知道国破家亡的滋味。"崔正瑶没等这位长脸人把话说完，就愤然打断了他，"可惜的是，一批国民党官员，身居高位，却不懂得'国家兴亡，匹夫有责'的道理，他们只知道花天酒地、卖国求荣……"

"放肆！"叶阿娣一拍桌子站了起来，"姓崔的，你知道这是谁在问你话吗？这是我们戴局长，你的生与死，可都掌握在他的手心！"

崔正瑶听罢，心中暗暗一惊，难怪那些张牙舞爪的特务们今天都收敛着，原来对面坐的长脸就是杀人不眨眼的军统特务头子戴笠。对于这个名字，崔正瑶并不陌生，常常听孙凤鸣、华克之等讲起他，这是蒋介石豢养的鹰犬，经他手秘密逮捕、关押、暗杀了无数爱国青年和革命志士，他双手沾满了人民的鲜血。崔正瑶抬起头来，又瞅了戴笠一眼，她想透过他那衣冠楚楚的外表，看看他的虎狼之心。

戴笠见崔正瑶沉默不语，以为刚才叶阿娣的话发生了效力，便笑笑说："崔女士，你的生死掌握在我手里这点不假，但我并不是杀人魔王，并非嗜血成性、喜欢杀生。我知道你和凤鸣都是受人指使而犯罪的，这个幕后指使人就是共产党。只要你写下这么一个字据，我保你立刻出狱。"

崔正瑶愣愣地站在那里，其实她并未听清戴笠的絮叨，此时，她忽然想起了李怀诚老人的那段话："你不要忘记，你可是堂堂正正的孙义士的妻子！"

"哎，怎么样？"叶阿娣见崔正瑶还愣着，便插言道，"就按戴局长说的，写个字据吧？"

"写什么？"

"就写孙凤鸣年幼无知，此次刺杀汪院长，乃系受共产党之唆使……"

"胡说！"崔正瑶气得一脚踢倒面前的凳子，"此次刺汪，跟共产党有什么关系！凤鸣此举，乃系出自民族大义，他不忍看到东北、华北的大好河山，一步步再割让给日本帝国主义。蒋介石、汪精卫的屈辱卖国，已是万夫所指。孙凤鸣能为国民除此卖国奸贼，乃是光明磊落、堂堂正正之义举。你们说什么‘唆使’‘无知’，这既是对共产党的血口喷人，又是对凤鸣的贬低、诬蔑！孙凤鸣乃顶天立地的民族英雄，绝非像你等贪生怕死、卖国求荣之辈所能……”

“让她给我住嘴！”戴笠把桌子一拍，咆哮起来，他见特务们如狼似虎地冲过去，堵住了崔正瑶的嘴之后，慢慢地站了起来，“这小娘们还没尝过这里的刑具吧？该让她见识见识了。”

戴笠这话，犹如一道发给魔鬼的指令。可怜崔正瑶这苗条婀娜、如花似玉的躯体，立时便遭到了倾盆暴雨似的酷刑、毒打。崔正瑶不愧为孙凤鸣烈士的妻子，她那弱不禁风的身体，竟承受了这秘密魔窟中的一切酷刑。压杠、坐老虎凳、针刺手指甲……毒打从下午延续到傍晚，什么手段都拿出来了，竟全无奏效。这使戴笠大为恼火，最后他撕去斯文，惨无人道地让特务扒光了崔正瑶的衣服，用藤条抽打，用钢针刺进乳房，崔正瑶痛得虽几次昏厥过去，可醒过来之后依然威武不屈。戴笠气急败坏，最后竟灭绝人性，将烧红的铁条捅进崔正瑶的下身，崔正瑶惨叫一声顿时昏死了过去……

第九章　戴笠的“厉敌”

秋去冬来，南京虽属江南，但到这时节也是寒风瑟瑟了。尤其是今天白天又飘了一场小雪，傍晚西北风一吹就越发让人感到寒气砭骨。

戴笠的屋子里却是温暖如春，他敞开衣襟坐在屋角沙发上，今晚他并没有把房中的灯全部打开，而是只开亮了沙发后面的落地灯。绣花的灯罩，将唯一的一束光亮聚集起来，投射在沙发中间的茶几上。古色古香的茶几上，此刻摆有一瓶法国威士忌、一瓶烟台葡萄酒，另外还有几样简单的菜肴：盐水鸭、花生米和两筒美国罐头。一看就知道这是戴笠随便的夜间小酌，因为和他开怀对饮的只有叶阿娣小姐。

有些高官显贵，他们在丰盛的酒宴上常常是不能尽兴，而在家庭的便餐中却觉得津津有味。戴笠今晚就是这样，他将瓶中红的、白的一杯接一杯地灌进肚子里，直喝得兴味盎然。所谓青出于蓝胜于蓝，学生叶阿娣今晚也不让须眉，一杯对一杯地陪着戴笠，也喝得耳红眼热。她知道戴笠今晚心情高兴，因为连续两个多月极为棘手的“刺汪案”总算可以了结了。上午，戴笠派专人通知了警察厅和法院，让他们明天就准备开庭公审。虽说这距离蒋委员长手令指示的限三天破案，拖长了几十倍的时间，而且华克之至今仍尚无踪影，但因近来时局的摇摆震荡——1935 年 10 月，红军北上抵达陕北后，如今已在那里开始扎根，建立了根据地；紧接着，通州的殷汝耕又公开充任汉奸，建立了“冀东防共自治政府”，这又从右的方面给了蒋介石一记耳光。鉴于国民党的这种反共妥协政策，北平学生于12月9日举行了声威浩大的抗日爱国游行。风潮所及，全国掀起了一派指责国民党政府、指责蒋介石“攘外必先安内”政策的风涛……蒋介石鉴于这风波迭起的形势，曾一再催促戴笠尽快了结这桩刺汪案，以便抽出人手来集中为蒋氏的“安内攘外”政策开路，弹压那些不听召唤的青年学生以及他们幕后的共产党。所以，当今天经过数十日的奔波忙碌，总算可以告一段落的时候，戴笠怎能不高兴呢？

叶阿娣以她女特务所独有的招数，在这次破案中，建树了不少“功勋”，因此戴笠今晚特意用这种便餐夜宴形式在卧室和她小酌，他清楚这比其他的什么犒赏，都会使叶阿娣满意的。

经过一番冷落后的叶阿娣，今晚果然有一种受宠若惊之感，她趁着酒兴，索性脱去外衣，露出了贴身的一件肉色的薄毛衣。这毛衣紧紧地裹着她的身躯，以至胸部和腰肢的曲线都清清楚楚地显露出来。戴笠望着这身肉感的装束，愣了一下，但他没有吭声，而是一面用那迷离的醉眼瞅着她那浮动的乳峰，一面将一杯满满的威士忌送到了叶阿娣的唇边。叶阿娣一口干掉之后，又不经意地将胸扣一扯，她那雪白的颈项已经被酒力染成了微红。她慢慢地抬起那双水汪汪的媚眼，色迷迷地直视着戴笠……戴笠再也承受不住这种撩拨，他把酒杯一甩，扑了过去，半搂半抱地将叶阿娣拥进了里间寝室，撩开被罩，把她放倒在那柔软宽大的沙发床上。

酒不醉人人自醉，色不迷人人自迷。叶阿娣陶醉地躺在床上，闭起了眼睛，她知道戴笠此时要做些什么，她静静地期待着、期待着……

铃铃铃！电话铃突然响了起来，刚刚走近床边的戴笠不由得停住了脚步，他迟疑地站在那里，在思考究竟接不接这个讨厌的电话。

铃铃、铃铃！铃声不依不饶地响着，戴笠无奈，只好长吐了一口气，返身到外间客厅。

“对不起，打扰您了。我是曾仲鸣，今晚因有个急事，非跟您面谈一下不可。我已经到门房了，我是在门房给您打的电话。”

这是没有办法拒绝的。这位曾仲鸣不仅是汪院长的心腹红人，而且他本人还是中央执委。戴笠只能带着扫兴和慌乱，匆匆穿好衣服，然后关严寝室的房门，独自迎了出去。

曾仲鸣是位文人，颇为知书达理。他见了戴笠，照例先是礼貌寒暄一番，然后三转两绕才慢慢引到了刺汪案的审理上。

其实，戴笠从他一来，就猜到了七八分，知他这位陈璧君的心腹，这样深夜造访，准是为刺汪案而来。但他坐在那里，佯作不知地一面品着咖啡，一面静候着曾仲鸣的下文。

“雨农兄，听说明天就准备开庭审理刺杀汪院长的案子？”

戴笠没有答话，只是微微点了点头。

曾仲鸣顿了一下，端起戴笠递过来的咖啡喝了一口，半晌方又开言："汪夫人今晚让我来询问一下，主谋华克之，是不是近日抓到了？"

戴笠脸色沉了下来，他瞪着曾仲鸣，依旧没有说话。

曾仲鸣故意不去看戴笠的脸色，而是站起身来，在客厅中踱了几步。他望着一盆枝叶有些干裂的红铁树，做出一副为难的样子："雨农兄，主凶若没有抓到，汪夫人的意思，这案子是不是晚些时再开庭审理？"

"嗯？"戴笠这时也放下咖啡杯子，坐直了起来，"这个恐怕不好办吧？我们已经通知了警察厅和法院……"

"既然可以通知他们开庭，那么，是不是也可以通知他们延期呀？"

这位文质彬彬的曾仲鸣说话虽声调不高，但字字都装有枪药，戴笠躲开他的话锋，也做出一副为难的表情："目前的形势，老兄您比我清楚，红军、学生连成一气，到处闹事，委座的意思是让我们尽快了结此案，以便集中全力去……"

"雨农兄身肩重任，这个我清楚。"曾仲鸣截住了戴笠的话头，"不过，假如这桩震惊中外的刺杀汪院长之大案，连一个主谋主凶都没有抓到，这案子能算了结吗？"

曾仲鸣这一反问，搞得戴笠张口结舌。曾仲鸣望着戴笠尴尬的神情，悄悄走近他，压低了声音说："您知道，抓不到华克之，找不出主使人就匆匆了结，汪夫人会有很多想法的。"他说到这，又故作亲昵地凑近戴笠的耳根，"她今天下午就说你戴笠手眼通天，军统的下属遍布全国，有如天罗地网，可为什么独独这次却连个华克之的踪影都摸不着、抓不到呢？"

蒋介石和戴笠

曾仲鸣走了很久了,戴笠还怔怔地站在窗前。外面的风雪不知什么时候已经停止了,曾仲鸣在白茫茫雪地上踏出的脚印,犹如一串串黑黑的洞穴留在院落里,也刺在戴笠的心上。曾仲鸣虽未把话完全挑明,但戴笠从他那绵里藏针的话语中已经完全清楚了他的弦外所指。说破了,那是陈璧君仍在怀疑此次刺汪案和蒋介石有关,不是主使,也是借刀杀人,而没有抓到华克之,就草草结案,这就更加引起了她的疑虑。怀疑蒋介石是不是有意放走了华克之,打死了孙凤鸣,使此案无从对证?戴笠知道,蒋介石此次确是冤枉,连孙凤鸣都供认不讳,他是遇蒋杀蒋,遇汪刺汪,可鉴于蒋介石过去的劣行,此次却是像吞食了黄连一样,有苦难辩。所以,若捉不到主凶和幕后人就这样收场,一旦那位天不怕地不怕的汪夫人在南京闹腾起来,让蒋介石下不来台,那蒋介石准又会迁怒于自己的。但,捕捉华克之,又谈何容易啊!这些天来,四处撒网、围追堵截,可依然连个踪影也没有捕到。对华克之的密友陈惘子和崔正瑶,施以酷刑审问,他们又如同茅厕的石头又臭又硬,死不开口……咳,到底该怎么办呀?

“吱”的一声,叶阿娣穿着睡袍,怀中抱着一只猫悄悄地走了出来。这猫是叶阿娣的心爱之物,它浑身雪白,只有额门上带有龟背形的一道黑,这猫名叫雪狮子,又叫雪里送炭,是个极难得到的品种。此刻,她轻轻地用手臂一推,这只雪狮子便轻盈地跑到了戴笠的身边,跳上了他的膝头。

正在烦躁苦闷的戴笠,没有防备,被它吓了一跳,他抬手将猫打倒在地上。

“干吗拿猫撒气!”叶阿娣仿佛自己被打了一样心疼,她沉着脸说,“不就是曾仲鸣讲的那点事吗?”

戴笠听其话音,知道他和曾仲鸣的谈话她都听了去,便抬眼望了望她:“怎么,你有好主意?”

叶阿娣拖着睡袍,在地毯上走来走去,不停地扭动着她那苗条的腰肢。

戴笠此刻无心欣赏她那自作多情,而是焦急地追问:“阿娣你有捕捉华克之的办法?”

“华克之神出鬼没,加上他不断更换姓名职业,恐怕咱们一时很难抓到……”

戴笠听到这,泄气地刚要一声长叹,叶阿娣猛地转过身来:“咱们干吗非在华克之这棵树上吊死,难道就不能找到另外的幕后主使人?”

“另外的幕后主使人?”戴笠眼睛一亮,站了起来,“你说,谁?”

“民国二十年在上海站,指使刺杀宋子文的,除了华克之,那个主使人是谁?崔正瑶这次刺汪,她为什么要躲到香港去,谁待在香港……”

“你是说王亚樵!?”戴笠兴奋得一个箭步,冲到了叶阿娣的身边。

“干吗我们非得围绕华克之这只狐狸转?我们派人去香港,直掏他们的老窝,那幕后的指使人不就揪出来了吗?”

“可是……”戴笠的热情有点降温,“香港不同于内地,咱们在内地可以随心所欲,在那地方,随便抓人,英国当局和法院会干预的。”

叶阿娣嘿嘿一声冷笑:“我的戴老师,您怎么忘记自己的格言了——钱是可以通神的。”

“哈哈哈哈……”戴笠突然爆发了一阵放声大笑,他以欣赏的目光注视着叶阿娣,猛地张开双臂将叶阿娣搂进怀中,一边亲吻着,一边重又将她拥进了卧室……

戴笠为什么会这般高兴?因为叶阿娣这一招,不仅可以堵住陈璧君的嘴,而且可以借机清除自己的心腹之患——王亚樵这个使戴笠最恨最怕的政敌。所以,戴笠根本不去追究王亚樵到底是不是这次刺汪案的幕后指使人,也没去调查王亚樵与这次案件究竟有多大瓜葛,而是决心全力以赴,不惜一切代价去捕杀王亚樵这个厉敌。

戴笠之所以敢于这样决定,他知道蒋介石是会完全支持他的。因为王亚樵一直在社会上公开标榜反蒋,并多次组织对蒋介石施行谋杀,蒋介石对他是怕得要命、恨得要死。所以,如若提出南征香港去诱捕王亚樵,相信蒋介石是会不惜重金的。

第二天一早,戴笠把这一行动的前后原委向蒋介石汇报之后,蒋介石全力支持,他命令立即组成一支特别行动队,开赴香港。

戴笠照蒋介石的指示,组成了一支带着大笔金钱和叛徒乔仁山的特别行动队。戴笠将他这位心腹学生叶阿娣也特意加了进去,近两个多月,通过这次刺汪案的侦查审理,他发现叶阿娣是个不可多得的特务天才,所以近来他总是把叶阿娣用在刀刃上,高看一等。

临走的那天,戴笠亲自为他们设宴饯行。在酒席宴上,戴笠激昂慷慨,数说着王亚樵杀“领袖”的“罪恶”,然后他红着眼,咬着牙,向特务们发出了决死的命令:此次若不清除委员长的政敌,你们就不要生还!

戴笠这个嗜血成性的刽子手,一边说着一边高擎起酒杯,和这批特务们一饮而尽。酒干完了,可戴笠仍痴痴地望着那干尽了的酒杯,他多么希望这杯中的葡萄酒,能变成他厉敌王亚樵的鲜血,也能被他这样一饮而尽啊!

第十章　蒋介石的“寿礼”

蒋介石自从倡导“新生活运动”之后,就以“圣贤”自许,每天“不抽烟、不喝茶、不喝酒”,早晨静坐默念。读经祷告一番之后,便早早地起床了。可是,1936 年 11 月

1日这天的早上，蒋介石却例外地起得很迟。

原来昨天是蒋介石的50岁生日，党政军商各界的达官贵人、巨商大贾都争相为之庆贺。蒋介石不知是哪根神经起的作用，他这50大寿是特意跑到洛阳来过的。这一天，洛阳专门布置装饰的庆寿大厅里，张灯结彩，鞭炮齐鸣，所谓一派“贺寿声欣，欢呼颂祝”。场面之大，耗资之巨，都可谓盛况空前。

蒋介石怀着这种喜滋滋的心情，来到了办公官邸。进屋后，他并没有立时办公，而是将身体斜倚在沙发上，依旧沉浸在这祝寿的喜悦之中。

侍从官进来，从厚厚的文案夹中抽出一个很大的信封，恭敬地递给蒋介石：“委员长，您的信。”

蒋介石抬眼扫了一下信皮，烫金的封面，装帧很是讲究，上面一排工整的大字，写的是“蒋委员长亲启”。

“哪来的？”蒋介石扫了一眼之后，并没有起身，而是伸了个懒腰，昨晚他实在是太兴奋、太疲乏了，宋美龄那一伙女眷们跳舞打牌，直闹得他一宿也没有安生。

“香港九龙商会来的。”侍从官读完落款，连忙补充说，“一定又是贺信！”

蒋介石眼角动了一下，他虽眼皮没睁，可嘴却咧开笑了。这几天，四面八方前来祝贺生日的真是车水马龙，送来的寿礼堆积如山，至于各地发来的贺电更是如同雪片一样，多如牛毛。

蒋介石斜躺在沙发上，见侍从没再言语，便淡淡地吩咐了一句：“念念吧！”

侍从官接此“圣旨”，方取出剪刀，将信封剪开。只见信纸的抬头写道：

“蒋委员长台鉴：时值委员长五十整寿，余无礼相送，谨以此信聊表祝贺之意。”

侍从官念到这儿，略略停顿了一下，他抬眼望了望蒋介石，只见他细眯着眼睛，正在侧耳倾听，嘴角上挂着那扬扬自得的笑意。

侍从官接着往下念道：“余华克之乃系……”

“等等！谁？”蒋介石愣了一下，连忙插问了一句。这个名字怎么这样耳熟呢？

“华—克—之。”侍从官重又念了一遍。念完之后，侍从官似乎悟到什么似的身体为之一颤，倒吸了一口寒气：啊？！这不是晨光通讯社的社长，刺杀汪精卫的主凶吗？！

蒋介石此时也反应了过来，他忽地一下从沙发上站起：

“娘希匹，怎么是他？！”

蒋介石抢前一步，将信夺了过来，信是华克之亲笔写的。他开宗明义，表明自己身份，并点出了今天是孙凤鸣烈士刺杀汪精卫一周年，为此他特意写了下列十一条声明。其大意为：去年孙凤鸣在中央党部的五步流血，原本并不想刺汪，而是意在刺蒋，只是，你蒋介石临时未出席照相，才改而刺汪的。其实，在革命志士看来，你蒋氏和汪精卫在对日妥协卖国上，并无两样，本属一丘之貉。接着，信中以大量事实历数了蒋介石自“九一八”事变以来一系列妥协投降的罪状。最后，声明正告蒋介石，如不悬崖勒马，立即改变其妥协退让、投降卖国之政策，那么去年汪精卫的今日，便是你蒋介石的下场！

侍从官望着读信的蒋介石，只见他那瘦削的脸上，一阵红一阵白的，他紧咬着嘴唇，拿信的手气得不住地颤抖着……对于去年的刺汪，本来为的是刺蒋这一说法，戴笠早就向他透露过。但那时蒋介石并未在意，今天，不想这可恶的华克之竟在他50大寿的时刻，发来这么一封“贺信”，真是可恼可恨之极！

华克之这封“贺信”，犹如兜头一盆冷水，把蒋介石几天来祝寿的得意和雅兴，冲得一干二净。蒋介石浑身抖颤，他好似一头被激怒的野兽一样，呼呼喘着粗气，暴怒地在房间里踱来踱去……当他猛一抬眼，见不知所措的侍从官依旧愣怔地站在屋角时，他大发雷霆：

“娘希匹，还不给我下去！”

侍从官惊恐地行了一个大礼，蹑手蹑脚地退了出去，当他刚走出门口，蒋介石又大声叫道：“回来！”

侍从官吓了一跳，他不知又出了什么大事，只得硬着头皮，诚惶诚恐地返了回来。

“戴笠不是说刺汪案结束了吗？你去把档案给我取来！”

蒋介石隐约记得，戴笠前不久曾有一个报告，汇报了香港之行，并讲述了对刺汪案诸要犯的审理意见。里面明明说主犯已经抓到了，今天怎么又冒出个华克之来？而且这小子竟是这等的张狂！

工夫不大，侍从官将厚厚的一叠卷宗送到了蒋介石的面前。蒋介石仔细翻看了一回，方才清楚，原来刺汪案的确已经开始审理，但被审的主犯既不是华克之，也不是王亚樵，而是将一个和刺汪案毫无关系，只是和王亚樵有所联系的余立奎，从香港偷偷拘捕过来，充作了刺汪的主犯。

当时叶阿娣等怀揣着大笔的金钱和戴笠的密令，在乔仁山的指引下，极其隐秘地到达了香港。但因王亚樵艺高胆大、耳目众多，所以他这伙特务尽管侦骑四出、大肆搜捕，也未能捕到王亚樵的踪影，回去怎么交差呀？在万般无奈的情况下，叶阿娣等先是采用一手拿钞票，一手执手枪的办法，威逼律师：“选择哪样？”之后，又先是20万，接着40万，最后用了一百多万元的高价巨款，买通了港关当局，将余立奎等三人绑票拘捕，作为刺汪主犯和幕后指使人偷偷地引渡回国……戴笠和叶阿娣本以为用此狸猫换太子的手法，配以强权，可以掩住世人的耳目，谁知华克之竟用一纸，戳穿了全部鬼蜮伎俩！

蒋介石看到这儿，拍案大怒！他三步两脚冲到了办公桌前，抓起了电话，当他正要开口发话时，一只白皙的手将他按住了！

蒋介石回身一看，原来是宋美龄。不知宋美龄是什么时候走过来的，只见她依然穿着那身喜庆的盛装，态度甚是冷静：“打电话给谁呀？”

“我把谷正伦、陈焯、戴笠、陈果夫都叫来，我要好好训训他们这群饭桶！”蒋介石大声地叫着。

“就为这个？”宋美龄摇了摇手中华克之写来的那封信，微微一笑，“训斥有什么用？训完难道就能把华克之抓到吗？”宋美龄一面说着，一面向蒋介石走过去，她那高跟鞋直把地板踏得答答山响，“华克之这封信，外界反正也不会公布，我们干吗要自找没趣？”

蒋介石直直地看着宋美龄，意在询问：那你说该怎么办？

宋美龄没有言语，她也是用眼神回复，她瞟了蒋介石一眼之后，拿起一盒火柴，连同这封信一起递向了蒋介石。蒋介石明白了她的意思，但他并没有立即去接。踌躇了好一阵，才将他那瘦骨嶙峋的手伸过去，将火柴嚓地一下，把信燃着了……

华克之的信是烧掉了，但蒋介石的气恼并没有因此而消失。当第二天，戴笠奉命来送交刺汪案一干人犯处置报告时，蒋介石脸罩秋霜，毫不思索地就地操起朱笔，刷刷两下，勾在了崔正瑶和陈惘子的名字上。站在一旁的戴笠，他是知道这朱笔的分量的，这杆笔操纵着人之生死，点到谁头上，便是秘密处决！崔正瑶和陈惘子这两个人都是秘密绑架逮捕的，几次公审也从未叫他们出庭，所以社会上根本不知道他们的行踪，这次将他们秘密处决，一为共产党，一为刺客孙凤鸣的妻子。昨天蒋介石调看卷宗，亲眼看到孙凤鸣斥骂他的审讯供词之后，他怒发冲冠，把牙齿咬得格格响，只恨当初对孙凤鸣没能鞭尸万段！如今，孙凤鸣已死，无法报复了，于是阴毒的蒋介石就把一腔恼怒，全发泄在他妻子崔正瑶的身上。只见蒋介石将红笔勾在崔正瑶的名上时，咬牙切齿，使劲地狠狠一涂，俨然是将一把匕首刺向了崔正瑶的心窝……

蒋介石扔下笔，长出了一口气，然后将报告顺着桌子推还给了戴笠。戴笠趋步向前，刚欲去拿，蒋介石猛地又将报告按住了，他略略思索了一下，重新提起笔来，将一抹红道又勾在了乔仁山的头上。

“啊？！校长，干吗杀了他？”戴笠身体一震，吃惊地问道，“这次破案他可是车前马后，立了功，交代了不少人哇？”

“哼！他是怎么交代的？不是因为你严刑利诱吗？”蒋介石并没有抬眼看戴笠，而是铁青着脸继续说，“如果共产党给他施以更重的刑，给他更多的利，他岂不又要把我们的内幕也一股脑儿交代出去？！”

蒋介石就这样一边说，一边将朱笔一挥，血红血红的一条横道，就将乔仁山这个叛徒从地球上给除掉了！可怜乔仁山，摇尾乞怜地卖力一场，到头竟是如此卑下之结局！

仅仅几秒钟，就连续杀了三个人，但蒋介石并没因此而满足。没抓到华克之、王亚樵，没将他们食肉寝皮，蒋介石觉得一日也不敢安生！所以，他拍桌打凳，再次责令戴笠，要不惜重金、不择手段，务必要清除这两个心腹之患！

历史常常拿这些不可一世的独裁者开心。就在蒋介石这个大张挞伐的手令发出不久。于12月12日，竟然自家后院失火，刚刚参加完洛阳祝寿的张学良、杨虎城，竟悍然发起了震惊寰宇的“西安事变”。蒋介石没先抓到华克之，自己倒率先做了个阶下囚。他腰摔伤、假牙丢掉，这位刚刚极尽人间富贵，轰轰烈烈做过50整寿的蒋介石，怎么也没有料到自家的结拜兄弟张学良竟如此胆大包天，使他丢尽了脸面！

1930年的张学良与蒋介石

所谓祸兮福所倚，福兮祸所伏。其实，就在忘乎所以举行祝寿时，忧国忧民的张学良、杨虎城二将军就曾向他进言，请求抗战。但蒋介石一意孤行，未予理睬，所以张、杨二将军迫于民族大义，不得不在西安发起兵变，逮捕了蒋介石。这大约也是张学良为他补送的又一桩恼火的“生日寿礼”吧？

尾声　又一次刺汪

“双十二事变”的消息传到南京以后，好似晴天响起了霹雳，蒋氏王朝一片震惊。《中央日报》以特大标题惊呼：“张学良叛变！”南京政府通告全国：领袖蒙难期间，停止一切娱乐……担心、慌乱、惊恐，笼罩着整个南京城。

当然，金陵城里也有暗暗高兴的，那就是汪精卫的夫人陈璧君。在她听到西安事变消息的当日，就和改组派头目陈公博分别发电给在欧洲养伤的汪精卫，催促他立即回国。原来自从1935年11月1日刺杀汪精卫的事件发生以后，蒋介石和汪精卫的矛盾就越发加深了。汪精卫始终怀疑蒋介石，生怕他再度加害自己，所以他借着枪伤，在国民党中央的“五全”大会上，辞去了行政院长兼外交部长的职务，行政院长改由蒋介石兼任。汪精卫在南京稍事治疗了一下就去了上海，不久又出国到了德国、法国。这次，当他收到国内的电报，得知蒋介石被张学良扣押的消息后，就像在茫茫沙漠中行走，万分焦渴的时候突然意外地望见了一泉清水，汪精卫欣喜过望，他不顾枪伤，立即决定从意大利启程归国。

苍茫大海，邮轮在破浪而行。汪精卫此时忘记了自己的肝炎、糖尿病，甚至也忘记了枪伤。他神采飞扬地站在甲板上，望着奔腾翻滚的海水，望着船尾击起的层层浪花，他有着一种压抑不住的喜悦。十多年来，他和蒋介石明里暗里地争斗了好几次，但每次都以自己的败北而告终。就拿最近这一次，虽然是出于孙凤鸣的原因，但最后结果仍是给蒋介石创造了机会，使他堂而皇之地捞去了行政院长的宝座。自己像一条断了脊梁骨的癞皮狗一样灰溜溜地避往欧洲，而他却春风得意，不可一世，大张旗鼓地祝贺起50大寿来……好在老天有眼，让张学良出其不意地来了这么一手，以致使蒋介石从巅峰上大头栽下，乐极生悲！

强劲的海风，也没能吹走汪精卫嘴角上的笑意。他精神抖擞地站在甲板上，任凭海风吹拂着他的全身。他慢慢地在甲板上踱着步，时而拢拢油亮的头发，时而正正被风吹起的衣襟……当他的手触到这身笔挺的黑色中山服时，他的心不由得一动！回想遭到行刺那天的早晨，陈璧君绞尽脑汁特意为他设计了这身庄重的服饰。当时陈璧君是多么盼望自己能在各方面都压过蒋介石一头哇！……谁会想到，那次是“有意栽花花未发”，而这次却真的成了“无意插柳柳成荫”了！

汪精卫自我欣赏地望着自己堂皇的仪表和这身庄重的衣饰，他兴致极高。凯旋，总裁宝座，非己莫属，铁定无疑。但谁知，天将傍晚，轮船还未抵香港，秘书递给了他一纸加急电报，上面写道：张学良听信了共产党的主张，和平解决西安事变，已于25日把蒋介石送回南京。

汪精卫捏着这张电报纸，手不住地颤动。他怎么也不愿相信这是事实，他掏出手绢，揉了揉眼睛，想仔细看看……可接连看了三遍，电报上依然是这几个清晰的字句。

大海在退潮，汪精卫看着这张纸，痴呆呆地站立在那里，几天来的昂扬兴致，刹那间也像这潮水一样退落了。他望着奔腾咆哮的海水，望着那海面上随着海浪而起的浮物，忽地油然生起了一种被世事嘲弄的感觉，觉得自己也像那海面浮物一样，很快被掀起来，很快又被淹落了下去……但汪精卫毕竟不是那海中浮物，他不肯就这样消沉，就这样善罢甘休！所以当日本帝国主义者向他实行拉拢的时候，他便决心借助侵略者的势力，寡廉鲜耻地卖身投靠了！

1938年12月18日，汪精卫从重庆出走；29日在河内发表“艳电”，公开投敌叛国。身为国民党的副总裁竟然公开宣布充任汉奸，这不仅激起了国内外人民的强烈愤慨，也使身为“领袖”的蒋介石大为难堪。加之蒋汪之间的多年交恶，于是1939年便演出了河内第二次刺汪案，但这次与上次不同，前去行刺的不是像孙凤鸣那样的革命义士，而是国民党内部，由戴笠系统派遣的；行刺的方法，也不是像孙凤鸣那样为国为民，甘冒一死，堂堂正正，而是采用了军统惯用的暗杀手段，鼠窃狗偷地去进行……

1939年3月20日，军统头目余乐醒率六名枪法好，会武术的特务，摸到了汪精卫在河内的寓所……哥伦路25—27号，夜静更深，余乐醒等借着夜幕，越墙进院后，悄悄地摸到汪精卫的房间，当他们举斧敲门没有敲开后，便砸碎窗户，几只枪口同时对准汪精卫的床铺，答答答！连射了数枪……但哪知，那天晚上，汪精卫秘书曾仲鸣的老婆方君璧带着孩子从香港来到河内，汪精卫临时和曾仲鸣调换房子，将他这间大一点的让给了曾仲鸣夫妇，他自己搬到另一间去了，特务们不知底细，还以为汪精卫仍住原来的房间，所以一阵乱枪，只将曾仲鸣打死了，而汪精卫却侥幸脱逃。

说起汪精卫，他在年青时代，本是因为行刺最高统治者摄政王而成名噪一时的"志士"的。他在银锭桥被捕后，曾言志吟诗："慷慨歌燕市，从容作楚囚，引刀成一快，不负少年头。"由此，汪精卫平步青云，作为孙中山"总理遗嘱"的起草人，并进而成为大革命时期的"左派"领袖。历史是无情的，谁会想到这样一位靠刺客起家的汪精卫，最后自己曾一次次地遭到他人的行刺！

1939年河内这次行刺，虽然错杀了曾仲鸣，使他偶然幸免，但待到1944年，他最后依旧是在日本名古屋枪伤发作，这个出卖民族出卖灵魂的大汉奸最后仍死于孙凤鸣义士的那颗子弹！

汪精卫成了不齿于人类的臭狗屎，而孙凤鸣义士却受到了一切正直人士的称赞。早在1938年底，当汪精卫叛逃不久，冯玉祥就在国民党中央委员的团拜会上大声疾呼："可见那个青年有先见之明，我们把人家弄死的弄死，下牢的下牢，我们又把汪精卫弄成副总裁；如今汪精卫组织汉奸政府，这样看来姓孙的青年真可佩服，我们应当为姓孙的铸一个铜像，来纪念他！"

蒋介石当然是不会这样做的，他不仅没有给孙凤鸣立铜像，相反地他还将孙凤鸣的妻子崔正瑶、朋友陈惘子秘密处死，将余立奎、张玉华、贺坡光判处死罪，就连参与不多或根本没有参与此事的李怀诚、卢庆麟等也都分别判处了徒刑，若不是抗日烽火燃遍大地，若不是慑于人民的压力，蒋介石是绝不会有任何慈悲的。

孙凤鸣义士，爱国爱民，反对蒋汪投降卖国，企图用刺杀反动派头面人物的办法，来挽救民族危机。其忠勇之心虽可嘉许，但其方式方法却十分不当。只靠个人的英雄行为是打不倒三大敌人的，只有动员全国各族人民广泛团结起来，进行民族解放战争，才能打倒反动派和日本侵略者。事实不正是如此吗？

是1949年解放军的隆隆炮火，摧毁了蒋家王朝，这些流徙颠簸的囚徒才得以脱离苦海，蒋介石逃到了孤岛台湾；汉奸陈璧君、陈公博受到了历史的惩办；而华克之、余立奎这批革命志士，却受到了人民的拥戴和礼遇。就是像当年死心塌地追随蒋介石、戴笠的沈醉等人，如今也洗心革面，戴罪立功……对此，假如孙凤鸣、崔正瑶等真是地下有知，他们一定也会含笑九泉，得以欣慰的！

六、杜月笙与蒋经国斗法

六、杜月笙与蒋经国斗法

第一章　杜公馆内乱成了一锅粥

一双穿着白色高跟鞋的脚，急匆匆地奔进了杜公馆的客厅。

她，就是京剧演员出身的、杜月笙的三太太姚玉兰。这位年轻美貌、光艳照人的女伶，本来一向是极其注重衣饰打扮的，穿什么衣服、戴什么项链，包括用什么样的脂粉、口红，她都是精心考虑，也可以说是煞费苦心的。每天就单是梳拢她那满头丰厚而发亮的秀发，总也要花一两个小时。可是今天，姚玉兰匆匆从楼上走下来时，不要说头发没有花时间梳拢，就是衣服、首饰，也都是随随便便顺手拣来，胡乱穿戴在身上。

杜月笙的三姨太姚玉兰（左）和孟小冬

因为她心烦意乱。

其实，位于上海华格臬路的杜公馆内，这天，心烦意乱的何止这位三太太！自从杜月笙的三公子杜维屏被蒋经国逮捕的消息传来之后，一向威严的杜公馆立刻像被捅破的马蜂窝一样惊恐和震颤。

这件事，无异于大晴天里响起了霹雳。因为这是上海滩上几十年从未有过，甚至是连想都没人敢想的事。杜月笙自从20世纪20年代发迹以来，威震朝野、名扬中外，是上海滩上大名鼎鼎、首屈一指的头号闻人大亨，上至中央要员，下至地痞流氓，杜月笙的爪牙喽啰像张结实的铁网一样，牢牢地控制着上海滩。这位素有“小诸葛”之称的杜月笙，既不像黄金荣那样见钱眼开、只进勿出，也不像张啸林那样穷凶极恶、有奶就是娘。他是大进大出、大开大合，既巧取豪夺，又仗义疏财。所以在他所创办的青帮世界“恒社”中，标榜的宗旨是：“进德修业，崇道尚义，互信互助，服务社会，效忠国家。”恒社虽然没有以杜月笙的名字为名，但圆形的社徽上用十九颗星圈边，中间一个大“笙”字，旁有斜月，即寓含“月笙”之名。十九颗星表示十九个理事，标志“众星捧月”。恒社中，上至显官巨贾，下至三教九流，各色俱备，应有尽有。杜月笙就是通过“恒社”这一庞大有力的组织，威慑着十里洋场。正像杜月笙自己常说的：“上海滩不能没有杜月笙，不让我出来撑场，除非我不在上海！”

事实也确是如此，杜月笙跺一跺脚，十里洋场都要为之颤动的。历届的军政要员对于他向来是奉迎唯恐不及，谁还敢在这位太岁头上动土呢？几十年来，只有杜家去抓别人，还从未有过杜公馆里的人被抓的，更何况是杜月笙心爱的亲儿子啦！

所以，当消息刚刚传来的时候，姚玉兰怎么也不相信。这位当年在舞台上唱老生的年轻女人，之所以被杜月笙看中，就是因为她除了一般年轻女人的妩媚、优雅和娇羞之外，又多加了几分英武，也就是说有一种女英雄式的轩昂气概。因此，当侍女将此消息告知她以后，她根本不相信，以致不待侍女说完，她便秀目圆睁，厉声呵斥，吓得侍女噤若寒蝉、连连后退……

可一旦证明这消息属实，特别是当她得知是当今“皇太子”蒋经国亲自下的逮捕令之后，她那“女英雄式的轩昂气概”顿时消失了。焦急、慌乱、惊恐，使得她几乎是在衣饰不整的情况下来到大客厅的。

客厅内，就像冷水滴进了油锅，一派沸沸扬扬、迷雾腾腾。而偏偏这几天，老爷子杜月笙又不在家，这华格臬路的公馆内只有姚玉兰等三位夫人。杜月笙的元配沈月英已经过世。后娶的陈氏、孙氏，虽为贤妻良母，但因小家碧玉、少见世面，即便平时都上不了大场面，遇见这种触目惊心的事情，就更是一筹莫展了。

唯一见过些世面，又深得杜月笙宠爱的便是这位名伶出身的姚玉兰。姚玉兰母亲小兰英是梆子男旦“一斗金”的妻子。丈夫死后，她收养了义女玉英，并教她演武旦，而长女玉兰则跟随母亲唱须生。母女三人合挂一块头牌。杜月笙一次在戏院里看过她们的演出后，对两姐妹均产生了好感，认为玉兰艳丽、玉英俊俏，杜公馆的三位妻妾没有一个比得上她们。她们之中不管哪一个都是理想的杜公馆中的华贵太太。为此，他拜托黄金荣的儿媳妇去向姚玉兰的母亲小兰英提亲。

小兰英出身梨园世家，见多识广，深知这些大亨们均是喜新厌旧、喜怒无常，欢喜时把你捧成天仙，嫌弃时则把你踩入地狱。所以一见黄金大戏院的小老板娘来为杜月笙提亲，便想婉言谢绝。但又怕因此惹恼了大亨，把饭碗摔破，断了财路。于是她把希望寄托在女儿们的反对上。可她哪里想到，女儿不仅没有反对，而是姐妹双双都露出了喜不自禁的笑容。小兰英一见如此，便想把义女玉英答应他们，而免使亲生女姚玉兰堕入火炕。但她更没有想到的是，刚一开口，没等妹妹玉英说话，姚玉兰便在旁抢着回答说："娘，婚姻大事，不能委屈妹妹。"

就这样，姚玉兰抢在妹妹之前答应了杜月笙的婚事，使杜月笙第四次当上了新郎。婚后，姚玉兰深得杜月笙的宠爱。为了使母亲和妹妹同享荣华，她便想接他们前来同住，但哪里料到，妹妹玉英因婚事忧悒成疾，加上演戏辛劳，几年以后，竟悄然病逝。而母亲小兰英也因此辍演，脱离红毯，待后来更是不辞而别，到庵堂削发为尼。这中间，到底是看破红尘，还是厌弃人间？人们是众说不一，但从中却可以看出姚玉兰的确非同凡响，是一位敢作敢为的女人。

因此，当姚玉兰一走进客厅，陈氏和孙氏便一齐将目光集聚在她的身上，祈望她能拿出个办法来。

姚玉兰同样也是许久许久未发一言。她那华贵的开衩很高的旗袍下的白色高跟鞋，只是在大厅内无目的地踱来踱去。虽说旗袍下那双白皙而又匀称的大腿，她一直引为骄傲，可是今天她却无暇自赏。因为她望着满脸愁苦的陈氏和慌乱得手都在抖颤的孙氏，心中越发感到燥热难当。

初秋的上海，本来就属秋老虎天气，如今又遇上这令人心焦的灾祸，更使人感到像锅炉一样灼热烫人。原就穿得不多的姚玉兰，这时又解开了脖领上的纽扣，坐了下来，想借着喝口凉茶的机会镇定一下自己，顺便将这桩事再思考思考。可她越思越想，越觉得此次事态的严重，因为蒋经国并非一般的初生牛犊，他从苏联回国后，经过主持赣州、训练三青团等事务的积累，已是羽翼丰满。此次他之所以敢于拿杜三公子开刀，显然是做好各种准备，进行过再三思量的。

来者不善！

杜月笙(左一)、姚玉兰(左三)

想到这儿，姚玉兰再也坐不住了，她把面前的茶杯一推，让人快去把总管万墨林找来。

不大一会儿，万墨林走了进来。他身穿黑绸衬衫，嘴上叼着一根很大的烟斗，一副处乱不惊的神情。他向三位太太分别施过礼后，便坐到了三太太姚玉兰的跟前。

万墨林是杜月笙的心腹亲信，他和杜月笙一样，也是浦东人，且和杜月笙有着姑表亲。早年杜月笙落魄生病的时候，曾得到过万墨林的精心侍候。所以杜月笙发迹以后，便把万墨林请到身边，倚为总管，杜府中的一应巨细，均交付他来料理。而万墨林也的确是个极为聪颖的人物，他最为人们称道的是，具有极强的记忆力。据说，凡到过杜家的人物，他一眼便记住，并很快记住此人地址、电话。所以杜月笙要和任何有关系的人通电话，万墨林不用翻电话簿，一下子就可接通。这样一位精灵，当然对三公子杜维屏被逮捕这种大事就格外上心。他四处联系，往返奔波，所以当姚玉兰刚一发问，他便将烟斗一放，从头到尾地向诸位太太详细汇报了蒋经国逮捕杜维屏的缘由经过，以及这一事件的政治背景。

事情发生在 1948 年，蒋介石刚刚当选总统，但国民党在军事、政治、经济上，却都面临绝望的境地。社会动荡不安，一夕数惊，到处显出山雨欲来风满楼的景象。蒋介石为了制止通货膨胀、物价飞涨，于 8 月 19 日突然下达了所谓“财政经济紧急处分令”，实行所谓“币制改革”，将“法币”改为“金圆券”，企图依靠这种政治压力，把全国物价限制在“八一九”水平上，并趁机将民间所藏有的金银外币乃至珠宝首饰等硬通货，一律收缴，兑换金圆券，妄图以此强心剂，来挽救濒于崩溃的经济。

上海因系全国财政金融的中心，关系重大，所以蒋介石特派长子蒋经国亲临前线“督导”。名义上，中央银行总裁俞鸿钧为正督导员，蒋经国是上海经济管制的副督导员，但实际上俞鸿钧全不过问，一切均由蒋经国坐镇包办。

蒋经国自从赣南起家以后，在政界颇赢得了一些好名声，加上几年来他利用三青团系统，培植党羽，先后建立了励志社、铁血救国团以及中正学社等嫡系组织。时至 1948 年，蒋经国自以为羽翼已丰，正欲在政治上一展宏图。所以，他虽然明知上海的事情棘手，但他仍然表示：“只要对国家有利，我个人愿冒一切危险，什么都可以牺牲！”并说：“不管遇到什么样的困难，均在所不惜！”

出于这种考虑，蒋经国一到上海，便从国民党军统、中统以及三青团等各种渠道，调来骨干和自己的嫡系，秣马厉兵，决心杀开一条血路，闯出一番江山。8 月 29 日，蒋经国调集青年军驻苏州的 202 师和驻上海的 201 师，连同上海市警察局、淞沪警备司令部、大上海青年服务总队、上海复员青年军联谊会以及各机关学校工厂和市民的代表，游行示威，号称“十万青年大检阅”，以壮声色。

身为总指挥的蒋经国，这一天，骑着匹阿拉伯战马，挥动着明晃晃的指挥刀，威风凛凛。他在震山撼地的欢呼声中，再次大声疾呼：

“我蒋某做事，不做则已，做就要做彻底。我今天公开向上海人民表示，我们有力量冲破一切困难和障碍，不惜一切牺牲。我和诸位有血性的爱国青年，生死与共，共成大业！”

事后，蒋经国又在报纸上，发表了题为《上海何处去》的演讲词，声称：

“投机家不打倒，冒险家不赶走，暴发户不消灭，上海人民是永远不能安定的。”

蒋经国并公开宣言，此次“只打老虎，不拍苍蝇”。

于是，上海的街头路口，到处都出现了身穿便服，胸挂白底黑字“大上海青年服务总队”徽章的青年男女。他们不分昼夜地拦路搜查，嘴里喊着颇为振奋人心的响亮口号：

“打祸国的败类，救最苦的同胞！”

任职赣南行署专员期间的蒋经国

那么，上海滩上谁是“老虎”？谁是“祸国的败类”呢？

不久，报纸上接二连三地刊出了下列惊人消息：

同孙科有关的林王公司经理王春哲、泄露经济机密的财政部秘书陶启明、淞沪警备司令部科长张尼亚、大队长戚再玉，还有纸商詹沛霖、杜月笙儿子杜维屏、申新纱厂大老板荣鸿元、中国水泥公司常务董事胡国梁、美丰证券公司总经理韦伯祥等六十余人，均因涉赚私逃外汇、私藏黄金或投机倒把、囤积居奇等罪名而相继锒铛入狱。

杀气腾腾，声威赫赫。十里洋场荡起了一阵阵的惊涛骇浪！

但其中给上海滩震撼最大的，还要算逮捕杜月笙之子杜维屏一案。

其时，一家报刊这样写道：

“蒋经国的有力铁拳，从9月2日起，开始在上海挥击。在铁拳下踉跄倒下的，有不少为人耳熟能详的工商巨子，其中有纸、烟、纱布、金融圈子里的巨擘，还牵涉到泄露币制改革机密大量抛售股票的李国芝……和杜维屏。这一严厉措施，宛如晴天霹雳，震惊了整个上海，尤其是杜维屏的被捕，更使人咋舌。”

据万墨林调查，逮捕杜维屏的罪名是，他在证券交易所外边抛售了永安纱厂股票2800多股。蒋经国是以“所外交易”属投机倒把，予以逮捕的。

这本来不属什么大不了的罪行，可蒋经国如此不顾情面，小题大做，显然是想拿杜月笙这个头号“老虎”来祭刀。所以，姚玉兰一面听着万墨林的讲述，一面翻弄着他搜罗来的报纸、文稿。她越看越感到前景不妙。她捏着这些重似千斤的纸张，手抑制不住地开始抖颤：一向在上海滩玩风弄潮、称霸称亨的杜月笙，这次会不会在不可一世的蒋太子面前翻船呢？

由于担心，姚玉兰不禁私下暗暗地埋怨起杜月笙来：家里出了这么大的事，你怎么还稳坐高楼？家里已乱成汤浇蚁穴了，你究竟是什么态度呢？

第二章　杜月笙与蒋介石的恩怨

此刻的杜月笙并没有离开上海，而是坐在迈尔西爱路的十八层楼上，与著名京剧女老生孟小冬住在一起。这所房子原本是属于姚玉兰的，所以姚玉兰当然知道杜月笙待在这里。对此，姚玉兰并不嫉妒，恰恰相反，孟小冬与杜月笙的结合，还是她从中撮合、一手成就的。

杜月笙的五房新太太孟小冬

孟小冬系中国京剧最负盛名的女老生。她十四岁在上海"大世界"献艺，后转入舞台与姚玉兰等同台演出。唱红后，曾一度与一位著名的男坤同居。两人白天一道献艺，夜晚一起生活，相互爱慕、水乳交融、珠联璧合。但谁知竟好景不长。当时，京兆尹王达的儿子、法科大学生王维琛，从一个发狂的戏迷渐渐变成了对孟小冬的痴恋。当他得知孟小冬与男坤同居后，大发雷霆，这个学法律的天之骄子竟无法无天，肆无忌惮地怀揣凶器，直闯到男坤家中，并气势汹汹地威吓说：如果你俩不分离，我便把你杀死！后来是因在场的报界朋友张汉举，见来者不善，便一面与王维琛纠缠周旋，一面暗示男坤出外求援。顷刻之际，大批军警赶至，将屋子四面包围，捉拿肇事者。王维琛见此情景，一面挟住张汉举，作为掩护，一面举枪往外冲杀。军警上前阻拦，他慌乱开枪还击，于是军警乱枪齐发。王维琛失去理智，先将张汉举打死，然后开枪自尽。

由于这桩突如其来的血案，迫使那位男坤与孟小冬离异以后，孟小冬从此便足不出户，闭门自修。孟小冬经过潜心学艺，虽得余叔岩的真传，色艺并茂，但她的感情世界却一直是孤寂凄凉的。时入 1948 年，我人民解放大军进逼平津，北平城风声鹤唳。一直钦慕孟小冬的杜月笙，值此动乱之秋,通过姚玉兰向孟小冬发去邀请。正在孤苦惶惑之中的孟小冬因感激杜月笙的恩德,遂来上海与杜月笙同居。

杜月笙自从1946年他的密友戴笠坠机死亡之后,在政坛上一直不太得意,所以他便在庆贺完六十大寿之后,一头躲进孟小冬的石榴裙下,不许任何人打扰,以图在丝竹管弦声中,不问政事,颐养天年。

但谁知这政治竟然是躲也躲不开,欲罢而不能的!

当初,蒋经国来到上海宣布实行金圆券的时候,杜月笙并未在意;后来小蒋气势汹汹地宣言"只打老虎,不拍苍蝇",他也认为是虚张声势;再后来,人们告知他,说这位蒋太子很可能拿他杜月笙杀鸡儆猴、敲山震虎时,他仍然一笑置之,心想他蒋经国还没长出这般胆量……

直至杜维屏真的被抓起来,特别是当他看到《中央日报》刊登的杜维屏戴着手铐进牢的照片以后,他再也无法沉静了!

杜月笙手捏着这张印有杜维屏被抓照片的报纸,只觉得血往上涌,脸上一阵阵地发烧。这是从未有过的奇耻大辱!杜月笙气得一连摔破了三只茶杯,咬牙切齿地用浦东土语连声唾骂:

"小蒋不知天高地厚,欺人太甚!"

这位超级大亨杜月笙并不像人们想象那样的高大魁梧、虎背熊腰。刚好相反,杜月笙是骨瘦如柴、其貌不扬,加上他已年逾花甲,一向又有吸食鸦片的癖好,如今越发是孱弱不堪,病体恹恹。所以,当孟小冬见杜月笙真的动了肝火的时候,心情立刻紧张了起来。

过去,每当杜月笙不高兴时,孟小冬送上一碗参汤,再用她那浑厚苍劲的嗓音,满宫满调地唱上一段韵味十足的《搜孤救孤》,让杜月笙一人独享这"梨园冬皇"的余派"绝响",他便一切愁云全都化解了。可是今天,孟小冬刚刚唱了两句,杜月笙便伸出瘦骨嶙峋的手掌,粗暴地拦住了她:"别唱了!"

孟小冬愣怔了一下,随即沮丧地坐了下来。

杜月笙见孟小冬愁容满面,也就放缓了口气:

"你知道,我杜月笙称雄一世,做人最讲究的是三碗面,即情面、体面和场面。这三碗面里,最不好吃的要算'情面'。因为'体面'和'场面'还可以用金钱铺,用力气争,唯独'情面'这东西,硬碰硬是要心换心,交情换交情。可蒋氏父子这次不光把这碗'情面'给我踢了,连同'体面'和'场面'也一块给我砸了!"

杜月笙说着说着,又动起气来,他把手中那杆价值昂贵的翡翠烟枪使劲地往那张报纸上一拍,坐在太师椅上呼呼地喘着粗气。

孟小冬趁弯腰捡拾杜月笙摔裂的翡翠烟枪的时候,抬眼看了杜月笙一下,不由得吓了她一跳。杜月笙那本来就黑瘦黑瘦的脸庞变得更加黑瘦了,两只眼睛喷发着怒火,而嘴却大大地张着,露出那尖锐的黄牙,仿佛要把什么吃掉似的。孟小冬从未见过杜月笙这般恼怒过，所以她竟一时不知所措。

孟小冬只知道，他们这些大亨最忌讳的就是在上海滩“跌霸”。而这次三公子的被捕，无异于蒋氏父子在世人面前公开扇了杜月笙一记耳光，“霸”跌得很惨。但刚刚由北平赶来的孟小冬却不知道，杜月笙与蒋介石的芥蒂，早在两年前就开始了。

杜月笙一生追随蒋介石，自以为对蒋介石忠心耿耿、功德无量。想当初，蒋介石是靠1927年在上海滩屠杀共产党起家的。而在那次屠杀中，第一功臣就是这位杜月笙。杜月笙帮助蒋介石坐上领袖的宝座之后，他便依靠创实业、搞金融，扬威十里洋场。特别是八年抗战，杜月笙“毁家纾难”，奔波于上海、香港、重庆。所以孔祥熙曾专门著文赞颂说：“战事初期，身处上海，则上海重；战争中期，身处香港，则香港重；战争末期，身处重庆，则重庆重。”

因此，杜月笙一向以抗战功臣、蒋介石的结义兄弟自诩，自以为对蒋家王朝立下了汗马功劳。但谁知，抗战刚刚胜利，这位天字第一号的闻人大亨，便一而再、再而三地受到蒋氏家族的冷遇。杜月笙是个极精明的人，这一切早就使他如鲠在喉，郁郁不快。他清楚，这是因为胜利后，上海租界不存在了，他这位畸形社会里的头号大亨，已经失去了往日那特殊的威力，相反，利用像他这种流氓头子，对于所谓民主政体，反倒会有失观瞻……对此，杜月笙颇有一种“飞鸟尽，良弓藏，狡兔死，走狗烹”的悲凉之感。

这当中，最使杜月笙恼火的是1946年上海参议会议长的选举。以杜月笙的名望加之手下那么多盘踞要津的徒子徒孙，并控制着包括银行、企业、舆论等两百多个重要单位，他便极力想当选议长，其实也不过是想在这民意机关挂个空名，以显示自己的社会地位。他本以为蒋介石会做个顺水人情，但谁知竞选开始后，蒋介石竟处处作梗、千方百计地予以阻挠，并且公开发表谈话，希望潘公展当选。蒋介石的“希望”，实际上就是不可更改的圣旨。久经沙场的杜月笙当然知道其中的玄奥，但杜月笙的下属却个个不服气，因此到8月13日开场时，杜月笙仍以116票的绝对多数当选。

选举结果一宣布，杜月笙当即站起表示：“今天当选为议长，甚为荣幸。惟我国正向民主之途迈进，上海又系通都大邑，议长责任异常重大，本人为多病之人，不能担此重任，辜负诸公厚意，多请原谅，再予改选。”杜月笙话音刚落，市长吴国桢连忙表示：“杜氏众望所归，当选自属必然，今既坚诚请辞，自应听从本愿，另外重选。”并当场朗读了某医生所写的“杜氏健康诊断书”。于是重新改选潘公展为议长。

明眼人谁都清楚，这是蒋介石一手策划的闹剧，杜月笙对此当然更是刻骨铭心。他见蒋介石如此心胸狭窄，便卖掉杜美路的房舍，寻一借口，与杨虎一道前往香港，想以此躲开蒋氏。但哪知，远离上海也未得安宁，一张与国民党党部有关的小报，不久便登出一条新闻，题为《杜月笙杨虎到港发怪论》，此后，谣言四起，并盛传杜月笙已从香港赴延安云云。对于这些蓄意贬斥的谣传，杜月笙虽一笑置之，但他的那些弟子们，却都感到脸上无光。为此，杜月笙返回上海后，空前绝后地大办了一次六十寿辰，出尽了风头，依杜月笙的心意，是想趁势收台，躲进迈尔西爱路的十八层楼内，与年轻美丽的名伶姚玉兰、孟小冬一起，自寻其乐，共度天年。但哪里料到，这蒋氏父子又来此一手，公然将他的爱子抓起来，这不是硬骑在我杜月笙的脖颈儿上拉屎吗？如此一逼再逼，欺人太甚！你们怎么也不想想，我杜月笙是那种任人宰割的角色吗？

想到这儿，杜月笙把那杆摔碎了的翡翠烟枪使劲捏在手中，就像捏着谁的脖颈一样，脸上露出了一丝微微的冷笑。在孟小冬看来，杜月笙的这微微的冷笑，实在比刚才他那愁苦与愤怒，更令人心悸……

第三章　大亨葫芦里装的是什么药？

杜月笙就是带着这令人心悸的微微冷笑，返回了他的老窝华格臬的杜公馆。杜月笙的汽车，在门口尚未及停稳，万墨林就急忙冲到跟前，一边陪同杜月笙进院上楼，一连絮絮地低声讲述着有关杜维屏的最新消息。

杜月笙缓缓地向楼上走着，步履虽然沉隐，便脸色却十分难看。他默默地听着万墨林的讲述，始终未发一言。

杜公馆的客厅，刚才还像一锅翻滚的开水一样，沸沸扬扬，如今杜月笙一回来，特别是看见他那生铁一样冷漠的神情之后，众人立时肃穆下来。人们一个个地退向角落，只是用那充满期待的眼睛注视着杜月笙。

杜月笙、张啸林、黄金荣三大亨

杜月笙不同于上海滩上另外两个流氓大亨黄金荣和张啸林，他在外观上既不像黄金荣那样剃成光头，胸前挂着一副金表链；也不像张啸林那样赤裸着脊背，胳膊上绣满了花纹……杜月笙除却那无法更改的一脸烟容之外，他的穿着打扮、举止风度，均是尽可能的温文尔雅。夏天，不管天气多热，他都身着长衫，手执一柄精美的折扇，即使不扇，他也拿在手中，以示风度。这折扇，是杜月笙最为心爱之物，极为爱惜。

可是今天，杜月笙在太师椅上未及落座，就将这柄折扇重重地摔在了桌面上。进门时，万墨林递给了他一份香港新出的小报，小报上说杜月笙因儿子被捕，曾三次晋谒蒋经国，但均被挡驾，杜月笙颇为怨恨云云。

"真是无稽之谈！"杜月笙刚刚压下去的怒火重又涌上了他的心头。

杜月笙两眼直视，本想骂两句粗话，可这时，几位太太都闻讯赶下楼来，杜维屏的生母孙氏三步两脚，跌跌撞撞地奔到杜月笙跟前，还未及说话，便"哇"的一声大哭了起来，随后赶到的陈氏、姚氏，见孙氏悲哭，她们也控制不住落下泪来；而那些小姐、侍女本来就生性脆弱，这时当然也陪同一起啼哭。这样一来，偌大的客厅，一时间竟变得泣涕连声、哭成一片。

"别哭了！"杜月笙"啪"的一下再度将折扇摔在桌上！厉声说道："我杜月笙有八个子女，不就只抓进去一个吗？有什么可难过的？还不至于断子绝孙！"杜月笙略停了一下，继续说道："再说，我杜月笙即使坍台，也绝不会坍在上海滩上！"

在杜家老头子具有至高无上的权威。平时，不要说大声讲话，就是一声轻咳，许多人也要心跳半天了，更何况像今天这样大发雷霆。所以，听完杜月笙的这番话，特别是看见他那冷漠阴郁的面容后，姚玉兰首先停止了哭声，接着陈氏、孙氏也都一个个收住了啜泣。大厅刹那间变得异乎寻常的沉寂。太太们把冲到嘴边的话语连同哭声一起咽了回去，而那些端茶送烟的侍女当然更是蹑手蹑脚，噤若寒蝉。

时间一分一秒地过去，客厅里不仅没有一个人敢出大声，而且也没有一个人敢再走动。大家就这样屏着呼吸，静静地等待着……而杜月笙发威过后也低垂着头，默默地思考，他似乎全然忘记了大厅中还有其他人的存在。

天渐渐地黑下来，但谁也没有想起去拉亮电灯。若不是门房赶来报告，说有贵客来访真不知道何时才能打破这难熬而又难堪的沉寂。门房的老者，悄声地告诉万墨林："是军统的霍先生……"

门房老者的声音虽轻，客厅里的人却全都听到了。杜月笙和姚玉兰几乎同时抬起头来，注视着门房老者与万墨林的对话。因为他们都知道，这位霍先生名叫霍葆彤，是当年戴笠极为宠信的一位专门搜集经济情报的大特务，少将军衔。这次小蒋来上海打虎，特意将他请来，纳为心腹，待如上宾。

"他来干什么？"万墨林的声调中，明显地带着不满和警惕。

"说是专程来拜望杜老先生。"

万墨林望了望杜月笙，见他将头一歪，鼻子里轻轻地哼了一下，知道杜月笙已经把话听清楚了，于是站起身来，半像是询问半像是自语似的说：

“我去挡驾，就说杜先生身体欠佳，不见客。”

万墨林说着一挥手，示意门房老者下去后，他也举步随之迈出了客厅。

“等等！”杜月笙将纸扇一合，叫住了刚刚迈出门槛的万墨林，“让他到东客厅稍候。”

“怎么，您……”万墨林收住脚步，刚欲发问，只见杜月笙轻摇纸扇，一副胸有成竹的样子，精明的万墨林咽住冲到嗓间的话语，而是低头一揖，然后似有所悟地走了出去。

烟、茶、点心、糖果……万墨林虽极为热情，可霍葆彤却因心中有事而坐立不安。这位霍先生曾留学英国，言谈举止颇具绅士风度，加上他知道杜月笙注重仪表，所以尽管满身燥热，他仍是衣冠楚楚、正襟危坐。

仿佛过了许久许久，杜月笙方手持折扇，踱着方步缓缓走了进来。

“沏的是上好的猴魁吧？”杜月笙刚一落座，就将眼睛盯着霍葆彤的茶杯，大声向万墨林发问。

“是的。”万墨林躬身答道，“正是安徽刚刚送来的新茶。”

“霍先生，请品茗一下这猴魁茶。”杜月笙将扇子朝茶杯一指，口气极为亲切热情。

“怎么样？”

“很好。刚刚进口时很苦，可过后返出来却是甜的。”

“哈哈哈哈，猴魁茶妙就妙在这里。”杜月笙爽声大笑，“可你知道这猴魁茶的来历吗？”

霍葆彤摇了摇头。

杜月笙自己呷了一口，然后徐徐说道：“谈起这猴魁茶，还有一段趣闻呢！此茶出在黄山脚下太平县境内，原是生长在悬崖绝壁上的野茶树。峭壁险峻，人们无法攀登，所以就只能眼看着这散发着清香的茶而望茶兴叹。后来，当地猴坑村有一位老农，名叫王魁，他一天看见一群猴子腾跃于悬崖峭壁上嬉耍，便心生一计，驯养起一群猴子来。到了采茶季节，就让猴子背上口袋，攀上悬崖为其采茶。群猴采得的鲜叶，经王魁加工制作。于是世人便将这人猴合作的茶叶，称之为‘猴魁茶’。”

杜月笙虽然讲得津津有味，但霍葆彤却有些心不在焉。霍葆彤早年在追随戴笠时，曾得过杜月笙不少恩惠，如今自己成了上海“打虎队”的骨干，小蒋的红人，而小蒋又偏偏不知天高地厚，抓了杜月笙的儿子，这使他颇为惴惴不安。他以为蒋经国捅了马蜂窝，杜月笙绝不会善罢甘休的。但是几天下来，始终没见杜月笙有什么动静，也未见杜家托人走动，他心中纳闷，所以今天偷偷出来，特地打探一下，一是表示自己对杜氏的关怀，二是因为今晚 8 时小蒋约自己面谈，如有什么话也可趁机代为斡旋。霍葆彤是抽空偷偷赶来的，可是这位杜大亨先是姗姗来迟，继之又是没完没了的大谈茶经，仿佛他家根本没发生儿子被捕似的……

“听说霍先生也喜爱评剧。”杜月笙没待霍葆彤开口，便又接着说道，“近来我仔细琢磨了一下，发现这评剧剧目的取名，倒也大有趣味。比如以数字为首取名的，我略略排了一下，就有：《一箭仇》、《二进宫》、《三岔口》、《四进士》、《五花洞》、《六月雪》、《七星灯》、《八大锤》、《九更天》、《十字坡》、《百岁挂帅》、《千里走单骑》、《万花楼》……”

霍葆彤这次来，本来是想让杜月笙先提出儿子事，然后听听他的口风，自己好随机应变。可他偷看了一下手表，已是7点多了，唯恐杜月笙继茶经之后，再无休止地谈开戏曲，于是便趁杜月笙暂停喝茶的机会，开门见山地截断了杜月笙的话头：

“杜先生，我现在经国先生身边办事，协助经国办经济……”

“噢，很好。听说经国先生对您很器重，恭喜！”

霍葆彤本想听杜月笙接着说下去，可没料到杜月笙说了这一句无关痛痒的话之后，便收住了。霍葆彤等了一下，见杜月笙已无继续说下去的意思，便接口道：

“三公子之事，需不需要我在经国先生面前……”

“不不。”杜月笙此次没待霍葆彤说完，即连忙表态，“犬子之事，怎敢劳动先生？”

“杜先生太客气了！”霍葆彤站起身来，“我霍某屡得杜先生恩惠，正无以图报，杜先生如有什么需要我办的，请尽管吩咐。今晚8时，经国先生在他办公处所约见，有什么误会之处，我正好为之疏通。”

“霍先生真的不必为犬子操心。维屏这小鬼头太不争气，捉进去让政府管教也是好事。币制改革不是寻开心的，王子犯法与庶民同罪，何况我杜某人的儿子！不过……”杜月笙在讲过这番冠冕堂皇的大道理之后，略略停顿一下，“不过杜某有件东西想借重霍先生……”

杜月笙边说边用力拍了拍折扇，身姿婀娜的三太太姚玉兰闻声走了进来，她将手中托着的一张纸递向霍葆彤。

“请霍先生过目！”

“噢，理应效力。”霍葆彤连忙站起身来，双手接过。他本以为是杜月笙送给蒋经国的礼单，可打开一看，原来却是一篇《辟谣声明》。

霍葆彤惊诧地望望杜月笙，又看看姚玉兰，方低头阅读。这声明是针对香港报纸所说“杜月笙因儿子被捕，曾三次晋谒蒋经国，均被挡驾，因此颇为怨恨”而写的。文中义正辞严地表示：“此次小儿维屏，以经营场外交易，违反交易新法，适逢抛纱案发，致被牵连解送法院。自始至终，镛（杜月笙的字）即认为依法检举，依法办理，实为天经地义。其间绝无请托，绝无说情，港报所载三度请谒均被挡驾之说，全是向壁虚构，竟无故实。二十年来，镛之爱护领袖，服从政府，众所周知……币制改革只能成功，不许失败，为镛心所企求。经国先生执法相绳，不枉不纵，深致敬佩，何致以事涉私情，有所非议？而港报遽之暴力、革命等字句相加，当不值识者一笑也。”

杜月笙见霍葆彤看完之后怔怔地呆愣着，便淡淡一笑，说：“副本刚才我已派人送到报馆去了，大概明天早晨就会见报。”

霍葆彤被搞得目瞪口呆！他托了托被额头汗水滑下来的金丝眼镜，惊愕地盯视着这位流氓大亨：难道对儿子杜维屏真的撒手不管？你杜月笙真的要大公无私、大义灭亲……

杜月笙啊杜月笙，你这位流氓大亨的葫芦里，到底卖的是什么药哇？！

第四章　物价是靠人头来镇压的

9月的上海，虽说是暑热尚未消退、正是“秋老虎”肆虐的时节，但每当傍晚，天气总还是凉爽了下来，可心中充满疑团的霍葆彤待赶到外滩中央银行大楼时，依旧是热汗涔涔。

蒋经国主政赣南时的工作照

这里，原本是中央银行的总裁办公室，如今让给了蒋经国，成了经济管制督导员办公地，蒋经国那一道道震撼大上海的命令，均是从这里发出去的。

蒋经国的办公室由三间房子组成，两间小一点的是他的写字间和会客室，而那间大的则是他的会议厅。蒋经国在上海“打虎”期间，日常工作会议分成了甲乙两级。甲级会议不常开，用于重大决策，参加者均身份极高，只限于财政部长王云五、上海市长吴国桢、中央银行总裁俞鸿钧和蒋经国本人。

而所谓乙级会议则是处理日常事务，每周必开的碰头会。会议总是由蒋经国亲自主持，参加者为警察局、市党部、勘建大队以及中央银行等各方面的负责人，这里几乎清一色全是蒋经国的嫡系。

匆匆赶到的霍葆彤，便是前来参加这乙级例会的。他看了看表，时间尚早，可蒋经国却已经端坐在了长长会议桌的端头。

蒋经国年近不惑，微微发胖的身体上穿着一件白色的衬衫，他将袖子看似随意地挽起来，但随意之中却透露着潇洒和自信。尤其是镶嵌在他那天宽地方脸膛上的那双眼睛，目光专注而坚决，一看就知道是一位年富力强、朝气勃勃、自负、果敢、想要干一番轰轰烈烈事业的人。

蒋经国见霍葆彤进来，微笑着向他点点头后，便继续利用这会前的时间，听取面前那两位年轻人的汇报。霍葆彤虽然没有走过去，但他从背影也已认出这两位即是蒋经国倚为左右手的嫡系心腹王升和李焕。

霍葆彤从杜月笙家出来后，满腹狐疑，尤其是万墨林送他出来时那诡秘的微笑，更有如阴雾一般笼罩着他的脑海。所以他见蒋经国在忙着谈话，便未上前搭讪，而是悄悄走到窗前，敞开衣襟，让夜风消一消心中的燥热。

中央银行是在黄浦江畔拔地而起的摩天大楼，极目望去，大上海尽收眼底。黝黑黝黑的黄浦江上，渔船往来，灯火时隐时灭……霍葆彤望着这深沉的上海之夜，联想起蒋经国这次打虎的前景，他感到就有如这黑黝黝的黄浦江一样的扑朔迷离、深不可测。

想到这儿，霍葆彤扭过头去，偷眼望了一下正在侃侃而谈的蒋经国，他此时的感觉倒是极为良好。

霍葆彤知道，自从"八一九"命令下达以后，蒋经国的各路骨干，纷纷齐聚上海。这些人年轻干练，虎虎生气，有着一股天不怕地不怕的劲头。特别是眼前这王升和李焕，更是摩拳擦掌，先声夺人。多年的养精蓄锐，仿佛今天方找到了用武之地，所以他们行动起来都一鼓作气、一决死战、一往直前，从不考虑后果的。不久前，一位朋友告诉霍葆彤，说这次打虎，实际是蒋经国的一次政治赌注。因为谁都清楚，这次经济管制正值国家危难之秋，风大浪险，困难重重，也正因如此，蒋经国一旦成功，便是挽狂澜于既倒，扶大厦之将倾，功在上海，功在国家。到那时，不仅他父亲蒋介石的王朝保住了，而上海市市长的宝座也会顺理成章地落入他的手中。

对于这一点，不光蒋经国清楚，像王升、李焕这些心腹亲信也个个都理解其中的利害。所以近一个时期以来，他们对于上海的经济，采取一种迅雷不及掩耳、严厉而无情的高压措施。正如不久前那场拔地而起、席卷整个上海滩的自然台风一样，这次的发行金圆券，强制实施的经济管制实是一次更加猛烈的政治台风。使整个上海充满了浓重的火药味。

在此政治高压之下，飞速上涨的物价果然被控制在"八一九"的水平线上，而且利息又是每天降低。散流在民间的大量黄金、外钞开始源源收入国库。过去,充斥上海滩的"黄牛"、投机商销声匿迹了;囤积居奇的商人也不得不忍气吞声地做赔血本的生意,一向喧嚣的十里洋场变得异乎寻常的平稳安静……对此,上海的穷苦百姓,是为之欢欣鼓舞的。看到物价平稳,投机倒把的奸商大贾受到制裁,尤其是看到蒋经国那大刀阔斧、雷厉风行的作风以及敢于碰杜月笙这样大流氓头子的气魄,还有他那紧锣密鼓、振奋人心的演说:"经济管制是顺乎天时、合乎人情的大事,一定能克服险阻,冲破障碍,取得最后胜利。我蒋某人决不虎头蛇尾,遗谤世人!"

大上海被感动了。

蒋经国变成了平民眼中铁面无私、不畏强暴的"蒋青天"。"打虎英雄"的美名不胫而走。

群众的赞誉,经济管制的赫赫战果,使蒋经国沉浸在一种旗开得胜的欢悦之中……

"葆彤,听说你刚才去杜月笙家里啦?"蒋经国不知什么时候,悄悄来到了霍葆彤的身边。

霍葆彤心中一惊,暗想自己偷偷去的,他蒋经国怎么这样快就知道了?

"唔,他对他儿子的事,有何反应?"

霍葆彤正不知道如何回答的时候,听见蒋经国的第二句问话,而且语调又比较温和,知道蒋经国并没有猜疑自己的意思,于是便放下心来,将杜月笙准备发表《辟谣声明》的事说了一遍,并述说了杜月笙临别时特别让转致经国先生的话,即依法处理,该关就关,该杀就杀,他绝不多嘴。

蒋经国听完,初时一愣,但继而便放声大笑了起来。他笑得那么响亮,那么舒心,那么豁达,仿佛把他这些天来郁积在心头的担心、疑虑,一起全都化解了。这时,前来开会的人们陆续地到齐了,蒋经国见人们都睁大了眼睛,不解地望着自己,于是便用力挥动了一下手臂,做了一个坚决果敢的手势,然后大步返回桌前。但他并没有马上坐下,而是把双手撑在桌面上,做出一个优美而威武的姿势,然后用他那双炯炯发亮的眼睛直视着大家。

蒋经国近年来,很注意自己的举止言行,一抬手一投足,甚至一颦一笑、一举一动、一个眼神一个手势,他都格外注意。因为中国的领袖历来是不太注重礼仪训练的,所以仓促当上领袖之后,很多举止都不堪登大雅之堂,在社交场合每每出尽洋相。作为"皇太子"的蒋经国,深知自己的地位和未来,所以他便在礼仪修养乃至着装、举止、演讲上都有意识地加以规范,力求高贵典雅而又具有政治家的魅力和威严。

"诸位!"蒋经国站好姿势之后,点燃了一支香烟,但他刚吸一口,就揿灭在烟灰缸内,神色中有一种抑制不住的兴奋,"起初,对于碰不碰杜月笙这只大老虎,讲心里话,我自己也很嘀咕。许多朋友都好心劝我,说不能捅这个马蜂窝,这只老虎屁股摸不得。就是我们在座的这些打虎勇士们,恐怕当时也和我的思想差不多,好多也是战战兢兢的。特别是当听说宣铁吾的事情之后，人们更是惴惴不安，七上八下！”

说到这儿，蒋经国坐了下来，并端起茶杯，喝了一口茶，他似乎是有意利用这个空隙，让他们回想一下，数日前盛传的有关上海警察局局长宣铁吾的故事。据说在蒋经国之前，蒋介石本来是想让军统出身的宣铁吾来整顿上海的经济的。但宣铁吾一想，要整治上海，就必须要跟杜月笙的势力发生冲突，他知道自己一个小小的局长，纵有特务机构做后台，但也无法跟一手遮天的杜月笙相碰，于是他连忙递上辞呈，请求辞去上海警察局局长的职务。这之后，方派蒋经国前来。初生牛犊的蒋经国，以其“太子”的金字招牌，加上尚未消退的布尔什维克的热情，所以他冒险捅了杜月笙一刀。

“咱们这次摸了摸老虎屁股，结果怎么样？”待霍葆彤将杜月笙的《辟谣声明》及他要转达的话介绍之后，蒋经国接着说。他将仰靠在藤椅上的身体坐直起来，双手按着桌面，望望霍葆彤，然后又望望大家，一副扬扬自得的神情：“看来，这位不可一世的杜大亨，也不过是个银样镴枪头！”

人们听了蒋经国这话，哄地笑了起来。这笑声和刚才蒋经国的笑声同样是那么开心，那么亢奋，而且像是能传染似的，人们竟是笑了个没完。

蒋经国望着一张张年轻的面孔，听着亢奋的笑声，心情无比舒畅。他并没有急于制止大家，直到人们真的笑够了，他才将这几天汇报上来的消息告诉大家，一桩桩、一件件都很鼓舞人心，尤其是他传达了蒋介石的电话嘉奖之后，年轻人的情绪便越发昂扬了起来。

蒋经国是很会演说，很会鼓动，很会掌握人们的情绪的。此时，他趁热打铁，宣布了一项决定：凡没收缴公的物资，可提30%作为奖励！

一下子，屋中顿时像注入了兴奋剂一样地沸腾了。因为在座的，谁都知道，这些天收缴来的财物、黄金和外币是极为可观的，从中提取30%，即使粗通数学的人也想象得出，这该是个多么大的数字！所以人们一个个地都在暗地盘算，随着头脑中数字的上升，人们脸上的兴奋和激动也在不断地升腾……

其中，唯有两位坐在靠窗位置的人，没有跟着兴奋。一位是霍葆彤，另一位是银行总裁的代表，他们不是军人，但也不像上述某些人那样粗通数学，而是两位真正的经济学家、情报专家。他们面对着刚刚收到的情报，感到在这“赫赫成果”之背后，隐藏着一股地下潜流，这股潜流正在蓄积力量，不知哪一天哪一时，一旦出现裂纹，他们就可趁势把堤坝冲垮，而代之以更猛烈地泛滥冲荡。

蒋经国是善于察言观色的。他早已发现这两个人的神情异样，知道他们心中肯定另有打算，于是敲了敲桌面，让大家安静，然后请这二位发表高见。

霍葆彤认为该给这批头脑发热的军人敲敲警钟了，所以他鼓动银行总裁的代表将刚刚收到的几份报纸，介绍给大家。一份是上海的《经济周报》，里面写道：“不知是故意还是无知，政府的经济措施始终认为无中可以生有，对人民始终没有放弃那一套无中生有的把戏。”香港《远东经济评论》则断言：“这种政策只是临时的镇静剂。”而《华盛顿邮报》更为直率：“由于内战关系，军队的人数日增，任何方式的币制改革，在此时提出，都注定失败。”

“你怎么看？”听完这些材料，蒋经国的脸拉得老长，刚才的兴奋和激动已经一扫而光。过了许久，他方仰起头来，冲着霍葆彤问了这么一句。

“这些报纸，话虽说难听，但却为我们敲了警钟，使我们头脑清醒。”霍葆彤身材消瘦，文质彬彬，讲话时常常下意识地拨弄铅笔，这似乎能帮助他思考。这时，他将那削得尖尖的铅笔又转了个圈儿，方接着说，“现今我最担心的是流通呆滞，生产衰落。目前市场上的那些商品，是工商者忍痛拿出来舍本出售的，或者说，他们是在政府的强力压制下进行的。我认为，这毕竟不是办法……”

“可物价稳定了，价格下降了，霍先生，这难道不是事实？”王升很看不惯霍葆彤那种谨小慎微、瞻前顾后的作风，尤其听不惯他那充满经济术语的所谓专家腔调。过去，他一直看在蒋经国对霍葆彤的尊重上，没有发难。今天，见他大泼冷水，便忍不住这么横插了一句。

“是的，目前的物价是暂时的稳住了。”霍葆彤没有理会王升话外的想法，而是用铅笔推了推滑下来的眼镜，继续说道，“但是，物资总是从低价处往高价处流动，这是个经济原理。单单在上海守住‘八一九’防线，绝不是好事。因为上海物价低，外地的物资便不愿流入上海。听说现在徐州过去运往上海的土产，如今已都转道北上了。这样下去，上海的物资会越来越短缺，对低价的压力越来越大。等到上海的价格成为全国的‘锅底’时，那‘八一九’防线就可能面临崩溃……”

“这都是因为不法商人造成的。”李焕霍地站了起来，“不法商人手中还有大量游资，他们不去投入生产，而是拿过来囤积，窥测时机。”

“他们会囤积，我们会进攻！”王升又兴奋了起来，“我们来他个全市物资总检查，凡隐匿不报，或与登记不符的，一律没收、严惩！”

“我认为，那些中小商人还好说，最难办的还是那些金融寡头。上海的外汇、黄金都高度集中在他们的手中。”

蒋经国听完银行总裁代表的这番话，使劲点了点头：“说得太对了！目前关键的关键是这批大银行家、大企业家的态度，我们虽然抓了些人，可他们爱财如命，仍然不愿拿出黄金、外汇来，听说他们策划了一个阴谋，即准备各大银行一块凑集一千万美元，卖给国家银行，敷衍搪塞，这不等于我们挺大个人拜次年只给一颗糖豆吃吗？”

“现在那些中小商人都是在看他们的眼色行事。”

“对这批大老虎决不能手软！”

人们七嘴八舌，纷纷插话。

“是的，值此动乱时期，他们既不爱国，国家对他们也就不必姑息。”蒋经国脸色铁青地从藤椅上站了起来，“会前，我已电话请示过总统，决定将林王公司的老板王春哲明天拉出去公开枪毙！”

一听将王春哲枪毙，会场上立时寂然了。因为谁都清楚王春哲的后台是孙科。孙科乃孙中山之子，曾任过行政院长、立法院长。抓起王春哲来，已经震动不小，如今又把他拉出去公开枪毙，这一决定，当然不能不令人惊骇。

“物价是要靠人头来镇压的。”蒋经国一拳擂在会议桌上，“我要让那些金融寡头们想想，他们究竟是要命还是要钱？！”

第五章　灯红酒绿下的霸王请客

蒋经国的经济管制，虽得到了一般小民百姓的拥护，但却受到了巨商大亨们的一致抵制。因为这是在他们身上挖肉抽血。所以他们在生意上虽然钩心斗角、尔虞我诈，可是在这次对付蒋经国的经济管制上，却是异乎寻常的步调一致，明的暗的、软的硬的，沆瀣一气，形成了一个抵制的堡垒。

对此，蒋经国是有思想准备的。他知道，如不排除这些阻力，经济管制不仅夭折，他们还会以更大的疯狂反扑过来。为了攻克这个堡垒，蒋经国亲下“请柬”，在上海最豪华的二十四层的国际饭店，“宴请”上海金融工商巨头。这就是后来所说的“霸王请客”。

这些金融工商寡头，个个都是消息灵通人士，虽知蒋经国来者不善，这口饭均不想吃，但却又不敢不吃。临近晚饭的时候，这些往日在上海飞扬跋扈、颐指气使的富豪大亨们，乘坐自家的小汽车，陆续抵达。往日年轻摩登的招待小姐，今晚均换成了五大三粗的军人。仅此一举，便有些先声夺人。

蒋经国与保育院儿童

负责招待的霍葆彤因和这些大亨们平时都有过交往，所以他站在门口，一边和这些富翁们点头施礼，一边暗自惊诧：好家伙，控制大上海的工商巨子全都被“请”来了！

霍葆彤为了慎重，又特意到签到处看了一下，只见陆续签到的有：上海银行公会主席兼浙江第一商业银行董事长李馥荪、交通银行董事长钱新之、联合银行总经理戴立庵、金城银行董事长周作民、上海农商银行总经理梅哲之。此外，实业界来的是上海三大巨头——荣、刘、杜三家。荣家出席的荣尔仁，刘家出席的是刘鸿生，而杜家则是杜月笙。

国际饭店，是上海首屈一指的高级饭店。华灯齐放，鲜花美女，灯红酒绿……往日，这些腰缠万贯的阔佬们凑在这里，都是谈天说地、嬉闹笑骂、极为放纵地吃喝淫乐。可是今天，尽管桌子上依旧摆放着各国名贵的烟酒、山珍海味、美馔佳肴，但任谁都没有兴致，几乎无一不是低垂着脑袋，一脸的官司！

杜月笙是最后一个到达的。他轻摇着那柄纸扇，虽说故作轻松，但他那被鸦片吸瘦了的脸庞上也没有一丝的笑容。

蒋经国几乎是与杜月笙同时进来的。今晚他穿戴得很整齐，着一身浅灰色派力司西装，刚刚刮过胡子的脸上更显得容光焕发。他落座之后，见众人已经到齐，便站起身来，朝杜月笙及各位举了举手中的酒杯，既是打招呼，也标志着酒宴的正式开始。

谁都清楚，这是一场鸿门宴。自“八一九”以来，这种鸿门宴在上海和南京，已开过两次，但均收效甚微。所以在座的，尽管都是上海的头面人物，且年龄大都在花甲之上，属于蒋经国的父辈，但蒋经国并没有像上两次那样执礼甚恭，也没有一口一个“世叔”“世伯”，而是开门见山，单刀直入。

酒刚过一巡，蒋经国便放下筷子，端起酒杯说道：

“今天在座的都是上海金融工商界的头面人物，许多还是经国的世叔世伯。此次经国奉政府之命来上海严格执行金圆券法令，恐有冒犯，这里先敬各位一杯酒，希望各位给经国保留情面。”

这些大亨刚刚定下心来，开始吃菜喝酒，本以为事情会放到饭后谈，但哪里想到这位年轻气盛的太子竟一开头就来了个下马威。客人们面面相觑，不约而同地都放下酒杯。刚刚有些活跃的宴席顿时又变得鸦雀无声。蒋经国径自将怀中酒饮尽之后，把酒杯一放，用那双锐利的目光慢慢地扫视了一周，方侃侃说道：

“这次我到上海，工作尚未推进之时，就有人恐吓我们，放言如若检查仓库、查办奸商，将会造成有市无货，工厂停工。不错，假使站在保持表面繁荣的立场来看，那是将会使人民失望的。但是，如果站在革命的立场来看，这不足为惧。没有香烟、绒线、毛衣、绸缎，甚至猪肉，是没有什么可怕的！”讲到这儿，蒋经国从座椅上站了起来，并将袖子往上一捋，借以显示他的决心，“告诉诸位，为了压倒奸商的力量，为了安定全市人民的生活，上海的市面是决不怕缺乏华丽的衣着，而放弃打倒奸商的勇气。投机家不打倒,冒险家不赶走,暴发户不消灭,上海人民是永远不会安定的!”

蒋经国这些如同迫击炮弹一样的言辞,密集地落在宴会桌上,使宴会厅里立刻充满了浓烈的火药味。书生出身的陪客霍葆彤,见蒋经国如此不客气,很有些为他担心,心中暗暗祈祷,希望蒋经国收敛一下,以缓和这种兵戎相见的阵势。但是蒋经国不仅没有收口,相反,他还在继续加温,显然他今晚做出了决一死战的架势。他偷眼望了望这些巨商大亨,脸都低垂着,阴沉沉的,仿佛一只巨手把每个人脸上都涂上了一层秋霜。

蒋经国冷笑了一下,威颜厉色地继续说:

“经国前些天初到上海时,跟诸位曾打过招呼,在此动乱救国的危难时刻,希望诸位以国家社稷为重,主动申报,但遗憾的是时至今日,尚未见诸位采取行动,不知是因为我蒋经国人微言轻,还是存心作梗,敬酒不吃吃罚酒?!”蒋经国说到这儿,有意停顿了一下,然后鼻子里哼了一声,“如果我说的可以不算数的话,那咱们听听南京最高当局的指令!”

蒋经国边说边从文件包中抽出一叠纸来,恭恭敬敬地摊在桌子上。念之前,又用他那威严的目光扫视了一遍,然后轻咳一下,方逐字逐句、一字一顿地读道:“总统指示:目前尚有一个问题,即商业银行对于政府法令尚存观望态度,其所留之黄金、白银及外汇,仍未遵照政府的规定移存于中央银行,并闻上海银行公会理事会拟集合上海所有各行庄,凑集美金一千万元,卖给中央银行,便算塞责了事。”念到这儿时,蒋经国抬眼望了一下身为上海银行公会主席的李馥荪,见这位头上的汗像水洗一般地顺着脸颊流淌。蒋经国收回目光,继续敲山震虎:

“可知上海银行界领袖对国家、对政府和人民之祸福利害,仍如过去二三十年前,只爱金钱、不爱国家,只知自私、不知民生的脑筋竟没改变!”

蒋经国加重语气、一顿一挫地念着,特别是那“只爱金钱、不爱国家,只知自私、不知民生”两句话,更像两把利剑一样直戳这些上海银行界领袖的心窝!刚开始听蒋经国讲话时,因为大家均有思想准备,知道这是霸王请客,来者不善,因此尚还能佯作镇定,以致蒋经国讲话之初,虽说言语很不客气,但人们还能硬撑着,或正襟危坐地装出一副洗耳恭听的样子,或用那贼溜溜的眼珠偷偷观察一下其他人的表情,或摆出一副若无其事的神态,意思是与己无关……可当听到蒋介石的指示,特别是直接点出:“上海银行界领袖”之后,人们顿时呆傻了!本来就提心吊胆、食欲不佳,本来就是强打精神、佯作镇定,如今遭此一击,再也镇定不了啦!一个个变得心惊肉跳、胆战魂飞!几位胆小些的,手中的筷子哆里哆嗦,眼睛只顾盯着蒋经国厚厚嘴唇的一张一合,根本没看清菜在哪里,不是把筷子伸入酒杯,就是将筷子触进烟灰缸中。有的索性放下筷子,掏出香烟来,想借抽烟来镇静自己,可是火柴划了一根又一根,却怎么也无法点燃。

最可笑的还是那位记不清自己妻妾子女究竟有多少的王晓籁,往日出入烟街柳巷，风流倜傥，趣语连珠，是个十足的乐天享受派，每次聚餐总是他的食欲最好。可是今天，却竟也是几次夹不起眼前的鱼肉丸子来，后来好不容易夹住了，恰巧蒋经国这时一声厉喝，吓得他手中的丸子啪地掉在桌子上，骨碌碌地滚了好远好远……

杜月笙头像

杜月笙是这席面上唯一能够稳坐钓鱼台的人物。他见王晓籁如此惊骇，忍俊不禁地冷笑了一下。但他旋即便收住了笑容，因为蒋经国这时将酒杯用力往桌上一礅，酒洒了一桌子，可他连看也不看，仍然用他那粗浑的语调，又一鼓作气地继续传达蒋介石的指令。

"总统指示说：决心实行这一个重大的改革，其成败利钝，实有关于国家民族的生死存亡，而若辈拥有巨量金银外汇的，尤其是几家大银行，这样自私自利，藐视法令，罔知大义，真令人痛心。这种行为固然是直接破坏政府'戡乱建国'的国策，而其间接实无异助长'共匪'的内乱，彼等既不爱国家，国家对彼等自亦无所姑息！故政府责成上海负责当局，限其于星期三以前令各大商业银行将所有外汇自动向中央银行登记存放，届时如其再虚与委蛇，观望延宕，或捏造假账，不据实呈报存放，那政府只有依法处理，不得不采取进一步的措置予以严厉的制裁！"

淫威和恐怖，笼罩着宴会厅。蒋介石那字字是刀、句句带血的话语，使得人们想起几天前王春哲的被枪毙和一大批人的被关押，人们均不寒而栗！掐指一算到星期三只有两天时间，满打满算也只有 48 小时，这一最后通牒，使得很多人感到脖颈发凉。整个大厅宛如凝固了一样，不要说有什么响动，就连手也不敢动弹，嘴张着大气也不敢出一口！

杜月笙一直摇动的折扇，这时也停止了。他和其他人一样感到这豪华的宴会厅如同监狱一般燥热难熬。这些大亨们往日的体面和威严，此刻扫地以尽。头上汗珠大串地滴落下来，他们已顾不得用手绢擦拭，而是干脆撩起衣服，用衣袖擦抹……

人们都急欲逃出这难堪而难熬的是非之地，可把这一切均看在眼里的蒋经国，不仅没有就此罢手，相反，他在独自喝了一杯威士忌之后，将酒杯一摔，厉声宣布：

"李馥荪，根据中央银行总裁俞鸿钧的指示，立即查封你的浙江第一银行！"

一直战战兢兢、忐忑不安的李馥荪，刚听到叫他的名字时，下意识地站了起来，可当听到查封他的银行之后，他双腿一软，立时瘫倒在椅子上！

整个宴会厅像冻结、凝固了一样，人们只感到窒息、郁闷，仿佛这座宴会厅随时都会爆炸……

杜月笙为了镇定自己，深深吸了口香烟，他本想透过这缭绕的烟雾，看看蒋经国这小子还有什么花招的时候，一位侍者借上菜的机会，贴近杜月笙，从杯盘下塞给了他一张字条。杜月笙在上海滩把持着青洪帮，后来他又建立了“恒社”，他的徒子徒孙，五花八门，遍布上海的各行各业。杜月笙知道这位侍者是他的小徒弟，所以他佯装注意蒋经国的训斥，实是用手将字条在桌子下面慢慢打开。他不看还好，一看之后，他的脑袋立时像被人用棍棒猛击了一下似的，“嗡”的一声，再也无法听清蒋经国讲些什么了！

原来这张字条上，只有一行小字：“万墨林在米店被当场扣押！”

万墨林作为杜月笙的总管，是专门替杜月笙经营粮食生意的。他的头衔是上海豆米业公会理事长和万昌米行的老板。今天，杜月笙临来前，万墨林告知他要去米店清账，但哪里想到，蒋经国手下人竟将他当场扣押！

杜月笙脸变得铁青，他将纸团使劲捏在手心，气得浑身抖颤！他咬着牙，用那双冰冷的目光望着不可一世的蒋经国！心中暗暗发狠：好哇你蒋经国，一个儿子，一个亲信总管，你对我杜月笙是双管齐下呀！

咔嚓一声，杜月笙手中的象牙筷子被折断了……

第六章　杜月笙反戈一击

天刚刚发亮，蒋经国就起床了。

这些天来，“打虎”工作开始进入高潮，而作为打虎主帅的蒋经国夜以继日地忙碌着，连着数日，一天只能睡四五个小时，甚至两三个小时。今天，因为是“打虎”骨干集合，准备最后再掀起一个高潮的日子，所以蒋经国更是无法安睡，床边的闹钟轻轻一响，他便骨碌一下爬了起来。

蒋经国匆匆洗完了脸，待他返回客厅时，蒋方良已将香喷喷的早点端了上来。蒋方良是位漂亮的俄国女人，高高的身材，秀丽的眼睛。她是蒋经国在流放西伯利亚时认识的。蒋经国是 1925 年，也就是在他刚满 16 岁的时候，被他父亲蒋介石送往苏联的，目的是想去苏联中山大学深造。但这之后因为蒋介石发起“四一二”反革命政变，屠杀共产党，后又挑起中东路事件致使中苏关系恶化，断绝邦交，而蒋经国也就因此一度被当作人质，送到西伯利亚劳工营做苦工。在西伯利亚，蒋经国度过了他一生中最为痛苦的岁月，但也就在这痛苦的时候，他幸运地结识了这位美丽的姑娘蒋方良。他们经过相爱，结为异国鸳鸯，而蒋方良也由此而改变了自己一生的命运。1937年，西安事变获得和平解决之后，经过国共双方的共同努力，蒋方良随同丈夫蒋经国带着一双儿女返回了中国。这位蒋方良虽说是碧眼金发，高鼻梁，但她却和中国妇女一样的善良贤惠。

蒋经国在1939年主持赣南工作、任江西省第四区行政督察专员的时候，通过王升的撮合，曾与一位名叫章亚若的女士有过一段风流韵事，生下一双孪生儿子，后不久章亚若去世。这对孪生子即现今在台湾的章孝严和他的兄弟章孝慈。贤达的蒋方良对于蒋经国的这一段爱情曲折，虽然痛苦，但她并未计较，而是一如既往地关怀、体贴着蒋经国，这使蒋经国大为感动。他既感谢蒋方良温淑豁达，也感谢她为适应中国生活所进行的艰苦努力。这些年来，她不仅很好地处理了婆媳、兄嫂关系，而且学会了中国话、中国字，也学会了中国烹饪。今天早晨，天还没亮她就起来，为蒋经国赶做早点。他们虽有厨师，但蒋方良总是觉得，似乎只有她亲手烹制的，蒋经国吃着才会舒适可口，而且她也认为，丈夫辛劳，为他亲手做好早点，是自己作为妻子的天职。

蒋经国今天的食欲也的确非常之好。这不仅仅因为蒋方良殷勤的侍候和她点心小菜的精美，更主要的还是蒋经国近几天的心绪颇佳，一直陶醉在上海“打虎”的节节胜利之中。

自从上次国际饭店那次所谓“霸王请客”之后，蒋经国鸣锣启鼓，继将林王公司经理王春哲因私套外汇处以死刑之后，紧接着又以贪污舞弊、破坏“经管”的罪名枪毙了淞沪警备司令部的张尼亚、大队长戚再玉和宪兵大队长姜公美。几颗人头落地，使得这些大银行家实业家们再也不敢抵制了。交出外汇黄金，对于他们虽然如同割肉剜心一样，但是金钱毕竟没有脑袋重要。所以，在蒋介石规定的期限内，他们将手头的黄金、白银、外汇，均不得不据账报告，和盘托出，上交中央银行。那两天，大批的黄金美钞，像水一样流入“国库”。据统计，仅上海一地，计有黄金1406000两，美钞3452万余元，港币1100万元，银元369万余元，白银96万余两。

蒋经国“打虎”不断告捷的喜讯，也使得那位靠商务印书馆起家的财政部部长王云五大为兴奋。因为王云五出任财政部部长之时，正值国民党的财政经济面临崩溃的边缘，通货膨胀、物价飞涨，特别是由于八年抗战之后又继以国内战争，军费开支庞大，本来早已不断膨胀的法币，这时更变得一落千丈。时至1948年，法币的流通量已为640万亿元，为战前1937年6月的450000倍。法币的滥发，已使中国经济走上濒临总崩溃的绝路。为了挽救这一颓势，新上任的王云五建议蒋介石：以中央银行所存的黄金和证券作保证，发行金圆券以代替法币。意在以政治力量来强制收兑或收存全国人民所持的金银、外币，实行管制经济。这一方案，当即受到一批经济学家的坚决反对，认为金银外币留在人民手上并没有大危险，反之放出金圆券以收兑金银外币，则无异把死老虎收回来锁住而将活老虎放出，危险极大。

但是，蒋介石并没有听从这些劝告，而是批准了王云五的建议，并分派年轻气盛的蒋经国以及宋子文等铁腕人物奔赴上海、广州、天津等地，任经济督导大员，妄图以强力挽回经济的颓势。因为蒋介石深知，经济决定政治，也决定军事，如经济一崩溃，则政权将随之垮台。所以，他力排众议，决心孤注一掷！

而在政治上羽翼渐渐丰满、正跃跃欲试的蒋经国，却深信强权便是一切。于是他决心在大上海孤注一掷！他利用上海人民的疾苦和对于通货膨胀的不满，对民营的"老虎"们施以淫威，在"要命还是要钱"的高压之下，商人们果然害怕了，恐慌和战栗使他们哆哆嗦嗦地掏出了金银和外币，从而使得黄金、外币面临枯竭的国库重又开始慢慢地充实了起来。

这一切一切，怎能不使新上台的财政部部长王云五扬扬得意呢？所以他在美国的国际货币基金董事会议上喜形于色，大放厥词，认为币制改革一举成功！

喜形于色的当然不止王云五。作为这次币制改革先锋官、被人们誉为"打虎英雄"的蒋经国，就更为得意非凡。是的，刚刚进入 40 岁的蒋经国。正值年富力强，在此国事危殆之秋，力挽狂澜，扶大厦之将倾，如此功德，岂不是救国之功勋！所以，他那些青年军的嫡系们，一个个也均像抽了吗啡一样兴奋异常，奔走鼓噪，放言由蒋经国出任上海市长……

蒋经国一边吃着早点，一边暗自回味着自"八一九"以来的赫赫战功，心中鼓荡着一种胜利在即的渴望和兴奋。今天又是一个关键性的日子，蒋经国和他的伙伴们经过几天的准备，决定在今天乘胜发起总攻，这是继前些天上海兆丰公园十万人大游行和国际饭店的那场所谓"霸王请客"及几颗人头落地之后，预计掀起的又一个高潮。他通过各路骨干，组织起了上千个检查小组，在今天一天之内，对大上海实行扫荡性的搜查，进行全市性的总攻，以期对不法商人一举全歼。

这次限制物价，实行币制改革，能否不留后患，取得最后胜利，全在此一举！所以，作为主帅、总指挥的蒋经国怎么也按捺不住内心的昂奋和激动，大战在即，胜利在即！

蒋经国狼吞虎咽地吃过早饭，用手绢擦了擦嘴，没待司机来喊，就率先走出房门，跳上汽车，径直奔向外滩。

蒋经国赶到中央银行大楼时，天依然黑着。只有东方微微露出些许的白色，以显示黑夜和白天在悄悄地交接。天虽没有大亮，但银行大楼底下的汽车却是亮成一片，蒋经国知道，各路诸侯已接踵而至。蒋经国望着楼下一路路的车灯，偷偷地笑了一下，心想这些家伙，今天跟自己一样的兴奋，一样的心急！

蒋经国带着这种难以表述的激越，进入办公室时，发现机要报务员正等在那里，这位年轻活泼的女报务员，手中托着一份密报，神色不像往日那样兴奋开朗。蒋经国愣怔了一下，随即从她手中将密报接过来。

这份题为行情密报的材料上写道：

查徐州为交通枢纽，附近土产颇饶，完全集中徐州转运京沪，以往银行业务尚称活跃。币制改革后，因限价甚严，致使附近土产不能来徐，不独城乡之间货不交流，即使城市与城市之间亦均在停滞状态，整个市场窒息不灵，业务异常清淡。

电文末了，发报者又补了一句：

前途未可乐观，长此以往赔累不堪。

蒋经国读完电报，宛如兜头被浇了瓢冷水，刚才的兴奋和激动，一下子荡然无存。他知道，这是一个信号。上次"鸿门宴"之后收缴黄金美钞虽说获得了巨大的成功，公开的抵制没有了，但是潜在的反抗却在慢慢地集结。如今，整个市场陷于停顿，说明沉默的游资正悄悄地在暗中等待，一旦发现缺口，就会猛扑上去，从而爆发一个无法遏制的抢购狂潮。

蒋经国走到窗前，推开窗户，黄浦江边的晨风吹进来还带着阵阵凉意。蒋经国没有顾及这些，他任由晨风吹拂着，这阵阵的凉风恰好能吹去他心中涌起的憎恨和烦躁。

蒋经国手捏着这张电报，只恨得他咬牙切齿，暗骂这些不法奸商，不去投入生产，反而拿来抢购囤积，以致造成物价虽然稳定，但却是有市无货。这些不法商人真是可恨之极！想到此，他越发觉得今天发起这场总攻的必要和及时，他决心以牙还牙！

蒋经国走访街头店铺

天，渐渐地亮起来。

蒋经国的五虎上将，也一个个地来到了。青年军的王升、李焕来了，刑警督察长程义宽来了，上海警察局局长宣铁吾来了，保密局毛人凤的人也来了……

蒋经国见人已到齐，便推开椅子站了起来，他先向警察局的俞叔平询问一下准备情况，因为俞是今天物资总检查的总指挥，当他得知动员的5600人、1000个小组都已经准备就绪后，便将行情密报上的情况向大家简略介绍了一下，然后使劲挥动着拳头，有如金刚怒目一样地大骂起这些不法商人来。他拳头舞动，声音中充满了难以遏止的愤怒：

"他们会囤积，我们会进攻！我们今天这1000个小组一会儿要同时行动，撒向上海的每一个角落。凡发现有隐匿不报的，登记数量不符的，或自行移动的，一律严惩！"讲到这，蒋经国一拳击在桌子上！"这是一场大战役，是对奸商的总进攻！我要看看，究竟是他们的力量大，还是革命的力量大！"

蒋经国激昂慷慨地讲完之后，这些五虎上将们一个个摩拳擦掌，都准备通过今天的物资总检查，大获全胜，将不法奸商一举全歼！

就在这各路诸侯斗志昂扬地等待蒋经国部署任务，整装待发的时候，突然，蒋经国的一位亲信副官匆匆地跑了进来报告：

"杜月笙来了！"

"哦？"蒋经国愣怔了一下，心想他这时来干什么？过去每次请他，总得几次三番，费很大的事，今天他怎么竟不请自来啦？

未等蒋经国回答，杜月笙已经从电梯处走了进来。杜月笙今天特意换了身毛哔叽的长衫，手中依旧拿了柄折扇，颇有点举止潇洒，气宇轩昂。

杜月笙落座之后，用目光扫视了一下外面会议厅里的各路诸侯，也没有客套，便用浦东话开门见山地缓缓问道：

"经国，听说你今天动员了5600人，组成了1000个小组，要对全市来一个物资总检查？"

"是，是的。"蒋经国一边点头，一边暗自思忖，这个流氓头子还真厉害，昨天才安排的事，今天一早他就了如指掌。他望着杜月笙，心想也没什么好隐瞒的，索性全告诉你，看你怎么办！

"凡囤积居奇，隐匿不报，或登记不符，或自行移动的……"蒋经国一板一眼地慢慢念着，平缓之中隐含着威严。

"怎么样？"杜月笙没容蒋经国说完，就插了一句。

"一律严惩！"蒋经国讲得斩钉截铁！

"好！一律严惩，好！"杜月笙大声地称赞着。他一边说着，一边将摇动的折扇收起，慢慢地站了起来，"经国，我的儿子杜维屏触犯了法纪，罪有应得，我本人管教不严，也甘领应得之处分。维屏的事，我料想当局一定会调查核实，罪有罪证，错有错据，我相信政府一定会秉公办案，无罪者不吃冤枉官司，有罪的不能放过门！”

杜月笙虽说没什么文化，但这些年来闯荡江湖，倒也练了个伶牙俐口。蒋经国开始时是心存戒备的，但觉得今天杜月笙的几句话，倒是颇为入耳，于是他一连声地附和着：“是的，是的。”

“不过，”杜月笙边说边观察蒋经国的反应，到这时他突地将语气一转，然后用目光直视着年轻而又自负的蒋经国，“如发现更大的囤积居奇者，发现更大的隐匿不报者，怎么办？”

“自然更是严惩不贷！”蒋经国厉声回答。

“好！”杜月笙将折扇往手中一击，大声说道，“那我今天为了帮助当局，彻底铲除投机分子和破坏‘币制改革’者，特向你们提供一个材料：上海有一家扬子公司，既泄露经济机密情报，又大量囤积居奇，投机贩卖。比较起来，我儿子加上你们现今抓起来的其他人，总起来也不及他的一个小指头。不知道当局是否晓得？我认为应当马上派检查组前去调查。如果实有其事，也应秉公查办，不讲私情。今天不是1000个小组进行全市总检查吗？我希望‘打虎队’果如经国先生所宣言的那样，不要只把小苍蝇拍杀，而让真老虎逃脱、逍遥法外！”

杜月笙一口气讲完之后，便回坐到沙发上，若无其事地打开折扇，轻轻地摇动起来。

但他这篇短短的话，对这屋中的人来说，却不啻于爆炸了一颗重磅炸弹，或者说是掠过了一场飓风！不仅蒋经国猝不及防，被他搞了个晕头转向，就是刚才那些摩拳擦掌的英雄好汉们，这时也都变得一个个目瞪口呆。开始时，他们还屏住呼吸，坐在外间会议厅里静静地听着杜月笙的谈话，待到后来，当听到杜月笙点出扬子公司，特别是杜月笙那一句句对蒋经国“将军”的话以后，会议厅里的人也都惴惴不安了。有的惊诧，有的惶恐，有的暗暗佩服杜月笙的有种，有的则默默为蒋经国担心。

因为大凡了解内情的人都清楚，所谓扬子公司，它的全称叫“扬子建业股份有限公司”，是孔祥熙的大少爷孔令侃开设的。这是一家同英、美都有很深关系的公司，另外，它还有一个更硬的后台，即是总统夫人宋美龄。据说，宋美龄每年从扬子公司可提取几十万美钞。

大家心中都明白，杜月笙这一杀手锏，一是刺向了蒋经国姨妈宋霭龄的儿子身上，一是刺向了蒋经国继母宋美龄身上。杜月笙的所谓“秉公查办，不讲私情”，即指此意。杜月笙的这着绝棋，显然是他精心策划的，它一下子把不可一世的蒋经国逼到了一个进退不得的死角上，可谓狠毒厉害之极！

刚才还趾高气扬、口若悬河的蒋经国，此时怔怔地站在屋角，竟是半天未能开口，仿佛也不知自己该说些什么好。杜月笙一直手里轻摇着折扇，眼睛仰望着天花板。待他感觉蒋经国似乎想要开口时，他突然收拢折扇，抢先补充了一句：

“经国同志，如若检查委员会不明真相，我已让人在楼下专候，替督导员领路。”

这是两面封堵！使蒋经国别无他路。

“经国同志，您看……”杜月笙趁热打铁，不容蒋经国有别的考虑，他拉着长音等候蒋经国开口。

“不管什么公司，一视同仁，查！”蒋经国在此情势下，将手一甩，终于下了狠心。

待看到一支支队伍浩浩荡荡地开向扬子公司时，杜月笙得意地笑了起来。他知道，这位飞扬跋扈的太子终于在自己的逼迫之下，不得不点燃那颗埋在脚下的定时炸弹……

第七章　矛头转到了表兄弟身上

蒋经国的打虎队，经过几天的勘查，果然如杜月笙所说，扬子公司的问题极为严重，的确是上海滩上首屈一指的囤积大户。这样一来，原本被人们瞩目的蒋经国与杜月笙的矛盾，经此一变，杜月笙金蝉脱壳，而孔令侃与蒋经国这一对表兄弟，倒成了全市为之关注的矛盾旋涡的中心。

孔祥熙和宋美龄的大姐宋霭龄共生了 4 个子女，其长子就是这位孔令侃。他 1932 年进入圣约翰大学时，才 20 岁出头的年纪，其父就让他担任了交通银行代表官股的董事，并常让他将财政部及中央银行在上海的一部分公文带到学校里批阅。1936 年，孔令侃大学毕业后，其父立即任命他担任财政部的“特务秘书”。他的这官职在历史上是没有先例的，职权毫无限制，事无大小，无不过问。财政部里自两位次长以下，无不以其马首是瞻。

随着财富与权力的增长，孔令侃变得越来越骄横跋扈。对当时中国财政金融界的头面人物，他往往直呼其名，颐指气使，当面训斥。就是对他的舅父宋子文，也不买账，总是直呼其名，或称之为“TY”（宋的英文名缩写），还曾为争购猪鬃生意两人闹得不可开交。更为荒唐的是，孔令侃指名要讨宋子文妻子张乐怡的小妹为妻，公开宣称：“娘舅归娘舅，讨他的小姨子，我就是他的连襟，与他平起平坐了。”搞得孔、宋家族哭笑不得。后此事未成，孔令侃就与比他大十多岁的盛革臣（清末大官僚盛宣怀的第七子）的妻子秘密姘居，成为轰动一时的丑闻。

抗日战争胜利前夕，执掌国民政府财政金融大权达 20 年之久的孔祥熙终因劣迹昭彰，被解除了职务。孔令侃从政当官的路也暂时被堵塞了。他决心另辟蹊径，独自创办公司，成为大财阀。于是，抗战胜利后不久，扬子公司就在上海举旗开张了。

扬子公司是由孔令侃一手创办，独资经营的。公司总部设在上海四川路上的嘉陵大楼内，下设工业部、运输部、会计部等，附设中美洲航空公司等企业，在纽约、伦敦等设有分公司，触角伸入了国民党党政机构所有重要机关与英、美、德等国的各大财团。这样，该公司凭借其强硬的后台、复杂的关系、雄厚的资金，在上海乃至中国与世界的经济舞台上，翻云覆雨，八面威风。

扬子公司投机倒卖的具体手法，主要有下面四种：

第一，利用特权，勾结官方。抗战胜利后，美苏等加强了对中国的贸易，各种货物源源运到中国。国民政府的官僚权势集团为了从中大捞一笔，发布了汽车等重要商品的进口限额分配制度，对于普通正式商行，每一季度进口汽车限额仅有 7 辆，远远不能满足需要，因而使得中国市场上进口汽车价格大涨。而孔令侃的扬子公司凭借手中的特权，无限额地进口汽车。每辆进口成车约 1800 美元，转眼之间在中国市场上却以 5000 美元的高价出售。

在国民政府的输出入委员会颁布汽车等商品为限额进口项目之前，孔令侃即通过内线预先得到政府的这个绝密的经济情报，马上密令扬子公司的纽约公司和伦敦分公司赶在法令颁布前，致电中国海关，申报已购大批英美汽车要求进口。由于这些申报的到达日期都赶在实施限额进口之前，所以不管真假，都被认为合法有效。其实，当时扬子公司的各分公司连一辆汽车也没购到，然而他们却搞到了合法的进口汽车数额，以后再设法购到汽车，堂而皇之地进口，正赶上国内汽车价格猛涨，仅这一次投机交易，扬子公司就发了一笔大财。

第二，孔令侃通过种种方法，联络、献媚于英、美、德等西方国家的工商财团，借以保证与垄断进口的货源。如抗战胜利后，国民政府有一批纳粹德国战俘，孔令侃见之如获至宝，将其中的几个如毛勒、迈尔柯等人由扬子公司包了过来，待之以国卿之礼，以乃父别墅让他们居住，汽车代步，优礼有加，后正式聘请他们为扬子公司的高级管理人员。孔令侃正是通过他们与德国的各大财团挂上了钩，从而控制了德国颜料等货物的对华贸易。此外，在扬子公司的高级管理人员中，还有英国商人一名，英国军官一名，美国军官一名，英国勋爵一名，华尔街代理人一名，另有中国财政部与信托局官员 8 名，军政部军官 2 名等。孔令侃就是通过这些人与海外各财团及中国要人建立了密切的联系。

第三，巧取豪夺套取巨额官价外汇。当时外汇由政府银行统一管理经营。官价外汇由政府银行发放，每一美元牌价约合法币 1.2 万元，但常人难以搞到，而黑市外汇价格惊人，每一美元涨到法币 4 万元以上。孔令侃与其扬子公司是绝不愿吃亏搞黑市外汇的。他们一是通过担任中国银行董事长的乃父孔祥熙及其姨母宋美龄，一举手就购到几百万、几千万的巨额官价外汇；二是贿赂中国银行外汇部的负责人。1947 年夏，他一次就送了两辆崭新的进口高级轿车给外汇部主任。以后，扬子公司从该银行领取官价外汇就畅通无阻。

第四，堂而皇之地走私进口物资，逃避海关关税。1947 年秋末，孔令侃从海外运回近百铁皮箱装的走私货物，报关时声称这是“蒋夫人”的行李，要海关免验放行。

就凭这么几句话，海关立即大开绿灯，扬子公司派汽车拉了六次才拉完。明眼人一看就可以看出，"行李"哪能装满近百箱的东西！仅这一次，扬子公司就逃税几十万美元。孔令侃除常用"蒋夫人"名义外，还常用"励志社"、"国防部"、"财政部"等众多名目的证明使海关免验放行。

上述种种，杜月笙早已派人调查清楚。早在蒋经国逮捕杜月笙儿子的第二天，泼皮无赖出身的杜月笙便决心打此横炮，所以他一方面摆出一副秉公守法、大义灭亲的高姿态，麻痹蒋经国的警惕；一方面悄没声息地组织得力门徒打探扬子公司的全部秘密。经过周密策划，终于在小蒋趾高气扬地发起总进攻的关键时候，异军突起地给了蒋经国一个致命的反击！

杜月笙

这天早晨，蒋经国虽然照例早起，蒋方良虽然照例为他准备好精美的早餐，但蒋经国却是没有一点食欲。几天调查下来，杜月笙所说的桩桩件件，竟然全部都是事实。孔令侃的扬子公司的确是上海滩上最大的老虎。

敢不敢碰扬子公司这只老虎呢？要是碰他，就必然和自己的表兄弟孔令侃成为仇人，而且事情很可能牵涉到自己的继母宋美龄，这位第一夫人会不会干预呢？

但是，如果不碰扬子公司，过去自己说的那些大话，不是自己打了自己的嘴巴吗？这场与自己政治生命攸关的"上海打虎"，岂不是宣告失败吗？唉，怪只怪这流氓头子杜月笙，他一横炮打出来，不仅破坏了自己的全部计划，而且那些早已怨恨在心的豪商巨擘们见杜月笙打了头阵，也都纷纷纠集起来，散布空气，喧嚣起哄。就在杜月笙捅出扬子公司案后的第二天，上海市面便开始刮起抢购风。第三天，市民在商店门前排成长龙。第四天，烟酒涨价。第五天，出现抢米风潮……

蒋经国用铁血政策精心筑造的"八一九"防线，眼看就要被全面冲垮。在此情势下，蒋经国铁下了一条心，不顾同亲人撕破脸皮，咬紧牙关下令查封扬子公司，公开宣布按规定在一月内作出处理！

"我还是那句话，物价要用人头来镇压、抢购风也要用人头来镇压！"蒋经国几天没有过笑容的脸上，铁青铁青的，他在十八层楼的干部会议上拍桌打凳发威，决心破釜沉舟，背水一战。

但是他没有想到，孔令侃这位恶少，和杜月笙同样难以对付。当初颁布所谓《财政经济紧急处分令》，即实行“八一九”限价政策时，孔令侃根本没有当回事儿。因为他认为自己有通天的后台，加上自己过去的那些投机倒卖的活动都做得十分隐秘，不会有人知道。再者，即使有人知道，也不会有如此胆大包天之人敢把他的内幕捅出去。所以，尽管外面战鼓齐鸣，可他仍我行我素，高枕无忧。

孔令侃万万没有想到，杜月笙会跳出来打此横炮；更万万没有想到，蒋经国竟不顾亲情，真的要拿他开刀！

狗急尚且可以跳墙，何况像孔令侃这种连娘舅都不认的恶少。

10月中旬的一天深夜。忽然一辆汽车从国际饭店开出来，转向附近的一条小巷。负责把守街口的“大上海青年服务总队”的一个分队长和十几个队员立即围上去，拦住汽车，喝令小汽车停下检查。这时，车上突然跳下一个人来，举着手枪对着那位分队长，大声说：

“我叫孔令侃，你们告诉蒋经国，要再胡干，小心他的脑袋！”

事情汇报到外滩十八楼时，“大上海青年服务总队”的总队长王升等人，大为气愤，一致请求把孔令侃干掉，杀杀他的气焰。可是一向好冲动的蒋经国，尽管将手中的玻璃杯都捏碎了，甚至渗出血来，但嘴巴却封得极死，冷冷的，一直没作回答……

第八章　蒋经国的哀鸣

第二天早晨，参加外滩十八层楼上的乙级例会人员，都准时齐聚在长条会议室内，等待会议主席蒋经国的来临。可是这位一向早到的蒋经国这天7点没到、8点没到、9点没到，10点还没到……

谁都猜测得到，这种反常里面，一定存有蹊跷。因为蒋经国历来是极为遵守时间的人，如果他因紧急事件一时来不了，他总会派个副官或打个电话来告诉大家，或者临时指派一个人代替他主持开会……可现在，他明明知道这么多人在等待他，竟没有任何话带过来，这里面，肯定是大有蹊跷！

可是，这是什么蹊跷呢？

人们沸沸扬扬，议论纷纷，作着各式各样的猜测。在这众多嫡系聚集的会议室唯有一个人没有参与这种揣测，他，就是霍葆彤。只有他悄悄地躲开了喧嚣的人群，一个人静静地坐在角落里，手托着一杯茶，在慢慢地回味今晨杜月笙告知他的内幕消息……

原来就是孔令侃拿手枪威吓的那天晚上，蒋介石秘密地从前线返回上海。这之前，也即王升等向他汇报孔令侃情况时，宋美龄已用电话事先通知了蒋经国。蒋经国那天之所以一反常态，冷冷地不发一言，实是有他的难言之隐。

事情主要是在孔令侃身上，当他发现这位姨表兄弟的蒋经国真的不讲情面，要拿他开刀打虎时，他顿时慌乱了。他除了找他的爸爸妈妈商量外，主要是求救于总统夫人宋美龄。他一把鼻涕一把泪地啜泣痛陈，终于说动了宋美龄，由宋美龄出面打急电，催促蒋介石返回南京，而由宋美龄亲自陪同，又秘密地连夜赶来上海。

当时，正值国内战争激烈，国民党战线四处吃紧的时刻。东北战场，"剿总"副总司令范汉杰、兵团司令廖耀湘、卢泉等一大批高级将领均被共军生擒活捉，四十多万大军全部报销，关外广阔的大地尽行丧失；而关内，共军在徐州附近调动集结，关系到党国生死存亡的徐蚌会战竟无喘息机会地即将打响；而北国重镇的北平，守将傅作义也摇摇晃晃，亟待蒋介石去稳住阵脚……在这十万火急的时刻，无论从哪个角度来看，蒋介石几乎都没有一秒钟的闲暇，能从这紧急的战事中脱身。

可是，蒋介石毕竟匆匆赶回来了，并且偕同夫人连夜赶到上海，亲自处理扬子公司案。可以想见，这桩案子对于蒋氏家族该是多么重要了！

扬子公司案之所以如此重要，之所以能惊动总统夫人，其中一个根本原因，是杜月笙这一横炮，挑起了宫廷内部的争斗。宋美龄入宫以后，一手扶着兄长宋子文，一手拉着姐夫孔祥熙，竭力在后宫扩大自己的势力。她感到苦恼的是，自己不曾为蒋氏生下一儿半子，蒋介石现今的两个儿子蒋经国、蒋纬国，一个是前妻毛福梅生的，一个是由戴季陶过继来收养的，名义划在另一妻妾姚氏的名下。而经国、纬国渐渐长大成人后，同后娘的矛盾日益加深，渐渐地成为了宋美龄的心腹之患。于是，宋美龄一心想从娘家亲戚下一代中找几个小辈来同小蒋抗衡。但二姐宋庆龄一是政见不和，二是她也没有生育。唯一可供选择的是大姐宋霭龄的几个子女，然而真正能够成器的却又不多。孔二小姐孔令仪虽然泼辣，但自从情夫林世良因走私案被戴笠枪毙之后，又接二连三地捅娄子。先是挪用抗战前线李宗仁部队的军饷，后又自作主张擅自批准孙良诚为三星上将。唯有孔大少爷孔令侃出道最早，敛财有方，完全继承了他那位山西土财主爹爹的精于算盘的血统。不过，他不再是土财主，而是洋买办了。宋美龄看中了他，对他宠爱有加，每次去美国总是把他带在身边，将他引荐给美国政治、经济界的头面人物。

有了后宫强有力的支持，孔大少爷的扬子公司自然蒸蒸日上。如上面所说，他用政府申请到的外汇，以 1800 美元的价格从国外进口奥斯汀和雪佛莱小汽车，然后一转手就以 5000 美元的高价卖给政府。将近 300%的惊人暴利，而且是用政府的官价外汇来赚政府的钱，除了有宋美龄撑腰的孔大少爷，谁能有此本事？现在蒋经国要当黑脸包公，拿他的表弟开铡，当姨妈和后台的，岂能见死不救？更何况，扬子公司一倒，她的每年几十万美元的私房钱岂不断了财源？……所以，无论如何，她得出面救急！

蒋介石之所以同意宋美龄的意见，匆匆赶回，他是自有深一层的考虑。目前，风雨飘摇，同共军的最后战略决战已迫在眉睫，蒋家王朝的生死存亡全在此一仗。在这极为敏感的关键时刻无论如何不能后院失火！再说，四大家族原本唇亡齿寒，在此关头，如何能动摇孔宋两大支柱？

再者，对于币制改革，蒋介石也只把它当作一时的权宜之计，无非是想给愤怒的百姓以一点幻想，暂时稳定一下后方，同时借此搜刮一点钱财，以应前线军饷之急。但他没有料到，自己这位很有点“布尔什维克”色彩的大儿子，因为急于做出一点成绩充当政治资本，竟铁下心，在自家后院大砍大杀起来，以致搞得鸡飞狗跳，合家不宁！

所以，蒋介石和宋美龄一到上海，即把蒋经国召到他们下榻的贾尔业路。那天晚上，马路上戒备森严，高大的围墙里面，每一处阴暗的树丛后都隐藏着持枪的警卫。老头子、夫人和儿子，三个人关在二楼的房子里整整地吵了一夜。第二天，当担任把守门厅的警察局副局长看见蒋经国出来时，连忙迎上去。只见小蒋神情沮丧，眼睛里含着泪水，见他迎过来，仰天长叹地只说了一句：

“先回家尽孝，再出来报国吧！”

蒋经国说完，一头钻进汽车开走了。

这天，外滩中央银行总裁办公室里的人们，直等到中午，也没有再见到蒋经国的踪影。第二天，人们打开报纸，方在《申报》第二版角落上，看到这样一个标题：《蒋经国表示歉意，发表敬告市民书》。

标题下面，便是敬告市民的全文：

> 在七十天的工作中，我深深感觉没有尽到自己应尽的责任，不但没有完成计划和任务，而在若干地方，反加重了上海市民在工作过程中所感受的痛苦。我决不愿将自己应负的责任，推到任何人身上去，同时也决不因遇着挫折，而致放弃自己的政治主张。我坚决相信自己所指出的“上海往何处去”的道路，是绝对正确的。今天除了向政府自请处分以明责任外，并向上海市民表示最大的歉意。这里我并非想求得市民的原谅，而是表明自己对市民应负的责任心。我恳切希望上海市民运用自己的力量，不再让投机奸商、官僚政客和地痞流氓来控制上海。我始终认为上海的前途一定是光明的！

当天晚上，同一内容蒋经国又在上海广播电台上，向全体上海市民播放。但一向声音洪亮，敢作敢为的蒋经国，这次却声音沙哑、节奏缓慢，一字一句都充满了这位“打虎英雄”壮志难酬的痛苦、酸楚和压抑着的愤怒，这种悲凉的声音随着电波回荡在上海市的夜空，听来真好像是旧时代沉沦的丧钟。

当晚，杜月笙坐在家中的安乐椅上，一边喝着孟小冬送上的参汤，一边仔细听着

杜月笙(后右六)站在孟小冬身后

蒋经国的告别演说。他心中既兴奋,又有一种说不出的感慨。

几天以后,他的儿子杜维屏被无罪释放。孟小冬和姚玉兰一起向他祝贺。

“我的儿子本来没有错,是人家想把我杜月笙搞倒!可是白费力气,自搬石头自压脚!”杜月笙摇着纸扇,颇为感愤地说着。他慢慢走向窗前,向楼下俯瞰,半个上海滩一览无遗,既在他的眼下,又在他的脚底。他顿时又怡然自得,接过孟小冬送过来的凉毛巾往盘中一扔:“我在上海发迹起家成为大亨,就是因为万事亨通!没有我杜月笙,就没有上海滩!我从来没有办不成的事情,除非不在上海滩做人!”

说完之后,杜月笙又觉得自己话说得太大了,而且如今自己年老势衰,加之此次又得罪了蒋介石、宋美龄,预感到自己难免反遭淘汰,而且蒋经国最后的那句“不再让投机奸商、官僚政客和地痞流氓来控制上海”,显然是他在临垮台前也没忘了咬自己一口。仇已结成,后果难料,所以杜月笙在踱了几步之后,紧接着又补了一句充满伤感的话语:

“我杜月笙即使垮台,也不垮在上海滩上!”

在这场“币制改革”的闹剧中,虽说杜月笙与蒋经国结下了仇隙,但实际利益上,无论是蒋经国或杜月笙都没有任何损失,蒋经国只不过从此退守在蒋介石的身边,随侍左右,而杜月笙呢,查抄他的一切全都归还了,杜维屏和万墨林也都相继释放,数日之后,蒋介石又亲自召见杜月笙,对蒋经国这场折腾得天翻地覆的“打虎运动”,用一句“那是小孩子胡闹”,轻轻地便化解了。

皇亲国戚的孔令侃自然也不会受到任何伤害,可行政院院长翁文灏和财政部部长王云五却作为替罪羊而联袂下台。但是,在这将近七十天的闹剧中,真正受害的仍不是他们,而是那些饥寒交迫的苦难百姓。随着翁文灏的辞职,国民政府立即宣布,从 11 月份起,改限价为“议价”,实际是恢复自由涨价。这样,压抑了七十几天的物价,便像脱了缰绳的野马一样飞腾!

如白米每石限价为 23 元,11 月 1 日即升为 80 元,到 12 月份便高达 1800 元;

两个月前,以 200 元“金圆券”收购的一两黄金,此刻需 2000 元才能购买一两,上涨十倍;

11 月 11 日,南京政府公布《修改金圆券发行办法》,宣布金圆券的发行总额将不以 20 亿元为限,而“另以命令之”,就是说可以随意扩大发行量。此后,金圆券的发行量也如同决堤的洪水:仅 11 月 27 日、12 月 6 日、12 月 19 日三次增发,便每次增发 10 亿元,12 月下旬又两次增发,共 60 亿元。到 1949 年 1 月,又增发 100 亿元;2 月增发 350 亿元;3 月增发 1600 亿元;4 月增发 13000 亿元……

到 5 月 21 日,购买一粒米竟需要金圆券 130 多元。所以,上海人民群众中流传着这样一个“顺口溜”:

“粒米一百元,寸布十五万,呜呼蒋介石,哪有不完蛋!”

对此,上海外滩一处最为醒目的布告栏上的标语,被人们更改了。过去,当蒋经国打虎刚开始时,这里的两色纸标语,一条写的是:“只打老虎,不拍苍蝇。”另一条写着:“打祸国败类,救苦难同胞。”

自打虎失败,买金圆券的小民百姓痛苦不堪,人们便把标语每条都对调了一个字,成:

“不打老虎,只拍苍蝇。”

“救祸国败类,打苦难同胞。”

……

夜,已经很深很深了,黄浦江上已经停止了喧嚣,一片沉寂。可是外滩上,一个瘦削的身影,仍在中央银行大楼下来来回回地徘徊。他,就是七十天来一直追随蒋经国的霍葆彤。

币制改革失败,随之蒋家王朝的垮台,这都是历史的必然结局。可是,霍葆彤苦苦思索,百思而不得其解的是:

蒋经国的这次“打虎”运动,并不是不得群众的拥护呀!而且,蒋经国作为血气方刚、雄心勃勃的年轻人,他也是真心想惩治贪官污吏,挽回败局,将中国引向一个光明的前途。这本应得道多助,加上他那特殊的“皇太子”地位,本来是可以有所作为的,但为什么仅仅七十天,便烟消云散而且结局竟如此之惨!

究竟是对手过于强大,还是策略不对?或者这场币制改革本来就是一场大骗局呢?

他默默地徘徊,苦苦地思索着……